Direitos Trabalhistas no Sistema de Proteção de Direitos Humanos:

Sistematização da Normativa e Jurisprudência Internacional

Direitos Trabalhistas no Sistema de Proteção de Direitos Humanos:

Sistematização da Normativa e Jurisprudência Internacional

Flávia Pereira Aguiar

Servidora Pública Federal do Tribunal Regional do Trabalho da 15ª Região, desde 2012, atuando como assistente de gabinete. Graduada em Direito pela Faculdade de Direito do Sul de Minas, e em Letras pela PUC-Campinas. Especialista em Direito e Processo do Trabalho pela Universidade Mackenzie-Campinas, e em Direitos Humanos pela Faculdade CERS.

LACIER

LACIER
Lacier Livraria e Editora
www.livrarialacier.com.br

Rua Doutor Quirino, 808 – Centro
CEP 13015-081 – Campinas, SP – Brasil

Janeiro, 2025

Diretor: *Lacier José de Rezende*
Assistente de editoração: *Eduardo Aureliano*
Projeto de capa: *Graphien Diagramação e Arte*
Projeto gráfico e editoração eletrônica: *Peter Fritz Strotbek – The Best Page*

Ficha Catalográfica

Dados Internacionais de Catalogação na Publicação (CIP)
(Câmara Brasileira do Livro, SP, Brasil)

A283d Aguiar, Flávia Pereira.
Direitos trabalhistas no sistema de proteção de direitos humanos : sistematização da normativa e jurisprudência internacional / Flávia Pereira Aguiar. — 1. ed. — Campinas, SP : Lacier Editora, 2025.
290 p. ; 17 x 24 cm.

ISBN 978-85-64412-54-5

1. Direito do Trabalho — Brasil. 2. Direitos fundamentais no trabalho. 3. Direitos humanos — Proteção. I. Título.

CDU 347.9:331(81)

Índices para catálogo sistemático:
Direito fundamentais no trabalho
Angela Schmidt da Rosa – Bibliotecária – CRB-14/1171

Aos meus pais, Mário e Maria, os primeiros trabalhadores com que tive contato. Ela costureira; Ele topógrafo. Minha eterna gratidão, pois mesmo em meio às lutas diárias no chão das fábricas e nos canteiros de obras, sempre me incentivaram nos estudos e no pro-gresso. Posso dizer, hoje, com toda certeza, que a força de seus trabalhos tomou um significado importante para mim, que vai muito além do cansaço de seus olhos.

Meu eterno amor.

Sumário

Apresentação

O modo de execução do trabalho humano ao redor do mundo sofreu intensas mudanças ao longo dos tempos, e isso impactou sobremaneira a vida do trabalhador, sobretudo, após a consolidação da era capitalista, a partir dos anos 1990, quando começaram surgir novas formas de desenvolvimento do processo produtivo, tais como a descentralização da atividade econômica e o fenômeno da deslocalização do trabalho, este último numa fase mais atual.

Apesar das contribuições positivas dessas novas formas de desenvolvimento para a atividade produtiva, as questões levantadas pelos órgãos de proteção de direitos humanos nesse novo cenário têm sido cada vez mais identificadas como violações de direitos trabalhistas, o que é uma preocupação crescente para a qualidade de vida dos trabalhadores.

São diversas as violações sofridas pelo trabalhador constatadas pelos órgãos de proteção de direitos humanos, estando entre elas: a prática do trabalho infantil, o trabalho em ambiente altamente insalubre e perigoso, acidentes de trabalho, a ocorrência de trabalho escravo ou análogo à escravidão e a existência de jornadas cada vez mais extensas no ambiente laboral.

Com isso, a proteção do trabalho humano tem se tornado uma questão passível de consideração pelos órgãos de proteção de direitos humanos; isto porque os casos de violações analisados perante a instância internacional de proteção têm demonstrado que a garantia ao patamar mínimo civilizatório do trabalhador segue claudicantemente em risco.

Diante disso, é crucial ressaltar a importância da proteção internacional para os casos de violações de direitos humanos do trabalhador, com vista à garantia do patamar mínimo civilizatório do trabalho humano, sobretudo por ter a proteção da dignidade humana como o seu fim primordial.

Dessas ponderações emerge o presente estudo, com o objetivo de sistematizar a normativa e a jurisprudência internacional em direitos humanos no campo das relações de trabalho.

Como metodologia de estudo adotou-se a pesquisa bibliográfica e documental das normas e sistemas internacionais de controle e proteção de direitos humanos, partindo da análise do controle da Organização Internacional do Trabalho (OIT), seguindo para o sistema global de proteção (sistema ONU), e finalizando com o mecanismo de proteção do Sistema Interamericano de Proteção de Direitos Humanos (SIDH), destacando-se os casos analisados pela jurisprudência da Corte Interamericana de Direitos Humanos (Corte IDH).

A Autora

Prefácio

A globalização, especialmente no que concerne ao trabalho, trouxe transformações profundas que impactaram significativamente as condições laborais ao redor do mundo. O advento da economia digital, a lógica da desregulamentação das relações de trabalho e da flexibilização das leis trabalhistas, e a colonização cultural inerente ao modo capitalista de produção intensificaram o cenário de precarização do trabalho, fenômeno que tem suscitado debates intensos sobre os direitos dos trabalhadores no contexto geral do Direito Internacional dos Direitos Humanos. Este tomo, que mereceu o título *Direitos Trabalhistas no Sistema de Proteção de Direitos Humanos: Sistematização da Normativa e Jurisprudência Internacional*, de Flávia Pereira Aguiar, busca precisamente explorar e sistematizar a normativa internacional e as decisões jurisprudenciais que têm sido fundamentais para a proteção dos direitos laborais no marco da tutela internacional dos direitos humanos.

O trabalho humano — i.e., o dito "trabalho vivo" — é seminal para o desenvolvimento econômico, porque é o único fator a realmente gerar riqueza de modo autônomo. Esse fato ganha especial evidência ao ensejo das revoluções industriais, quando a reprodução acumulada do capital deita raízes na exploração do trabalho sob condições extremamente degradantes e injustas. Esse contexto histórico é importante para compreender as raízes das lutas contemporâneas pela justiça social e pela dignidade no trabalho, que passam a engendrar, no início do século XX (1919), centenas de instrumentos internacionais, como as convenções e recomendações da Organização Internacional do Trabalho (OIT) e os tratados de direitos humanos que buscam garantir um patamar mínimo civilizatório nas relações laborais. Este livro justamente oferece a você, caro leitor, uma análise detalhada de várias dessas normas, bem como das interpretações e aplicações dadas por órgãos internacionais, com especial destaque para a Corte Interamericana de Direitos Humanos.

Ao longo dos seus dez capítulos centrais, é possível observar como os sistemas internacionais de proteção de direitos humanos — do universal (sistema ONU) aos regionais (notadamente o sistema interamericano) — têm abordado as violações dos direitos laborais, sobrelevando um panorama complexo e desafiador em que a agressão sistemática, coletiva e visceral dos direitos sociais fundamentais encontra resposta e esperança em decisões judiciais internacionais que afirmam e reforçam aqueles direitos. A obra tende a se tornar, portanto, uma importante fonte de consulta para tantos quantos queiram se valer das normas internacionais para resguardar direitos sociais *stricto sensu* nos tribunais brasileiros. Vale recordar, a propósito, o que dispôs a Recomendação n. 123/2022 do Conselho Nacional de Justiça, a sugerir aos órgãos do Poder Judiciário, por um lado, *"a observância dos tratados e convenções internacionais de direitos humanos em vigor no Brasil e a utilização da jurisprudência da Corte Interamericana de Direitos Humanos (Corte IDH), bem como a necessidade de controle de convencionalidade das leis internas"*; e, por outro, *"a priorização do julgamento dos processos em tramitação relativos à reparação material e imaterial das vítimas de violações a direitos humanos determinadas pela Corte Interamericana de Direitos Humanos em condenações envolvendo o Estado brasileiro e que estejam pendentes de cumprimento integral"* (art. 1º, I e II).

Cabe registrar, ademais, que este estudo não se limita a uma análise jurídico-normativa. Ele também levanta questões sociais e políticas de alta relevância, refletindo sobre o impacto das políticas neoliberais na sociedade brasileira (com ênfase para a Reforma Trabalhista consumada pela Lei n. 13.467/2017), a desregulamentação do trabalho e as inflexões que as novas tecnologias impõem às relações laborais. O *crowdsourcing* e a "uberização" do trabalho, por exemplo, surgem como novos reptos que precisam ser equacionados adequadamente pelos sistemas de proteção dos direitos humanos, uma vez que precarizam ainda mais as condições de trabalho, eliminando direitos historicamente conquistados a partir de uma capciosa retórica legalista e de uma engenhosa captura da subjetividade dos trabalhadores.

Enfim, a inclusão de estudos de casos internacionais envolvendo o Estado brasileiro, como aqueles já analisados pela Corte IDH, oferece uma visão prática de como as normas internacionais são aplicadas e como podem influenciar positivamente as condições de trabalho. São, ademais, casos ilustrativos do Direito como luta, para recordar Rudolf von Ihering (*Der Kampf ums Recht*. Wien: G. J. Manz'schen, 1872): nessa hipótese, a luta social contínua por justiça social universal e especial, seja pela via dos desafios, seja pelo prisma das vitórias. Daí por que este livro é também, em diversos sentidos, um chamado à ação; ou, dirão os incrédulos, à utopia. Pouco importa. *"A utopia serve para isso: caminhar"* (GALEANO, Eduardo. *Las palabras andantes*. Madri: Siglo Veintiuno, 1993).

Brasília, agosto de 2024.

Guilherme Guimarães Feliciano

Professor Associado III do Departamento de Direito do Trabalho e da Seguridade Social da Faculdade de Direito da Universidade de São Paulo. Livre-Docente em Direito do Trabalho pela Faculdade de Direito da Universidade de São Paulo. Pós-Doutor em Direitos Humanos pela Faculdade de Direito da Universidade de Coimbra (*"Jus Gentium Conimbrigae"*/Centro de Direitos Humanos). Doutor em Direito Processual pela Faculdade de Direito da Universidade de Lisboa ("clássica"). Doutor em Direito Penal pela Faculdade de Direito da Universidade de São Paulo. Presidente da Associação Nacional dos Magistrados da Justiça do Trabalho (2015/2017). Membro do Conselho Nacional de Justiça na cadeira de juiz do Trabalho (2024/2026). Titular vitalício da Cadeira n. 53 da Academia Brasileira de Direito do Trabalho. Juiz Titular da 1ª Vara do Trabalho de Taubaté/SP.

Introdução

A globalização econômica, como um processo parte da globalização, teve o seu surgimento na segunda metade do século XX, e é caracterizada pela integração das economias mundiais. Esse fenômeno impulsionou a criação de cadeias globais de produção e empresas transnacionais, além de ampliar o fluxo de bens, mercadorias e serviços, indicando, assim, um mote mais pautado na relação de mercado e distanciado da ideia inicial que o termo sugeria: o de unificação do mundo, com a promessa de um futuro vindouro, em que a abertura das fronteiras para o comércio internacional resultaria no almejado crescimento econômico e, por consequência, na melhoria das condições de vida das pessoas.

Ocorre que o processo de globalização econômica, tal como se desenvolveu, na realidade, acabou por provocar uma intensa competição entre os Estados, que passaram a almejar, antes de mais nada, a atração e manutenção de novos investimentos, além de produtos, serviços e bens com maiores capacidades de circulação, resultando, *prima facie*, na ascensão do mercado e, por conseguinte, no aprofundamento das desigualdades sociais, tornando as condições de vida das pessoas, sobretudo nos países em desenvolvimento, ainda mais difíceis.

Conforme informa Joseph Stiglitz, economista americano: "(...) para muitos no mundo em desenvolvimento, a globalização não trouxe os benefícios econômicos prometidos. A distância cada vez maior entre os que têm e os que não têm vem deixando um número bastante grande de pessoas no Terceiro Mundo num estado lamentável de miséria, sobrevivendo com menos de um dólar por dia".(1)

A precarização das condições de vida dos indivíduos acabou por revelar que o processo de globalização desenvolvido até os dias atuais, tem levado a uma crise dos direitos humanos. Isso porque a lógica da globalização, centrada na criação de melhores condições de reprodução dos mecanismos de mercado, vem provocando, precipuamente, a aniquilação de qualquer possibilidade de se garantir a prevalência do direito humano

---

(1) STIGLITZ, Joseph E. *Globalização e seus malefícios.* A promessa não cumprida de benefícios globais. São Paulo: Futura, 2002. p. 31.

a uma vida digna. Isso leva à conclusão de que a globalização econômica, como vem se desenvolvendo, de forma alguma se esmera na garantia da prevalência dos direitos humanos do trabalhador.[2]

A garantia ao patamar mínimo civilizatório do trabalhador é uma preocupação que foi ao longo do tempo de certa forma buscada e protegida pela normatização dos direitos, no Brasil com a criação da Consolidação das Leis do Trabalho — CLT, na década de 1940. Ocorre que a flexibilização desses direitos vem sendo reforçada ao longo dos anos no mundo todo, e, infelizmente, foi o que ocorreu recentemente no Brasil, com a aprovação da reforma trabalhista em 11.11.2017 (Lei n. 13.467/2017), que se revelou um exemplo claro de escasseamento dos direitos humanos trabalhistas. A lei aprovada a toque de caixa, num período curtíssimo de pouco mais de seis meses, contados da data de sua proposta (28.4.2017),[3] foi implementada sob os discursos de que a CLT estaria ultrapassada e sua alteração propiciaria a criação de mais postos de trabalho.

Sobre o dito ancilosamento da lei trabalhista brasileira é bom lembrar que, como o próprio nome já diz, a CLT é o produto da reunião de diversas normas preexistentes e, desde a sua criação, em 1943, sofreu diversas alterações, já que mais da metade de seus artigos foram revogados ou superados pela Constituição Federal. Sobre esse ponto vale transcrever a explicação do professor Jorge Luiz Souto Maior, *in verbis*:

> "(...) a CLT foi o resultado da acumulação histórica de decretos legislativos, leis e decretos-leis que, tornando-se por base (muitas delas) normas fixadas em acordos coletivos, regularam, ao longo de anos, as relações de trabalho no Brasil, além, é claro, de algumas Convenções da OIT já ratificadas pelo país.
>
> (...)
>
> Com efeito, dos 625 artigos da CLT, que dizem respeito aos direitos mencionados, quais sejam, os direitos materiais trabalhistas propriamente ditos, considerando as esferas individual e coletiva, apenas 278 não foram revogados expressamente por leis posteriores. Entre os referidos 278 artigos, muitos embora não tenham sido revogados expressamente, não foram recepcionados pela Constituição Federal de 1988 ou foram superados por regulação mais ampla conferida pela própria Constituição Federal ou por legislação posterior (...)".[4]

---

(2) CARBONARI, Paulo Cesar. *Globalização e Direitos Humanos, Identificando desafios*. Disponível em: http://www.dhnet.org.br/direitos/militantes/carbonari/carbonari_globalizacao_dh_desafios.pdf.

(3) *Vide*: https://legis.senado.leg.br/norma/17728053.

(4) SOUTO MAIOR, Jorge Luiz. *História do Direito do Trabalho no Brasil*. Curso de Direito do Trabalho. Vol I — Parte II. São Paulo: LTr 2017. p. 255-258.

Quanto à criação de mais postos de trabalho no país, infelizmente, não foi o que se verificou desde a entrada em vigor da referida lei, em 11.11.2017; muito pelo contrário, o desemprego vem crescendo exponencialmente no Brasil, pois, segundo dados do IBGE, no segundo trimestre de 2020 o Brasil contava com 12,8 milhões de pessoas desempregadas, e no terceiro trimestre de 2021 com 13,5 milhões.[5]

Por certo, esse cenário foi ainda mais agravado pela deflagração da pandemia do vírus Covid-19, em 2020. Segundo informação da OIT[6] a crise pandêmica deixou um rastro de alto índice de desemprego na América Latina e no Caribe, haja vista que 30 milhões de pessoas ficaram desempregadas e 23 milhões ficaram na inatividade, devido à falta de oportunidades. Ao lado desse panorama, verifica-se, ainda, a ascensão de governos mais autoritários e detentores de uma política neoliberal, cujas condutas político-sociais têm contribuído acentuadamente para a desregulação dos direitos trabalhistas e, por consequência, para a precarização do trabalho humano.

O desenvolvimento tecnológico tem sido outro fator de contribuição para o crescimento de uma massa de trabalhadores desprovidos de proteção social. Isso porque, a *GIG Economy*, a chamada economia de "bicos" e o *crowdsourcing* ou trabalho uberizado[7] são atividades prestadas por meio de plataformas digitais, as quais realizam a gestão de determinada atividade econômica, intermediando a relação entre o trabalhador e o consumidor, e retendo uma parte do pagamento pela realização da atividade, sem a quitação de quaisquer direitos trabalhistas.

Para melhor explanar essa problemática, vale transcrever a citação do professor Ricardo Antunes[8]: *"trabalhadores e trabalhadoras com seus automóveis, isto é, com seus instrumentos de trabalho, arcam com suas despesas de seguridade, com os gastos de manutenção dos veículos, de alimentação, limpeza etc., enquanto o 'aplicativo' — na verdade, uma empresa privada global de assalariamento disfarçado sob a forma de trabalho desregulamentado — apropria-se do mais-valor gerado pelo serviço dos motoristas, sem preocupações com deveres trabalhistas historicamente conquistados pela classe trabalhadora"*.

---

(5) Disponível em: https://www.ibge.gov.br/explica/desemprego.php.

(6) Disponível em: https://www.ilo.org/americas/sala-de-prensa/WCMS_764643/lang--es/index.html.

(7) O termo *crowdsourcing* pode ser utilizado de modo mais genérico, pois se desenvolve por meio de uma plataforma, que une prestadores de serviços de diversas atividades ou de uma atividade específica, cuja atividade a ser desenvolvida pode ser prestada de forma totalmente virtual ou de forma que exija a presença física do trabalhador no local destinado. O trabalho desenvolvido sob o molde da uberização, termo mais conhecido no Brasil em razão da atuação da empresa Uber, insere-se no modelo de *crowdsourcing* específico e físico, mas em ambos os casos, a plataforma digital busca encaixar os trabalhadores na posição de seus "parceiros" ou "colaboradores", como meio de evitar o reconhecimento da relação jurídico-empregatícia e, consequentemente, de afastar a proteção jurídica laboral. Fonte de pesquisa: COUTINHO, Raianne. Liberal, Uberização das relações de trabalho: uma abordagem transnacional a partir da interrelação entre Direito Público e Privado. *Revista Eletrônica do CEJUR*, v. 2, n. 5, set./dez. 2020. doi: http://dx.doi.org/10.5380/cejur.v2i5.77625.

(8) ANTUNES, Ricardo. *O privilégio da servidão* — O novo proletariado de serviços na era digital. 2. ed. São Paulo: Boitempo, 2020. p. 36-37.

O panorama acima delineado, infelizmente, sinaliza que as condições dignas de trabalho tendem, cada vez mais, a dar lugar às jornadas de trabalho mais exaustivas, a um meio ambiente laboral desprovido de segurança, saúde e higiene, às condições insalubres e perigosas, ao trabalho em condições análogas à escravidão, aos acidentes e doenças do trabalho, enfim, um cenário que contribui para o distanciamento do patamar mínimo civilizatório e da garantia das condições dignas de trabalho.

Não obstante o cenário crítico desenhado, é importante lembrar que, no Brasil, a partir da democratização do país, a Constituição Brasileira, influenciada pelas convenções e tratados internacionais de direitos humanos, surgidos no período pós-Segunda Guerra Mundial, elegeu um novo paradigma para os direitos sociais, o de *status* de direitos fundamentais.[9]

Tais direitos fundamentais, elencados na Constituição, já de início, constituem as bases que vão compor o alicerce de todo o texto constitucional, ao lado dos princípios da soberania, da cidadania, dos valores sociais do trabalho, da livre-iniciativa e do pluralismo político. Tais fundamentos passam a estruturar os fundamentos da República Federativa do Brasil, tendo o princípio da dignidade humana como o elemento norteador de todo o ordenamento jurídico brasileiro.

Além dessa base constitucional humanista, é preciso lembrar que temos, ainda, os diversos Tratados e Instrumentos Internacionais de Proteção de Direitos Humanos igualmente centrados no núcleo irredutível de proteção dos direitos humanos, o da dignidade humana. Sobre o conceito de dignidade, a professora Alice Monteiro de Barros bem nos explica que:

> "A dignidade é conceituada como um conjunto de atributos identificador da pessoa humana, que a distingue de outros seres vivos" (...) "é uma projeção existencial que poderá se verificar em diversos âmbitos da liberdade efetiva de cada um e só se salva quando se respeitar essa liberdade." (...) "O caráter genérico da dignidade torna fecundas as manifestações do direito à igualdade, à proteção da identidade, à integridade física e moral, à liberdade, à segurança e à autodeterminação política." "E a esses direitos está incluído a garantia de um mínimo vital de subsistência, imprescindível no Estado Democrático de Direito."[10]

---

(9) Sobre as expressões "direitos humanos" e "direitos fundamentais", o Prof. André de C. Ramos explica que: "a doutrina tende a reconhecer que os direitos humanos servem para definir os direitos estabelecidos pelo Direito Internacional em tratados e demais normas internacionais sobre a matéria, enquanto a expressão "direitos fundamentais" delimitaria aqueles direitos reconhecidos e positivados pelo Direito Constitucional de um Estado específico" (RAMOS, André de C. *Curso de Direitos humanos*. 7. ed. São Paulo: Saraiva, 2020. p. 54).

(10) BARROS, Alice Monteiro. *Curso de Direito do Trabalho*. 8. ed. São Paulo: LTr, 2012. p. 149-150.

Nesse passo, a Constituição de 1988, alicerçada por uma matriz humanista e social, proporcionou a consolidação da estrutura normativa e principiológica das normas de proteção do trabalho humano, com vistas a imprimir um conteúdo civilizatório para as relações laborais. Essa base humanista, com o objetivo de assegurar a dignidade humana do trabalhador e, por consequência, a justiça social no campo das relações de trabalho, já vem sendo perseguida, desde o início do século XX, pela Organização Internacional do Trabalho. A OIT, detentora de uma Constituição fundamentada no princípio da justiça social, e alicerçada na Declaração de Filadélfia, já havia sinalizado naquela época, sobre a necessidade de se corrigirem as desigualdades sociais no campo das relações de trabalho, com o objetivo precípuo de se alcançar a paz social.

Após a 2ª Guerra Mundial, essa mesma base humanista, em resposta aos horrores cometidos pelo nazismo, passa a inspirar o surgimento da Declaração Universal de Direitos Humanos, bem como a edição de diversos outros instrumentos de proteção desses direitos, cujos princípios se fundamentam nos direitos da pessoa humana *(princípio pro homine)*.[11] Tais princípios passam a reverberar nas diversas Constituições dos países, conforme se observa na Constituição Federativa Brasileira de 1988, que passa a conceder um escopo mais amplo aos direitos e garantias fundamentais.[12]

Não obstante a composição do texto constitucional brasileiro de 1988, bem como a existência de um conteúdo normativo amplo de proteção e controle internacional dos direitos humanos, as violações a esses direitos ainda são recorrentes no contexto atual, revelando o quanto ainda é desafiador se fazer valer a prevalência dos direitos humanos centrados na pessoa humana, sobretudo, na área dos direitos sociais trabalhistas.

Cabe pontuar, ainda, que os direitos sociais trabalhistas estão todos já elencados em diversos tratados internacionais, sendo eles: a Carta da OEA, a Declaração Americana dos Direitos e Deveres do Homem (DADDH), o Pacto Internacional dos Direitos Econômicos, Sociais e Culturais, o Protocolo adicional à Convenção Americana sobre Direitos Humanos em matéria de Direitos Econômicos, Sociais e Culturais, o "Protocolo de San Salvador", e nos demais documentos que compõem o *corpus iuris* internacional sobre o tema.

Os direitos econômicos, sociais e culturais, ao contrário do que ocorreu com os direitos civis e políticos (arts. 3º ao 23), não foram explicitamente enunciados pela Convenção Americana de Direitos Humanos, e a efetivação dos DESCA'S, infelizmente, ficou relegada à disponibilidade dos Estados e à observância do caráter progressivo dessa

---

(11) O professor André de C. Ramos explica que: "o critério da interpretação *pro homine* exige que a interpretação seja sempre aquela favorável ao indivíduo".

(12) A Constituição de 1988 foi a primeira a dar um novo paradigma aos direitos sociais erigindo-os ao *status* de direitos fundamentais. Antes disso os direitos sociais eram elencados de forma dispersa junto ao rol das normas programáticas, e dispersos no âmbito da ordem econômica e social. (PIOVESAN, Flavia. *Direitos Humanos e o Direito Constitucional Internacional*, p. 116).

efetividade. Nesse ponto, é de extrema necessidade observar o que nos ensina a professora Flávia Piovesan sobre a efetivação desses direitos, a qual deve estar sempre pautada pela observância da concepção contemporânea dos direitos humanos,[13] ou seja, privilegiando a aplicação dos princípios da universalidade e da indivisibilidade desses direitos, com fundamento na dignidade da pessoa humana e com uma visão integral e holística.

A universalidade é a extensão universal dos direitos humanos para todos os seres humanos, sem qualquer distinção, tendo como único requisito a condição de pessoa humana. A indivisibilidade se traduz na observância da inter-relação e interdependência das categorias de direitos humanos e a paridade do grau de relevância dos direitos civis e políticos, com os direitos sociais, econômicos e culturais. Dessa forma, a interdependência dos sistemas alcança uma rede de proteção em que os direitos e liberdades estabelecidos na Declaração Universal de Direitos Humanos tornam-se plenamente realizáveis, com vista a alcançar a justiça social.

Nesse ponto, é importante destacar a inter-relação entre direitos humanos e justiça social, presente nos diversos Tratados e Convenções Internacionais (*vide* Constituição da OIT, Convenção IDH, Protocolo de San Salvador, entre outros), sendo relevante, ainda, atentar para o fato de que essa correlação deve ser sempre perseguida em consonância com a concretização e garantia dos direitos em âmbito interno.

Por conseguinte, não é por acaso que a Corte Interamericana de Direitos Humanos, desde 2006, vem ressaltando sobre o dever das Instituições de realizar o controle de convencionalidade das normas jurídicas internas aos casos concretos analisados, relativos à matéria de direitos humanos, com vista a buscar a efetiva proteção desses direitos.

Nesse sentido, o Conselho Nacional de Justiça, instituição que tem como missão promover o desenvolvimento do Poder Judiciário em benefício da sociedade, editou, em 7 de janeiro de 2022, a Recomendação n. 123, orientando sobre a observância dos Tratados e Convenções Internacionais de Direitos Humanos e o uso da jurisprudência da Corte Interamericana de Direitos Humanos.

Portanto, considerando a importância de se verificar a atuação da proteção internacional dos direitos humanos no campo das relações de trabalho, prosseguimos com o presente estudo, sistematizando a normativa e a jurisprudência internacional em direitos humanos, bem como as normas e os procedimentos de proteção, controle e monitoramento dos sistemas da OIT, da ONU e do SIDH, finalizando com a análise da jurisprudência da Corte Interamericana de Direitos Humanos (Corte IDH).

(13) PIOVESAN, Flávia. *Direitos Humanos e o Direito Constitucional Internacional.* 19. ed. São Paulo: Saraiva, 2021. p. 233/241.

Capítulo 1

A Organização Internacional do Trabalho — OIT

A Revolução Industrial, iniciada na Inglaterra, no século XIX, marca o período em que o trabalho dos artesãos foi substituído pelas máquinas. Para a Europa, tal período se revelou próspero do ponto de vista econômico, mas para a classe trabalhadora a realidade era bem diferente, pois as condições de vida dos trabalhadores tornaram-se degradantes, tendo em vista que os salários eram extremamente baixos, as jornadas de trabalho extensas, podendo chegar até 16 horas; existindo, ainda, uma forte e sistemática exploração do trabalho de mulheres e crianças nessa época.

Tal cenário tornou as condições de vida injustas para as pessoas, despertando, assim, a preocupação da comunidade internacional quanto à busca de condições mais dignas para a população e o alcance da justiça social no plano internacional do trabalho.

Com isso, em 1919, com a realização da Conferência da Paz, em Versalhes, formada pelos países vencedores da 1ª Guerra Mundial, surge a OIT, por meio do Tratado de Versalhes, com o objetivo de se buscar a paz social e a melhoria das condições de trabalho. A OIT, assentada no princípio da justiça social, inscrito em sua Constituição e nos documentos que se seguiram após o seu surgimento, tornou-se, em 1946, agência especializada da ONU, possuindo importante produção normativa internacional em matéria de direitos humanos voltados à proteção do trabalhador.

As normas internacionais da OIT consistem em Convenções e Recomendações elaboradas pela Conferência Internacional do Trabalho. As Convenções da OIT possuem o *status* de Tratado Internacional aberto para ratificação pelos Estados-membros. Já as Recomendações consistem em diretrizes direcionadas aos Estados-membros, com o fim de orientar as políticas, legislações e práticas nacionais em matéria trabalhista.

A atuação e evolução da OIT acompanhou os diferentes contornos políticos e sociais das diferentes épocas, considerando que, de 1919 a 1939, após o término da primeira guerra mundial, começaram as tratativas para estruturar a paz entre os povos, e a base humanística e social da Organização contribuiu para a sistematização do modelo de Direito Internacional do Trabalho. A referência à justiça social inspirou a produção jurídica crescente da OIT, que no período citado, já totalizava 67 Convenções e 66 Recomendações internacionais.(14)

A partir de 1945 inicia-se a fase de expansão da OIT e a instituição da Declaração de Filadélfia. A Declaração de Filadélfia, anexa à Constituição da OIT, constitui importante documento, em que se declaram os fins e objetivos da Organização, tendo como norte a ser seguido o princípio da justiça social. Segundo Supiot (*apud* DELGADO, 2019) a Declaração de Filadélfia é a primeira declaração internacional de direitos que se esmera em fazer da justiça social uma das pedras angulares da ordem jurídica internacional. O mesmo autor adiciona que o "Espírito de Filadélfia" e sua Declaração reverberaram no preâmbulo da Carta das Nações Unidas de 1945 e na própria Declaração Universal dos Direitos do Homem de 1948.

Os princípios contidos na Declaração de Filadélfia são os que norteiam a finalidade precípua da OIT, que é a de sempre buscar a justiça social nas relações de trabalho, bem como sedimentar o conteúdo civilizatório das relações de trabalho.

O primeiro princípio enunciado pela Declaração diz que: "*o trabalho não é uma mercadoria*". Esse princípio já demonstra, desde o início, a preocupação da Organização com o reconhecimento do trabalhador como ser humano, sujeito de direitos, sobretudo o de ter um trabalho digno.

O segundo princípio da Declaração de Filadélfia defende a: "*liberdade de expressão e de associação como condições indispensáveis a um progresso ininterrupto*". Tal diretriz revela a importância da manifestação do pensamento e da possibilidade de associação para a estruturação do Estado e da sociedade.

O terceiro princípio dispõe que: "*a penúria, seja onde for, constitui um perigo para a prosperidade em geral*". Esse enunciado traduz a importância de se combater a pobreza, que se não for perseguida constitui perigo para toda uma comunidade. O combate à pobreza, além de outras medidas, exige, por certo, a regulamentação das relações de trabalho, como instrumento indispensável para assegurar cidadania aos trabalhadores, tanto no plano coletivo, socioeconômico, como no plano individual, o da dignidade.

O quarto princípio acentua a importância do diálogo social, pela via do tripartismo, ao prever que: "*a luta contra a carência, em qualquer nação, deve ser conduzida com infatigável energia, e por um esforço internacional contínuo e conjugado, no qual os representantes dos empregadores e dos empregados discutam, em igualdade com os do Governo, e tomem com eles decisões de caráter democrático, visando o bem comum*". Sobre a importância do tripartismo, nos ensina Delgado:

> "O diálogo social, radicado na natureza tripartite da OIT, compreende todo tipo de negociações e consultas referentes a temas de interesses comuns dos

---

(14) DELGADO, Gabriela Neves. "A OIT e sua Missão de Justiça Social". *Revista Pensamento Jurídico*, São Paulo, vol. 13, n. 2, jul./dez. 2019, 2-3. DOI: https://fadisp.com.br/revista/ojs/index.php/pensamentojuridico/article/view/189.

> constituintes tripartites (representantes dos governos, dos empregadores e dos trabalhadores), seja no âmbito das políticas econômicas, sociais ou trabalhistas. Trata-se de uma práxis democrática, segundo idealiza a OIT."[15]

Conforme sinaliza Delgado, por meio da estrutura do tripartismo a OIT busca reforçar a equivalência do poder dos representantes constituídos (governos, empregadores e trabalhadores), fortalecendo, assim, a democracia na tomada de decisões, sendo essa estrutura a principal característica da Organização.

1.1. Estrutura e sistema de monitoramento das normas da OIT

Conforme já mencionado, a estrutura tripartite da OIT é um grande diferencial da organização, pois é formada por trabalhadores, empregadores e representantes do governo, os quais se reúnem com o objetivo de discutir as questões ligadas ao mundo do trabalho.

A OIT é composta por três órgãos: 1) O Conselho de Administração, que elabora diretrizes para a adoção de uma convenção ou de uma recomendação, documentos estes que são precedidos de trabalhos técnicos e consulta aos membros interessados. 2) A Conferência Internacional do Trabalho, consiste em assembleia responsável por elaborar convenções e recomendações, traçar diretrizes quanto à política social adotada pela OIT, bem como tratar de questões ligadas à observância dos Estados-membros de suas normas internacionais. 3) O Escritório Internacional do Trabalho, tratando-se de secretariado técnico-administrativo da OIT, o qual centraliza e distribui todas as informações referentes à regulamentação internacional das condições e regime de trabalho, decorrentes dos estudos realizados, submetendo tais informações à Conferência.

Para o monitoramento e controle da aplicação de suas normas a OIT conta com dois mecanismos de controle, sendo eles:

> a) o procedimento regular, por meio do controle periódico, que consiste na revisão dos relatórios apresentados periodicamente pelos Estados-membros quanto às medidas adotadas para implementação das disposições presentes nas Convenções por eles ratificadas;
>
> b) e os procedimentos especiais, os quais se dividem em procedimentos de reclamação e de queixa; e em um procedimento especial sobre liberdade de associação, submetidos pelas organizações profissionais de empregados ou de empregadores, nos termos dos arts. 24 e 25 da Constituição da OIT.

---

(15) DELGADO, Gabriela Neves. A OIT e sua Missão de Justiça Social. *Revista Pensamento Jurídico*, São Paulo, vol. 13, n. 2, jul./dez. 2019, p. 11. DOI: https://fadisp.com.br/revista/ojs/index.php/pensamentojuridico/article/view/189.

Tais mecanismos têm a finalidade de garantir a aplicação das Convenções ratificadas pelos Estados, os quais, após apresentados, são examinados pela Organização, no sentido de verificar se houve a adoção da(s) norma(s) ratificadas por parte dos Estados-membros ou mesmo se existiu melhoria naquelas que já foram adotadas a sua aplicação. A OIT tem adotado a sistemática do diálogo social para resolver as questões relacionadas, as medidas legislativas, administrativas e/ou judiciais, prevendo, ainda, assistência técnica ao Estado, para os casos em que se verifiquem problemas na implementação das medidas.

A OIT monitora tanto a aplicação das convenções ratificadas, como as recomendações por ela editadas. O monitoramento ocorre por meio de relatórios ou informes encaminhados pelos Estados-membros (arts. 22 e 23 da Constituição da OIT) e também por meio do sistema de queixas e reclamações submetidas pelas organizações profissionais de empregados ou de empregadores, conforme estabelecem os arts. 24 e 25 da Constituição da OIT. O sistema de queixa/reclamação é dirigido ao Estado-membro que não tenha assegurado satisfatoriamente a execução de uma Convenção, podendo ser transmitida ao Conselho de Administração do Governo em questão, o qual será convidado a prestar considerações sobre o tema. Se não houver resposta do governo querelado ou se for ela insatisfatória o Conselho poderá tornar pública a reclamação e respectiva resposta.

Os relatórios e comunicações periódicas sobre as convenções ratificadas são devidos a cada três anos, para convenções fundamentais e de governança, e a cada cinco anos para as demais. Contudo, podem ser solicitados em intervalos específicos. A Comissão de Peritos da OIT sobre a Aplicação de Convenções e Recomendações (CEACR) analisa a implementação das Convenções e Recomendações, e a Comissão Tripartite analisa a aplicação de normas da Conferência, procedimento que exerce influência sobre a implementação das convenções.

Após a apreciação dos relatórios são elaborados estudos comparativos das informações constantes dos relatórios com a situação relativa à aplicação da convenção analisada, verificando as dificuldades de sua implementação, concluindo, caso necessário, pela revisão, total ou parcial do instrumento internacional. Tal estudo é submetido ao Conselho de Administração, para posteriormente ser encaminhado à Conferência Internacional do Trabalho, para discussão e submissão ao plenário da Conferência.

A Comissão Tripartite, de posse do relatório da Comissão de Peritos, convida os Estados-membros a debater sobre as divergências apontadas no relatório e sobre as medidas para eliminá-las, ocasião em que os representantes governamentais podem completar as informações previamente fornecidas e indicar medidas suplementares que pretendem adotar para efetivação do instrumento ratificado.

Por meio do procedimento regular os governos tendem a adotar medidas concretas a fim de harmonizar sua legislação e suas práticas nacionais com os instrumentos normativos internacionais ratificados.

O procedimento de queixa está previsto nos arts. 26 a 35 da Constituição da OIT. Um Estado-membro pode apresentar queixa contra outro Estado-membro que não tenha cumprido satisfatoriamente as obrigações assumidas na mesma convenção ratificada. O procedimento de queixa é dirigido à Repartição Internacional do Trabalho (RIT). Além disso, o Conselho de Administração também pode formular queixa, *ex officio* ou com base na representação de um delegado. Existe, ainda, a possibilidade de que o Estado-membro apresente queixa contra outro país, membro da OIT, que não tenha se submetido às convenções e recomendações adotadas, às autoridades competentes nacionais. O Conselho de Administração, se achar conveniente, antes de submeter a queixa à Comissão de Inquérito, poderá entrar em contato com o Estado-membro querelado, o que pode resultar na nomeação de Comissão de Inquérito, caso o Estado não apresente as informações na forma como solicitada. Após designação da Comissão de Inquérito, os Estados-membros, diretamente interessados, em atenção ao princípio de cooperação, podem fornecer à Comissão as informações que possuírem pertinentes ao objeto da queixa.

A Comissão de Inquérito, ao final, emitirá um relatório contendo suas conclusões e recomendações ao governo denunciado e os prazos para execução dessas medidas. O diretor-geral da Repartição Internacional do Trabalho transmitirá o relatório da Comissão de Inquérito, ao Conselho de Administração e a cada Estado-membro interessado, quando poderá ser comunicado pelo Estado a aceitação ou não das recomendações, bem como se deseja submeter o litígio à Corte Internacional de Justiça. Tais recomendações podem ser confirmadas, alteradas ou anuladas pela Corte e sua decisão definitiva é irrecorrível.

Caso o Estado-membro querelado não aplique as recomendações da Comissão de Inquérito, nem cumpra a determinação judicial da Corte Internacional de Justiça, o Conselho de Administração poderá recomendar à Conferência a adoção de qualquer medida que julgar conveniente para assegurar a execução dessas recomendações, podendo solicitar a atuação do Conselho de Segurança da ONU, em caso de extrema excepcionalidade e gravidade. Porém, se o Estado-membro denunciado tomar as medidas necessárias quanto ao cumprimento das recomendações da Comissão de Inquérito ou da decisão da Corte, o Conselho de Administração deverá revogar as medidas excepcionais impostas.

Quanto ao procedimento de queixa sobre liberdade sindical, as reclamações devem ser apresentadas por escrito, assinadas e acompanhadas da comprovação das alegações referentes a violações específicas do princípio da liberdade sindical e de associação e do direito à negociação coletiva. A queixa é analisada pelo Comitê de liberdade sindical, que apresenta suas conclusões e recomendações ao Conselho de Administração que poderá determinar a publicação da reclamação. Ainda, tais queixas podem ser apresentadas mesmo em face daqueles Estados que não ratificaram as Convenções relativas à liberdade sindical.(16)

1.2. Convenções fundamentais da OIT

Traçado o panorama acerca dos procedimentos regulares e especiais (de revisão e de queixas) quanto à aplicação das Convenções, passa-se, então, para a análise das Convenções fundamentais ratificadas pelo Brasil e dos dados existentes relativos a esses instrumentos.

O Brasil ratificou 98 Convenções, dentre elas 7 Convenções fundamentais das 8 existentes, são elas: A Convenção n. 29 sobre Trabalho Forçado; a Convenção n. 98 sobre Direito de Organização e de Negociação Coletiva; a Convenção n. 100 sobre Igualdade de Remuneração de Homens e Mulheres Trabalhadores por Trabalho de Igual Valor; a Convenção n. 105 sobre a abolição do Trabalho Forçado; Convenção n. 111 sobre Discriminação (Emprego e Profissão); Convenção n. 138 sobre a idade mínima para emprego; Convenção n. 182 sobre as piores formas de trabalho infantil.

A Convenção n. 87 sobre liberdade sindical, também presente no rol das Convenções fundamentais, segue ainda sem ratificação pelo Estado brasileiro, situação que tem gerado discussões dos estudiosos do tema. O ponto central das discussões refere-se ao tema da unicidade sindical, que consiste no pressuposto de que, numa mesma base territorial não é possível a criação de mais de uma organização sindical de uma mesma categoria profissional ou econômica, sendo essa base limitada ao raio de um Município (art. 8º, II, da CF). Tal regime confronta com o da pluralidade sindical, o qual admite a criação de entidades sindicais representantes de uma mesma categoria sem limitar espaço e legitimidade única.

Importante mencionar que a OIT aponta como pontos desfavoráveis no regime da unicidade sindical, a ausência de democracia, haja vista que inexiste, neste caso, a possibilidade de escolha pelos trabalhadores sobre qual instituição os representará. Além disso, a unicidade sindical gera a exclusividade de representação e promove a acomodação das lideranças, colocando em risco a qualidade da representação.

A Organização do Trabalho, por sua vez, segue defendendo o sistema de pluralidade sindical, explicitando que: "*no marco de liberdade sindical real, as partes são livres para se organizar como estimarem conveniente. E o trabalhador poderá escolher entre se afiliar a um sindicato ou a outro, e a autonomia coletiva poderá colocar limites, mas condicionada, é claro, ao modelo de liberdade e pluralidade sindical*".(17)

---

(16) OIT. *Manual sobre procedimentos relativos às Convenções e Recomendações Internacionais do Trabalho.* Genebra, 2019. p. 42/59. Disponível em: https://www.ilo.org/global/standards/information-resources-and-publications/publications/WCMS_713126/lang--es/index.htm. Acesso em: 17 fev. 2021.

(17) ACKERMAN, Mario. Liberdade sindical e trabalho decente. *Rev. TST*, Brasília, vol. 78, n. 2, abr./jun. 2012.

Não resta dúvida de que o tema da liberdade sindical no Brasil é uma questão delicada, que demandará muitas discussões, sobretudo, no sentido de avançar no entendimento da expressão "liberdade sindical", conforme consta na transcrição acima referenciada.

Após breve apontamento sobre o tema da liberdade sindical, segue-se para análise das Convenções fundamentais ratificadas pelo Brasil, contextualizando e apresentando os dados emitidos pela OIT sobre as temáticas específicas.

Convém, ainda, esclarecer que a identificação dos relatórios, observações e solicitações verificados teve como suporte a pesquisa no sítio eletrônico da OIT, qual seja, www.ilo.org, com o acesso aos temas e aos *links* que remetem às Convenções e, consequentemente, aos respectivos comitês de monitoramento.

1.2.1. Convenção n. 29 sobre Trabalho Forçado ou Obrigatório e Convenção n. 105 sobre a abolição do Trabalho Forçado

Os principais instrumentos normativos da OIT sobre o tema são: a Convenção n. 29 da OIT sobre Trabalho Forçado ou Obrigatório, a Convenção n. 105 sobre a abolição do Trabalho Forçado, o Protocolo à Convenção sobre Trabalho Forçado de 2014 e a Recomendação sobre Trabalho Forçado (medidas complementares de 2014).

A Convenção n. 29 da OIT sobre Trabalho Forçado ou Obrigatório foi ratificada pelo Brasil em 25 de abril de 1957 e define o trabalho forçado como sendo ele: todo trabalho ou serviço exigido de um indivíduo sob ameaça de qualquer penalidade e para o qual ele não se ofereceu de espontânea vontade (art. 2.1). A OIT informa que a Convenção n. 105 sobre abolição do trabalho forçado, ratificada pelo Brasil em 18 de junho de 1965, complementa a Convenção n. 29 e é um documento autônomo que não exige a ratificação de outra convenção como pré-requisito, reforçando que a Declaração sobre os Princípios e Direitos Fundamentais no Trabalho vincula os Estados-membros quanto ao respeito às Convenções Fundamentais:

> "Com a adoção da Declaração sobre Princípios e Direitos Fundamentais no Trabalho e seu seguimento em 1998, todos os Estados membros da OIT reconheceram que têm a obrigação de trabalhar para a realização de certos valores básicos inerentes à filiação à OIT, a saber, liberdade de associação e o reconhecimento efetivo do direito à negociação coletiva; a eliminação de todas as formas de trabalho forçado ou obrigatório; a abolição efetiva do trabalho infantil; e a eliminação da discriminação em relação ao emprego e à ocupação. Essa obrigação existe mesmo que eles ainda não tenham ratificado as oito convenções fundamentais que incorporam esses princípios."

Segundo dados da OIT, o fenômeno da escravidão contemporânea, contextualizada na existência de trabalho em condições análogas à de escravo, infelizmente, ainda é um fato recorrente no Brasil. Isso porque a Subsecretaria de Inspeção do Trabalho (SIT) registrou que, entre 1995 e 2020, mais de 55 mil pessoas foram libertadas de condições de trabalho análogas à escravidão no país. As trabalhadoras e os trabalhadores libertados são, em sua maioria, migrantes internos ou externos, os quais se dirigem às regiões onde há expansão agropecuária ou aos grandes centros urbanos, em busca de novas oportunidades, muitas vezes atraídos por falsas promessas.

A maioria dos trabalhadores libertados são homens, com idade entre 18 e 44 anos de idade e 33% deles são analfabetos. O maior número de casos de trabalho escravo do Brasil se encontra na região amazônica, sendo que, de dez municípios localizados nessa região, oito deles são do estado do Pará. Tradicionalmente, a pecuária bovina é o setor com mais casos no país. No entanto, há cerca de dez anos as operações de fiscalização em centros urbanos foram intensificadas e, em 2013, os dados mostraram que houve um aumento de casos em ambiente urbano, principalmente nos setores de confecção e construção civil.(18)

1.2.2. Convenção n. 98 sobre Direito de Organização e de Negociação Coletiva

A Convenção n. 98 da OIT foi ratificada pelo Brasil em 18 de novembro de 1952, e trata do direito de sindicalização e da negociação coletiva. Tal instrumento visa proteger a autonomia das organizações sindicais, vedando qualquer intervenção externa a sua gestão. Os critérios para essas garantias estão presentes no art. 2º, itens 1 e 2 da Convenção:

> "Art. 2º
>
> 1. As organizações de trabalhadores e de empregadores deverão gozar de proteção adequada contra quaisquer atos de ingerência de umas e outras, quer diretamente quer por meio de seus agentes ou membros, em sua formação, funcionamento e administração.
>
> 2. Serão particularmente identificadas a atos de ingerência, nos termos do presente artigo, medidas destinadas a provocar a criação de organizações de trabalhadores dominadas por um empregador ou uma organização de empregadores, ou a manter organizações de trabalhadores por outros meios financeiros, com o fim de colocar essas organizações sob o controle de um empregador ou de uma organização de empregadores."

Sobre o tema é importante mencionar que as alterações promovidas pela reforma trabalhista (Lei n. 13.467/2017), especialmente no que diz respeito à inserção dos arts. 614 -A e 615-B da CLT, vem sendo alvo de análise pela Comissão de Peritos da OIT, sobretudo porque tais dispositivos passaram a privilegiar a negociação coletiva em detrimento da legislação trabalhista, constituindo frontal violação à Convenção n. 98 e resultando na inclusão do Brasil na lista curta da OIT em 2019.

---

(18) OIT. *Trabalho Escravo.* DOI: https://www.ilo.org/brasilia/temas/trabalho-escravo/WCMS_393066/lang--pt/index.htm. Acesso em: 22 fev. 2021.

Em 2020, a Comissão de Peritos da OIT sobre a Aplicação de Convenções e Recomendações (CEACR), por ocasião da 109ª reunião da Conferência Internacional do Trabalho, ressaltou que se deve ter cautela quanto à aplicação dos instrumentos, sobretudo quando suas cláusulas se referirem a exceções gerais à aplicação da legislação trabalhista, apontando suas considerações a respeito da observância do art. 4 da Convenção (Promoção da negociação coletiva e sua articulação com a lei), conforme segue:

> "(...) embora possam ser compatíveis com a Convenção disposições legislativas de âmbito específico relativo a certos aspectos das condições de trabalho que prevejam, de forma circunscrita e motivada, a sua dispensa de aplicação mediante negociação coletiva, uma disposição que estabelecer exceções gerais à aplicação da legislação trabalhista por meio da negociação coletiva seria, no entanto, contrário ao objetivo de promover a negociação coletiva livre e voluntária estabelecida no art. 4 da Convenção."(19)

A Comissão solicitou ao Brasil a adoção de medidas necessárias à revisão dos arts. 611-A e 611-B da CLT, com o objetivo de especificar de forma mais precisa as situações que podem originar a edição de cláusulas normativas, que versem sobre exceções à legislação trabalhista, devendo ser definido o seu alcance. E, na mesma reunião, opinou sobre a validade e duração dos acordos e negociações coletivas, sobretudo, o quanto dispõe o art. 614, § 3º da CLT, também alterado pela reforma, que além de manter a fixação da duração máxima dos acordos e convenções coletivas em dois anos, vedou a ultratividade em relação à adoção dos instrumentos, proibindo, portanto, a manutenção dos efeitos ali previstos, caso não ocorra a sua renovação.

Nesse ponto, a Comissão informou que o princípio da negociação coletiva livre e voluntária promovido pela Convenção n. 29 abrange a duração dos acordos coletivos de trabalho e seus efeitos, de modo que qualquer exceção a essa regra deve refletir, na medida do possível, um acordo tripartido.

Com base nisso, o Comitê solicitou ao Governo a abertura de consultas às organizações representativas de empregadores e trabalhadores sobre o conteúdo do art. 614, § 3º da CLT, registrando, por outro lado, a posição reiterada do Governo, das entidades patronais, da Confederação Nacional da Indústria (CNI) e da Confederação Nacional dos Transportes (CNT), os quais afirmam que a não previsão da duração do acordo, bem como a limitação da sua duração tem por objeto e efeito promover, tanto quanto possível, o exercício regular da negociação colectiva.

A Comissão reforçou a insistente discordância expressa pela Central Unitária dos Trabalhadores (CUT) e pela Nova Central Sindical dos Trabalhadores (NCST) acerca do conteúdo do art. 614, § 3º, da CLT, voltando a solicitar ao governo brasileiro informações sobre as eventuais consultas junto às organizações representativas de empregadores e de

---

(19) OIT. *Observação (CEACR) adoção:* 2020, publicada na 109ª reunião CIT (2021). DOI: https://www.ilo.org/dyn/normlex/es/f?p=1000:13100:0::NO:13100:P13100_COMMENT_ID:4061795. Acesso em: 22 fev. 2021.

trabalhadores a respeito do teor do art. 614, § 3º, da CLT, visando à tratativa de um acordo tripartite sobre a regulamentação da duração das convenções e acordos coletivos.[20]

Feitas as referidas recomendações, em 2021, a OIT decidiu retirar o Brasil da lista curta dos países violadores da Convenção, o que não representa que a atual legislação trabalhista esteja em consonância com as Convenções e Recomendações da OIT. Diante disso, a questão poderá vir à tona nas próximas Conferências da OIT, pois a organização não só recomenda mas enfatiza a necessidade de se promover o diálogo social sobre o tema e o desatendimento da recomendação poderá causar o retorno do Brasil para a lista dos países violadores da Convenção n. 98 da OIT.

É bom lembrar que a questão em torno da aplicação dos arts. 614-A e 614-B da CLT foi analisada pelo Supremo Tribunal Federal, em junho de 2022, quando a suprema corte reconheceu a validade das negociações coletivas em detrimento da legislação trabalhista, fazendo conter apenas a ressalva em relação aos direitos absolutamente indisponíveis; decisão esta não precedida de diálogo social e/ou debate público sobre o assunto (Leading Case ARE 1121633).[21]

1.2.3. Convenção n. 100 sobre Igualdade de remuneração

A Convenção n. 100 da OIT foi ratificada pelo Brasil em 25 de abril de 1957 e trata da igualdade de remuneração entre homens e mulheres. Já no preâmbulo da Convenção a OIT traz o conceito amplo de remuneração, qual seja, aquele que compreende o salário ou o salário-base, ou o mínimo, bem como todas as vantagens pagas direta ou indiretamente, em espécie ou *in natura* e, no que tange à expressão "igualdade de remuneração para a mão de obra masculina e a mão de obra feminina por um trabalho de igual valor" deve-se ter em conta que se refere à remuneração fixa desassociada de discriminação fundada no sexo.

Em seu relatório, por ocasião da 107ª Conferência da OIT, realizada em 2018, o Comitê de Especialistas observou que a disparidade salarial entre homens e mulheres (remuneração real média) caiu de 27,69% em 2009 para 25,83% em 2014. A remuneração média dos homens foi superior à das mulheres em todos os setores em 2013. Ao considerar apenas a remuneração do trabalho formal, o Comitê observa que a disparidade salarial entre homens e mulheres permaneceu praticamente inalterada desde 2002 (17,66% em 2002 para 17,65% em 2013). De acordo com o relatório do Governo, a disparidade salarial entre homens e mulheres mostrou-se particularmente maior entre os trabalhadores altamente qualificados. O Governo indica ainda que 8,5% das mulheres

---

(20) OIT. *Solicitação direta (CEACR) adoção:* 2020, publicada na 109ª reunião CIT (2021). Disponível em: https://www.ilo.org/dyn/normlex/es/f?p=1000:13100:0::NO:13100:P13100_COMMENT_ID:4061799. Acesso em: 22 fev. 2021.

(21) *Leading Case* ARE 1121633. Disponível em: https://redir.stf.jus.br/estfvisualizadorpub/jsp/consultarprocessoeletronico/ConsultarProcessoEletronico.jsf?seqobjetoincidente=5415427.

(em comparação com 4,7 por cento dos homens) exerciam trabalho não remunerado, e que 18% das mulheres economicamente ativas desempenhavam trabalho doméstico. Os dados estatísticos fornecidos pelo Governo em seu relatório sobre a Convenção sobre Discriminação (Emprego e Ocupação), de 1958 (n. 111), indicou em 2013 uma diferença de 49,16% na renda média das "mulheres negras" em relação à dos homens brancos.

O Comitê chamou atenção para o fato de que as disparidades salariais significativas entre homens e mulheres ainda persistem, exigindo que os governos, juntamente às organizações de empregadores e de trabalhadores, tomem medidas mais proativas no sentido de conscientizar, promover avaliações, com vista a observar o princípio da igualdade de remuneração entre homens e mulheres por trabalho de igual valor.

A Comissão, ainda, reiterou o pedido de informações a respeito da natureza das infrações detectadas pelos inspetores do trabalho, bem como sobre o teor das decisões adotadas pelos órgãos administrativos ou judiciais competentes e respectivas sanções aplicadas.(22)

1.2.4. Convenção n. 111 sobre Discriminação em matéria de Emprego e Ocupação

A Convenção sobre Discriminação em matéria de Emprego e Ocupação foi ratificada pelo Brasil em 26 de novembro de 1965. Em seu preâmbulo a Convenção faz menção ao quanto dispõe a Declaração de Filadélfia acerca do direito ao progresso material e desenvolvimento espiritual em liberdade e dignidade, em segurança econômica e com oportunidades iguais a todos os seres humanos, seja qual for a raça, credo ou sexo. A convenção, de igual modo, afirma categoricamente que a discriminação constitui uma violação dos direitos enunciados na Declaração Universal dos Direitos do Homem. Quanto ao ponto, vale mencionar que o art. 23 da DUDH prevê o direito ao trabalho, à livre escolha de emprego, a condições justas e favoráveis de trabalho e à proteção contra o desemprego, direito a igual remuneração por igual trabalho, sem qualquer distinção, sendo tal instrumento fonte de obrigações aos Estados.

Vale notar que a Convenção adota conceito detalhado e amplo a respeito da discriminação:

> "Art. 1 – 1. Para os fins da presente convenção o termo 'discriminação' compreende:
>
> a) toda distinção, exclusão ou preferência fundada na raça, cor, sexo, religião, opinião política, ascendência nacional ou origem social, que tenha por efeito destruir ou alterar a igualdade de oportunidade ou de tratamento em matéria de emprego ou profissão;

---

(22) *Solicitação direta (CEACR) adotada em 2017*, publicada na 107ª Reunião (2018). Disponível em: https://www.ilo.org/dyn/normlex/en/f?p=1000:13100:0::NO:13100:P13100_COMMENT_ID:3343760:NO. Acesso em: 22 fev. 2021.

> b) qualquer outra distinção, exclusão ou preferência que tenha por efeito destruir ou alterar a igualdade de oportunidades ou tratamento em matéria de emprego ou profissão que poderá ser especificada pelo Membro interessado depois de consultadas as organizações representativas de empregadores e trabalhadores, quando estas existam, e outros organismos adequados.

A Comissão de Especialistas de monitoramento da Convenção, em parecer adotado em 2017, e publicado na 107ª sessão da CIT (2018), toma nota sobre as informações apresentadas pelo governo brasileiro, as quais indicaram que trabalhadores negros, indígenas e pardos continuam recebendo salários inferiores em comparação com a remuneração dos trabalhadores brancos, sendo as mulheres negras as mais afetadas pela diferença salarial. Dessa forma, solicitou ao Governo informações sobre os eventuais progressos em relação ao Projeto de Lei da Igualdade e Eliminação da Discriminação, bem como sobre o Projeto de Lei da Igualdade de Oportunidades e Tratamento da Mulher no Emprego (PLS n. 136/2011), requerendo, ainda, informação sobre o impacto prático da Lei n. 150 de 2015 na eliminação da discriminação contra os trabalhadores domésticos e na promoção da igualdade, e seu impacto no Sistema Nacional de Promoção da Igualdade Racial.

Por fim, tendo em conta os dados e as informações anteriormente prestadas pelo Governo sobre as medidas e atividades desenvolvidas, no âmbito dos planos e programas nacionais e estaduais, o Comité solicitou ao Governo a intensificação de esforços para o combate à discriminação com base na raça, cor ou etnia, e que se promova ativamente a igualdade no emprego e na ocupação. Solicitou, ainda, informações sobre o impacto concreto das medidas adotadas no âmbito do Plano Nacional para a Igualdade Racial, e do Programa para o Etnodesenvolvimento das Comunidades Quilombolas e respectivos resultados concretos obtidos, fornecendo dados estatísticos desagregados por sexo, raça e cor, e os efeitos combinados de sexo e etnia na distribuição e participação dos trabalhadores nas várias profissões e setores econômicos, incluindo as respectivas taxas de remuneração.(23)

1.2.5. Convenção n. 138 sobre a idade mínima para emprego

A Convenção n. 138 sobre a idade mínima para emprego foi ratificada pelo Brasil em 28 de junho de 2001, e prevê a obrigação a todo Estado-membro da Convenção de se comprometer a erradicar o trabalho infantil em seu país, devendo, para tanto, fixar a idade mínima para admissão no emprego ou trabalho, de forma que garanta ao jovem um nível adequado de desenvolvimento físico e mental.

---

(23) *Observação (CEACR) adotada em 2017*, publicada na 107ª Reunião (2018). Disponível em: https://www.ilo.org/dyn/normlex/en/f?p=1000:13100:0::NO:13100:P13100_COMMENT_ID:3344330:NO. Acesso em: 22 fev. 2021.

Em observação, adotada em 2018, na 108ª sessão da ILC (2019), o Comitê CEACR tomou nota sobre a informação do governo brasileiro, a respeito de que a inspeção aos postos de trabalho é sempre apoiada por diversos órgãos e entidades de proteção à criança e ao adolescente, os quais têm a função de identificar as violações e realizar intervenções em todos os setores, independentemente de haver vínculo formal de trabalho. O Comitê advertiu que o Comitê dos Direitos da Criança (CRC), em suas observações do ano de 2015, expressou a preocupação com a alta prevalência de trabalho infantil informal e agrícola, incluindo trabalho não regulamentado, de venda ambulante, em coleta de lixo e, ainda, trabalho forçado em condições análogas à escravidão em fazendas (CRC/C/BRA/CO/2-4, parágrafo 81).

A Comissão solicitou ao governo a tomada de medidas necessárias quanto ao alcance na identificação de casos de trabalho infantil na economia informal, pelos serviços de inspecção do trabalho, sobretudo quanto à garantia de que crianças menores de 16 anos, identificadas como trabalhadores autônomos ou mesmo as que se ativam em agricultura familiar, sejam beneficiadas pela proteção conferida pela Convenção n. 138, reforçando o dever do governo de informar a respeito das medidas adotadas e os resultados alcançados.[24]

1.2.6. Convenção n. 182 sobre a Proibição das Piores Formas de Trabalho Infantil e Ação Imediata para sua Eliminação

A Convenção sobre a Proibição das Piores Formas de Trabalho Infantil e Ação Imediata para sua Eliminação foi ratificada pelo Brasil em 2 de fevereiro de 2001, a Convenção consigna que a proibição e a eliminação das piores formas de trabalho infantil deve ser ação prioritária nacional e internacional, o que inclui cooperação e assistência internacionais. Sinaliza, ainda, que para a efetiva eliminação das piores formas de trabalho infantil deve-se levar em conta a importância da educação fundamental e gratuita, a promoção da reabilitação e integração da criança, bem como das respectivas famílias, identificadas como vítimas dessa situação.

A Comissão de peritos (CEACR) de 2018, em observação, publicada na 108ª sessão ILC de 2019, tomou nota sobre as medidas implementadas pelo governo brasileiro no combate à exploração do trabalho infantil. De acordo com as informações fornecidas, no período de 2015 a 2017, os fiscais do trabalho realizaram 23 fiscalizações e retiraram 24 adolescentes da exploração sexual comercial. A Comissão observou que o Comitê dos Direitos da Criança (CRC), no relatório de 2015, expressou séria preocupação com o alto e crescente número de crianças envolvidas na prostituição e tráfico para esse fim, bem como o envolvimento de agências de turismo, hotéis e taxistas na atividade do turismo

---

(24) *Observação (CEACR) adotada em 2018*, publicada na 108ª Reunião (2019). Disponível em: https://www.ilo.org/dyn/normlex/en/f?p=1000:13100:0::NO:13100:P13100_COMMENT_ID:3950900:NO. Acesso em: 22 fev. 2021.

sexual infantil, principalmente em áreas onde estão sendo implementados grandes projetos de desenvolvimento.

A Comissão instou o governo a tomar as medidas necessárias no sentido de garantir que as crianças vítimas de exploração sexual comercial e tráfico para esse fim sejam retiradas dessa situação, devendo ser-lhes fornecidos serviços de reabilitação e integração social, solicitando, ainda, informações sobre os resultados alcançados a esse respeito, bem como sobre o impacto das medidas tomadas pelas agências e programas governamentais. A comissão alertou sobre a necessidade de se efetivar a prevenção e combate à exploração sexual comercial e tráfico de crianças para esse fim, por parte dos órgãos de inspeção do trabalho, com foco em áreas onde existam grandes eventos ou projetos de desenvolvimento, observando que a Lista das Piores Formas de Trabalho Infantil (Decreto n. 6.481, de 12 de junho de 2008) inclui o trabalho doméstico infantil como um dos tipos de atividades proibidas a menores de 18 anos, e que o número de crianças menores envolvidas em trabalhos domésticos no Brasil continua significativo. A Comissão solicitou, por fim, informações concretas sobre as medidas tomadas a esse respeito e sobre os resultados alcançados, incluindo o número de crianças identificadas nesse contexto.[25]

1.3. Apontamentos finais sobre as normas da OIT

Após a análise dos relatórios, observações e recomendações emitidos pelos Comitês de especialistas sobre o monitoramento da aplicação das Convenções Fundamentais, convém lembrar que a OIT é pioneira na produção de normas internacionais sobre o mundo do trabalho, e essa produção normativa teve início com a Convenção n. 1 sobre jornada de trabalho em 1919, e seguiu com as diversas Convenções 30 e 47, sobre o tempo de trabalho, e a Convenção n. 14, sobre descanso semanal mínimo.

Além disso, existem as convenções que tratam do meio ambiente de trabalho e outras tantas sobre temas importantíssimos para o mundo do trabalho, sendo elas: a Convenção n. 132, sobre férias remuneradas, Convenção n. 148, sobre a contaminação do ar, ruído e vibrações, a Convenção n. 155, sobre segurança e saúde do trabalhador, Convenção n. 156, sobre a Igualdade de Oportunidades e de Tratamento para Homens e Mulheres Trabalhadores: Trabalhadores com Encargos de Família, Convenção n. 161, sobre serviços de saúde no trabalho, a Convenção n. 42, sobre indenização por Enfermidade Profissional, a Convenção n. 159 sobre a Reabilitação Profissional de Pessoas Deficientes, a Convenção n. 189 sobre Trabalho Decente para Trabalhadores Domésticos, a Convenção n. 190, sobre Violência e Assédio no Trabalho e outras diversas convenções e recomendações importantes sobre variados temas.

---

(25) *Observação (CEACR) adotada em 2018*, publicada na 108ª Reunião (2019). Disponível em: https://www.ilo.org/dyn/normlex/en/f?p=1000:13100:0::NO:13100:P13100_COMMENT_ID:3950892:NO. Acesso em: 22 fev. 2021.

É bom lembrar que em 1998 a OIT lançou a Declaração sobre os Princípios e Direitos Fundamentais no Trabalho, e, em 1999, a Agenda do Trabalho Decente. Além disso, editou a Declaração Tripartite de Princípios sobre Empresas Multinacionais e Política Social, atualizada em 2006 e a Declaração da OIT Sobre Justiça Social para uma Globalização Justa, em 2008.

Em 2019, a OIT lançou a iniciativa do Centenário sobre o Futuro do Trabalho, com vistas a promover debates e discussões sobre o assunto, de forma ampla, envolvendo o mundo acadêmico, a sociedade civil e outros atores interessados, organizando os diálogos em quatro áreas temáticas: trabalho e sociedade; trabalho decente para todos; a organização do trabalho e da produção; e a governança do trabalho.

Capítulo 2

Sistema ONU de Proteção Global de Proteção dos Direitos Humanos e Mecanismos de Monitoramento

Na lição do professor André de Carvalho Ramos, os direitos humanos surgem como uma espécie do Direito Internacional Público, e consistem no conjunto indispensável de direitos para a vida do ser humano pautada na liberdade, igualdade e dignidade.[26]

Os primeiros marcos do processo de internacionalização dos direitos humanos são o Direito Internacional Humanitário, a Organização Internacional do Trabalho e a Liga das Nações.[27] O direito Internacional Humanitário traduz-se no conjunto de normas jurídicas internacionais que disciplina os conflitos armados, internacionais ou não, restringindo os meios e os métodos, assegurando direitos, bem como minimizando os efeitos danosos dos conflitos. A Organização Internacional do Trabalho (OIT), criada em 1919, pelo Tratado de Versalhes, surge com o objetivo primário de se buscar a justiça social, por meio da defesa dos direitos básicos do trabalhador, com vistas a se buscar um patamar mínimo civilizatório aos trabalhadores para proporcionar uma vida digna. Na mesma época, surge a Liga das Nações, formada pelos países vencedores da 1ª Guerra Mundial, com a preocupação de se manter a paz entre os povos, haja vista a evidente capacidade humana de autodestruição. Contudo, essa iniciativa se mostrou ineficiente ante a deflagração da 2ª Guerra Mundial e seus horrores, pois mais de 50 milhões de vidas humanas foram dizimadas.

Após o fim da Segunda Guerra Mundial, mais precisamente em 1945, é elaborada a Carta de São Francisco (Carta da ONU), dando-se início ao processo de internacionalização do sistema de proteção dos direitos humanos, bem como a implementação de uma sistemática de monitoramento e controle do sistema global de proteção desses direitos, a chamada *international accountability*.

É importante mencionar que a Carta da ONU revelou-se um marco fundamental

(26) RAMOS, André de Carvalho. *Curso de Direitos Humanos*. 7. ed. São Paulo: Saraiva, 2020. p. 30.

(27) PIOVESAN, Flávia. *Direitos Humanos e o direito constitucional internacional*. São Paulo: Saraiva, 2021. p. 207.

na implementação dos direitos, por ser um documento antecedente à criação da ONU, o qual possibilitou que, em poucos anos, fosse elaborada a Declaração Universal dos Direitos Humanos (DUDH – 1948); portanto, é um ponto *sine qua non* para o desenvolvimento dos direitos humanos.

A Carta das Nações Unidas tem como objetivos principais, a manutenção da paz e da segurança internacional; o desenvolvimento das relações amistosas entre os Estados; a cooperação internacional, o padrão internacional de saúde, a proteção do meio ambiente, a criação de uma nova ordem econômica internacional e a proteção internacional dos direitos humanos. Também estabelece que os Estados-partes devem promover a proteção dos direitos humanos.

A Declaração Universal dos Direitos Humanos define e fixa os direitos fundamentais e liberdades a serem garantidos e, por ser uma "Declaração", possui a característica de um código comum a ser seguido pelos Estados, de forma que, nesse aspecto, não dispõe de força jurídica obrigatória e vinculante, característica inerente aos tratados. Contudo, deve-se ter em conta que se trata de documento, cujo conteúdo elenca os requisitos mínimos para que o ser humano tenha condições de alcançar uma vida digna, tratando-se, portanto, da concretização de um amplo consenso da comunidade internacional e tendo, em razão disso, assumido a natureza jurídica de norma *ius cogens*, ou seja, de observância obrigatória.

Nesse sentido, a DUDH, conjugada com os Pactos de Direitos Civis e Políticos e de Direitos Econômicos, Sociais e Culturais, formam a Carta Internacional de Direitos Humanos, a *Bill of Rights*, e são documentos que buscam fortalecer o sistema de proteção global dos direitos humanos, ao lado dos demais tratados editados posteriormente.[(28)]

Não obstante os desafios enfrentados em relação à observância da Declaração Universal de Direitos Humanos, é necessário reconhecer o seu caráter vinculante, por se tratar de documento que detém interpretação autorizada da expressão de Direitos Humanos, presente na Carta da ONU, de forma que se transformou ao longo dos anos em norma internacional costumeira ou princípio geral de direito internacional, exercendo papel fundamental de impacto nas constituições dos Estados (*vide* art. 4º e art. 5º, § 3º da CFRB), servindo, ainda, como fonte de fundamentação para as Cortes Internacionais, conforme consta na Resolução n. 217-A/1948 da ONU.

Importante mencionar ainda que o dever de observância e garantia de proteção de todos os direitos humanos e liberdades fundamentais previstos na DUDH foi afirmado pela Declaração de Viena sobre o Direito dos Tratados, de 1986, documento que dispõe sobre a importância dos tratados entre Estados e organizações internacionais como meio mais eficaz de se desenvolverem as relações internacionais pacíficas entre as nações.

---

(28) FACHIN, Melina G. (Org.). *Guia de Proteção dos Direitos Humanos.* Sistemas internacionais e sistema constitucional. Curitiba: Ed. Intersaberes, 2019. p. 28-29.

Portanto, não é por acaso que o sistema de proteção dos direitos humanos em âmbito global está dividido em duas grandes áreas: A Convencional, originada dos tratados internacionais dos quais os Estados são signatários, e a extraconvencional, derivada da Carta da ONU e da atuação de seus principais órgãos: Assembleia Geral; Conselho de Segurança; Corte Internacional de Justiça, Conselho Econômico e Social, o Conselho de Tutela e o Secretariado.

No sistema convencional as obrigações estão restritas às que estão presentes nos Tratados e/ou Convenções que o Estado seja signatário. A responsabilidade pelo monitoramento e apuração da atuação dos Estados, nesse sistema, fica a cargo dos Comitês, órgãos de tratados, os chamados *treaties bodys*, criados pelas convenções, os quais monitoram o cumprimento das obrigações estatais, interpretam disposições normativas, bem como recebem e apuram petições ou comunicações de indivíduos, vítima de violações de direitos humanos.

Já no sistema extraconvencional, o sistema de monitoramento e controle está a cargo do Conselho de Direitos Humanos da ONU, e tem como base as disposições contidas na Carta da ONU, não se restringindo apenas aos países signatários de alguma convenção internacional específica, mas a todos os Estados.

A análise do sistema de monitoramento do sistema global de proteção dos direitos humanos será objeto do próximo capítulo e terá como ponto de partida o sistema extraconvencional de proteção global, apenas por uma questão de organização textual.

2.1. Sistema Extraconvencional de Proteção do Sistema Global

O Conselho de Direitos Humanos é o principal fórum intergovernamental para tratar de questões relativas aos direitos humanos no âmbito das Nações Unidas, e foi criado em 2006 para substituir a comissão de Direitos Humanos. Desde então, o Conselho tem sido mantido como o principal órgão formador de *standards* de proteção de direitos humanos, responsável pela investigação de violações desses direitos no mundo todo, possuindo, ainda, a função de contribuir para o desenvolvimento de normas internacionais de direitos humanos.

O monitoramento da proteção dos direitos humanos pelo Conselho ocorre por meio dos procedimentos especiais e de queixas, bem como pela emissão da Revisão Periódica Universal (RPU), que consiste em relatório de avaliação e análise da situação de direitos humanos nos países.

Os procedimentos especiais estão divididos em duas espécies: os destinados a uma temática específica, em geral com mandato renovável de 3 anos; e aqueles voltados à situação de direitos humanos em um país determinado, estes com mandato de um ano, também renovável.[29]

(29) FACHIN, Melina Girardi (Org.). *Guia de Proteção dos Direitos Humanos*. Sistemas Internacionais e Sistema Constitucional. Curitiba: Intersaberes, 2019. p. 40.

Os procedimentos especiais do Conselho de Direitos Humanos iniciam-se especificamente com a Resolução 1.235, de 6 de junho de 1967, que criou o procedimento 1.235 para analisar e investigar as violações maciças e sistemáticas de direitos humanos, contando com a indicação de grupos especiais de investigação e relatores especiais para determinados temas ou áreas geográficas. Com o apoio do Escritório do Alto Comissariado das Nações Unidas para os Direitos Humanos (ACNUDH), os grupos e/ou relatores atuam em casos de denúncias de violações específicas e de outras de natureza mais ampla, realizam visitas *in loco*, remetem comunicações ao Estado, realizam estudos temáticos anuais e buscam informações e contribuições, efetuando, ainda, consultas a especialistas.

O grupo de investigação poderá propor medidas que visem remediar as violações de direitos humanos, inclusive em relação a indivíduos específicos e, concluída a investigação, elabora relatório final para posterior encaminhamento à Assembleia Geral.

Já o procedimento 1.503, criado pelo Conselho Econômico e Social, em 27 de maio de 1970, por meio da Resolução n. 1.503, consiste em um mecanismo processual de tramitação de petições individuais contra Estados por violações de direitos humanos recebidas pela ONU, e possui caráter permanente e confidencial. Tal procedimento, de início, não se revelou muito eficaz como mecanismo de satisfação às vítimas, isso porque a demora no trâmite da queixa não condizia com a natureza da medida, haja vista o caráter de urgência das violações denunciadas. Esse procedimento objetivava, primordialmente, a identificação da existência de um quadro consistente de violações de direitos humanos e das liberdades fundamentais, não se revelando, portanto, satisfatório para a situação individual das vítimas.

Felizmente, em 2007, o procedimento 1.503 foi revisado e sua reestruturação não só alterou a nomenclatura para "procedimento de queixa", como contou com a criação de dois grupos de trabalho para atuar na análise dos procedimentos: o Grupo de Trabalho sobre Comunicações e o Grupo de Trabalho sobre Situações. O Grupo de Trabalho sobre Comunicações faz a triagem das queixas, após o exame preliminar, encaminhando-as aos Estados. Com a resposta e análise dos pressupostos de admissibilidade, o Grupo verifica se as queixas, de fato, revelam um quadro de sistemática violação de direitos humanos e, após serem admitidas são encaminhadas para o Grupo de Trabalho de Situações, o qual analisa as comunicações e respostas dos Estados, bem como as recomendações do primeiro grupo. Tal procedimento resulta na elaboração de um relatório final, o qual será encaminhado ao Conselho, com as recomendações a serem tomadas.[(30)]

Tanto o procedimento 1.235, como o procedimento 1.503, preveem a criação de mandatos temáticos e geográficos, os quais tanto podem ser processados por órgãos especiais de trabalho, como por um relator designado. Conforme nos informa Flávia Pio-

(30) RAMOS, André de Carvalho. *Curso de Direitos Humanos*. 7. ed. São Paulo: Saraiva, 2020. p.122-127.

vesan, até outubro de 2020, existiam 44 procedimentos especiais temáticos implementados, e 12 procedimentos especiais por países, dentre eles podemos citar a criação dos mecanismos temáticos sobre detenção arbitrária, desaparecimento forçado ou involuntário; defensores de direitos humanos; direito ao desenvolvimento; promoção e proteção da liberdade de opinião e expressão; direitos de migrantes; formas contemporâneas de discriminação, xenofobia e intolerância; violência contra a mulher; população afrodescendente, entre outros.

A mesma autora informa que o Brasil já recebeu diversas visitas de relatores temáticos, dentre as quais destacamos as mais recentes: a) em 2010, da relatora especial sobre formas contemporâneas de escravidão, inclusive suas causas e consequências, e da especialista independente em matéria de direitos culturais; b) em 2015, do relator especial para tortura e outros tratamentos ou penas cruéis, desumanas e degradantes; da relatora especial para questões de minorias; do grupo de trabalho sobre direitos humanos e corporações transnacionais e outras empresas; c) em 2016, da relatora especial sobre direitos dos povos indígenas; d) em 2019, da relatora especial sobre hanseníase; do relator especial sobre as implicações de direitos humanos relacionadas com a gestão e eliminação ambientalmente racional de substâncias e resíduos perigosos.[(31)]

Das visitas enumeradas acima destacamos as seguintes: a do Relator Especial sobre Formas Contemporâneas de Escravidão, incluindo suas causas e consequências, realizada de 17 a 28 de maio de 2010, da qual originou o relatório, A/HRC/15/20/Add.4,[(32)] apresentado na 15ª Sessão do Conselho de Direitos Humanos, em agosto de 2010; e a do grupo de trabalho sobre a questão dos direitos humanos e das corporações transnacionais e outros empreendimentos empresariais, A/HRC/32/45/Add.1, editado após a visita realizada de 7 a 16 de dezembro de 2015.

Os relatórios mencionados apresentaram um panorama sobre a situação da problemática analisada no Brasil e contêm dados e recomendações sobre as ações e políticas públicas a serem implementadas, de forma que se entende relevante trazer uma breve síntese de tais documentos:

2.1.1. Relatório Especial sobre Formas Contemporâneas de Escravidão

A relatora especial, no relatório A/HRC/15/20/Add.4, de 2010, entendeu relevante mencionar o reconhecimento, por parte do País, quanto à existência de trabalho escravo em seu território, haja vista a implementação de programas e políticas exemplares no combate a esse crime, reforçando, porém, que devem ser empreendidos maiores

(31) PIOVESAN, Flávia. *Direitos Humanos e o Direito Constitucional Internacional.* 19. ed. São Paulo: Saraiva, 2021. p. 347.

(32) NAÇÕES UNIDAS. Conselho de Direitos Humanos. *Relatório Especial sobre Formas Contemporâneas de Escravidão.* Disponível em: https://documents-dds-ny.un.org/doc/UNDOC/GEN/G10/157/04/pdf/G1015704.pdf?OpenElement. Acesso em: 17 fev. 2021.

esforços em relação à impunidade dos infratores. Alertou, que, embora a legislação brasileira reconheça o trabalho escravo como crime grave, a pena aplicada ao infrator primário ainda se mostra ineficaz, por acabar se restringindo às penas de prisão domiciliar e prestação de serviço comunitário. Observou que existem importantes inciativas para o combate à escravidão, na esfera federal e nos estados, mas em âmbito local as ações precisam ser melhoradas e as iniciativas mais bem coordenadas, com o fim de se buscar a eficácia no combate ao crime.

A relatora seguiu com as recomendações no sentido de que se deve fortalecer a legislação brasileira, as instituições adminstrativas e judiciárias, bem como os programas e organizações que trabalham no combate a esse crime; enfatizou, ainda, sobre a atenção que se deve dispensar na erradicação da pobreza dos grupos vulneráveis no País, pois ela constitui uma das causas raiz do trabalho escravo, destacando a importância dos programas de redução da pobreza, como o Bolsa Família e o Programa Fome Zero, os quais devem ser expandidos nas zonas urbanas e rurais.

Por fim, a relatora ressaltou a importância da adoção dos principios de direitos humanos, bem como de códigos de condutas, por parte das empresas, onde se deve constar disposições a respeito da prevenção e proteção contra o trabalho escravo, bem como em todos os contratos firmados, recomendando a expansão da lista suja para outros setores, haja vista o positivo e substancial papel da OIT no que diz respeito ao combate ao trabalho escravo no Brasil.

2.1.2. Relatório de conclusão do Grupo de Trabalho sobre a questão dos Direitos Humanos e das Corporações Transnacionais e outros empreendimentos empresariais

No relatório A/HRC/32/45/Add.1,[33] de 2015, o Grupo de Trabalho cumprimentou o governo brasileiro sobre o compromisso demonstrado com Princípios Orientadores sobre Empresas e Direitos Humanos e seu interesse em desenvolver um plano de ação nacional sobre empresas e direitos humanos. Contudo, o grupo constatou a necessidade de se fortalecer ainda mais o apoio prestado aos titulares de direitos para se buscar uma posição mais equilibrada entre as empresas e funcionários. O Grupo de trabalho percebeu a existência de uma situação de vulnerabilidade das comunidades e grupos visitados, verificando a existência da prática de isolamento e rejeição por parte dos empregadores e/ou instituições, enfatizando a importância de se considerarem as opiniões e experiências das pessoas afetadas, sobretudo em projetos de grande desenvolvimento, com vistas a garantir que os direitos humanos sejam respeitados, mesmo em contextos que visem ao crescimento econômico.

---

(33) NAÇÕES UNIDAS. Conselho de Direitos Humanos. *Relatório do Grupo de Trabalho sobre a questão dos Direitos Humanos e das Corporações Transnacionais e outros empreendimentos empresariais.* Disponível em: https://documents-dds-ny.un.org/doc/UNDOC/GEN/G16/096/43/pdf/G1609643.pdf?OpenElement. Acesso em: 17 fev. 2021.

O grupo de trabalho também recomendou às empresas e às organizações da sociedade civil que busquem: conscientizar e capacitar funcionários e legisladores sobre as respectivas obrigações e responsabilidades do governo e de todas as empresas, incluindo empresas estatais, para prevenir e enfrentar impactos nos direitos humanos, em equiparação com os princípios orientadores sobre negócios e direitos humanos; estabelecer políticas claras e relevantes de forma que todas as empresas respeitem os direitos humanos em todas as suas operações, com a devida diligência de direitos humanos, tanto em âmbito doméstico e quanto internacional; desenvolver um plano de ação nacional sobre negócios e direitos humanos de acordo com os princípios orientadores, incentivando todos os atores envolvidos, bem como o Banco Nacional de Desenvolvimento Econômico e Social (BNDES), a fim de que os projetos financiados sejam salvaguardados dos impactos adversos aos direitos humanos, de acordo com os princípios orientadores; criar plataformas e fortalecer mecanismos de diálogo entre governo, empresas e sociedade civil sobre questões empresariais e de direitos humanos; reforçar a importância do cumprimento dos princípios orientadores sobre empresas e direitos humanos e as diretrizes da OCDE para empresas multinacionais; reforçar os atuais programas e políticas de combate ao trabalho infantil e forçado, evitando o enfraquecimento de suas salvaguardas; revisar o acesso aos recursos e os mecanismos judiciais e não judiciais para identificar e lidar com abusos de direitos humanos relacionados a negócios; monitorar os impactos socioambientais de grandes projetos de desenvolvimento e o cumprimento das condicionantes impostas nos planos de mitigação; aplicar os melhores esforços para evitar a exclusão das principais proteções ambientais, garantindo que os processos de licenciamento de infraestrutura contenham considerações sociais e ambientais completas; assegurar que os titulares de direitos e as partes interessadas, sobretudo os mais vulneráveis, recebam informações, incluindo aconselhamento jurídico adequado, com o fim de se buscar uma posição negocial equilibrada com a empresa.

2.1.3. Direitos Humanos e Empresas — Agenda ONU e Princípios Orientadores sobre Empresas e Direitos Humanos

A partir dos anos 1990, com a expansão da atividade econômica transnacional, a questão das empresas e dos direitos humanos passou a fazer parte da política global, despertando a preocupação da comunidade internacional para a consciência social sobre o impacto dos negócios nos direitos humanos. Porém, somente a partir do ano 2000, passaram a ser implementadas várias ações com vistas a orientar as condutas das empresas transnacionais, fazendo surgir a preocupação em se estabelecer uma agenda sobre Responsabilidade Social Empresarial (RSE), com o objetivo de se implementar uma conduta ética na relação entre empresa e sociedade.

Tais ações tiveram início com a implementação do Pacto Global das Nações Unidas (2000), de iniciativa da ONU, com o objetivo de mobilizar de modo voluntário as empresas a se engajarem na boa governança empresarial na área de direitos humanos. Em seguida, foram implementadas outras normas, tais como: a ISSO 26000 (2010), norma orientadora sobre recomendações acerca de padrões, procedimentos e boas práticas em programas de sustentabilidade empresarial; as diretrizes da Organização para a Cooperação e Desenvolvimento Econômico OCDE (2010), formada por 35 países-membros, que se dedicam a promover o desenvolvimento econômico e o bem-estar social; e os Princípios Orientadores sobre Empresas e Direitos Humanos (2011), elaborados por John Ruggie, conselheiro do Secretário-Geral da ONU, Kofi Annan.

Os Princípios Orientadores sobre Empresas e Direitos Humanos buscam reforçar o dever dos Estados quanto à proteção dos direitos humanos dos indivíduos, orientando sobre a necessidade de serem adotadas medidas adequadas para prevenir, investigar, punir e reparar as violações de direitos humanos cometidas em seu território por terceiros, incluindo as empresas (vide relatório A/HRC/7/31,[(34)] de 21.3.2011).

O documento contém 31 princípios divididos em 4 partes: I Princípios Gerais; II Dever do Estado de proteger (princípios de 1 a 10); III Responsabilidade empresarial em respeitar os direitos humanos (princípios de 11 a 24) e, IV Acesso a recurso e reparação (princípios 25 a 31).

Interessante observar que os princípios de Ruggie adotam os seguintes parâmetros de proteção: 1) proteger; 2) respeitar e 3) reparar. Tal sistemática serve para equalizar a problemática da responsabilidade das empresas em matéria de direitos humanos, com a responsabilidade estatal. Dessa forma, cabe ao Estado proteger os direitos humanos, às empresas respeitá-los e a ambos reparar as violações cometidas.

No Brasil, a implementação efetiva dos princípios orientadores para as empresas em matéria de direitos humanos ainda é muito incipiente, sobretudo no que tange à prevenção das violações de direitos humanos cometidas por parte das empresas. Isso porque, apesar de já se passarem mais de 100 anos da abolição da escravatura as situações de trabalho em condições análogas à escravidão no país têm sido detectadas de forma recorrente pelos órgãos de fiscalização do trabalho.

Como exemplos, existem os casos das empresas Zara[(35)] (espanhola), e da holandesa, C&A;[(36)] as quais sofreram condenações pela justiça trabalhista brasileira, em razão

(34) NAÇÕES UNIDAS. Conselho de Direitos humanos. *Relatório Anual do Alto Comissariado das Nações Unidas para Direitos Humanos.* Disponível em: https://documents-dds-ny.un.org/doc/UNDOC/GEN/G08/106/59/pdf/G0810659.pdf?OpenElement. Acesso em: 1º fev. 2021.

(35) No processo 01662-91.2012.5.02.0003, a 3ª Vara do Trabalho de São Paulo proferiu a sentença de 1º grau condenando a empresa espanhola de vestuário, Zara, por manter trabalhadores em sua cadeia produtiva em condições análogas à escravidão, proferida em 11/4. Íntegra da sentença. Disponível em: https://aplicacoes1.trt2.jus.br/vdoc/TrtAp.action?viewPdf=&id=1657551. Acesso em: 20 fev. 2021.

(36) O acórdão do TST no AIRR-1179-08.2012.5.18.0006 manteve a condenação da empresa holandesa C&A ao pagamento de R$ 100.000,00 em danos morais coletivos, pelo descumprimento de normas trabalhistas, por ter reduzido seus funcionários à condição análoga à de escravos. Disponível em: https://jurisprudencia.tst.jus.br/#fdbc999ba54166d0435162cc1b13a1de. Acesso em: 22 fev. 2021.

da prática de trabalho escravo em sua cadeia produtiva. O caso Fazenda Brasil Verde *vs.* Brasil também se refere à prática de trabalho análogo à escravidão, que resultou na condenação do Estado brasileiro, na Corte Interamericana de Direitos Humanos, em 2016.

Sobre a observância pelas empresas das normas de direitos humanos, o professor André de Carvalho Ramos[(37)] explica que existem duas abordagens sobre o tema: 1) a abordagem direta, que consiste no respeito por parte das empresas das normas de conduta em relação às suas atividades, e se referem aos padrões de conduta de âmbito interno, ou seja, nas relações com os trabalhadores, e de âmbito externo, os quais visam salvaguardar os direitos da comunidade local no que tange aos impactos ambientais, respeitando as respectivas normas. 2) E, a abordagem indireta, que consiste na responsabilização do Estado, pela omissão em prevenir e/ou reprimir as violações de direitos humanos por parte das empresas, existindo na jurisprudência diversos exemplos de responsabilização internacional dos Estados por violações de direitos humanos cometidas por empresas.

Especificamente quanto à responsabilização das empresas pelas violações de direitos humanos, por ora, não há consenso da comunidade internacional quanto à vinculação normativa e consequente abordagem direta em relação à prevenção e/ou repressão de violações de direitos humanos no ambiente empresarial. Não obstante o caráter universal dos direitos humanos, proclamado pela Carta da ONU e Declaração Universal dos Direitos Humanos, documentos estes que primam pelo reconhecimento de tais direitos por todos os atores sociais, a responsabilização direta das empresas ainda se mostra reticente pela comunidade internacional, haja vista que a lógica dos mercados acaba por protagonizar o papel principal nesse cenário.[(38)]

Conforme Carbonari bem sinaliza, há uma contradição no fato de que os mesmos Estados que assinam os pactos e protocolos internacionais, com vistas a garantir os direitos humanos, são igualmente aqueles que celebram acordos comerciais que colocam em xeque a violação desses direitos. Assim, a lógica dos livres mercados acaba prevalecendo, ainda que o Estado entenda pela necessidade de se implementarem as políticas públicas de direitos humanos, pois as ações e políticas públicas adotadas estão mais focadas em corrigir as compensações e distorções do mercado, do que em garantir a proteção contra violações de direitos humanos no âmbito empresarial.[(39)]

Não obstante, cumpre pontuar que a proteção dos direitos humanos não se deve limitar à responsabilidade do Estado, por se tratar de tema que transpõe o limite estatal, alcançando interesse internacional, sendo, portanto, urgente a necessidade de se implementarem ações mais eficazes no sentido de responsabilizar todos os atores envolvidos,

---

(37) RAMOS, André de Carvalho. *Curso de Direitos Humanos.* 7. ed. São Paulo: Saraiva, 2020. p. 317.

(38) *Ibidem*, p. 317-324.

(39) CARBONARI. *Op. cit.*, http://www.dhnet.org.br/direitos/militantes/carbonari/carbonari_globalizacao_dh_desafios.pdf.

inclusive os não estatais, em matéria de violação de direitos humanos no contexto globalizado atual.(40)

No entanto, a questão da responsabilidade das empresas em matéria de direitos humanos no Brasil ainda é um problema a ser enfrentado. Estudiosos do tema arriscam dizer que um dos fatores de resistência em se fazer respeitar as normas de direitos humanos, por vezes, tem origem no caráter *soft law* de observância das diretrizes e normas nacionais e internacionais de direitos humanos.

Em razão disso, a busca pela implementação de um documento mais eficaz, com força vinculante, que de forma efetiva responsabilize os atores não estatais por violações aos direitos humanos, tem sido tema de discussão da comunidade internacional, conforme ocorreu na 26ª Sessão do Conselho de Direitos Humanos da ONU, em 2014, em que, por maioria de votos, ficou determinado o estabelecimento de discussões para a elaboração de um tratado internacional sobre a matéria (vide Resolução A/HRC/26/L.22/Rev.1).(41)

2.2. Sistema convencional de proteção de direitos humanos no âmbito global

O sistema convencional de proteção dos direitos humanos no âmbito global consiste na proteção voltada às pessoas ou grupo de pessoas particularmente vulneráveis, os quais, em razão de suas especificidades, merecem tutela especial de proteção. Diferentemente do sistema geral de proteção, o sistema especial busca a proteção dos indivíduos especificando-os, por meio de categorizações relativas ao gênero, idade, etnia, raça etc. Para isso, são adotadas convenções no âmbito do sistema global endereçadas a esses sujeitos especificados, particularizando-os e reconhecendo suas identidades, com o fim de garantir a igualdade de direitos, porém, com respeito às diferenças que lhe são inerentes.(42)

As convenções são dirigidas a esses sujeitos especificamente categorizados, cuja proteção é exercida por meio de mecanismos de monitoramento, os quais consistem em: 1) relatórios elaborados pelos Estados-partes a respeito da observância das respectivas convenções; 2) comunicações interestatais, e as 3) comunicações ou petições individuais. Os procedimentos são examinados pelos órgãos criados pelas convenções respectivas, por meio de suas cláusulas facultativas ou adoção dos protocolos facultativos.

---

(40) PIOVESAN. Flavia; GONZAGA Victoriana Leonora Corte. Empresas e Direitos Humanos. In: Piovesan, F.; Soares, I.; Toelly. M. *Empresas e Direitos Humanos:* Desafios e Perspectivas à Luz do Direito Internacional dos Direitos Humanos. Salvador: JusPodivm, 2018. p. 83-110.

(41) NAÇÕES UNIDAS. Conselho de Direitos Humanos. *26ª Sessão do Conselho*. Disponível em: https://documents-dds-ny.un.org/doc/UNDOC/LTD/G14/064/48/PDF/G1406448.pdf?OpenElement. Acesso em: 22 fev. 2021.

(42) PIOVESAN, Flávia. *Direitos Humanos e o Direito Constitucional Internacional*. 19. ed. São Paulo: Saraiva, 2021. p. 287.

Os comitês ou órgãos de tratados, ou ainda *treaty bodies*, são formados por especialistas independentes que monitoram a implementação dos principais tratados internacionais de direitos humanos nos Estados. Atualmente, existem dez órgãos de tratados de direitos humanos compostos por especialistas independentes, os quais detêm reconhecida competência em direitos humanos, e são nomeados e eleitos por mandatos fixos renováveis de quatro anos pelos Estados-partes. Todos os órgãos de tratados recebem apoio da Divisão de Tratados de Direitos Humanos do ACNUDH, em Genebra, na Suíça, onde igualmente são realizadas as reuniões.

A seguir, serão elencadas as convenções e protocolos específicos do sistema especial de proteção dos direitos humanos no sistema global, bem como os resumos das comunicações apresentadas e analisadas pelos respectivos comitês, nos quais se verificaram violações conexas com as relações de trabalho.

A identificação das comunicações ocorreu por meio de pesquisa no sítio eletrônico da ONU – www.ohchr.org – por meio do acesso à aba "Instrumentos e mecanismos" e "órgãos de tratados" (*treaty bodies*).

2.2.1. Convenção Internacional sobre a Eliminação de todas as formas de Discriminação Racial — Comitê para a Eliminação da Discriminação Racial — CERD

A Convenção Internacional sobre a Eliminação de todas as formas de Discriminação Racial, adotada pela ONU em 21.12.1965 e ratificada pelo Brasil, possui órgão próprio de monitoramento, o Comitê para a Eliminação da Discriminação Racial, CERD (sigla em inglês), que analisa os relatórios encaminhados pelos Estados-partes, possuindo também o sistema de petições individuais e de comunicações interestatais, para a análise das violações perpetradas pelo Estado, devendo este ter aceitado a habilitação do comitê para receber as petições/comunicações, pois o direito de petição, nesse caso, está previsto sob a forma de cláusula facultativa, de forma que a ausência de declaração do aceite do Estado resulta em impedimento por parte do comitê de tecer qualquer consideração sobre o pedido, conforme prevê o art. 14 da Convenção.(43)

Abaixo, seguem elencados os casos apresentados no sistema convencional de proteção global, em que se verificaram comunicações intentadas perante o comitê conexas às relações de trabalho, seguidos de breve síntese dos fatos e da decisão proferida pelo Comitê para a Eliminação de Discriminação Racial.

Comunicação n. 6/1995, de 17 de janeiro de 1995

Violação: discriminação racial no ato da admissão/demissão e assédio moral

(43) PIOVESAN, Flávia. *Direitos Humanos e o Direito Constitucional Internacional.* 19. ed. São Paulo: Saraiva, 2021. p. 296.

Síntese dos fatos

Trata-se de comunicação intentada pelo Sr. Z. U. B. S., um cidadão australiano de origem paquistanesa, que informou ser vítima de discriminação racial por parte do Estado da Austrália, nos termos das disposições previstas na Convenção Internacional sobre a Eliminação de todas as Formas de Discriminação Racial.

O autor afirma que foi contratado como oficial de engenharia pelo Corpo de Bombeiros de Nova Gales Sul (NSWFB), órgão da administração pública, porém, apesar de ter concorrido para outros cargos de melhores posições, foi admitido para outro de hierarquia inferior. Afirma ter sido vítima de discriminação salarial no decorrer da atividade laboral, bem como de ter recebido tratamento inferior em relação aos demais colegas, pois sua carga de trabalho era mais pesada, a participação em viagens de negócios era limitada e o acesso à informação lhe era dificultado. Afirma, ainda, ter sofrido assédio e tratamento injusto, em razão dos recorrentes comentários racistas relacionados à sua origem e religião.

Decisão

A denúncia foi examinada pela primeira vez pelo Conselho Antidiscriminação de Nova Gales do Sul (New South Wales Anti-Discrimination Board — ADB) e, em sede de apelação, pelo Tribunal de Oportunidades Iguais (EOT), que revisou as alegações do autor relativas à discriminação racial, eventualmente ocorridas quando da sua nomeação, durante o contrato e, por ocasião da demissão. Contudo, o comitê concluiu pela inexistência de violação por parte do Estado, bem como pela ausência de falhas na sentença proferida pelo Tribunal de Apelação, sugerindo, no entanto, que fosse implementada a simplificação dos procedimentos relacionados às reclamações sobre discriminação racial, sobretudo para os casos em que se verifique a existência de mais de um recurso, com o fim de se evitar atraso no exame das queixas dessa natureza.(44)

Comunicação n. 50/2012, de 8 de janeiro de 2012

Violação: discriminação racial para ingresso em mercado de trabalho

Resumo do caso

O peticionário, Sr. A.M.M., de nacionalidade somali, nascido em Mogadíscio, alega que sofreu discriminação por parte de autoridades do Estado da Suíça, pois na qualidade de estrangeiro e refugiado sofreu dificuldades de acesso aos serviços de saúde local, ao mercado de trabalho, bem como quanto à tentativa de ingresso em instituição do país. Argumenta que tais fatos estariam relacionados à sua origem, identidade e trajetória de refugiado, de forma que teria sofrido tratamento discriminatório, cuja denúncia

(44) NAÇÕES UNIDAS. *Parecer da Comissão sobre a Eliminação da Discriminação Racial.* Disponível em: https://juris.ohchr.org/Search/Details/1759. Acesso em: 22 fev. 2021.

ocorreu por meio de queixas dirigidas às instituições competentes, às quais não tomaram qualquer providência a respeito.

Decisão

O comitê reconhece a complexidade do caso e destaca os efeitos negativos do regime jurídico de "admissão provisória" na Suíça (autorização F para estrangeiros) para específicos grupos de estrangeiros, que podem ser distinguidos por sua origem étnica ou nacional; no entanto, entendeu que o peticionário não demonstrou, de forma inequívoca, que a discriminação desferida por parte das autoridades judiciárias, bem como aquelas advindas da Organização de Acolhimento de Migrantes do Cantão de Vaud tivessem sido cometidas com base em sua origem étnica ou por em razão de sua origem somali, mas, sim, em face de sua condição de estrangeiro admitido provisoriamente pela lei suíça.

O comitê considerou que os fatos expostos não constituem discriminação baseada em "razões de raça, cor, descendência ou nacional ou étnica" na acepção do art. 1º da Convenção, observando, porém, que o próprio Estado-parte reconheceu as consequências adversas do seu regime de admissão provisória de não cidadãos, os quais, em alguns casos, permanecem por longo tempo em uma situação que deveria ser transitória; portanto, uma questão que reclama a atenção do Estado-parte quanto às suas obrigações em relação à Convenção, fazendo referência à Recomendação Geral n. 30 (2004).

Por fim, o comitê fez um alerta quanto à obrigação de os Estados-partes tomarem medidas para eliminar a discriminação contra não cidadãos em seu território, especificamente, em relação às condições e requisitos exigidos em matéria de trabalho, sobretudo no que tange às normas e práticas trabalhistas que podem gerar efeitos discriminatórios.[(45)]

Comunicação n. 52/2012, de 19 de março de 2012

Violação: discriminação racial no curso do contrato de trabalho

Resumo do caso

O autor da comunicação, o Sr. L.G.G., cidadão francês, nascido em Chade, país do Sul da África, alega ser vítima de discriminação racial pelo Estado da França, informando que foi contratado pela empresa Renault, em 15 de setembro de 1975, e desde então, teria sofrido diversas práticas discriminatórias, por parte de superiores hierárquicos e da própria empresa, que criou obstáculos ao seu progresso profissional, trasferindo-o compulsoriamente de turno, dificultando seus estudos e progresso profissional, e, ainda, propondo seu desligamento. O plano de reestruturação econômica, deflagrado pela empresa em 1986, previa a eliminação de centenas de postos de trabalho, ocasião em que foi proposto ao autor que renunciasse à sua nacionalidade francesa e retornasse ao Chade, seu país de origem, em troca de pagamento de um subsídio. O peticionário alega

(45) NAÇÕES UNIDAS. *Parecer da Comissão sobre a Eliminação da Discriminação Racial*. Disponível em: https://juris.ohchr.org/Search/Details/1799. Acesso em: 22 fev. 2021.

ter sofrido discriminação racial por parte do Estado da França, que não tomou medidas efetivas para criminalizar o comportamento racista e xenófobo da empresa, ou mesmo em combater a prática da companhia de estigmatizar e estereotipar os cidadãos franceses de origem africana por causa de sua cor ou sua origem nacional ou étnico-racial, o que caracateriza violação aos princípios da convenção.

Decisão

O comitê observa a alegação do peticionário de que o empregador deveria ter apresentado provas de que não se baseou em critérios ilegais para justificar o tratamento desigual, lembrando que a esse respeito as supostas vítimas de discriminação racial não estão obrigadas a demonstrar a intenção de discriminá-las e, por outro lado, o tribunal recursal persisitiu em indicar que caberia ao peticionário fornecer prova do tratamento desfavorável a que foi submetido.

A comissão apontou que durante o processo, em sede de jurisdição interna, incluindo a fase de apelação, o autor forneceu provas sobre a existência de práticas discriminatórias desferidas contra ele, tendo, portanto, cumprido com a obrigação de fornecer as informações necessárias para a inversão do ônus da prova. O comitê considerou, ainda, que a prática dos tribunais, particularmente o de apelação, de persistir em solicitar ao peticionário que comprove a intenção do ato discriminatório, traduz-se em violação à proibição consagrada na Convenção (CERD), ou seja, a de qualquer conduta que tenha efeito discriminatório. E, no que tange ao procedimento de inversão do ônus da prova previsto no artigo L1134-1 (antigo artigo L122-45) do Código do Trabalho, o fato de o próprio Estado-parte não aplicá-lo corretamente constitui uma violação ao direito do peticionário a um recurso efetivo.

Por fim, o comitê concluiu que os direitos do peticionário, previstos nos arts. 2º e 6º da Convenção Internacional sobre a Eliminação de todas as formas de Discriminação Racial, foram violados. Assim, recomendou que o Estado-parte tomasse medidas para assegurar a plena aplicação do princípio da inversão do ônus da prova; assegurasse a divulgação de informações claras sobre os recursos internos disponíveis para as supostas vítimas de discriminação racial, solicitando, ainda, que o Estado-parte divulgasse amplamente a opinião do comitê no país, sobretudo ao poder judiciário, requerendo, ainda, informações sobre as medidas tomadas no sentido de dar cumprimento ao seu parecer.[(46)]

2.2.2. Convenção sobre a Eliminação de todas as formas de Discriminação contra a Mulher — Comitê para a Eliminação da Discriminação contra a Mulher — CEDAW

A Convenção sobre a Eliminação de todas as formas de Discriminação contra a Mulher, aprovada pelas Nações Unidas em 1979, entrou em vigor em 1981, e foi ratificada pelo

(46) NAÇÕES UNIDAS. *Parecer da Comissão sobre a Eliminação da Discriminação Racial.* Disponível em: https://juris.ohchr.org/Search/Details/2175. Acesso em: 23 fev. 2021.

Brasil em 13.9.2002. Possui o objetivo de promover os direitos da mulher e a igualdade de gênero, bem como reprimir quaisquer discriminações contra a mulher. Vale mencionar a edição da Declaração sobre a Eliminação da Violência contra a Mulher, adotada em 1993, haja vista que aquela convenção não adotou em seu teor, especificamente, a temática da violência contra a mulher. A convenção possui um comitê próprio, o Comitê para a Eliminação da Discriminação contra a Mulher, CEDAW (sigla em inglês), o qual é composto por 23 membros. Inicialmente, o comitê contava com o sistema de comunicações interestatais, porém, o protocolo facultativo, adotado em 1999, ampliou os poderes do órgão, instituindo o sistema de comunicações e visitas *in loco*, exigindo, da forma igualmente adotada pelo Comitê de Discriminação Racial, a declaração do Estado-parte em aceitar a habilitação do comitê para receber as petições individuais e as comunicações interestatais.

Em pesquisa ao repositório de jurisprudência do Comitê CEDAW localizamos apenas um parecer emitido pelo referido órgão, tratando-se da Comunicação n. 28/2010, decorrente de violação perpetrada no campo das relações de trabalho, sobre o qual segue breve resumo:

Comunicação n. 28/2010 contra a Turquia, apresentada em 14.7.2009

Violação: discriminação contra a mulher durante o contrato de trabalho

Síntese dos fatos

Trata-se de pedido de reclamação apresenta pela Sra. R. K. B., cidadã turca, que afirma ser vítima de discriminação de gênero, praticada pelo empregador no curso da relação contratual.

A autora alega que exercia a função de caixa no salão de cabeleireiro em Kocaeli, desde junho de 2000, tendo sido demitida em fevereiro de 2006, sem nenhuma justificativa de seu empregador, tendo sido comunicada apenas que um cliente havia reclamado de seu atendimento. Afirmou que após a demissão o gerente do estabelecimento tentou obrigá-la a assinar um documento em que declarava estar satisfeita com os haveres trabalhistas. Alega que o gerente ameaçou espalhar boatos "sobre ela ter tido relações sexuais com outros homens", o que aconteceria se ela não assinasse tal documento. A autora se recusou a assinar o documento e buscou solucionar o caso, acionando os órgãos judiciais internos, afirmando, porém, que, tanto a Terceira Câmara do Tribunal do Trabalho de Kocaeli, como o Tribunal de recurso não observaram a garantia do princípio da igualdade de tratamento de homens e mulheres (art. 5º da Lei Trabalhista). Assevera que a adoção da Convenção sobre Eliminação da Discriminação contra a Mulher e sua incorporação no ordenamento jurídico interno (art. 90, da Constituição da Turquia) foram ignoradas pela justiça interna. Assim, a autora alegou violação por discriminação com base no sexo e por motivos de gênero, além do dano moral e violação à privacidade, destacando a existência de tratamento diferenciado à sua pessoa, por ser mulher.

A vítima afirmou, ainda, que a Terceira Câmara do Tribunal do Trabalho da Turquia apenas concluiu pela demissão ilegal, ante a não produção de provas por parte do empregador, pois este não teria apresentado prova concreta de que a autora teria tido relações sexuais com outros homens, entendendo, portanto, injustificada a demissão por esse motivo, sendo devido a ela apenas as indenizações pelo ato da demissão, em face da quebra de aviso prévio. Assim, os Tribunais de Kocaeli e o de apelação indeferiram o pedido de indenização por ato discriminatório, com base no gênero (relatório CEDAW/C/51/D/28/2010), negando à autora a reparação prevista no art. 5.º da Lei do Trabalho. De forma que, os tribunais de primeira e segunda instância teriam deixado de examinar a demissão arbitrária, bem como as consequências da má conduta, consubstanciada na discriminação de gênero.

Decisão

O comitê concluiu que as decisões de primeira e segunda instância deixaram de examinar, tanto a forma arbitrária como a autora foi demitida, como as consequências advindas da conduta do empregador, consubstanciadas na discriminação de gênero, as quais podem influir na vida profissional da empregada, sobretudo, em relação à busca por nova colocação profissional, haja vista que a legislação trabalhista interna não prevê nenhuma disposição acerca do direito à reintegração ao trabalho nesses casos. O comitê ressaltou que o direito ao trabalho é um direito humano fundamental, solidamente estabelecido no direito internacional e firmemente ancorado nos fundamentos dos direitos humanos universais, ressaltando as previsões contidas no art. 11, e os §§ 1º a 3º da Convenção CEDAW, quanto ao direito das mulheres ao trabalho e seus elementos essenciais, que inclui o direito à estabilidade no emprego, o direito a benefícios iguais e a igualdade de tratamento no que diz respeito à qualidade do trabalho. O Comitê informou, ainda, que o art. 11 exige que os Estados-partes adotem todas as medidas apropriadas para a eliminação da discriminação contra as mulheres na esfera laboral, a fim de lhes assegurar, em igualdade de condições com os homens, os mesmos direitos, particularmente o direito de escolher livremente a profissão e o emprego, o direito à promoção, estabilidade no emprego e todos os demais benefícios e serviços. Afirmou, ainda, que o Comitê tem destacado com frequência a importância fundamental do trabalho na vida das mulheres, e, no caso em apreço, a autora perdeu o emprego, sem direito à reintegração, embora o judiciário tivesse decidido pela demissão injustificada e inadequada. O comitê concluiu que o Estado-parte não garantiu o direito à igualdade material da autora, e que os atos e condutas do empregador e seus agentes resultaram na negação do seu direito ao emprego e à estabilidade, o que resulta em violação aos direitos elencados no art. 11, §1º, *a* e *d*, da Convenção sobre a Eliminação de todas as formas de Discriminação contra a Mulher.[47]

(47) NAÇÕES UNIDAS. *Parecer do Comitê para a Eliminação da Discriminação contra as Mulheres*. Disponível em: https://juris.ohchr.org/Search/Details/1720. Acesso em: 22 fev. 2021.

2.2.3. Convenção sobre os Direitos da Criança — Comitê sobre os Direitos da Criança — CRC

A Convenção sobre os Direitos da Criança, adotada pela ONU em 1989, entrou em vigor a partir de 1990, e foi ratificada pelo Brasil em 21.11.1990. A Convenção visa proteger indivíduos menores de 18 anos, reconhecendo que a infância requer cuidados especiais.

O documento conta com três protocolos facultativos, sendo que o primeiro cuida do envolvimento de crianças em conflitos armados, o segundo refere-se à venda de crianças, pornografia e prostituição infantil, e o terceiro prevê o sistema de petições individuais.

O Comitê sobre os Direitos da Criança, CRC, é composto por 18 membros e prevê, como já mencionado, o sistema de relatórios e de petições, medidas de urgência, comunicações interestatais e visitas *in loco*, no caso de graves e sistemáticas violações de direitos humanos da criança. Vale frisar que as petições, medidas de urgência e visitas *in loco* passaram a ser adotadas com a edição do protocolo facultativo, de 19.12.2011.

A pesquisa de jurisprudência no banco de dados do Comitê (CRC) não identificou casos e/ou petições intentadas por violação à Convenção sobre os Direitos da Criança, relacionados com a matéria trabalhista.

Porém, no relatório (CRC/C/BRA/CO/2-4), emitido em 30 de outubro de 2015, com base nas informações apresentadas pelo Brasil, o comitê emitiu suas observações finais a respeito da questão do trabalho infantil no país, sobre o qual trazemos breve síntese:

> "Exploração econômica, incluindo trabalho infantil
>
> O Comitê toma nota do Programa de Erradicação do Trabalho Infantil e congratula-se com a redução geral da taxa de trabalho infantil. No entanto, continua profundamente preocupado com o grande número de crianças, incluindo crianças de 5 a 9 anos, envolvidas no trabalho infantil, particularmente nas suas piores formas. Preocupa-se também com a ausência de programas ou medidas específicas dirigidas às crianças trabalhadoras na faixa etária dos 10-15 anos. Em particular, o Comitê está preocupado com:
>
> (a) A alta prevalência de trabalho infantil nos setores informal e agrícola, incluindo trabalho não regulamentado, venda ambulante, coleta de lixo e trabalho forçado em condições análogas à escravidão nas fazendas;
>
> (b) Relata que os juízes, em vários casos, autorizaram crianças menores de 16 anos a trabalhar e, em alguns casos, autorizaram crianças a se envolverem em trabalhos perigosos.
>
> O Comitê insta o Estado-parte a:
>
> (a) Tomar todas as medidas necessárias para remover rapidamente crianças de todas as idades de situações de trabalho perigosas; ao fazê-lo, deve prestar especial atenção às crianças trabalhadoras domésticas e às crianças do sector agrícola e mineiro; e assegurar que as pessoas responsáveis por tal exploração sejam prontamente processadas com sanções proporcionais;

(b) Assegurar, inclusive por meio de instruções claras ao judiciário, que não sejam emitidas autorizações para que menores de 18 anos sejam empregados em trabalhos perigosos;

(c) Fortalecer ainda mais os programas para combater o trabalho infantil, em particular por meio de inspeção, investigação e medidas preventivas, como melhorar as condições socioeconômicas das crianças e garantir o acesso à educação."[48]

2.2.4. Convenção Internacional sobre a Proteção dos Direitos de todos os Trabalhadores Migrantes e dos Membros de suas Famílias

A Convenção Internacional sobre a Proteção dos Direitos de todos os Trabalhadores Migrantes e dos Membros de suas Famílias foi dotada pela Resolução da ONU n. 45/158, de 18/12/1990, e entrou em vigor em 1º de julho de 2003. Cumpre mencionar que acerca do tema já existem as Convenções ns. 97 (1952) e a 143 (1978), ambas da OIT, a primeira sobre o respeito aos trabalhadores migrantes, e a segunda sobre as migrações em condições abusivas e a promoção à igualdade de oportunidades e de tratamento dos trabalhadores migrantes.

A Convenção sobre a Proteção dos Direitos de todos os Trabalhadores Migrantes e dos Membros de suas Famílias trata da problemática da imigração, adotando parâmetros mínimos de proteção a serem observados pelos Estados-partes aos trabalhadores migrantes e aos membros de suas famílias, independentemente de seu *status* migratório. O Princípio da não discriminação é fundamental e a ONU alerta para a situação dos trabalhadores migrantes, os quais, em razão de sua condição de vulnerabilidade, muitas vezes se sujeitam a trabalhos precários, sem nenhuma proteção social, situação que pode resultar em graves violações de direitos humanos.

A convenção prevê o sistema de encaminhamento de relatórios pelos Estados-partes, como meio de comunicar as medidas legislativas, administrativas e judiciais implementadas com o intuito de observar o teor da Convenção, bem como o sistema de monitoramento, por meio de cláusulas facultativas, o mecanismo de comunicações interestatais e petições individuais, os quais estão previstos nos arts. 76 e 77, da Convenção, respectivamente.

Contudo, os procedimentos de comunicação interestadual e de reclamação individual ainda não entraram em vigor. Tais mecanismos entrarão em vigor quando, no mínimo, 10 Estados-partes emitirem a declaração necessária sobre o aceite da competência da comissão para o recebimento das petições, nos termos dos arts. 76 e 77, da Convenção.

---

(48) NAÇÕES UNIDAS. *Relatório do Comitê sobre os direitos da criança*. Disponível em: https://docstore.ohchr.org/SelfServices/FilesHandler.ashx?enc=6QkG1d%2fPPRiCAqhKb7yhsjNHBumcEd5TkNWJOjDFQeatJbyFs960qiw-zXV0YO437juxmhfAMHNLV1o3vXd5Afw5LCD74G939ZexURikte8y6sfGv2Qx5kMx0LNfKc1bM. Acesso em: 22 fev. 2021.

Registre-se que, até março de 2022, apenas 6 países tinham feito suas declarações reconhecendo a competência da comissão para receber petições e/ou comunicações interestatais, no que se refere ao cumprimento do texto convencional, sendo eles: Equador, México, Uruguai, El Salvador, Guiné-Bissau e Guatemala.[49]

2.2.5. Convenção sobre os Direitos das Pessoas com Deficiência — Comitê dos Direitos das Pessoas com Deficiência — CDPD

A Convenção sobre os Direitos das Pessoas com Deficiência foi adotada pela resolução A/RES/61/106, na Assembleia Geral de 13.12.2006, entrou em vigor em 13 de maio de 2008. Foi ratificada pelo Brasil em 1º de agosto de 2008.

A Organização Mundial da Saúde (OMS), em seu relatório de 2011, informou que, à época, 1 bilhão de pessoas possuíam algum tipo de deficiência, o que significa 10% da população mundial.

Segundo a professora Flávia Piovesan, a construção dos direitos humanos em relação às pessoas com deficiência passou por diferentes fases de desconstrução de conceitos ultrapassados, às quais elencamos a seguir: 1) a fase da intolerância, visão de que a deficiência simboliza impureza, pecado ou castigo; 2) a fase marcada pela invisibilidade das pessoas com deficiência; 3) a fase orientada pela ótica assistencialista, sob a perspectiva médica e biológica, rotulada como uma enfermidade a ser "curada"; e, por fim, 4) a fase orientada pela ótica dos direitos humanos, de onde emergem o direito à inclusão social, orientada pelo meio em que o indivíduo se insere, bem como na eliminação de barreiras e obstáculos físicos, econômicos, sociais, culturais e outros que impeçam o exercício pleno dos direitos humanos.[50]

Portanto, até 2006, a falta de visibilidade e de foco das instâncias de proteção de direitos humanos contribuía para a perpetuação da invisibilidade dessas pessoas, para a construção de estereótipos e exclusão dessa população, pois até então só existiam documentos esparsos sem força vinculante, com caráter *soft law*.

Felizmente, a adoção da Convenção em 2006 inaugura, então, a fase de proteção das pessoas com deficiência sob a ótica dos direitos humanos, cujo conteúdo, além de trazer as vertentes repressivas no que tange à proibição da discriminação, também tem como objetivo a promoção da igualdade, com vistas a proporcionar o gozo dos direitos sem discriminação, com a existência de políticas públicas para que seja assegurada a igualdade material e efetiva fruição dos direitos, com base na dignidade humana.

---

(49) Nações Unidas. Disponível para consulta em: <https://treaties-un-org.translate.goog/Pages/ViewDetails.aspx?src=TREATY&mtdsg_no=IV-13&chapter=4&clang=_en&_x_tr_sl=en&_x_tr_tl=pt&_x_tr_hl=pt-BR&_x_tr_pto=sc. Acesso em: 5 fev. 2021.

(50) PIOVESAN, Flávia. *Direitos Humanos e o Direito Constitucional Internacional.* 19. ed. São Paulo: Saraiva, 2021. p. 320-321.

O sistema de monitoramento quanto às disposições previstas na convenção é feito por meio de relatórios periódicos elaborados pelos Estados-partes e também por petições submetidas por pessoas ou grupos de pessoas, conforme prevê o protocolo facultativo, também adotado em dezembro de 2006, quando foi reconhecida a competência do Comitê dos Direitos das Pessoas com Deficiência (CDPD) para receber e considerar as petições de indivíduos ou grupo de indivíduos, em face de violação dos direitos previstos na convenção.

A seguir, elencamos as comunicações, relativas à violação das disposições da Convenção sobre os Direitos das Pessoas com Deficiência, detectadas em contextos de relações de trabalho:

Comunicação n. 2/2010 – CRPD/C/D/2/2010 – Estado-parte: Alemanha

Violações: princípios da igualdade e da não discriminação no trabalho; descumprimento da obrigação de promover e/ou de facilitar a inclusão de pessoa com deficiência no mercado de trabalho

Síntese dos fatos

A autora da comunicação, L. G., alega que o Estado da Alemanha violou os direitos de seu filho, que é portador de deficiência, haja vista que, desde 2002, seu filho tem se apresentado em agências de emprego, as quais utilizaram métodos "sistemáticos, sofisticados, para criar obstáculos/entraves que o impedem de ingressar no mercado de trabalho.

A autora afirma que, apesar de ter denunciado os atos discriminatórios, consubstanciados nas dificuldades e/ou obstáculos criados para a inclusão de seu filho no mercado de trabalho, por ser ele pessoa com deficiência, nenhum órgão administrativo ou judicial efetuou a investigação de suas alegações. Afirma que seu filho não teve acesso a quaisquer programas de formação e orientação profissional de carácter geral, técnico e contínuo, nem mesmo aos serviços de colocação, apesar de ter ele participado de vários cursos e consultas com fonoaudiólogos e médicos, todos com recurso próprio. Aduz, por fim, que a reclamação intentada no judiciário local esteve pendente por mais de três anos, sem que lhe fosse oferecido qualquer apoio nesse período.

Decisão

No presente caso, a comissão considerou que o Estado-parte não cumpriu suas obrigações nos termos do art. 27, § 1º (d), (e) e (h), lidos em conjunto com o art. 3º (a), (b), (c) e (e), art. 4º, § 1º (a) e (b), e art. 5º, § 1º, da convenção.

E o comitê fez as seguintes recomendações ao Estado-parte:

O Estado-parte tem a obrigação de remediar o descumprimento de suas obrigações decorrentes da convenção para com o filho da autora, inclusive reavaliando o caso e aplicando todas as medidas disponíveis na legislação nacional para promover efetivamente o emprego e oportunidades à luz da Convenção sobre os Direitos das Pessoas com Deficiência. O Estado-parte também deverá indenizar o filho da autora, estando inclusos nessa indenização os custos decorrentes do arquivamento do processo.

Somado a isso, deve-se considerar que há legislação interna sobre o assunto, inclusive adotada antes da ratificação da convenção, de forma que o Estado-parte tem a obrigação de tomar medidas para evitar violações semelhantes no futuro, inclusive por meio da revisão do conteúdo e funcionamento do regime de concessão de subsídios para a integração das pessoas com deficiência permanente, a fim de assegurar a plena conformidade com os princípios da convenção, bem como de assegurar que os potenciais empregadores possam adotar de forma efetiva tal procedimento quando se mostrar adequado.

Determinou, por fim, que o Estado-parte apresentasse ao comitê, no prazo de seis meses, uma resposta por escrito, incluindo qualquer informação sobre qualquer ação tomada à luz dessas recomendações, em observância ao art. 5º do Protocolo Facultativo e a regra 75 do regulamento interno do comitê. Por fim, o comitê solicitou que o Estado-parte publicasse os pontos de vista elencados, traduzindo-os para o idioma oficial do Estado-parte e divulgando-os amplamente, em formatos acessíveis, a fim de alcançar todos os setores da população.[(51)]

Comunicação n. 5/2011 – CDPD/C/12/D/5/2011 – Estado-parte: Suécia

Violação: não admissão ao emprego, por falta de ajustes e medidas apropriadas que possibilitassem a contratação

Resumo dos fatos

Trata-se de comunicação apresentada por M. L. J., cidadã sueca, com deficiência visual, desde o seu nascimento. A autora alega ter sido vítima de discriminação pelo Estado da Suécia, durante o processo de recrutamento perante a Agência de Seguridade Social, conforme arts. 5º e 27 da Convenção. Isso porque, apesar de ser bacharel em Direito, ter experiência na profissão, estar apta a manusear os computadores e os sistemas, ajustados às suas necessidades, após entrevista de recrutamento na Agência de Seguridade Social, foi informada de que, embora preenchesse os requisitos de competência, experiência e referência, não seria recrutada para a referida vaga, pois os sistemas internos de informática da Previdência Social não poderiam ser adaptados para sua deficiência visual. Dessa forma, a autora alega que a referida agência não buscou avaliar adequadamente a possibilidade de tomar medidas necessárias de apoio e adaptação às suas necessidades, obrigações essas consagradas pela Convenção sobre os Direitos das Pessoas com Deficiência.

(51) NAÇÕES UNIDAS. *Parecer do Comitê dos Direitos das Pessoas com Deficiência.* Disponível em: https://juris.ohchr.org/Search/Details/2005. Acesso em: 18 fev. 2021.

Decisão

No presente caso, o comitê considerou que a Justiça do Trabalho avaliou detalhada e objetivamente todos os elementos apresentados pela autora e pela Previdência Social antes de chegar à conclusão de que as medidas de apoio e adaptação recomendadas pela ouvidoria constituiriam um ônus indevido para a agência de seguro social. O Comitê considerou, ainda, que não foi apresentada nenhuma prova por parte da autora que permitisse concluir que a avaliação realizada tivesse sido manifestamente arbitrária ou injusta. O comitê, portanto, decidiu que a decisão da justiça trabalhista local se baseou em considerações objetivas e razoáveis, entendendo, por fim, que não restou configurada as violações aos arts. 5º e 27 da Convenção.(52)

Ponto a destacar

Sobre o caso, é importante trazer como destaque o teor do voto dissidente dos membros do comitê, Carlos Rios Espinosa, Theresia Degener, Munthian Buntan, Silvia Judith Quan-Chang e Maria Soledad Cisternas Reyes, os quais emitiram esclarecedora opinião conjunta a respeito da decisão final:

> "1. Discordamos da posição do Comitê de que a principal questão no presente caso é se o julgamento foi discriminatório por não ter avaliado adequadamente a possibilidade de a Agência de Previdência Social adotar medidas de apoio e adaptação para tornar seus sistemas informáticos adaptados à deficiência visual do autor. Sob nosso ponto de vista, a questão era mais ampla, pois o órgão de promoção de igualdade da Suécia apresentou diferentes opções à Agência de Segurança Social para que o autor pudesse exercer as funções profissionais ligadas ao cargo de avaliador-investigador. As diferentes opções deveriam ter sido analisadas sob a ótica dos critérios estabelecidos no art. 5º da Convenção, em relação à realização de ajustes razoáveis, em um caso específico.
>
> 2. É verdade que o Comitê não tem poder de atuação como terceira instância quando se trata de comunicações individuais. Também é verdade que os Estados-partes gozam de certa margem de apreciação ao avaliar a razoabilidade das medidas de acomodação e a questão do ônus indevido em um caso particular. Não obstante, o Comitê deveria ter revisto os critérios que foram utilizados pelo Estado-parte neste caso específico, a fim de determinar se isso constitui uma violação dos arts. 5 e 27 da Convenção. Quando o Tribunal do Trabalho proferiu sua decisão em 2010, a Convenção já estava em vigor no Estado-parte, como foi observado pelo Comitê na decisão de

(52) NAÇÕES UNIDAS. *Parecer do Comitê dos Direitos das Pessoas com Deficiência*. Disponível em: https://juris.ohchr.org/Search/Details/2006. Acesso em: 17 fev. 2021.

admissibilidade. Nesse sentido, o Tribunal do Trabalho deveria ter levado em consideração não apenas as normas contidas na Lei de 1999 sobre a Proibição da Discriminação na Vida Profissional por Deficiência, mas também o escopo da "adaptação razoável" conforme estabelecido no art. 5 da Convenção. (...)

3. No presente caso, o Tribunal do Trabalho fez uma análise com base em cinco questões, todas decorrentes da Lei de Proibição de Discriminação na Vida Profissional por Invalidez de 1999: (i) o custo das medidas em relação ao empregador capacidade de pagar por eles; (ii) as possibilidades reais de implementação das medidas e o impacto estimado das medidas na pessoa com deficiência;(iii) a possibilidade de implementação das medidas no local de trabalho; (iv) o efeito das medidas tomadas na capacidade da pessoa com deficiência para desempenhar o trabalho em questão; e (v) a duração do emprego. Após analisar o caso com o arcabouço legal acima, a Justiça do Trabalho concluiu que os ajustes teriam sido muito complicados e demorados.

4. A "adaptação razoável" deve ser analisada caso a caso, devendo ser apreciada a razoabilidade e proporcionalidade das medidas de adaptação propostas face ao contexto em que são solicitadas. No caso em apreço, a acomodação era exigida num contexto profissional. O teste de razoabilidade e proporcionalidade, portanto, deveria demonstrar que: (i) as medidas de adaptação foram solicitadas para promover a contratação de uma pessoa com deficiência, com capacidade e experiência profissional para desempenhar as funções correspondentes ao cargo para o qual ele ou ela se candidatou; e (ii) a empresa ou entidade pública ou privada à qual o candidato se candidatou pode razoavelmente aguardar que se adotem e implementem medidas de acomodação. Nunca foi questionado se a autora possuía a capacidade profissional e a experiência profissional exigidas para o desempenho das funções do cargo para o qual se candidatou. Um dos objetivos específicos da "adaptação razoável" é compensar as limitações fáticas com vista à promoção do emprego de pessoas com deficiência, pelo que a falta de capacidade fática para desempenhar tais funções não pode ser considerada como o principal obstáculo ao emprego de uma pessoa.

5. Entendemos que a Justiça do Trabalho não considerou o potencial impacto das medidas sugeridas pelo Provedor de Justiça na contratação futura de outras pessoas com deficiência visual como critério positivo adicional na avaliação das medidas de acomodação solicitadas. Entendemos, portanto, que, embora a adaptação razoável seja, em princípio, uma medida individual, o benefício para outros funcionários com deficiência também deve ser

levado em consideração na avaliação da razoabilidade e proporcionalidade, em conformidade com os arts. 5, 9 e 27 da Convenção. O Tribunal do Trabalho deveria ter considerado com mais cuidado o perfil, incluindo o papel e as funções, da Agência de Seguro Social, uma das principais instituições públicas do Estado-parte encarregadas de implementar a política nacional de pessoas com deficiência (parágrafo 3.2, acima).

6. Diante do exposto e levando em consideração todas as informações prestadas pelas partes, consideramos que o Comitê deveria ter determinado que o julgamento da Justiça do Trabalho reflete uma interpretação ampla da noção de "ônus indevido", limitando severamente a possibilidade de as pessoas com deficiência serem selecionadas para cargos que exijam a adaptação do ambiente de trabalho às suas necessidades. Acreditamos que a avaliação da Justiça do Trabalho sobre as medidas de apoio e adaptação solicitadas, feitas de acordo com a Lei de 1999, manteve a recusa de adaptação razoável, resultando em uma exclusão discriminatória da autora do cargo a que se candidatou. O Comitê deveria ter considerado tal avaliação como não compatível com os princípios gerais estabelecidos nos parágrafos preambulares (i) e (j) da Convenção, e constituindo uma violação dos arts. 5 e 27 da Convenção."

Conforme se verifica, os princípios da proporcionalidade e da razoabilidade foram enfatizados no parecer dissidente dos comissários, os quais, de forma brilhante, ressaltaram que a avaliação dos meios de adaptação deveria ter sido feita de forma mais ampla, com o objetivo de se buscar a "adaptação razoável", ou seja, como meio de compensar as limitações fáticas e de promover o emprego das pessoas com deficiência, haja vista que: "a incapacidade fática para desempenhar funções não pode ser considerada como o principal obstáculo ao emprego de uma pessoa".

Comunicação n. 34/2015 – CDPD/C/21/D/34/2015

Violação: discriminação relacionada à manutenção ou continuidade no emprego de empregado readaptado

Resumo dos fatos

Trata-se de comunicação apresentada, em 20.5.2009, por, V.F.C., com deficiência motora permanente, decorrente de acidente de trânsito.

Alega que, após ter sido declarada sua incapacidade laborativa permanente para o exercício da profissão, foi aposentado compulsoriamente do emprego. Afirma que os pedidos de readaptação ao trabalho e pagamento dos salários e contribuições previdenciárias do período, desde a sua aposentadoria compulsória, foram negados pela Câmara

Municipal de Barcelona, e a decisão do Tribunal Contencioso Administrativo, apesar de parcialmente provida, foi cassada pelo Superior Tribunal de Justiça da Catalunha, que não acolheu o pedido de sua transferência para outra atividade, compatível com sua incapacidade total permanente.

O comitê, de acordo com o art. 5º do Protocolo Facultativo, considerou que o Estado-parte não cumpriu com suas obrigações de observância dos arts. 27 incisos a), b), e), g), i) e k), em conjunto com o art. 3º, seções a), b), c), d) e e); art. 4º, n. 1, alíneas a), b) e d) e n. 5; e art. 5º, §§ 1º, 2º e 3º, da convenção, consignando:

> a) que o Estado-parte tem a obrigação de proporcionar ao autor a indenização das despesas legais, decorrentes da presente comunicação; tomar as medidas apropriadas para garantir que ele possa se submeter à avaliação funcional alternativa, em conformidade com sua capacidade de exercer uma segunda atividade ou outras atividades complementares, promovendo os ajustes razoáveis necessários; b) que o Estado-parte tem a obrigação de tomar medidas para prevenir violações semelhantes no futuro, bem como adotar todas as medidas necessárias para adequar o regulamento da empresa (no caso, Guarda Urbana de Barcelona) e sua aplicação, em observância aos princípios da convenção e recomendações deste parecer, devendo assegurar que a transição para a segunda atividade não se limite a pessoas com grau de capacidade parcial; c) recomendou, ainda, que o Estado-parte tem o dever de harmonizar as diversas regulamentações locais, que tratam da transferência dos funcionários públicos para uma segunda atividade, em observância aos princípios da convenção e às recomendações presentes neste parecer.

O comitê solicitou ao Estado-parte resposta por escrito, no prazo de seis meses, com as informações sobre as medidas tomadas, em consideração às recomendações que constam nesta opinião, nos termos do art. 5º do Protocolo Facultativo e do art. 75 das regras de procedimento do comitê. Por fim, o comitê solicitou ao Estado-parte que publicasse essas opiniões do comitê, traduzindo-as para a sua língua oficial e divulgando-as amplamente, de forma acessível, com o fim de atingir todos os setores da população.(53)

Comunicação n. 10/2013 – CRPD/C/12/D/10/2013 – Estado-parte: Brasil

Violação: rebaixamento de função após licença médica prolongada

Resumo dos fatos

Trata-se de comunicação intentada pelo Sr. S. C., contra o Brasil, em razão de medidas adotadas pelo empregador (o ente público Banco do Brasil) e tuteladas pelos tribunais nacionais, decorrente de política discriminatória, as quais limitam as condições de emprego das pessoas com deficiência.

---

(53) NAÇÕES UNIDAS. *Parecer do Comitê dos Direitos das Pessoas com Deficiência.* Disponível em: https://juris.ohchr.org/Search/Details/2515. Acesso em: 17 fev. 2021.

O autor também sustenta que o Estado-parte violou seus direitos previstos no art. 4º, alíneas a), b) e d), por ter sido rebaixado da função de caixa para outra indefinida, após licença médica. Alega que tais ações incentivam a discriminação em razão da deficiência, ao prever o rebaixamento de qualquer funcionário que esteja em licença médica por mais de três meses ou por mais de seis meses, de forma que se exige que as pessoas tenham boa saúde para manter um emprego. Alega que sofreu discriminação relacionada às condições de trabalho, nos termos do art. 27 da convenção, haja vista lhe terem sido negadas as mesmas oportunidades de trabalho, proporcionadas a seus colegas, apesar de possuir habilidades equivalentes. A autora alegou que o Estado-parte também descumpriu o art. 4º, alínea (e), da convenção, por se tratar de um banco público e privado, solicitando que tal política de rebaixamento de função fosse revogada, por ser contrária à convenção, requerendo sua reintegração à função de caixa, bem como o recebimento da diferença salarial.

A presente comunicação foi inadmitida por não preencher o requisito de admissibilidade de esgotamento dos recursos internos. Segue abaixo a síntese da referida decisão:

> "O Comitê concorda com a afirmação do Estado-parte de que a lesão no joelho da autora não é uma deficiência nos termos do art. 1º da Convenção, tendo em vista que, no momento dos eventos sob análise, ela havia sido diagnosticada com uma incapacidade temporária para o trabalho e a autora não apresentou provas atestando incapacidade de longa duração, bem como da afirmação de que a comunicação do autor não é, portanto, da competência ratione materiae da Comissão. O Comitê considera que, de acordo com o art. 1º da Convenção, pessoas com deficiência incluem, entre outras, aquelas que têm impedimentos de longo prazo de natureza física, mental, intelectual ou sensorial que, ao interagir com diversas barreiras, podem impedir sua participação plena e efetiva na sociedade, em igualdade de condições com os demais.
>
> No presente caso, as informações prestadas pelas partes não impedem o Comitê de considerar que a deficiência física da autora, ao interagir com barreiras, de fato impediu sua participação plena e efetiva na sociedade em igualdade de condições com as outras pessoas. O Comitê considera que a diferença entre doença e deficiência é uma diferença de grau e não uma diferença de caráter. Um problema de saúde que inicialmente é considerado uma doença pode se tornar um agravo no contexto da deficiência em decorrência de sua duração ou natureza crônica. Um modelo de deficiência baseado nos direitos humanos requer levar em conta a diversidade das pessoas com deficiência (considerando i) do preâmbulo) e a interação entre as pessoas com deficiência e as barreiras devido à atitude e ambiente (considerando e) do preâmbulo). A Comissão também observa que, de acordo com

o art. 4º, § 4º, da Convenção, as obrigações do Estado-parte estabelecidas em outros instrumentos de direitos humanos dos quais é parte, como a Convenção Interamericana para a Eliminação de Direitos Humanos, não são afetados todas as Formas de Discriminação contra Pessoas com Deficiência. O Comitê observa que esta última Convenção define o termo "deficiência" como uma deficiência física, mental ou sensorial, de natureza permanente ou temporária, que limita a capacidade de realizar uma ou mais atividades essenciais da vida diária, que pode ser causada ou agravada pelo ambiente económico e social. Portanto, o Comitê considera que o art. 1º do Protocolo Facultativo não o impede de considerar a comunicação.

(...) O Comitê considera que a discriminação pode ser consequência do efeito discriminatório de uma regra ou medida que parece ser neutra ou desprovida de intenção discriminatória, mas que afeta desproporcionalmente as pessoas com deficiência. Considera, portanto, que a questão que lhe é submetida é se, ao exigir o rebaixamento de pessoas que estiveram em licença médica há mais de 90 dias, a política do banco causou um dano desproporcional ao autor e conclui que o art. 2.º, alínea e), do Protocolo Facultativo não o impede de examinar a comunicação.

O Comitê toma nota do argumento do Estado-parte de que a autora não esgotou os recursos internos, pois não argumentou perante os tribunais internos que seu rebaixamento estava vinculado a uma deficiência. Também observa que o autor interpôs recurso para o Tribunal Superior do Trabalho com alegações relacionadas à Convenção, o qual foi julgado improcedente sem examinar o mérito da questão porque o autor não estava representado por advogado, conforme exigido por lei. O Comitê também observa que, após o pedido da autora de assistência judiciária gratuita ter sido negado pela Defensoria Pública como improcedente, a autora entrou em contato com um advogado particular, que se recusou a assumir seu caso. No entanto, a autora não provou que não tinha outras opções para ser representada por um advogado. Nestas circunstâncias, o Comitê considera que, nos termos do art. 2, alínea (d), do Protocolo Facultativo, está desqualificado para considerar a presente comunicação."(54)

Comunicação n. 9/2012 – CRPD/C/13/D/9/2012 – Estado-parte: Itália

Violação: discriminação durante o processo de contratação de pessoa com deficiência

(54) NAÇÕES UNIDAS. *Parecer do Comitê dos Direitos das Pessoas com Deficiência*. Disponível em: https://juris.ohchr.org/Search/Details/2007. Acesso em: 17. Fev. 2021.

Resumo dos fatos

Trata-se de reclamação apresentado pelo Sr. A. F., com deficiência física permanente, que alega ter sido vítima de violação, prevista no art. 27 da convenção, em relação ao procedimento de ingresso às vagas previstas em concurso público, promovido pela Universidade de Modena e Reggio Emilia. Sustenta que a cota de 50% prevista no art. 7º, § 2º, da Lei n. 68/1999 nunca foi respeitada pela universidade, haja vista tratar-se de prática da instituição valer-se da abertura de concursos para um único cargo, resultando em desrespeito ao percentual legal previsto. O autor alega ter ingressado com recurso para o órgão administrativo competente, que indeferiu sua reclamação, sendo que seu recurso dirigido ao Conselho Administrativo também foi negado, sob o fundamento de que a cota de reserva de 50 por cento para pessoas com deficiência não se aplica a todos os concursos públicos.

Decisão

No presente caso, o comitê considerou que o autor não apresentou nenhuma prova que permitisse concluir que as disposições previstas na lei interna e sua observância constituíam uma violação de seus direitos individuais nos termos da convenção. O comitê considerou, ainda, que o Conselho de Estado avaliou plena e objetivamente todas as provas fornecidas pelas partes, antes de concluir pela inexistência de conduta discriminatória. O comitê concluiu, ainda, pela inexistência de qualquer prova acerca de que a decisão do Conselho de Estado se revelasse manifestamente arbitrária ou injusta. Nessas circunstâncias, o comitê concluiu que a decisão do conselho baseou-se em considerações objetivas e razoáveis, concluindo por inexistente a alegada violação ao art. 27 da convenção.[(55)]

2.2.6. Convenção sobre a Tortura e outros Tratamentos ou Penas Cruéis, Desumanos ou Degradantes

A Convenção sobre a Tortura e outros Tratamentos ou Penas Cruéis, Desumanos ou Degradantes, adotada pela ONU em 28.09.1984, possui o Comitê contra a Tortura, CAT (sigla em inglês), mas também exige declaração específica do Estado-parte sobre a habilitação do comitê em receber as comunicações individuais e as interestatais.

A pesquisa de jurisprudência no banco de dados do Comitê CAT não identificou petições intentadas em face da violação à Convenção sobre a Tortura e outros Tratamentos ou Penas Cruéis, Desumanos ou Degradantes, relacionadas com a matéria trabalhista.

(55) NAÇÕES UNIDAS. *Parecer do Comitê dos Direitos das Pessoas com Deficiência*. Disponível em: https://juris.ohchr.org/Search/Details/2008. Acesso em: 17 fev. 2021.

Capítulo 3

Pactos Internacionais de Direitos Civis e Políticos e de Direitos Econômicos, Sociais e Culturais

Com vistas a implementar a juridicização da Declaração Universal de Direitos Humanos (DUDH), promovendo-lhe um escopo de documento obrigatório e vinculante em âmbito internacional, foram elaborados dois tratados internacionais no ano de 1966: o Pacto Internacional dos Direitos Civis e Políticos (PIDCP) e o Pacto Internacional de Direitos Econômicos Sociais e Culturais (PIDESC). Tais instrumentos possuem força vinculante e obrigatória aos Estados-partes que os ratificaram, compondo, portanto, ao lado da Declaração Universal dos Direitos Humanos e a Carta Internacional de Direitos Humanos, a chamada *Bill of Rights.*

O Pacto Internacional dos Direitos Civis e Políticos (PIDCP) não só incorpora os direitos elencados na DUDH, mas também estende o seu elenco. Os principais direitos e liberdades previstas nesse documento são: o direito à vida, o direito de não ser submetido à tortura ou tratamento desumano ou degradante; o direito a não ser escravizado, nem submetido à servidão; os direitos à liberdade e à segurança pessoal, direito de não ser submetido à detenção ou prisão arbitrária; o direito a um julgamento justo; à igualdade perante a lei; à proteção contra interferência na vida privada; à liberdade de movimento; ao direito à nacionalidade; o direito de casar e formar família; o direito à liberdade de pensamento, consciência e religião; às liberdades de opinião e expressão; o direito à reunião pacífica; o direito à liberdade de associação; o direito de aderir a sindicatos e o direito de votar e tomar parte no governo.

O Pacto dos Direitos Econômicos, Sociais e Culturais, assim como o PIDCP, também teve o objetivo de incorporar os direitos previstos na DUDH, e de fazer com que eles tivessem o *status* de preceitos juridicamente obrigatórios. Entre os direitos previstos no catálogo do PIDESC, temos: o direito ao trabalho e à justa remuneração, o direito a formar e associar-se a sindicatos, o direito a um nível de vida adequado, o direito à moradia, o direito à educação, o direito à previdência social, o direito à saúde e o direito à participação na vida cultural da comunidade.

O órgão de monitoramento e proteção dos direitos humanos do Pacto Internacional dos Direitos Civis e Políticos é o Comitê de Direitos Humanos, criado pelo Protocolo Facultativo ao PIDCP. Tal mecanismo se desenvolve por meio de relatórios e comunicações estatais. As violações também podem ser denunciadas por meio de petições dos indivíduos, vítimas de violações, as quais só serão admitidas pelo Comitê se o Estado violador tiver ratificado o PIDCP e o Protocolo Facultativo. O peticionamento também pode ser de iniciativa de terceiros e organizações que representem a vítima.

As petições encaminhadas ao Comitê passam, inicialmente, pelos requisitos de admissibilidade, que são: a) o esgotamento dos recursos internos de proteção; salvo quando manifestamente prolongados ou inexistentes no direito interno do Estado violador; b) a inexistência de demanda idêntica em outra instância internacional.

Após a submissão da petição ao comitê, o Estado tem 6 meses para prestar esclarecimentos sobre as medidas adotadas em relação à situação veiculada na petição, o que resultará na ciência ao peticionário, o qual deverá, em seguida, prestar suas informações ao Comitê, que, ao final, emitirá sua decisão, pelo voto da maioria dos membros presentes.

Em tal decisão o Comitê não só emitirá sua decisão, mas determinará medidas ao Estado violador, objetivando sejam observadas as orientações e determinações contidas no PIDCP.

Conforme afirma Flávia Piovesan, apesar de não deter força obrigatória ou vinculante, a decisão do comitê pode resultar em sanções e constrangimento político e moral ao Estado violador, o chamado "*power of embarassament*".(56)

Convém assinalar, ainda, que após as recorrentes reclamações de vítimas, que buscavam obter respostas mais eficazes para os casos analisados, o comitê passou a adotar o pedido de informações ao Estado violador sobre as medidas adotadas em relação às problemáticas analisadas pelo órgão, fazendo constar em seu relatório anual as informações prestadas.

Antes de adentrar no sistema de monitoramento do Pacto dos Direitos Econômicos, Sociais e Culturais (PIDESC), convém trazer breve análise quanto à aplicabilidade dos direitos previstos no referido pacto, isso porque, em seu art. 2º, § 1º do PIDESC, existe a previsão da aplicação progressiva dos direitos, decorrente da disponibilidade dos recursos voltados para os direitos econômicos, sociais e culturais; de forma que a efetivação dos direitos ali previstos está atrelada à atuação do Estado e à cooperação internacional, diferentemente dos direitos previstos no PIDCP, os quais estariam acobertados pela garantia da autoaplicabilidade dos direitos.

---

(56) PIOVESAN, Flávia. *Direitos Humanos e o Direito Constitucional internacional.* 19. ed. São Paulo: Saraiva, 2021. p. 270.

Contudo, sempre é bom lembrar que a visão contemporânea dos direitos humanos não vislumbra mais espaço para tal interpretação, pois a garantia dos direitos civis e políticos, nesse sentido, é aquela que reconhece a consolidação desses direitos em face da relação íntima atrelada à garantia dos direitos econômicos, sociais e culturais, ou seja, a implementação daqueles está ligada à conjugação desses. Assim, tal visão demanda, mais do que nunca, a observância dos princípios da indivisibilidade e da complementariedade dos direitos humanos, de forma que não existe mais espaço para outra interpretação, a não ser o da conjugação dos direitos.

Importante, ainda, ressaltar, que o princípio da progressividade dos direitos econômicos, sociais e culturais também está relacionado com os princípios do não retrocesso social e da proibição da inação estatal, o Estado deve adotar as medidas necessárias à perseguição da garantia dos direitos, por meio do respeito, proteção e implementação deles, conforme consta da Recomendação Geral nº 12 do Comitê de Direitos Econômicos, Sociais e Culturais.

Sobre o sistema de monitoramento do PIDESC é importante mencionar que, inicialmente, o Comitê DESC adotava apenas o sistema de relatórios fornecidos pelos Estados, contudo, em 10 de dezembro de 2008, por meio da edição do Protocolo Facultativo o sistema de petições individuais de vítimas de violação dos direitos enunciados no PIDESC passou a ser adotado, bem como as medidas de urgência, que se desenvolvem por meio de requisições submetidas ao Estado para evitar danos irreparáveis às vítimas de violação, além das comunicações interestatais, promovidas por um Estado-parte que denuncia a violação de direitos contidos no pacto por outro Estado-parte e as investigações *in loco* em caso de graves e sistemáticas violações dos direitos econômicos, sociais e culturais enunciados no pacto.

O Protocolo Facultativo contém 22 artigos e prevê a competência do Comitê de Direitos Econômicos, Sociais e Culturais, criado pelo Conselho Econômico da ONU (ECOSOC), para receber petições de indivíduos ou de grupos de indivíduos acerca de violações cometidas pelo Estado-parte do Protocolo.

Antes de adentrar no sistema de monitoramento de casos do PIDESC, cabe mencionar que o Brasil, até o momento, não fez sua adesão ao Protocolo facultativo do PIDESC.

3.1. Comitê de Diretos Econômicos Sociais e Culturais — Monitoramento do PIDESC

O Sistema de monitoramento por comunicações do PIDESC possui regramento similar ao dos demais sistemas internacionais de monitoramento em direitos humanos. Assim, a comunicação, para ser admitida, deve cumprir certos requisitos, estando entre eles o prévio esgotamento dos recursos internos, exceto quando a aplicação dos recursos seja injustificadamente prolongada. A inadmissibilidade da petição poderá ocorrer ainda nos casos em que: a) a petição não for submetida ao comitê no prazo de um ano, após o esgotamento dos recursos internos, salvo se comprovada a impossibilidade de submetê-la no prazo limite; b) quando a matéria já estiver sendo examinada pelo comitê ou se já tiver sido submetida a outro organismo de monitoramento internacional; c) quando for incompatível com as disposições do pacto; d) quando a ocorrência dos fatos se deu antes da entrada em vigor do pacto para o Estado-parte interessado, exceto quando ainda subsistirem. Ademais, as comunicações poderão não ser admitidas quando forem: manifestamente infundadas; baseada em fatos insuficientemente comprovados ou em informações difundidas apenas pela mídia; quando representarem abuso do direito de submeter a comunicação; e quando forem anônimas ou não apresentadas por escrito.

Admitida a comunicação, o comitê levará as informações ao Estado-parte de forma confidencial, e no prazo de 6 meses o Estado poderá oferecer suas explicações por escrito, as quais serão analisadas quanto à adoção das medidas possíveis e políticas adotadas para implementação dos direitos econômicos, sociais e culturais. A partir disso, o comitê poderá adotar as medidas provisórias, a qualquer tempo, com a finalidade de evitar danos irreparáveis, bem como disponibilizar assistência às partes, com vistas a possibilitar uma solução de acordo amigável, ocasião em que a comunicação será encerrada (arts. 5º e 6º do Protocolo).

A seguir, breves sínteses de alguns casos analisados pelo Comitê DESC, decorrentes de comunicações encaminhadas por indivíduos e/ou grupos de indivíduos, cujas questões são conexas com a relação de trabalho. Nessa análise, foram identificadas 6 comunicações, sendo todas declaradas inadmissíveis pelo Comitê.

Comunicação n. 18/2016 – Estado-parte Espanha

Violação: do direito a condições justas e satisfatórias de trabalho e do direito à seguridade social

Síntese dos fatos

Trata-se de pedido de complementação à contribuição previdenciária, intentado pelos autores, F. M. B., J. M. H. B., J. M. G. S., V. B. B. e L. A. V. A.. Os autores alegaram que, após a cessação de seus contratos, a entidade bancária onde trabalhavam promoveu sucessivos acordos colectivos, adotando regime de seguridade social para os trabalhadores ativos, cuja complementação dos benefícios não alcançou os inativos. Alegam que o banco havia constituído dotação orçamentária ou fundo interno global para cobrir os benefícios complementares, porém, seus pedidos de complementação foram negados pela entidade bancária.

Decisão sobre a inadmissibilidade

O comitê declarou inadmissível a comunicação dos autores, pois o protocolo facultativo entrou em vigor para o Estado-parte em 5 de maio de 2013, e a comunicação se refere a fatos ocorridos antes da data de entrada em vigor do protocolo para o Estado-parte interessado, a menos que esses eventos tivessem continuado após essa data, conforme prevê o art. 3º, § 2º, alínea b, do Protocolo Facultativo. O comitê observou que os fatos objeto da comunicação e todas as decisões judiciais das autoridades nacionais sobre o caso, ocorreram antes de 5 de maio de 2013, e as informações apresentadas pelos autores não indicaram a ocorrência de eventos ocorridos após a entrada em vigor do protocolo.(57)

Comunicação n. 20/2017 – Estado-parte Luxemburgo

Violação: estabilidade do dirigente sindical

Síntese dos fatos

A comunicação do autor, M.L.B., cidadão de Luxemburgo, refere-se a sua despedida por falta grave, consubstanciada no fato de que ele teria utilizado de sobras de materiais da empresa, visando à obtenção de lucro. A alegação do autor está consubstanciada no fato de que a empresa tinha conhecimento da prática e que a contraprestação recebida pelo descarte do material era revertida em benefício da empresa. A despedida por falta grave foi julgada procedente pela justiça trabalhista de primeira instância e confirmada em grau de apelação. Em sua defesa, o autor alegou violação do art. 8º, §§ 1º (a) e 3º, do pacto, uma vez que as decisões não teriam considerado o fato de que estava ocupando o cargo de delegado sindical, com direito à estabilidade. Afirmou, ainda, que cumpriu com o esgotamento de todos os recursos internos efetivos, entendendo, porém, que o recurso para o tribunal superior não teria utilidade, pois no seu entender a controvérsia em questão estaria no plano da interpretação dos fatos.

Decisão de inadmissibilidade

O comitê entendeu que os argumentos do autor sobre a inutilidade do recurso ao tribunal superior não foram suficientemente fundamentados, uma vez que não se poderia afirmar que o tribunal não examinaria o pedido relativo ao direito à estabilidade dos delegados sindicais, ou, ainda, que haveria interpretação diversa quanto à falta grave que motivou a demissão, conforme dispõe o artigo L. 415-11, n. 2, do Código do Trabalho em vigor à data dos fatos. O comitê entendeu, ainda, que não restou suficientemente esclarecido pelo autor se, de fato, teria ele invocado os direitos previstos nos arts. 8º, §§ 1º, *a* e 3º, do pacto (direito e liberdade sindical) perante as jurisdições domésticas.

O comitê concluiu que, apesar de conhecer a jurisprudência sobre o tema e os procedimentos relacionados à fase recursal, entendeu que não ficou suficientemente demonstrado o prévio esgotamento dos recursos internos. Dessa forma, concluiu que

(57) NAÇÕES UNIDAS. *Comitê de Direitos Econômicos, Sociais e Culturais.* Disponível em: https://juris.ohchr.org/Search/Details/2419. Acesso em: 18 fev. 2021.

a comunicação é inadmissível, ante o não esgotamento dos recursos internos, conforme prevê o art. 3º, § 1º, do Protocolo Facultativo.(58)

As próximas petições/comunicações, em que se verificaram casos relacionados com a matéria trabalhista, também foram consideradas inadmissíveis pelo Comitê, de forma que serão brevemente listadas, conforme segue:

Comunicação 149/2019 – Estado-parte Argentina

Violação: do direito à nomeação em carreira pública

O caso refere-se à alegação de ausência de motivação do órgão público para concluir pela não nomeação do autor, L. D. J., ocupante de cargo de juiz, para o cargo de conselheiro do poder judiciário. O requerente alegou que teria alcançado, por mérito, a classificação para a nomeação ao referido conselho, porém a nomeação não ocorreu e tampouco foi devidamente justificada.

Decisão

O Comitê concluiu pela inadmissibilidade da comunicação, com fulcro no art. 3º, § 1º, do Protocolo Facultativo, que trata da ausência do esgotamento dos recursos internos, pois o autor deixou de recorrer às instâncias judiciais devidas, por ter concluído que o recurso seria ineficaz.

Para melhor elucidar o ponto, segue transcrição de trecho relevante, em que o comitê deixa claro que a regra do esgotamento dos recursos internos não se aplica quando é improvável que os recursos sejam bem-sucedidos, vejamos:

> "(...) a Comissão toma nota de outras sentenças mencionadas pelo autor nas quais se baseia para fundamentar que a instância judicial teria sido ineficaz, uma vez que a nomeação de juízes não pode ser objeto de revisão judicial. O Comitê entende que tais decisões focam na recusa do Judiciário em interferir na discricionariedade que tem o Poder Executivo para nomear candidato ao cargo e que, por esse motivo, foi negada a declaração de nulidade do ato administrativo, o que ensejou o indeferimento liminar dos pedidos. (...). Embora a decisão proferida não tenha sido favorável ao peticionário, a Corte passou a conhecer o mérito da questão. Por isso, a Comissão considera que a argumentação do autor não se sustenta quanto à afirmação de que os recursos judiciais de que dispõe, como o recurso contencioso administrativo e a ação de amparo foram ineficazes no que tange à violação do direito

(58) NAÇÕES UNIDAS. *Comitê de Direitos Econômicos, Sociais e Culturais.* Disponível em: https://juris.ohchr.org/Search/Details/2608. Acesso em: 20 fev. 2021.

invocado. A Comissão considera que o simples fato de não ter havido resultado favorável nos casos mencionados não prova a ineficácia do recurso contencioso administrativo ou da ação de amparo. Além disso, como se disse acima, o autor não invocou perante as jurisdições nacionais, mesmo de forma genérica, o direito disposto no art. 7º, alínea c), do Pacto, aqui invocado. Nesse sentido, o Comitê considera que a percepção subjetiva do autor das limitadas possibilidades de obter uma decisão favorável por meio dos recursos internos disponíveis não constitui um argumento objetivo contra sua eficácia e, portanto, não justifica a falta de esgotamento. A regra do esgotamento dos recursos internos não se aplica quando é improvável que os recursos sejam bem-sucedidos. No entanto, para que essa exceção seja aplicada, a dúvida do autor sobre a eficácia ou as chances de sucesso de um recurso são insuficientes. Por fim, o Comitê lembra que, em virtude das práticas estabelecidas no direito internacional pelos órgãos de tratados de direitos humanos, a simples dúvida sobre a eficácia de um recurso não exime o autor da necessidade de interpô-lo. Consequentemente, o Comitê conclui que a presente comunicação é inadmissível de acordo com o art. 3, § 1, do Protocolo Facultativo."(59)

Comunicação 21/2017 – Estado-parte Portugal

Violação: do direito à promoção, decorrente de avaliação de desempenho

Resumo

O autor da comunicação, J. P. M. C., alega que o Estado-parte violou seus direitos previstos no art. 7º (c) do pacto, ao não proceder sua avaliação de desempenho de 2004, prejudicando a sua promoção.

Pois bem, de acordo com o art. 3º, § 2º (b), do Protocolo Opcional, o Comitê declarará inadmissível qualquer comunicação que se refira a eventos ocorridos antes da data de entrada em vigor do protocolo para o Estado-parte em questão, a menos que esses eventos tenham continuidade após essa data. No presente caso, o comitê observa que os fatos relevantes que deram origem às violações denunciadas pelo autor ocorreram antes de 5 de maio de 2013, data de entrada em vigor do Protocolo Facultativo para o Estado-parte. Por outro lado, as decisões do Supremo Tribunal Administrativo e do Tribunal Constitucional que rejeitaram os recursos do autor foram proferidas em 18 de fevereiro de 2014 e 27 de junho de 2014, respetivamente. Tais recursos proporcionaram a análise de mérito das violações alegadas, o que permitiu que o Comitê entendesse competente para considerar a presente comunicação.

(59) NAÇÕES UNIDAS. *Comitê de Direitos Econômicos, Sociais e Culturais.* Disponível em: https://juris.ohchr.org/Search/Details/2770. Acesso em: 20 fev. 2021.

O Comitê considerou as alegações do autor quanto ao fato de que teria sido ele impedido de se candidatar a uma promoção, haja vista sua avaliação positiva, estando, portanto, configurada a violação dos direitos previstos no art. 7º c) do pacto.

Contudo, apesar de configurada a violação, o autor deixou de fazer referência aos cargos ou processos seletivos específicos nos quais não pôde participar ou ainda àqueles em que foi inabilitado por ausência da avaliação de seu desempenho profissional do ano de 2004. Por fim, o Comitê concluiu pela inadmissibilidade da petição, nos termos do art. 3º, § 2º (e), do Protocolo Facultativo, ou seja, por entender que se trata de petição manifestamente mal fundamentada.(60)

Comunicação 11/2015 – Estado-parte Espanha

Violação: do direito à seguridade social e aos benefícios sociais complementares previstos em acordo coletivo

Fatos

Trata-se de Comunicação intentada por F. G. M. e outros, referente à negativa de pedidos de resgate de benefícios complementares previstos em apólices de seguros, em que os autores figuravam como beneficiários. O pedido foi julgado improcedente em todas as instâncias judiciais, sob o fundamento de que o acordo coletivo celebrado estabelecia um direito (benefícios complementares) quando ocorrido o fato causador; não existindo nenhuma cláusula correspondente ao direito de resgate, em caso de rescisão do contrato de trabalho, antes da ocorrência do fato gerador do benefício, de forma que o trabalhador (beneficiário) teria, até então, apenas uma expectativa de direito quanto ao benefício.

Decisão

No presente caso, o comitê observou que os fatos objeto da comunicação, incluindo todas as decisões judiciais das autoridades nacionais a respeito, ocorreram antes de 5 de maio de 2013, ou seja, antes da data de entrada em vigor do Protocolo Facultativo para Espanha, e as informações apresentadas pelos autores não demonstraram que os fatos se perpetuaram no tempo de forma que constituísse, por si só, uma violação ao pacto. Assim, o comitê se declarou impedido de analisar a comunicação, por ser ela inadmissível, ante a incompetência *ratione temporis*, nos termos do art. 3º, § 2º, alínea (b), do Protocolo Facultativo.(61)

---

(60) NAÇÕES UNIDAS. *Comitê de Direitos Econômicos, Sociais e Culturais*. Disponível em: https://juris.ohchr.org/Search/Details/2418. Acesso em: 20 fev. 2021.

(61) NAÇÕES UNIDAS. *Comitê de Direitos Econômicos, Sociais e Culturais*. Disponível em: https://juris.ohchr.org/Search/Details/2136. Acesso em: 20 fev. 2021.

Capítulo 4

Comentários Gerais do Comitê DESC em Matéria Trabalhista

Após a análise das comunicações acima identificadas, considera-se relevante mencionar outro mecanismo de orientação utilizado pelos comitês; os comentários gerais, que possuem a finalidade de interpretar o alcance das obrigações dos Estados em relação a determinado tratado. Sobre tais documentos, vejamos o que Paiva explica:

> "Os comentários gerais, que inicialmente tinham como objetivo auxiliar os Estados na apresentação dos relatórios periódicos — apontando, por exemplo, como e quais informações deveriam ser incluídas —, depois evoluíram para um documento mais amplo, por meio dos quais os comitês passaram a emitir uma espécie de "interpretação autêntica" sobre o conteúdo e o alcance das obrigações dos Estados em relação ao respectivo tratado."(62)

Conforme se verifica do trecho acima transcrito, os comentários gerais ganharam importância com o passar do tempo e servem de orientação aos Estados sobre a interpretação dos comitês acerca de diversas questões relativas à proteção de direitos humanos.

Assim, mostra-se relevante elencar os comentários gerais emitidos pelo Comitê DESC conexos com a matéria trabalhista, e para isso seguem os excertos lançados na obra dos professores Paiva e Heemann:

4.1. Comentário Geral n. 18/2015: O direito ao trabalho

> "O art. 6º do PIDESC prevê:
>
> 1. Os Estados-partes do presente Pacto reconhecem o direito ao trabalho, que compreende o direito de toda pessoa de ter a possibilidade de ganhar a vida mediante um trabalho livremente escolhido ou aceito, e tomarão medidas apropriadas para salvaguardar esse direito.

(62) PAIVA, Caio; HEEMANN, Thimotie Aragon. *Jurisprudência Internacional de Direitos Humanos.* 3. ed. Belo Horizonte: Editora CEI, 2020. p. 562.

2. As medidas que cada Estado-parte do presente Pacto tomará a fim de assegurar o pleno exercício desse direito deverão incluir a orientação e a formação técnica e profissional, a elaboração de programas, normas e técnicas apropriadas para assegurar um desenvolvimento econômico, social e cultural constante e o pleno emprego produtivo em condições que salvaguardem aos indivíduos o gozo das liberdades políticas e econômicas fundamentais".

E para o Comitê:

O direito ao trabalho é um direito fundamental, reconhecido em diversos instrumentos de direito internacional. O Pacto Internacional dos Direitos Econômicos, Sociais e Culturais, através do seu art. 6º, trata este direito mais extensamente que qualquer outro instrumento. O direito ao trabalho é essencial para a realização de outros direitos humanos e constitui uma parte inseparável e inerente à dignidade humana. Toda pessoa tem o direito de trabalhar para poder viver com dignidade. O direito ao trabalho serve, ao mesmo tempo, à sobrevivência do indivíduo e de sua família e contribui também, desde que o trabalho seja livremente escolhido ou aceitado, para a sua plena realização e para o seu reconhecimento no seio da comunidade" (§ 1º).(63)

4.2. Comentário Geral n. 23/2016: Direito a condições de trabalho equitativas e satisfatórias (art. 7º do Pacto dos Direitos Econômicos, Sociais e Culturais)

"O art. 7º do PIDESC prevê:

Os Estados-partes do presente Pacto reconhecem o direito de toda pessoa de gozar de condições de trabalho justas e favoráveis, que assegurem especialmente:

a) Uma remuneração que proporcione, no mínimo, a todos os trabalhadores:

i) Um salário eqüitativo e uma remuneração igual por um trabalho de igual valor, sem qualquer distinção; em particular, as mulheres deverão ter a garantia de condições de trabalho não inferiores às dos homens e perceber a mesma remuneração que eles por trabalho igual;

ii) Uma existência decente para eles e suas famílias, em conformidade com as disposições do presente Pacto;

b) À segurança e a higiene no trabalho;

c) Igual oportunidade para todos de serem promovidos, em seu trabalho, à categoria superior que lhes corresponda, sem outras considerações que as de tempo de trabalho e capacidade;

---

(63) PAIVA, Caio; HEEMANN, Thimotie Aragon. *Jurisprudência Internacional de Direitos Humanos.* 3. ed. Belo Horizonte: Editora CEI, 2020. p. 592.

d) O descanso, o lazer, a limitação razoável das horas de trabalho e férias periódicas remuneradas, assim como a remuneração dos feridos."

Sobre o conceito de trabalho em condições equitativas, o comitê considerou:

> "Todos os trabalhadores têm direito a um salário equitativo. A noção de salário equitativo não é estática, pois depende de uma série de critérios objetivos não exaustivos que reflitam não somente o resultado do trabalho, mas também as responsabilidades do trabalhador, o nível de qualificação e de educação necessário para desempenhar o trabalho, as consequências que o trabalho tem na saúde e na segurança do trabalhador, as dificuldades específicas relacionadas com o trabalho e a repercussão na vida pessoal e familiar do trabalhador. Na avaliação da equidade também se deve ter em conta a situação das mulheres trabalhadoras, particularmente nos casos em que seu trabalho e seu salário são tradicionalmente desvalorizados. Quando os trabalhadores têm contratos precários pode ser necessário incluir complementos salariais e outras medidas de proteção contra a arbitrariedade por uma questão de equidade para mitigar a falta de segurança no emprego. Os trabalhadores não devem ter que devolver parte de seu salário pelo trabalho já realizado e devem receber todos os salários e prestações que lhes seja devido legalmente ao término do contrato ou no caso de quebra ou liquidação judicial de bens do empregador. É proibido que os empregadores restrinjam a liberdade dos trabalhadores de dispor de sua remuneração. Os presos que aceitem trabalhar devem receber um salário equitativo. A grande maioria dos trabalhadores considera que o salário equitativo é superior ao salário mínimo. Os salários devem ser pagos em sua totalidade, com periodicidade regular e sem atraso (§ 10)."[64]

4.3. Comentário Geral n. 24/2017: Obrigações dos Estados em virtude do Pacto Internacional dos Direitos Econômicos, Sociais e Culturais no contexto de atividades empresariais

O Comitê PIDESC estabelece obrigações concretas aos Estados-partes no contexto das atividades empresariais violadoras de direitos humanos em três níveis, os de: respeitar, proteger e dar efetividade. Afirma, ainda, que a obrigação de respeitar será violada quando os Estados-partes priorizarem os interesses das empresas em detrimento

(64) PAIVA, Caio; HEEMANN, Thimotie Aragon. *Jurisprudência Internacional de Direitos Humanos*. 3. ed. Belo Horizonte: Editora CEI, 2020. p. 586-587.

dos direitos contidos no PIDESC, sem emitir justificação a respeito ou, ainda, quando as políticas afetarem negativamente os direitos. Vejamos:

> "(...) Isso pode ocorrer, por exemplo, quando se determinam despejos forçados no contexto de projetos de investimento. Os valores culturais dos povos indígenas e direitos associados às suas terras ancestrais se veem particularmente ameaçados. Os Estados-partes e as empresas devem respeitar o princípio do consentimento livre, prévio e informado dos povos indígenas em relação a todas as questões que possam afetar seus direitos, incluindo as terras, os territórios e os recursos que tradicionalmente possuam, ocupam ou utilizam (...)" (§ 12). A obrigação de proteger significa, de acordo com o Comitê, que os Estados-partes devem prevenir de maneira eficaz toda violação dos DESC no contexto das atividades empresariais, o que demanda dos Estados-partes a adoção de medidas legislativas, administrativas, educativas e outras medidas adequadas para assegurar uma proteção eficaz contra as violações dos direitos previstos no PIDESC relacionadas às atividades empresariais."

O comitê afirmou sobre o dever da devida diligência (*due diligence*) em matéria de direitos humanos pelas empresas:

> "A obrigação de proteger implica o dever positivo de adotar um marco jurídico que exija que as empresas exerçam a devida diligência em matéria de direitos humanos a fim de identificar, prevenir e mitigar os riscos de violação dos direitos do Pacto, evitar que se violem esses direitos e responder pelas consequências negativas que hajam provocado ou contribuído para provocar (...) (§ 16)."

Sobre a responsabilidade dos Estados a respeito dos efeitos das atividades empresariais em relação aos povos indígenas, o comitê ressaltou o seguinte:

> "Os Estados-partes devem velar para que, quando seja apropriado, os efeitos das atividades empresariais nos povos indígenas (em particular, as consequências adversas reais e potenciais sobre os direitos à terra, aos recursos, aos territórios, ao patrimônio cultural, aos conhecimentos tradicionais e à cultura dos povos indígenas) se incorporem de forma específica nas avaliações do impacto nos direitos humanos. Ao exercer a devida diligência em matéria de direitos humanos, as empresas deverão realizar consultas e cooperar de boa-fé com os povos indígenas interessados por meio das instituições representativas dos povos indígenas a fim de obter seu consentimento livre, prévio e informado antes de iniciar as atividades. Essas consultas devem permitir a

identificação dos possíveis efeitos negativos das atividades e das medidas a fim de mitigá-los e combatê-los (§ 17)."

Quanto à conduta na prestação dos serviços privatizados antes oferecidos pelos setores tradicionalmente públicos, o comitê ressaltou:

> "O papel e o efeito cada vez maiores dos agentes privados em setores tradicionalmente públicos, como a saúde ou educação, geram novos desafios aos Estados-partes no que diz respeito ao cumprimento de suas obrigações em virtude do Pacto. A privatização não está, por si só, proibida pelo Pacto, nem sequer em esferas como o fornecimento de água ou de eletricidade, a educação ou a atenção à saúde nas quais o papel do setor público tem sido tradicionalmente proeminente. Não obstante, os provedores privados devem ser objeto de normativas mais estritas que lhes imponham as denominadas 'obrigações dos serviços públicos': no caso de fornecimento de água ou de eletricidade, estas podem incluir requisitos relacionados com a universalidade da cobertura e a continuidade dos serviços, as políticas de fixação de preços, o nível de qualidade e a participação dos usuários.
>
> De forma análoga, os provedores de atenção à saúde privada devem ser proibidos de negar acesso aos serviços, tratamentos ou informação acessíveis e adequados. Por exemplo, quando os profissionais da atenção à saúde podem invocar a objeção de consciência para se negar a prestar determinados serviços de saúde sexual e reprodutiva, como o aborto, eles devem encaminhar as mulheres ou meninas que exigem esses serviços para outro profissional, dentro de um raio geográfico razoável, que esteja disposto a prestar esses serviços.
>
> O Comitê está especialmente preocupado com o fato de que os bens e serviços necessários para o desfrute dos direitos econômicos, sociais e culturais básicos sejam menos acessíveis se eles são encarregados ao setor privado ou que sua qualidade seja sacrificada em prol de maiores lucros. A prestação de bens e serviços essenciais por agentes privados para o desfrute dos direitos previstos no Pacto não deve estar condicionada à capacidade de pagar, o que criaria novas formas de segregação econômica. A privatização da educação realça esse risco nos casos em que as instituições educativas privadas convertem o ensino de alta qualidade num privilégio somente acessível aos setores mais ricos da sociedade, ou quando essas instituições não estão suficientemente reguladas, oferecendo um modelo educativo que não alcança os níveis mínimos de docência e servindo ao mesmo tempo de desculpa dos Estados para não cumprir as obrigações que lhes incumbem a fim de dar

efetividade ao direito à educação. A privatização tampouco deve dar lugar à exclusão de determinados grupos historicamente marginalizados, como as pessoas com deficiência. (...)" (§§ 21 e 22).

E sobre a obrigação de dar efetividade, o Comitê ressaltou que os Estados-partes devem adotar as medidas necessárias, até o máximo de seus recursos disponíveis, para facilitar e promover o desfrute dos direitos do Pacto e, em alguns casos, proporcionar diretamente os bens e serviços essenciais para esse desfrute. Para o Comitê, "O cumprimento destas obrigações pode exigir a mobilização de recursos pelo Estado, entre outras coisas, mediante a aplicação de sistemas de tributação progressiva. Pode requerer a cooperação e o apoio das empresas para aplicar os direitos reconhecidos no Pacto e observar outras normas e princípios de direitos humanos (§ 23)."

O comitê apontou a conduta positiva dos Estados em adotar planos de ação sobre empresas e direitos humanos:

"A partir da aprovação dos Princípios Reitores sobre as Empresas e os Direitos Humanos, muitos Estados e organizações regionais adotaram planos de ação sobre as empresas e os direitos humanos. Trata-se de um avanço positivo, em particular quando esses planos de ação estabelecem metas específicas e concretas, repartem as responsabilidades entre os agentes e definem os prazos e os meios necessários para sua consecução. Os planos de ação sobre as empresas e os direitos humanos devem incorporar os princípios de direitos humanos, incluída a participação efetiva e significativa, a não discriminação e a igualdade de gênero, e a prestação de contas e transparência. Os progressos na aplicação desses planos de ação devem ser acompanhados e os planos devem conceder a mesma importância a todas as categorias de direitos humanos, incluídos os direitos econômicos, sociais e culturais (§ 59)."[65]

(65) PAIVA, Caio; HEEMANN, Thimotie Aragon. *Jurisprudência Internacional de Direitos Humanos.* 3. ed. Belo Horizonte: Editora CEI, 2020. p. 583-586.

Capítulo 5

Sistema Interamericano de Direitos Humanos (SIDH)

Ao lado do sistema global de proteção dos direitos humanos temos os sistemas regionais de proteção, que visam internacionalizar a proteção dos direitos humanos nos seus respectivos continentes, e também oferecer um aparato de proteção o mais amplo possível, concernente às questões que lhe são propriamente inerentes.

Atualmente, existem os sistemas europeu, americano e africano de direitos humanos, os quais, ao lado do sistema global, surgem com a finalidade de fortalecer a proteção de direitos humanos em seus respectivos continentes. Existe, ainda, um incipiente sistema árabe de proteção e a proposta de criação de um sistema regional asiático.

O surgimento do SIDH também se relaciona com a necessidade de se conterem as violações de direitos humanos cometidas pelos Estados, no período pós-Segunda Guerra Mundial. Dessa mesma necessidade, em 1945, na Conferência Interamericana sobre Problemas da Guerra e da Paz, realizada no México, também nasce a necessidade de se criar um instrumento de proteção de direitos humanos no continente americano. Após encomendado o anteprojeto da Declaração de Direitos e Deveres Internacionais do Homem, foram aprovados, na IX Conferência Internacional Americana, realizada em Bogotá, em 1948, dois importantes instrumentos jurídicos em matéria de direitos humanos: a Carta da Organização dos Estados Americanos (OEA) e a Declaração Americana dos Direitos e Deveres do Homem, seguidos pelos demais instrumentos de proteção que compõem o sistema.

Sobre a necessidade de se criarem os instrumentos de proteção de direitos humanos no continente americano, a par do sistema de proteção global existente, considera-se importante mencionar o que sinaliza Flávia Piovesan, citando Rhona K. M. Smith: *"na medida em que um número menor de Estados está envolvido, o consenso político se torna mais facilitado, seja com relação aos textos convencionais, seja quanto aos mecanismos de monitoramento. Muitas regiões são relativamente homogêneas, com respeito à cultura, à língua e às tradições, o que oferece vantagens".*(66)

---

(66) PIOVESAN, Flávia. *Direitos Humanos e o Direito Constitucional Internacional.* 19. ed. São Paulo: Saraiva, 2021. p. 354.

Dessa forma, a convivência do sistema de proteção global com o regional encontra harmonia pela integração de seus instrumentos, sendo eles complementares no campo da proteção dos direitos humanos.

A estrutura normativa do sistema interamericano de proteção dos direitos humanos é formada pelas declarações, convenções e protocolos, os quais, além de trazer um rol de direitos, definem as obrigações dos Estados-membros da Organização dos Estados Americanos (OEA) em matéria de direitos humanos, bem como as funções dos órgãos do sistema, no caso, a Comissão Interamericana de Direitos Humanos (CIDH), e a Corte Interamericana de Direitos Humanos (Corte IDH).

Os documentos básicos que compõem o SIDH são: a Declaração Americana dos Direitos e Deveres do Homem, a Convenção Americana sobre Direitos Humanos, a Convenção Interamericana para Prevenir e Punir a Tortura, O Protocolo adicional à Convenção Americana, relativo aos direitos econômicos, sociais e culturais, o Protocolo referente à abolição da Pena de Morte, a Convenção Interamericana para Prevenir, Punir e Erradicar a violência contra a Mulher (Convenção de Belém do Pará), a Convenção Interamericana sobre o Desaparecimento Forçado de Pessoas, a Convenção Interamericana para a Eliminação de Todas as Formas de Discriminação contra as Pessoas com Deficiência, a Convenção Interamericana contra o Racismo, a Discriminação Racial e formas correlatas de Intolerância, a Convenção Interamericana contra toda forma de Discriminação e Intolerância, a Carta da Organização dos Estados Americanos, a Carta Democrática Interamericana, a Declaração de princípios sobre Liberdade de Expressão, os Princípios e Boas Práticas para a Proteção das pessoas Privadas de Liberdade nas Américas, o Estatuto e Regulamento da Comissão Interamericana de Direitos Humanos, o Regulamento da CIDH sobre o Fundo de Assistência Jurídica do Sistema Interamericano de Direitos Humanos, o Estatuto e Regulamento da Corte Interamericana de Direitos Humanos e Regulamento da Corte IDH sobre o funcionamento do Fundo de Assistência Jurídica às Vítimas.

A Carta da Organização dos Estados Americanos (OEA) e a Declaração Americana de Direitos e Deveres do Homem foram elaboradas em 30 de março de 1948, após a 9ª Conferência Interamericana, realizada em Bogotá, a primeira com o fim de proclamar o respeito e a proteção dos direitos humanos no continente americano, e a segunda com o objetivo de enumerar os direitos fundamentais a serem observados e garantidos pelos Estados.(67)

Para a efetiva atuação da proteção dos direitos humanos no continente americano houve a necessidade de se criar um órgão específico, o que ocorreu em 1959, com a criação da Comissão Interamericana de Direitos Humanos (CIDH), que passou a ser o órgão principal da OEA, após a edição do Protocolo de Buenos Aires em 1970.

(67) RAMOS, André de Carvalho. *Processo Internacional de Direitos Humanos*. 6. ed. São Paulo: Saraiva, 2019. p. 229.

A CIDH tem sede em Washington (EUA), podendo também se reunir em qualquer Estado americano, após decisão em assembleia da OEA, por maioria de votos e com a anuência ou a convite do respectivo Estado.

A Comissão IDH ou CIDH surge, inicialmente, com o objetivo de promover o respeito aos direitos humanos no continente americano, tendo, porém, sua competência ampliada, após a edição do Protocolo de Buenos Aires, quando passa a exercer também o controle e supervisão dos direitos humanos no continente, bem como as visitas *in loco* nos Estados-membros da OEA. Além dessas atribuições a Comissão tem a função preventiva, incentivando os Estados a incorporar nos textos de suas Constituições e/ou legislações as disposições previstas nos tratados internacionais de direitos humanos.(68)

As linhas temáticas prioritárias de atuação da Comissão IDH são: Povos Indígenas, Mulheres, Migrantes, Liberdade de Expressão, Criança, Defensoras e Defensores de Direitos Humanos, Pessoas Privadas de Liberdade, Pessoas Afrodescendentes e contra a Discriminação Racial, LGBTI, DESCA's, Memória, Verdade e Justiça, Pessoas Idosas e Pessoas com Deficiência.

A aprovação da Convenção Americana de Direitos Humanos em São José da Costa Rica (1969) foi o próximo passo para a ampliação do sistema de proteção no continente. Assim, surge a Convenção com um amplo catálogo de direitos, tanto ampliando as atribuições da Comissão IDH, como também criando a Corte Interamericana de Direitos Humanos, como segundo órgão de supervisão do sistema interamericano de direitos humanos.

A Convenção Americana de Direitos Humanos, instrumento de maior importância no sistema interamericano, assinada em San José em 1969, entrou em vigor em 1978, mas a ratificação pelo Brasil só ocorreu em 1992, tempo relativamente longo, considerando o período de redemocratização do país, que se iniciou a partir de 1985. O Brasil ratificou o documento, com ressalva quanto aos arts. 43 e 48, alínea *d*, sobre o direito automático das inspeções e visitas *in loco* por parte da Comissão Interamericana de Direitos Humanos em seu território, de forma que as visitas só passariam a ser permitidas após a anuência do Estado brasileiro para a sua realização.

De acordo com André de Carvalho Ramos, a demora na ratificação da convenção tem origem nas matrizes ideológicas do período ditatorial por que passou o país: *"A lentidão brasileira é explicada pelo processo brasileiro de transição política. Em 1985, data do envio da mensagem presidencial ao Congresso pedindo a aprovação do Pacto de San José, tínhamos ainda "Senadores biônicos" e uma legislação eleitoral editada na ditadura"*.(69)

(68) RAMOS, André de Carvalho. *Curso de Direitos Humanos*. 7. ed. São Paulo Saraiva, 2020. p. 330.

(69) RAMOS, André de Carvalho. *Processo Internacional de Direitos Humanos*. 6. ed. São Paulo: Saraiva, 2019. p. 230.

De igual modo, o Brasil, apesar de ter ratificado a Convenção Americana sobre Direitos Humanos em 1992, aceitou a competência contenciosa da Corte IDH somente em 10 de dezembro de 1998, fazendo conter a ressalva de que o reconhecimento da interpretação ou aplicação da CADH somente se verificaria para os fatos ocorridos após tal aceite.(70)

5.1. Direitos Trabalhistas no Sistema Interamericano

A Carta da OEA, de 1948 é o primeiro marco normativo de proteção dos direitos humanos trabalhistas no SIDH, pois além de fazer conter, já de início, os princípios da igualdade da lei e da não discriminação (art. 45, *a*), prevê os seguintes direitos trabalhistas: o direito ao trabalho e à justa remuneração; o direito de associação; o direito sindical; o direito à personalidade jurídica e sua proteção; o direito à negociação coletiva e o direito de greve (art. 45, *b*).

Da mesma forma, ainda em 1948, a Declaração Americana dos Direitos e Deveres do Homem (DADDH), além de mencionar o respeito aos princípios da igualdade perante a lei e da proibição da discriminação (art. 2º), faz menção ao direito ao trabalho em condições dignas, ao direito à remuneração justa (art. 14); ao direito ao descanso (art. 15) e ao direito de associação e de sindicalização (art. 22).

Sobre o efeito vinculante da Declaração Americana dos Direitos e Deveres do Homem, a Corte IDH já se manifestou positivamente, em resposta à opinião consultiva n. 10, solicitada pela Colômbia, sobre a interpretação do art. 64 da Convenção Americana de Direitos Humanos, em relação à Declaração Americana de Direitos e Deveres do Homem (DADDH).

A Corte esclareceu que, apesar de a DADDH não ser um tratado, deve ser analisada conforme o entendimento atual da Corte, qual seja, o de que a Declaração contém e define os direitos humanos essenciais previstos na Carta da OEA. Dessa forma, a Corte entende que a interpretação e aplicação dos direitos previstos na Carta da Organização dos Estados Americanos (OEA) devem ser feitas de forma integrativa com as normas com as quais possui correspondência, ou seja, com a referida Declaração, ressaltando que tal conduta já é uma prática adotada pelos órgãos da Organização dos Estados Americanos.

É relevante mencionar, ainda, que para o Direito Internacional, a boa-fé e o livre consentimento dos Estados na pactuação dos tratados se traduz na clara expressão do princípio do *pacta sunt servanda*, conforme se verifica no teor da Convenção de Viena sobre o Direito dos Tratados, de 1969: *"um acordo internacional concluído por escrito entre Estados e regido pelo Direito Internacional, quer conste de um instrumento único, quer de dois ou mais instrumentos conexos, qualquer que seja sua denominação específica"*.

(70) OEA. *Comissão Interamericana de Direitos Humanos.* Disponível em: https://www.cidh.oas.org/basicos/portugues/d.Convencao_Americana_Ratif..htm. Acesso em: 22 fev. 2021.

Por certo, os documentos supracitados revelam-se importantes registros que compõem a formação do estuário normativo do sistema interamericano, contudo a Convenção Americana de Direitos Humanos é o documento que reflete o resultado da institucionalização convencional do sistema de proteção em direitos humanos nas Américas, sendo, portanto, fundamental para o fortalecimento do sistema, cuja estruturação busca estabelecer as obrigações de observância, respeito e garantia dos direitos humanos no continente americano.

A Convenção Americana de Direitos Humanos (CADH) contém 82 artigos e está dividida em três partes: a primeira parte (art. 1º ao 32) estabelece as categorias de direitos e deveres; a segunda parte (art. 33 ao 69) trata dos mecanismos de apuração de violação dos direitos humanos, bem como do funcionamento da Comissão (arts. 34 a 51), e da Corte IDH (arts. 52 a 69). A última e terceira parte trata das disposições gerais e transitórias (arts. 74 a 82), sobre a assinatura, ratificação, reserva, emenda, protocolo e denúncia.[(71)]

Os direitos trabalhistas previstos de forma explícita na convenção são apenas os seguintes: a proibição da escravidão e servidão (art. 6.1), proibição do trabalho forçado ou obrigatório (arts. 6.2 e 6.3); e o direito à liberdade de associação (art. 16) (**g.n.**).

Conforme nos ensina a professora Flávia Piovesan,[(72)] a Convenção Americana de Direitos Humanos reconhece e assegura um catálogo de direitos civis e políticos, tais como: o direito à vida, o direito à personalidade jurídica, o direito a não ser submetido à escravidão, o direito à liberdade, o direito a um julgamento justo, o direito à liberdade de associação, e o direito à igualdade perante a lei etc. Contudo, os direitos sociais, econômicos e culturais não mereceram tanto destaque por parte do texto da convenção, pois são mencionados de forma um tanto quanto vaga no art. 26, diferentemente do que ocorreu em relação aos direitos civis e políticos; o referido artigo ainda declara que a efetivação dos direitos econômicos, sociais e culturais está vinculada ao alcance progressivo por parte dos Estados, dependendo do comprometimento, na medida dos recursos disponíveis e com a adoção de legislação ou outros meios para tanto.

A imprecisão sobre a garantia da efetividade em relação aos direitos econômicos, sociais, culturais e ambientais, contida no art. 26, fez com que a Assembleia Geral da OEA, em 1988, adotasse o Protocolo Adicional à Convenção, o Protocolo de San Salvador, que entrou em vigor no Brasil em 1999, após a ratificação em 1996. Tal documento, felizmente, elenca de forma explícita, o rol de direitos econômicos, sociais, culturais e ambientais (os DESCAs) a serem observados, com vistas à proteção dos direitos humanos no continente americano.

---

(71) RAMOS, André de Carvalho. *Processo Internacional de Direitos Humanos.* 6. ed. São Paulo: Saraiva, 2019. p. 231-233.

(72) PIOVESAN, Flávia. *Direitos Humanos e o Direito Constitucional Internacional.* 19. ed. São Paulo: Saraiva, 2021. p. 360-361.

5.2. Direitos Trabalhistas no Protocolo de San Salvador

O Protocolo de San Salvador surge com o objetivo de se reafirmarem os direitos essenciais do ser humano, e sua relevância no âmbito da proteção internacional, bem como o fim de reconhecer a estreita relação existente entre a vigência dos direitos econômicos, sociais, culturais e ambientais e a base do reconhecimento da dignidade humana, conforme consta em seu preâmbulo: *"Recordando que, de acordo com a Declaração Universal dos Direitos do Homem e a Convenção Americana sobre Direitos Humanos, só pode ser realizado o ideal do ser humano livre, isento de temor e da miséria, se forem criadas condições que permitam a cada pessoa gozar de seus direitos econômicos, sociais e culturais, bem como de seus direitos civis e políticos"*.

A partir dessa premissa, o Protocolo de San Salvador passa a explicitar os direitos econômicos, sociais, culturais e ambientais, por meio de um rol amplo e significativo, os quais, agora sim, foram especificadamente mencionados, estando entre eles: o direito ao trabalho; o direito à seguridade social, o direito à saúde, o direito ao meio ambiente, o direito à alimentação, o direito à educação, os direitos culturais, os direitos das crianças, o direito da proteção à família, o direito dos idosos e das pessoas com deficiência.

Importante transcrever o art. 6.1, em que o Protocolo de San Salvador menciona o direito ao trabalho e sua capacidade de promover uma vida digna ao ser humano, conforme segue: *"Toda pessoa tem direito ao trabalho, que inclui a oportunidade de obter os meios para levar uma vida digna e decorosa por meio do desempenho de uma atividade lícita, livremente escolhida ou aceita"*.

Em seu art. 6.2 o Protocolo faz menção ao comprometimento dos Estados-partes em promover o pleno emprego e os meios para sua consecução: *"Os Estados-partes comprometem-se a adotar as medidas que garantam pela efetividade do direito ao trabalho, especialmente os referentes à consecução do pleno emprego, à orientação vocacional e ao desenvolvimento de projetos de treinamento técnico-profissional, particularmente os destinados aos deficientes. Os Estados-partes comprometem-se também a executar e a fortalecer programas que coadjuvem um adequado atendimento da família, a fim de que a mulher tenha possibilidade de exercer o direito ao trabalho"*.

Nos artigos seguintes o Protocolo segue elencando os demais direitos trabalhistas, sendo eles: o direito a condições justas, equitativas e satisfatórias de trabalho (art. 7º): remuneração mínima (art. 7º, *a*); liberdade de trabalho (art.7º, *b*); promoção do emprego (art.7º, *c*); estabilidade trabalhista, com direito a indenização justa no caso de demissão injustificada (art. 7º, *d*); segurança e higiene no trabalho (art.7º, *e*); proibição do trabalho noturno, insalubre ou perigoso para crianças e adolescentes, assim como dos trabalhos que exponham a riscos (art. 7º, *f*); limitação da jornada de trabalho (art. 7º, *g*); direito ao descanso (art.7º, *h*); direito a férias e feriados remunerados (art. 7º, *h*); direito de organização sindical e afiliação (art. 8.1, *a*) e direito de greve (art. 8.1, *b*).

Em seu art. 19, item 6, o protocolo refere-se aos meios de proteção, mencionando o direito de petição individual para os casos de violações relacionadas ao direito à sindicalização e à educação, indicando que a CIDH poderá formular observações e recomendações que considerar pertinentes sobre a situação dos direitos econômicos, sociais e culturais estabelecidos no Protocolo nos Estados-partes, podendo incluir no Relatório Anual da Assembleia Geral ou em um relatório especial.

Conforme mencionado, o direito de petição por parte das vítimas perante a CIDH está previsto no protocolo, porém está restrito aos direitos sindicais e à educação (arts. 8º e 13, respectivamente, do protocolo), conforme consta no item 6, do art. 19. Tal restrição, por certo, promoveu um debate jurídico acerca da justiciabilidade direta dos DESCAs (Direitos Econômicos, Sociais, Culturais e Ambientais),[(73)] pois, se a abordagem pelo art. 26 da CADH mostrava-se um tanto quanto vaga acerca dos direitos a serem reparados e/ou judicializados, a explicitação pormenorizada deles no Protocolo de 1988, igualmente não solucionou o problema quanto à possibilidade de se buscar a reparação no que tange às violações relacionadas aos temas.

Como se vê a reparação das violações sofridas pelas vítimas em face das matérias elencadas no protocolo permaneceu sem solução; tal circunstância fez com que a Corte IDH se pronunciasse de forma mais específica a respeito das respostas às violações perpetradas em matéria de direitos econômicos, sociais, culturais e ambientais.

Dessa forma, a partir de 2017, especificamente com o julgamento do caso Lagos Del Campo *vs.* Peru, a Corte reconheceu, pela primeira vez, uma violação direta ao art. 26 da CADH, pois, apesar de estar o pedido principal ancorado na violação da liberdade de expressão, a Corte IDH entendeu que foram violados os direitos trabalhistas do Sr. Alfredo Lagos Del Campo, que na condição de dirigente sindical, detentor de estabilidade, sofreu despedida arbitrária.

O referido caso e outros tantos, cujas violações perpetradas se revelam conexas com as relações de trabalho serão objeto de análise em tópico próprio, precisamente no capítulo reservado à análise da jurisprudência da Corte IDH, o que veremos mais à frente.

5.3. Sistema de monitoramento e apuração das violações em direitos humanos no Sistema Interamericano de Direitos Humanos (SIDH)

5.3.1. Procedimento da Carta da OEA e da Declaração Americana

Antes de adentrar, propriamente, no procedimento de apuração de violação com base na Convenção Americana de Direitos Humanos (CADH), convém mencionar a

(73) A Corte IDH utilizava apenas a abreviação "DESC" para se referir aos direitos econômicos, sociais e culturais, mas com o reconhecimento da inclusão do direito ao meio ambiente no rol de direitos protegidos pelo art. 26 da CADH, a menção aos direitos econômicos, sociais, culturais e ambientais (DESCA's) passou a ser um entendimento consolidado pela Corte, haja vista a obrigação dos Estados de alcançar um desenvolvimento integral, de acordo com o que prevê a Carta da OEA.

possibilidade de acionamento da Comissão IDH, por violações de direitos humanos cometidas por Estados-membros da OEA não ratificantes da CADH, o chamado procedimento extraconvencional, que está previsto nos arts. 18 e 20, do Estatuto da Comissão, bem como nos dispositivos gerais do regulamento da Comissão IDH (arts. 28 a 44 e arts. 47 a 49).

Nesse procedimento a petição poderá ser encaminhada pela própria vítima, por seu representante, por terceiros ou mesmo por outro Estado-membro. O objetivo principal do acionamento desse sistema é a produção de recomendações aos Estados-membros a respeito da observância e garantia dos direitos humanos em seus respectivos territórios. Após o acionamento, o Estado será notificado a apresentar sua defesa, podendo nessa fase ocorrer a solução amistosa do procedimento (art. 40 do regulamento), e/ou as visitas *in loco* das comitivas delegadas, precedidas do consentimento prévio do respectivo Estado.

Finalizado o procedimento de apuração das alegações das partes, das informações colhidas nas visitas e nas audiências, a Comissão delibera de forma confidencial e colegiada sobre o mérito. Caso sejam confirmadas as violações, o relatório será transmitido ao Estado violador, com as respectivas recomendações e prazo para a adoção das medidas e seu cumprimento. Em caso de silêncio do Estado violador, a Comissão elaborará um relatório final, o qual será publicado no Relatório Anual da Assembleia da OEA.

5.3.2. Procedimento no âmbito da Convenção Americana de Direitos Humanos

O Procedimento no âmbito da Convenção Interamericana de Direitos Humanos ocorre por meio do acionamento do sistema perante a Comissão IDH. Assim, o processo de apuração da responsabilidade internacional do Estado no sistema desenvolve-se em duas fases, por isso é chamado de bifásico: a primeira fase ocorre na Comissão Interamericana de Direitos Humanos (CIDH), e a segunda, na Corte Interamericana de Direitos Humanos (Corte IDH). Esse modelo foi inspirado no sistema europeu de proteção de direitos humanos, que no início do funcionamento adotava o procedimento bifásico, mas com a edição do Protocolo 11 de reformas à Convenção Europeia sobre Direitos Humanos (CEDH – 1998), a Comissão Europeia foi extinta e a Corte Europeia foi transformada em um tribunal permanente, podendo a vítima acessá-lo diretamente.

Conforme já mencionado, no sistema interamericano a vítima não tem acesso direto à Corte, devendo a petição ser encaminhada à Comissão IDH, cujo procedimento se divide em 5 fases: a) apresentação da petição; b) revisão inicial; c) admissibilidade; d) relatório de mérito; e) a deliberação sobre o envio à Corte IDH ou adoção do relatório definitivo.

De acordo com o art. 44 da CADH: "qualquer pessoa ou grupo de pessoas, ou entidade governamental legalmente reconhecida em um ou mais Estados-membros da

Organização, pode apresentar à Comissão petições que contenham denúncias ou queixas de violação dessa convenção por um Estado-parte". Assim, a amplitude da legitimidade ativa para encaminhar a petição é enunciada no sistema interamericano, ou seja, a petição poderá ser encaminhada por qualquer pessoa, e não apenas pela vítima.

Diferentemente dos procedimentos previstos no sistema europeu (art. 34 da Convenção Europeia de Direitos Humanos), e no Sistema Global de Proteção dos Direitos Humanos, nos quais somente são admitidas petições de quem se considera vítima, ou de seus representantes, no Sistema Interamericano de Direitos Humanos é permitido que a comissão inicie a tramitação de uma petição de ofício, se considerar que determinada situação reúna os requisitos para tanto (art. 24 do Regulamento da CIDH).

No que se refere à representação legal, a Corte IDH já se pronunciou no *Caso Yatama vs. Nicarágua* sobre a não exigência de representante legal para acionar o SIDH, vejamos o que a Corte consignou: *"O acesso do indivíduo ao sistema interamericano de proteção dos direitos humanos não pode ser restringido com base na exigência de contar com representante legal. A denúncia pode ser apresentada por uma pessoa distinta da vítima"*.[74]

A regra é a de que apenas pessoas físicas podem peticionar perante o sistema interamericano, porém a Corte estabeleceu duas exceções em sua Opinião Consultiva 22/2016: uma para as comunidades indígenas/tribais; e a outra, para os sindicatos, federações ou confederações de sindicatos. Outro requisito indispensável é o de que a denúncia deve, obrigatoriamente, veicular uma violação de direitos humanos, devendo, ainda, existir a figura de uma vítima concreta, não bastando que seja informada uma violação abstrata de direitos humanos, como por exemplo, a denúncia de lei incompatível com a CADH, não se admitindo, do mesmo modo, o processamento de denúncia com apontamento de uma coletividade de vítimas que não possam ser identificadas prontamente.

Quanto às matérias que podem ser passíveis de peticionamento perante a CIDH, o art. 23, do seu regulamento indica que a comissão avaliará o peticionamento com base nos seguintes documentos: Declaração Americana dos Direitos e Deveres do Homem (DADDH); Convenção Americana de Direitos Humanos e seus dois protocolos facultativos, Convenção Interamericana para Prevenir e Punir a Tortura, Convenção Interamericana sobre Desaparecimento Forçado de Pessoas e Convenção Interamericana para Prevenir, Punir e Erradicar a Violência contra a Mulher.

Em respeito ao princípio da irretroatividade, a CIDH poderá conhecer somente de fatos ocorridos após a entrada em vigor do Instrumento Internacional de Proteção de Direitos Humanos no Estado respectivo a quem se atribui a violação de direitos humanos. Contudo, tratando-se de violação permanente ou contínua desses direitos, como nos casos de desaparecimento forçado ou quando haja o descumprimento de investigar e punir

(74) CORTE IDH. *Caso Yatama* vs. *Nicarágua*. Disponível em: https://www.corteidh.or.cr/casos_sentencias.cfm. Acesso em: 23 fev. 2022.

as violações de fatos que tenham ocorrido antes da entrada em vigor do instrumento internacional para o Estado, este poderá ser responsabilizado pelo descumprimento da obrigação de investigar e punir.

Sobre esse tema, a Corte se pronunciou no caso Nogueira de Carvalho e outros *vs.* Brasil, quando reconheceu sua competência para examinar as ações e omissões relacionadas às violações contínuas e/ou permanentes de direitos humanos, as quais teriam se iniciado antes do reconhecimento de sua competência, mas que persistiram após a entrada em vigor da Convenção IDH para o estado brasileiro.(75)

A revisão inicial da petição é delegada à secretaria-executiva da CIDH, que analisará se o documento contém os requisitos previstos nos arts. 26 a 29 do regulamento da comissão, podendo ser solicitada a sua complementação, em caso negativo.

Os requisitos de admissibilidade da petição estão previstos no art. 46 da CADH, sendo eles: a) esgotamento dos recursos internos, de acordo com os princípios de direito internacional geralmente reconhecidos; b) apresentação no prazo de 6 meses, a partir da data da notificação da decisão jurídica interna definitiva; c) inexistência de litispendência internacional. Os requisitos dos itens *a* e *b* poderão ser dispensados quando: a) inexistir o devido processo legal para proteção do direito violado; b) não for permitido à vítima o acesso aos recursos da jurisdição interna ou tenha ela sido impedida de esgotá-los; c) o recurso mostrar-se inapto para reparar o dano ou inútil; d) houver barreiras de acesso à justiça.

É importante mencionar que o prévio esgotamento dos recursos internos encontra fundamento no princípio da soberania, o que significa que o Estado tem a prioridade absoluta de resolver as demandas em âmbito interno, de forma que a atuação de um organismo internacional será sempre subsidiária e complementar. Assim, a Comissão e a Corte nunca devem ser tratadas como uma quarta instância de proteção dos direitos humanos, conforme a própria Corte declarou no caso Trabalhadores da Fazenda Brasil Verde *vs.* Brasil, tendo afirmando, inclusive, que sua jurisdição internacional tem natureza adjunta e complementar, não devendo ser considerada, portanto, um tribunal de apelação.(76)

O peticionário poderá alegar a impossibilidade de comprovar o prévio esgotamento dos recursos internos, cabendo ao Estado o ônus de provar o não cumprimento desse requisito (art. 31.3 do regulamento da CIDH), devendo fazê-lo nas primeiras etapas do procedimento, conforme apontado pela Corte, no caso *Tibi vs. Equador*.

---

(75) CORTE IDH. *Caso Nogueira de Carvalho y outros* Vs. *Brasil*. Disponível em: https://www.corteidh.or.cr/casos_sentencias.cfm. Acesso em: 23 fev. 2022.

(76) CORTE IDH. *Trabalhadores da Fazenda Brasil Verde* vs. *Brasil*. Disponível em: https://www.corteidh.or.cr/casos_sentencias.cfm. Acesso em: 23 fev. 2022.

Analisadas as considerações das partes, a Comissão IDH se pronuncia sobre a admissibilidade da petição, emitindo um relatório de admissibilidade ou inadmissibilidade preliminar, também chamado "Informe preliminar" ou "Relatório 50", previsto no art. 50 da CADH. Importante mencionar que a adoção desse relatório não constitui um prejulgamento sobre o mérito da questão, contudo se trata de documento público, devendo ser incluído no Relatório Anual da CIDH, o qual será remetido à Assembleia Geral da OEA, nos termos do art. 36.1 do Regulamento da CIDH.

De acordo com o regulamento da CIDH, a adoção do relatório de admissibilidade não constituirá prejulgamento sobre o mérito da questão e, caso a comissão decida pela inadmissibilidade da petição, a vítima não dispõe de recurso contra essa decisão. Caso a CIDH decida pela admissibilidade, a petição segue para a fase de mérito, conforme dispõem os arts. 50 e 51 da CADH e 37 a 44 do Regulamento da Comissão.

Aberto o caso, a CIDH fixará o prazo de 4 meses para os peticionários apresentarem suas observações adicionais sobre o mérito, tendo o Estado denunciado igual prazo para se manifestar. Antes de se pronunciar sobre o mérito, a Comissão fixará um prazo para que as partes se manifestem sobre o interesse em iniciar o procedimento de solução amistosa previsto no art. 37.4 de seu regulamento.

A comissão poderá, ainda, convocar as partes para audiência, caso considere necessário avançar no conhecimento do caso, bem como realizar a investigação *in loco* (art. 37.5 do regulamento da CIDH).

A decisão quanto ao mérito será emitida na forma de relatório, em que são examinadas as alegações e provas apresentadas pelas partes, os dados obtidos em audiências e em investigação efetuada *in loco*, e as informações de conhecimento público e notório.

Esse primeiro relatório de mérito é sigiloso, tratando-se de documento em que a comissão deliberará se o Estado violou ou não os direitos humanos. Caso conclua pela não violação, a comissão arquiva o caso. Por outro lado, reconhecida a existência de uma ou mais violações, a CIDH prepara o relatório preliminar com as proposições e recomendações que considerar pertinentes e o transmite ao Estado, fixando um prazo de 3 meses para que este informe a respeito das medidas adotadas para o cumprimento das referidas recomendações, não podendo o Estado tornar público esse relatório até que a CIDH adote decisão definitiva a respeito do caso (art. 44.2 do regulamento).

O peticionário também será notificado a respeito do relatório preliminar e, tratando-se de Estado-parte da CADH que tenha aceitado a jurisdição contenciosa da Corte, a Comissão dará a oportunidade ao peticionário, no prazo de 1 mês, para que ele se pronuncie a respeito de seu interesse quanto ao envio do caso à Corte. Caso o peticionário decida pelo encaminhamento do caso, deverá fornecer à CIDH as seguintes informações:

a) a posição da vítima ou de seus familiares, se forem diferentes do peticionário (explicar); b) as bases em que se fundamenta a consideração de que o caso deve ser submetido à Corte; e c) as pretensões em matéria de reparações e custas.

Esgotado o prazo de três meses, fixado para que o Estado informe a respeito das medidas adotadas, ou ainda, caso a questão não tenha sido solucionada ou não submetida à jurisdição da Corte IDH, a Comissão poderá emitir, por maioria absoluta de votos, um relatório definitivo que contenha o seu parecer e suas conclusões finais e recomendações a respeito do caso. O relatório definitivo será transmitido às partes, que apresentarão, no prazo fixado pela comissão, informação sobre o cumprimento das recomendações.

Conforme previsão contida no art. 47.3 da CADH: "A Comissão avaliará o cumprimento de suas recomendações com base na informação disponível e decidirá, por maioria absoluta de votos de seus membros, a respeito da publicação do relatório definitivo". O relatório definitivo será complementado com as informações sobre o cumprimento das medidas requeridas e a CIDH poderá enviá-lo para publicação na Assembleia Geral da Organização ou encaminhar o caso para julgamento da Corte IDH.[77]

(77) FACHIN, Melina G. (Org.). *Guia de Proteção dos Direitos Humanos*. Sistemas internacionais e sistema constitucional. Curitiba: Ed. Intersaberes, 2019. p. 145-151.

Capítulo 6

Casos na Comissão Interamericana de Direitos Humanos Relacionados com a Matéria Trabalhista

De acordo com Paiva e Heemann, "as funções da Comissão Interamericana de Direitos Humanos podem ser classificadas em três categorias: a) consideração de petições individuais sobre violação de algum dos direitos protegidos; b) preparação e publicação de informes sobre a situação dos direitos humanos num determinado país; e c) outras atividades orientadas à promoção dos direitos humanos, tais como os trabalhos de assessoria que pode oferecer aos Estados ou a preparação de projetos de tratados que permitam oferecer uma maior proteção aos direitos humanos".[(78)]

Conforme visto, os casos encaminhados à Comissão passam por diferentes etapas de procedimento, que podem resultar na inadmissibilidade da petição, na admissibilidade, no arquivamento, na solução amistosa do conflito, na adoção de relatório preliminar, seguido da adoção do relatório definitivo, com ou sem publicação na Assembleia da OEA, e, ainda, na remessa do caso à Corte IDH para julgamento.

Dessa forma, existem casos analisados pela comissão, os quais, apesar de não terem sidos encaminhados à Corte IDH para julgamento, resultaram na responsabilização do Estado brasileiro, quanto ao seu dever de comprometimento com as medidas de punição dos responsáveis, reparação e prevenção em relação às violações ocorridas, além de recomendações a respeito das necessárias mudanças legislativas e medidas de fiscalização e de conscientização em relação aos respectivos temas tratados.

A seguir, elencam-se os casos da CIDH, conexos com as relações de trabalho, os quais resultaram na responsabilização do Estado brasileiro.

---

(78) PAIVA, Caio; HEEMANN, Thimotie Aragon. *Jurisprudência Internacional de Direitos Humanos*. 3. ed. Belo Horizonte: Editora CEI, 2020. p. 529.

Caso José Pereira *vs.* Brasil — Trabalho escravo

Violações: dos direitos à vida, à liberdade, à segurança, integridade pessoal, ao trabalho e à justa remuneração, contra a detenção arbitrária; proibição de escravidão e servidão, garantias judiciais e proteção Judicial

Trata-se de petição, de 16.12.1994, encaminhada pelas organizações não governamentais América's Watch e Centro pela Justiça e o Direito Internacional (CEJIL) à Comissão Interamericana de Direitos Humanos contra o Brasil, onde foram alegados fatos relacionados com a situação de trabalho "escravo" e violação do direito à vida e à justiça na zona sul do Estado do Pará.

Resumo do caso

O caso refere-se à tentativa de assassinato do Sr. José Pereira, na Fazenda "Espírito Santo", no estado do Pará, quando o trabalhador, ao tentar fugir do local onde era mantido sob regime de trabalho escravo sofreu graves lesões, decorrentes dos disparos de arma de fogo desferidos pelos pistoleiros da Fazenda, na tentativa de impedir a fuga de José, que escapou da morte apenas por se fingir de morto.

As peticionárias relataram que José Pereira e outros 60 trabalhadores foram atraídos para a Fazenda Espírito Santo por meio de falsas promessas de trabalho, tendo sido eles submetidos a trabalhos forçados, mantidos sob cárcere e em condições desumanas e ilegais. As peticionárias afirmaram que os fatos denunciados constituem um exemplo da falta de proteção e garantias do Estado brasileiro, que não tomou as devidas providências em relação às denúncias que já vinham sendo feitas sobre essas práticas, classificadas como comuns naquela região. De forma que, os fatos estão pautados pelo desinteresse e ineficácia do Estado na ação de investigar os processos relacionados à exploração do trabalho, o que constitui violação a diversos preceitos da Declaração Americana sobre Direitos e Deveres do Homem e da CADH.

Solução amistosa – 24.10.2003

O caso resultou em um acordo de solução amistosa, assinado em 18.9.2003, em que o Estado brasileiro, reconhecendo sua responsabilidade internacional, comprometeu-se com as questões relacionadas ao julgamento e punição dos responsáveis, bem como com a implementação de medidas pecuniárias de reparação e de prevenção, além do dever de empreender modificações legislativas, medidas de fiscalização e punição de tal prática, bem como políticas públicas sobre a conscientização e combate ao trabalho escravo.(79)

(79) *Caso José Pereira vs. Brasil.* Acordo de solução amistosa. Disponível em: http://cidh.oas.org/annualrep/2003port/Brasil.11289.htm.

Pontos a destacar

1) Primeiro acordo de solução amistosa envolvendo o Brasil.

O acordo de solução amistosa somente ocorreu após a aprovação do relatório de mérito, com a conclusão pela responsabilidade do Estado brasileiro, conforme Paiva e Heemann comentam:

"Conforme consta no relatório n. 95/03 da CIDH, de 24.10.2003, a solução amistosa entre a vítima e o Estado brasileiro ocorreu após a aprovação do relatório de mérito, no qual a Comissão concluiu que o Brasil era responsável pelas violações à DADDH e à CADH (§§ 8º e seguintes)."(80)

2) O Brasil assumiu o compromisso internacional de defender a competência federal para julgamento do crime de redução à condição análoga à de escravo. No caso *Fazenda Brasil Verde* vs. *Brasil*, mais à frente analisado, contêm mais detalhes a respeito da consolidação do entendimento do STF sobre a competência da justiça federal para julgar o crime do art. 149, do Código Penal (redução à condição análoga de escravo).

3) Em 2014 foi promulgada a Emenda Constitucional n. 81/2014 que acrescentou ao art. 243 da Constituição Federal uma nova hipótese de expropriação de terras, a perda da propriedade, caso seja constatada a situação de trabalho escravo.

Caso Simone André Diniz *vs*. Brasil

Violações: discriminação racial e prática discriminatória no mercado de trabalho

Trata-se de denúncia encaminhada em 10/10/1997 à Comissão Interamericana de Direitos Humanos, apresentada pelo Centro pela Justiça e o Direito Internacional (CEJIL), pela Subcomissão do Negro da Comissão de Direitos Humanos da Ordem dos Advogados do Brasil (OAB/SP) e pelo Instituto do Negro Padre Batista, denunciando a violação aos arts. 1º, 8º, 24 e 25 da Convenção Americana sobre Direitos Humanos e, em função do art. 29 desse mesmo instrumento, aos arts. 1º, 2º (a), 5º (a)(I) e 6º da Convenção Internacional para a Eliminação de Todas as Formas de Discriminação Racial (doravante "Convenção Racial"), em prejuízo da senhora Simone André Diniz. Os peticionários alegaram o descumprimento da garantia do pleno exercício do direito à justiça e do devido processo legal, e a ocorrência de falha na condução dos recursos internos para a apuração da discriminação racial sofrida pela senhora Simone, direitos previstos na Convenção Americana de Direitos Humanos.

---

(80) PAIVA, Caio; HEEMANN, Thimotie Aragon. *Jurisprudência Internacional de Direitos Humanos*. 3. ed. Belo Horizonte: Editora CEI, 2020. p. 534.

A Comissão concluiu pela responsabilidade do Estado quanto à violação ao direito à igualdade perante a lei, à proteção judicial e às garantias judiciais consagradas respectivamente nos arts. 8º, 24 e 25 da Convenção Americana, bem como pela obrigação que impõe o art. 1º(1) de respeitar e garantir os direitos consagrados na convenção, emitindo as recomendações pertinentes ao Estado brasileiro.

Resumo do caso

Os peticionários alegam que a Sra. Aparecida Gisele Mota da Silva publicou na *Folha de São Paulo*, jornal de grande circulação no estado de São Paulo, anúncio, comunicando seu interesse na contratação de uma empregada doméstica, porém a candidata deveria ser, de preferência, pessoa de cor branca. Ao tomar conhecimento do anúncio, Simone André Diniz entrou em contato com a Sra. Aparecida, apresentando-se como candidata ao emprego e, ao questionar sobre a cor de sua pele, foi informada que não preenchia os requisitos para o emprego.

A vítima ingressou com denúncia perante a Delegacia Policial de Investigação de Crimes Raciais, em 2.3.1997, contudo o caso foi arquivado pelo juízo que conduzia o processo, após solicitação do Ministério Público, que entendeu que os atos da Sra. Aparecida Gisele Mota da Silva, a futura contratante, não se traduziram em conduta que configurasse crime de racismo, previsto na Lei n. 7.716/89.

A Comissão, em 24.10.2006, entendeu, porém, que o caso revelou a existência de um padrão comportamental por parte das autoridades brasileiras, em relação às denúncias da prática de racismo. A comissão asseverou que excluir uma pessoa do acesso ao mercado de trabalho em razão de sua raça constitui um ato de discriminação racial, citando o art. 1º da Convenção Internacional para Eliminação de Todas as Formas de Discriminação Racial (§ 99).

A comissão alertou para a existência de omissão, por parte das autoridades públicas, no que se refere à condução de diligente e adequada persecução criminal contra atos de discriminação racial e pela prática do racismo, o que resulta no risco de se produzir, não somente um racismo institucional, onde o Poder Judiciário é visto pela comunidade afrodescendente como um poder racista, mas também em um grave impacto sobre a sociedade, na medida em contribui para a propagação da impunidade, bem como para a estimulação da prática de racismo (§ 107).

Por fim, a comissão concluiu que o Estado brasileiro foi responsável pela violação ao direito à igualdade perante a lei, direito à proteção judicial e às garantias judiciais, consagrados, respectivamente, nos arts. 8º, 24 e 25, da Convenção Americana de Direitos Humanos (CADH), em prejuízo de Simone André Diniz. A comissão concluiu, ainda, que o Estado brasileiro violou o dever de adotar disposições de direito interno, nos termos do art. 2º da Convenção Americana, violando, também, a obrigação que lhe impõe o art. 1º.1, de respeitar e garantir os direitos consagrados no mesmo diploma acima citado (§ 145).

Para melhor explanar a solução do caso, seguem abaixo as recomendações contidas no acordo resolutivo:

> "1. Reparar plenamente a vítima Simone André Diniz, considerando tanto o aspecto moral como o material, pelas violações de direitos humanos determinadas no relatório de mérito e, em especial,
>
> 2. Reconhecer publicamente a responsabilidade internacional por violação dos direitos humanos de Simone André Diniz;
>
> 3. Conceder apoio financeiro à vítima para que esta possa iniciar e concluir curso superior;
>
> 4.Estabelecer um valor pecuniário a ser pago à vítima à título de indenização por danos morais;
>
> 5. Realizar as modificações legislativas e administrativas necessárias para que a legislação antirracismo seja efetiva, com o fim de sanar os obstáculos demonstrados nos §§ 78 e 94 do presente relatório;
>
> 6. Realizar uma investigação completa, imparcial e efetiva dos fatos, com o objetivo de estabelecer e sancionar a responsabilidade a respeito dos fatos relacionados com a discriminação racial sofrida por Simone André Diniz;
>
> 7. Adotar e instrumentalizar medidas de educação dos funcionários de justiça e da polícia a fim de evitar ações que impliquem discriminação nas investigações, no processo ou na condenação civil ou penal das denúncias de discriminação racial e racismo;
>
> 8. Promover um encontro com organismos representantes da imprensa brasileira, com a participação dos peticionários, com o fim de elaborar um compromisso para evitar a publicidade de denúncias de cunho racista, tudo de acordo com a Declaração de Princípios sobre Liberdade de Expressão;
>
> 9. Organizar Seminários estaduais com representantes do Poder Judiciário, Ministério Público e Secretarias de Segurança Pública locais com o objetivo de fortalecer a proteção contra a discriminação racial e o racismo;
>
> 10. Solicitar aos governos estaduais a criação de delegacias especializadas na investigação de crimes de racismo e discriminação racial;
>
> 11. Solicitar aos Ministérios Públicos Estaduais a criação de Promotorias Públicas Estaduais Especializadas no combate ao racismo e a discriminação racial;
>
> 12. Promover campanhas publicitárias contra a discriminação racial e o racismo."

Pontos importantes:

A comissão emitiu suas considerações a respeito da discriminação existente no Brasil em relação à população afrodescendente, esclarecendo que essa prática contribui para acentuar a desigualdade no mercado de trabalho:

> "53. A desigualdade no mercado de trabalho também atinge a população afro-brasileira. Para sociólogos, o emprego é visto como o melhor indicador na análise social. Segundo Telles, o conceito de desigualdade racial através da análise de emprego pode ser definido como a vantagem ou desvantagem que um grupo tem sobre outro em uma escala de tipos de ocupação.
>
> 54. Para demonstrar essa desigualdade, segundo pesquisa conduzida pelo INSPIR, que coletou informação sobre salários de trabalhadores em 6 áreas metropolitanas do país, os salários dos trabalhadores negros são sistematicamente inferiores em comparação com a (remuneração) dos trabalhadores não negros. De acordo com a pesquisa, isso é o resultado de uma combinação de fatores, tais como: o precoce ingresso no mercado de trabalho, a colocação de trabalhadores negros nos setores menos dinâmicos da economia, a desproporcionalidade em relação à quantidade de trabalhadores negros, os quais são (massivamente) empregados em posições informais e naquelas que não se exigem muita qualificação.
>
> 55. De outra forma, pesquisa do IBGE de 1999 demonstrava que 5.7% da população branca empregada ocupava posições de empregadores contra 1.3% de negros e 2.1% de mestiços. Igualmente, 5.7% da população branca empregada ocupava posição de trabalhador doméstico contra 13.4 de negros e 8.4 de mestiços.
>
> 56. Em outra pesquisa conduzida sobre prática discriminatória no mercado de trabalho dois aspectos chamaram a atenção (1) a discriminação racial era uma prática permanente e diária que garantia privilégios econômico e simbólico para trabalhadores brancos e (2) a integração no local de trabalho não era obstaculizada pelos negros, mas pelos brancos que bloqueavam a entrada e mobilidade daqueles no mercado de trabalho.
>
> 57. Relativamente à discriminação no recrutamento, a mesma pesquisa constatou que, "a discriminação foi relatada em recrutamento e seleção pessoal em todos os tipos de trabalho, seja entre empregadas domésticas, serviços gerais ou trabalhadores profissionais. Testemunhos coletados durante a pesquisa indicaram que a identidade racial era avaliada na admissão, não obstante essa prática não fosse oficial".

Pontos importantes destacados por Paiva e Heemann a respeito do caso:

a) "O caso Simone André Diniz representa a primeira vez em que um país-membro da OEA é responsabilizado na CIDH por racismo."

b) "O caso Simone André Diniz se tornou paradigma do denominado racismo institucional, que consiste segundo André de Carvalho Ramos, (...) em um conjunto de normas, práticas e comportamentos discriminatórios cotidianos adotados por organizações públicas ou privadas que, movidos por estereótipos e preconceitos, impõe a membros de grupos raciais ou étnicos discriminados situação de desvantagem no acesso a benefícios gerados pelo Estado e por demais instituições e organizações."(81)

Sobre o tema, ainda, é interessante citar o que diz o professor Silvio Almeida sobre a concepção institucional da prática do racismo: "(...) o racismo não se resume a comportamentos individuais, mas é tratado como o resultado do funcionamento das instituições, que passam a atuar em uma dinâmica que confere, ainda que indiretamente, desvantagens e privilégios com base na raça".(82)

Por fim, é importante mencionar que tramita perante a Corte IDH, desde agosto de 2021, o caso Neusa dos Santos Nascimento e Gisele Ana Ferreira, que diz respeito à discriminação racial no âmbito do trabalho sofrida pelas vítimas, ocorrida em 1998, em que se verificou, igualmente com o que ocorreu no caso Simone André Diniz, impunidade em relação aos atos praticados.(83)

---

(81) PAIVA, Caio; HEEMANN, Thimotie Aragon. *Jurisprudência Internacional de Direitos Humanos*. 3. ed. Belo Horizonte: Editora CEI, 2020. p. 542.

(82) ALMEIDA, Silvio Luiz de. *Racismo Estrutural*. São Paulo: Ed. Jandaíra, 2021. Coleção Feminismos plurais — coord. Djamila Ribeiro.

(83) Disponível em: https://corteidh.or.cr/casos_entramite.cfm.

Capítulo 7

Corte Interamericana de Direitos Humanos

A Corte Interamericana de Direitos Humanos (Corte IDH) é um órgão judicial internacional e autônomo, com competência para conhecer casos contenciosos quando o Estado demandado tenha expressamente reconhecido sua jurisdição (art. 33 da CADH).(84) A sede da Corte está localizada em San José, na Costa Rica, e é composta por sete juízes escolhidos a partir de uma lista de pessoas, detentoras de autoridade moral e conhecimento em direitos humanos, as quais são indicadas pelos Estados-membros. O mandato desses juízes tem duração de seis anos, com direito a uma recondução.

As decisões da Corte possuem caráter definitivo e obrigatório, com efeito de coisa julgada entre as partes, e de "coisa interpretada" para todos os órgãos dos Estados, os quais deverão seguir suas interpretações, a fim de evitar responsabilização internacional futura. As decisões proferidas em cada caso é o resultado do consenso majoritário dos juízes, os quais poderão apresentar voto concordante ou dissidente em apartado, os quais farão parte integrante da sentença.(85)

Além da função contenciosa, a Corte também pode emitir medidas provisórias nos processos em trâmite, refletindo em um mecanismo de proteção cautelar e tutelar para as vítimas dentro do SIDH. A Corte também emite opiniões consultivas que podem ser requeridas pela Comissão e pelos Estados-membros da OEA. Nas opiniões, como o próprio nome já diz, a Corte opina sobre as questões que lhe são formuladas, concernentes à interpretação da Convenção (CADH), ou de qualquer outro tratado relativo à proteção de direitos humanos no Estado americano; ou, ainda, sobre a compatibilidade de legislação doméstica em relação aos instrumentos internacionais de proteção.(86)

---

(84) RAMOS, André de Carvalho. *Processo Internacional de Direitos Humanos*. 6. ed. São Paulo: Saraiva, 2019. p. 253.

(85) FACHIN, Melina Girardi (Org.). *Guia de Proteção dos Direitos Humanos*. Sistemas Internacionais e Sistema Constitucional. Curitiba: Intersaberes, 2019. p.157.

(86) PIOVESAN, Flávia. *Direitos Humanos e o Direito Constitucional Internacional*. 19. ed. São Paulo: Saraiva, 2021. p. 372.

Conforme já mencionado em tópico anterior, vencidas as etapas do procedimento das petições tramitadas na CIDH, o caso poderá ser encaminhado à Corte IDH para julgamento, no prazo de três meses, contados do primeiro informe emitido pela Comissão, caso não atendidas suas recomendações por parte do Estado.

O caso encaminhado à Corte passa por diversas etapas de procedimento até o seu julgamento, conforme prevê o regulamento da Corte. As partes serão notificadas e o Estado demandado terá o prazo de dois meses para apresentar sua contestação (art. 41.1 do regulamento da Corte), fase em que poderá invocar as exceções preliminares e argumentos de mérito. Os peticionários terão o prazo de 30 dias para apresentar resposta às exceções preliminares e à contestação oposta pelo Estado demandado, ocasião em que a Corte poderá adotar uma sentença para a fase das exceções preliminares, porém nos últimos casos a Corte tem adotado uma única sentença para todas as fases do procedimento.

Assim, iniciando-se a fase probatória, a Corte poderá marcar audiência para oitiva de testemunhas e demais providências. Após o encerramento dessa fase, poderá ser apresentada petição escrita do *amicus curiae*, no prazo de 15 dias, posteriores à celebração da audiência; e, quando não houver audiência, a petição poderá ser apresentada até 15 dias após a outorga do prazo para alegações finais. A Corte poderá ainda estipular prazo para que as partes e a Comissão IDH apresentem suas alegações finais. Por fim, finalizada essa etapa, a Corte proferirá a sentença de mérito.

É importante mencionar que o processo também poderá ser finalizado por desistência do peticionário, pelo reconhecimento da violação por parte do Estado ou por solução amistosa.

Após emitida a decisão final, as partes terão 90 dias para solicitar pedido de interpretação de sentença, uma espécie de revisão emitida pela Corte sobre a decisão, pois não há previsão de recurso em face da sentença de mérito proferida pela Corte, sendo, portanto, sua decisão inapelável.[(87)]

---

(87) FACHIN, Melina G. (Org.). *Guia de Proteção dos Direitos Humanos*. Sistemas internacionais e sistema constitucional. Curitiba: Ed. Intersaberes, 2019. p. 152-159.

Capítulo 8

Opiniões Consultivas da Corte

Além da competência contenciosa acima mencionada, a Corte IDH também possui a competência consultiva para emitir opiniões, que são respostas às consultas formuladas pelos Estados-membros da OEA ou por seus órgãos sobre: a) a compatibilidade das normas internas com a convenção; e b) a interpretação da convenção ou outros tratados relativos à proteção dos direitos humanos nos Estados americanos.

Para Paiva e Heemann, as opiniões consultivas funcionam como um método judicial alternativo de caráter consultivo, na medida em que são emitidas por especialistas em matéria de direitos humanos, possuindo, ainda, a função de auxiliar os Estados e seus órgãos a cumprir e aplicar os tratados de direitos humanos, sem submetê-los ao formalismo e ao sistema de sanções que caracteriza o processo contencioso. Os autores sinalizam que o pedido de opinião consultiva possui característica e lógica próprias, pois pode ter como objeto tanto: a) a interpretação da Convenção Americana ou outros Tratados concernentes à proteção dos direitos humanos nos Estados americanos; como também b) o exame de compatibilidade entre qualquer lei interna e os instrumentos internacionais, sendo estas denominadas opiniões consultivas de compatibilidade.(88)

Até maio de 2022, a Corte IDH expediu 29 opiniões consultivas, as quais foram requeridas pelos Estados-partes da Convenção ou pela Comissão Interamericana de Direitos Humanos.(89)

As opiniões consultivas emitidas pela Corte IDH em que se verificou questão relacionada com o contexto trabalhista são as seguintes.

8.1. Opinião Consultiva n. OC – 5/85, de 13.11.1985, sobre o registro profissional de jornalistas, solicitada pelo governo da Costa Rica

A Costa Rica solicitou à Corte IDH a opinião consultiva a respeito da interpretação dos arts. 13 e 29 da Convenção, em relação ao registro profissional obrigatório

(88) PAIVA, Caio; HEEMANN, Thimotie Aragon. *Jurisprudência Internacional de Direitos Humanos*. 3. ed. Belo Horizonte: Editora CEI, 2020. p. 449-454.

(89) CORTE IDH. *Opiniões consultivas*. Disponível em: https://www.corteidh.or.cr/que_son_las_opiniones_consultivas.cfm. Acesso em: 3 mar. 2021.

de jornalistas. Solicitou, ainda, a análise da compatibilidade da Lei n. 4.420/69, que estabelece o registro obrigatório de seus membros para exercer o jornalismo, com os dispositivos mencionados da CADH.

A Corte opinou, primeiro:

> "que o registro obrigatório de jornalistas, na medida em que impede qualquer pessoa de acessar o pleno uso dos meios de comunicação social como veículo para se expressar ou transmitir informações, é incompatível com o art. 13 da Convenção Americana sobre Direitos Humanos."

E segundo:

> "que a Lei n. 4.420, de 22 de setembro de 1969, Lei Orgânica do Colégio de Jornalistas da Costa Rica, objeto desta consulta, na medida em que impede certas pessoas de pertencer ao Colégio de Jornalistas e, portanto, o pleno uso da mídia como veículo para se expressar e transmitir informações, é incompatível com o art. 13 da Convenção Americana sobre Direitos Humanos."(90)

A Corte, em seu parecer consultivo, considerou que a Lei n. 4.420/69, do Estado da Costa Rica, violava a Convenção Americana, ao exigir de jornalistas diploma universitário e filiação ao Conselho Profissional dos jornalistas. A Corte entendeu que restringir a liberdade de expressão do indivíduo não só viola o seu direito, mas o de todos de receber informações.

O Supremo Tribunal Federal, no julgamento do RE 511.961, de relatoria do Ministro Gilmar Mendes, fazendo menção à OC-05/85, decidiu no mesmo sentido: "(...) A exigência de diploma de curso superior para a prática do jornalismo — o qual, em sua essência, é o desenvolvimento profissional das liberdades de expressão e de informação — não está autorizada pela ordem constitucional, pois constitui uma restrição, um impedimento, uma verdadeira supressão do pleno, incondicionado e efetivo exercício da liberdade jornalística, expressamente, proibido pelo art. 220, § 1º, da Constituição".

8.2. Opinião Consultiva n. OC – 18/03, de 17.9.2003, sobre a privação do exercício e desfrute de certos direitos trabalhistas dos trabalhadores migrantes indocumentados, solicitada pelo México

O México solicitou à Corte IDH opinião a respeito da privação do exercício e desfrute de certos direitos trabalhistas dos trabalhadores migrantes indocumentados e

(90) Disponível em: https://www.corteidh.or.cr/docs/opiniones/seriea_05_esp.pdf.

sua compatibilidade com a obrigação dos Estados americanos de garantir os princípios de igualdade jurídica, não discriminação e proteção igualitária e efetiva da lei, consagrados nos instrumentos normativos de proteção internacional dos direitos humanos. Além disso, também questionou sobre a subordinação ou condicionamento da observância das obrigações impostas pelo direito internacional dos direitos humanos, inclusive as oponíveis *erga omnes*, contra a consecução de certos objetivos de política interna de um Estado americano.

Essa consulta trata especificamente sobre o caráter dos princípios da igualdade jurídica, da não discriminação e da proteção igualitária e efetiva da lei, quando estes alcançam um contexto de desenvolvimento progressivo do direito internacional dos direitos humanos e sua codificação.

Em adendo, o México teceu as seguintes considerações:

> "Os trabalhadores migrantes, como outras pessoas, devem ter garantido o gozo e o exercício dos direitos humanos nos Estados onde residem. No entanto, sua vulnerabilidade os torna alvo fácil de violações de seus direitos humanos, com base especialmente em critérios discriminatórios e, consequentemente, os coloca em situação de desigualdade perante a lei no que diz respeito ao gozo e exercício efetivo desses direitos.
>
> (...) o Governo do México está profundamente preocupado com a incompatibilidade de interpretações, práticas e emissão de leis por alguns Estados da região, com o sistema de direitos humanos da OEA. O Governo do México acredita que tais interpretações, práticas ou leis implicam negar, entre outras coisas, direitos trabalhistas com base em critérios discriminatórios baseados na condição migratória de trabalhadores indocumentados. Isso poderia encorajar os empregadores a usar essas leis ou interpretações para justificar a perda progressiva de outros direitos trabalhistas. Por exemplo: pagamento de horas extras, tempo de trabalho, salários auferidos, licença maternidade, abusando assim da condição de vulnerabilidade em que se encontram os trabalhadores migrantes indocumentados. Nesse contexto, as violações dos instrumentos internacionais que protegem os direitos humanos dos trabalhadores migrantes na região constituem uma ameaça real à validade dos direitos protegidos por tais instrumentos."

Com base nas disposições anteriores, o México solicitou a opinião da Corte sobre os seguintes assuntos:

> No marco do princípio da igualdade jurídica consagrado no artigo II da Declaração Americana, no art. 24 da Convenção Americana, no art. 7º da

Declaração Universal e no art. 26 do [Pacto Internacional sobre Direitos Civis e Políticos:

1) Pode um Estado americano, em relação à sua legislação trabalhista, estabelecer um tratamento prejudicialmente diferenciado para os trabalhadores migrantes indocumentados quanto ao desfrute de seus direitos trabalhistas em relação aos residentes legais ou aos cidadãos, no sentido de que essa condição migratória dos trabalhadores impede *per se* o desfrute de tais direitos?

2.1) O art. 2º, parágrafo 1º da Declaração Universal e II da Declaração Americana e os arts. 2º e 26º do PIDCP, bem como os arts. 1 e 24 da Convenção Americana, devem ser interpretados no sentido que a permanência legal das pessoas no território de um Estado americano é condição necessária para que esse Estado respeite e garanta os direitos e liberdades reconhecidos nas referidas disposições às pessoas sujeitas à sua jurisdição?

2.2) À luz das disposições citadas na questão anterior, é possível considerar que a privação de um ou mais direitos trabalhistas, tomando como fundamento de tal privação a condição de indocumentado de um trabalhador migrante, é compatível com os deveres de um Estado americano de garantir a não discriminação e a proteção igualitária e efetiva da lei imposta por meio das referidas disposições?

Com fundamento no art. 2º, §§ 1º e 2º, e no art. 5º, § 2º, ambos PIDCP:

3) Qual seria a validade da interpretação de um Estado americano no sentido de subordinar ou condicionar de qualquer forma a observância dos direitos humanos fundamentais, incluindo o direito à igualdade perante a lei e à igual e efetiva proteção dos mesmos, sem discriminação, para a consecução dos objetivos da política migratória contidos em suas leis, independentemente da hierarquia que o direito interno atribua a tais leis, em face das obrigações internacionais derivadas do Pacto Internacional de Direitos Civis e Políticos e outras obrigações do direito internacional dos direitos humanos executáveis *erga omnes*?

Considerando o desenvolvimento progressivo do direito internacional dos direitos humanos e sua codificação, em particular por meio das disposições invocadas nos instrumentos mencionados nesta solicitação:

4) Atualmente, que caráter tem o princípio da não discriminação e o direito à proteção igualitária e efetiva da lei na hierarquia normativa estabelecida pelo Direito Internacional geral e, nesse contexto, podem ser considerados como expressão de normas de *jus cogens*? Se a resposta a esta segunda pergunta

> for afirmativa, que efeitos jurídicos derivam para os Estados membros da OEA, individual e coletivamente, no âmbito da obrigação geral de respeitar e garantir, de acordo com o art. 2º, § 1º, do PIDCP, o cumprimento dos direitos humanos mencionados no art. 3º, inciso I e no art. 17 da Carta da OEA?

A Corte, em resposta, emitiu a seguinte opinião sobre a consulta:

> "1. Que os Estados têm a obrigação geral de respeitar e garantir os direitos fundamentais. Para tanto, devem adotar medidas positivas, evitar tomar iniciativas que limitem ou violem um direito fundamental e eliminar medidas e práticas que restrinjam ou violem um direito fundamental.
>
> 2. Que o descumprimento por parte do Estado, por meio de qualquer tratamento discriminatório, da obrigação geral de respeitar e garantir os direitos humanos gera responsabilidade internacional.
>
> 3. Que o princípio da igualdade e não discriminação tem um caráter fundamental para a salvaguarda dos direitos humanos tanto no direito internacional como no interno.
>
> 4. Que o princípio fundamental da igualdade e da não discriminação faz parte do direito internacional geral, na medida em que é aplicável a todos os Estados, independentemente de serem ou não parte de um determinado tratado internacional. No atual estágio da evolução do direito internacional, o princípio fundamental da igualdade e da não discriminação entrou no domínio do *jus cogens*.
>
> 5. Que o princípio fundamental da igualdade e da não discriminação, de caráter imperativo, comporta obrigações de proteção *erga omnes* que vinculam todos os Estados e geram efeitos em relação a terceiros, inclusive os particulares.
>
> 6. Que a obrigação geral de respeitar e garantir os direitos humanos vincula os Estados, independentemente de qualquer circunstância ou consideração, inclusive a condição migratória das pessoas.
>
> 7. Que o direito ao devido processo legal deve ser reconhecido no marco das garantias mínimas que devem ser oferecidas a todos os migrantes, independentemente de sua situação migratória. O amplo escopo da intangibilidade do devido processo inclui todos os assuntos e todas as pessoas, sem qualquer discriminação.

8. Que a condição migratória de uma pessoa não pode constituir justificativa para privá-la do gozo e exercício de seus direitos humanos, inclusive trabalhistas. O migrante, ao assumir uma relação de trabalho, adquire direitos por ser trabalhador, que devem ser reconhecidos e garantidos, independentemente da sua situação regular ou irregular no Estado receptor. Esses direitos são decorrentes da relação de trabalho.

9. Que o Estado tem a obrigação de respeitar e garantir os direitos humanos trabalhistas de todos os trabalhadores, independentemente de sua condição de nacionais ou estrangeiros, e não tolerar situações de discriminação em seu detrimento, nas relações de trabalho estabelecidas entre indivíduos (empregador-trabalhador). O Estado não deve permitir que empregadores privados violem os direitos dos trabalhadores, nem que a relação contratual viole as normas internacionais mínimas.

10. Que os trabalhadores, como titulares de direitos trabalhistas, devem dispor de todos os meios adequados para exercê-los. Os trabalhadores migrantes indocumentados têm os mesmos direitos trabalhistas que outros trabalhadores no Estado receptor, e este último deve tomar todas as medidas necessárias para que isso seja reconhecido e se cumpra na prática.

11. Que os Estados não podem subordinar ou condicionar a observância do princípio da igualdade perante a lei e da não discriminação à consecução dos objetivos de suas políticas públicas, quaisquer que sejam, inclusive as de caráter migratório."(91)

Pontos importantes:

a) Nesta opinião consultiva a Corte IDH destaca a importância do respeito aos princípios da igualdade perante a lei e da não discriminação, os quais adquiriram o caráter de normas *jus cogens*, ou seja, de observância obrigatória.

b) A Corte adota o termo "direitos humanos trabalhistas", reforçando a máxima enunciada na Declaração da OIT, a respeito de que *"o trabalho não é uma mercadoria"*. Dessa forma, o reconhecimento do trabalhador como ser humano, sujeito de direitos, amparado por padrões mínimos de proteção, previstos nas normas internacionais, demonstra um alinhamento com a busca e a proteção da dignidade humana e, consequentemente, com a garantia do direito a um trabalho digno.

c) A Corte afirma que o Estado tem a obrigação de impedir violações aos direitos trabalhistas, tanto àquelas decorrentes das ações de empregadores privados, como as que violem os padrões mínimos internacionais.

---

(91) Disponível em: https://www.corteidh.or.cr/docs/opiniones/seriea_18_esp.pdf.

8.3. Opinião Consultiva n. OC – 22/16, de 26.2.2016, sobre a titularidade das pessoas jurídicas no Sistema Interamericano de Direitos Humanos, solicitada pelo Panamá

O Panamá solicitou à Corte IDH a opinião consultiva sobre a titularidade das pessoas jurídicas no Sistema Interamericano de Direitos Humanos, indagando sobre a interpretação e alcance do art. 1.2, em relação aos arts. 1.1, 8, 11.2, 13, 16, 21, 24, 25, 29, 30, 44, 46 e 62.3, da Convenção Americana sobre Direitos Humanos, bem com o art. 8.1. *a* e *b* do Protocolo de San Salvador, formulando as seguintes perguntas:

> "1. O art. 1.2 da Convenção Americana sobre Direitos Humanos restringe a proteção interamericana dos direitos humanos às pessoas físicas e exclui as pessoas jurídicas do âmbito de proteção da Convenção?
>
> 2. O art. 1.2 da Convenção pode proteger também os direitos de pessoas jurídicas como cooperativas, sindicatos, associações, empresas, desde que sejam constituídas por pessoas físicas associadas a essas entidades?
>
> 3. As pessoas jurídicas podem recorrer aos processos de jurisdição interna e esgotar esse recursos em defesa dos direitos das pessoas físicas titulares dessas pessoas jurídicass?
>
> 4. Quais direitos humanos podem ser reconhecidos às pessoas jurídicas ou coletivas (não governamentais) no âmbito da Declaração Americana sobre os Direitos e Deveres do Homem, da CADH e de seus Protocolos ou instrumentos internacionais complementares?
>
> 5. No marco da Convenção Americana, além das pessoas físicas, as pessoas jurídicas constituídas por seres humanos têm direitos à liberdade de associação, à intimidade, à vida privada, à liberdade de expressão, à propriedade privada, e à proteção de seus direitos previstos nos arts. 8º e 25, e à igualdade e à não discriminação?
>
> 6. Pode uma empresa ou sociedade privada, cooperativa, sociedade civil ou empresa comercial, sindicato (pessoa jurídica), meio de comunicação (pessoa jurídica), organização indígena (pessoa jurídica), em defesa de seus direitos e/ou de seus membros, esgotar os recursos internos e dirigir-se à Comissão Interamericana de Direitos Humanos em nome de seus membros (pessoas físicas associadas ou proprietárias da empresa ou sociedade), ou cada membro ou sócio deve fazê-lo na condição de pessoa física?
>
> 7. Se uma pessoa jurídica em defesa dos seus direitos e dos direitos dos seus membros (pessoas físicas associadas ou seus sócios), acessar a jurisdição interna e esgotar os seus procedimentos jurisdicionais, podem os seus

> membros ou associados acessar directamente à jurisdição internacional da Comissão Interamericana na defesa de seus direitos como pessoas físicas afetadas?
>
> 8. No âmbito da Convenção Americana sobre Direitos Humanos, as pessoas físicas devem esgotar os recursos internos para acessar a Comissão Interamericana de Direitos Humanos em defesa de seus direitos humanos, ou podem fazê-lo as pessoas jurídicas das quais participam?"

Resposta da Corte:

"1. O art. 1.2 da CADH somente consagra direitos a favor das pessoas físicas, portanto, as pessoas jurídicas não são titulares dos direitos consagrados no referido tratado.

2. As comunidades indígenas e tribais são titulares dos direitos protegidos na Convenção e, portanto, podem acessar o Sistema Interamericano.

3. O art. 8.1.a do Protocolo de San Salvador outorga a titularidade de direitos aos sindicatos, federações e confederações, o que lhes permite acessar o Sistema Interamericano em defesa de seus próprios direitos, conforme estabelece o referido dispositivo.

4. As pessoas físicas podem, em alguns casos, exercer seus direitos por meio de pessoas jurídicas, e em tais situações podem acessar o Sistema Interamericano para apresentar as presumidas violaçoes de seus direitos.

5. As pessoas físicas, em algumas hipóteses, podem esgotar os recursos internos por meio de recursos interpostos por pessoas jurídicas."

Pontos a destacar da OC – 22/2016

A Corte reconhece as Organizações Sindicais como titulares do direito de acesso ao Sistema de Proteção Interamericano de Direitos Humanos, porém, enfatiza que não é competente para conhecer de casos relativos ao direito de greve, conforme trechos que destacamos:

> "103. (...) a Corte recorda que, conforme dispõe o art. 19.6 do Protocolo, o sistema de petições individuais só poderia ser aplicado aos direitos contidos nos arts. 8.1.a e 13. Assim, a Corte somente tem competência para conhecer os casos em que sindicatos, federações e confederações recorrem ao sistema interamericano para a proteção dos direitos reconhecidos no art. 8.1.a quando se alegue que esses direitos foram violados por uma ação

diretamente imputável a um Estado-parte do Protocolo. Com base no exposto, a titularidade dos direitos e o acesso ao sistema interamericano estariam limitados às organizações sindicais estabelecidas ou que operam nos Estados que ratificaram o Protocolo, uma vez que as obrigações nele estabelecidas não podem ser estendidas aos Estados que não tenham manifestado sua vontade de aceitá-los.

104. A Corte considera relevante também fazer referência ao direito de greve estabelecido no art. 8.1.b do Protocolo. A Corte não é competente para conhecer de casos em que tal direito seja supostamente violado, pois, conforme mencionado, o art. 19.6 do Protocolo apenas lhe confere jurisdição sobre os direitos sindicais contidos no art. 8.1.a. Não obstante, a Corte reconheça que, de acordo com o disposto no art. 1 do Protocolo de San Salvador, os Estados-partes devem adotar as medidas necessárias com vistas a alcançar progressivamente a plena realização deste direito.

105. Com base no exposto, a Corte concluiu que os sindicatos, federações e confederações fazem jus aos direitos estabelecidos no art. 8.1.a do Protocolo, que lhes permite acessar o Sistema Interamericano em defesa de seus direitos. E, neste ponto, a Corte considera pertinente lembrar que, com base no disposto no art. 44 da Convenção Americana, os sindicatos, federações e confederações legalmente reconhecidos em um ou mais Estados-partes da Convenção, sejam ou não parte do Protocolo de San Salvador, podem apresentar petições individuais perante a Comissão Interamericana em nome de seus associados, em caso de suposta violação dos direitos de seus membros por um Estado-parte da Convenção Americana."(92)

8.4. Opinião Consultiva n. OC – 23/17, de 15.11.2017, sobre Meio Ambiente e Direitos Humanos

A Colômbia submeteu à Corte a presente opinião consultiva, indagando sobre as obrigações dos Estados em relação ao meio ambiente, no marco da proteção e garantia dos direitos à vida e à integridade pessoal. O solicitante requereu, especificamente, que a Corte esclarecesse de que forma deve ser interpretada a CADH quando exista o risco de que as grandes obras de infraestrutura afetem, de forma grave, o meio ambiente marinho na Região do Grande Caribe e, por consequência, o *habitat* humano, essencial para o pleno gozo e exercício dos direitos dos habitantes das costas e/ou ilhas; isso, com base nas normas ambientais consagradas em tratados e no direito internacional consuetudinário aplicável entre os respectivos Estados.

(92) Disponível em: https://www.corteidh.or.cr/docs/opiniones/seriea_22_esp.pdf.

O Estado solicitante requereu, ainda, que a Corte esclarecesse como se deve interpretar a CADH em relação a outros tratados em matéria de proteção ambiental que buscam proteger zonas específicas, como é o caso da Convenção para a Proteção e Desenvolvimento do meio marinho da Região do Grande Caribe, em relação à construção de grandes obras de infraestrutura em Estados-partes deste tratado e suas respectivas obrigações internacionais em matéria de prevenção, precaução, mitigação do dano e cooperação entre os Estados que possam ser afetados.

> "I. De acordo com o disposto no art. 1.1 do Pacto de San José, se se considerar que uma pessoa, mesmo que não se encontre no território de um Estado-parte, está sujeita à jurisdição desse Estado no caso concreto em que cumulativamente, todas as quatro condições a seguir são atendidas?
>
> 1. que a pessoa resida ou esteja em área delimitada e protegida por um regime convencional de proteção do meio ambiente de que o referido Estado seja parte;
>
> 2. Que este regime convencional prevê uma área de jurisdição funcional, como a prevista no Acordo para a Proteção e Desenvolvimento do Meio Ambiente Marinho na Região do Grande Caribe;
>
> 3. que nessa área de jurisdição funcional os Estados-partes têm a obrigação de prevenir, reduzir e controlar a poluição por meio de uma série de obrigações gerais e/ou específicas; e
>
> 4. que, como consequência de dano ao meio ambiente ou risco de dano ambiental na área protegida pelo acordo em questão, e que seja atribuível a um Estado-parte do acordo e do Pacto de San José, os direitos humanos das pessoas, na questão foram violados ou ameaçados?"

A Corte opinou que:

> "1. O conceito de jurisdição do art. 1.1 da Convenção Americana abrange qualquer situação em que um Estado exerça autoridade ou controle efetivo sobre pessoas, dentro ou fora de seu território, de acordo com os parágrafos 72 a 81 deste Parecer.
>
> 2. Para determinar as circunstâncias que revelam o exercício da jurisdição por um Estado, é necessário examinar as circunstâncias factuais e jurídicas particulares de cada caso concreto e a localização dessa pessoa em uma área geográfica específica, pois a área de aplicação pode não ser suficiente (circunscrita) a um tratado de proteção ambiental, de acordo com os parágrafos 83 a 94 deste Parecer.

3. Para os fins do art. 1.1 da Convenção Americana, entende-se que as pessoas cujos direitos de tratados tenham sido violados em razão de um dano transfronteiriço estão sob a jurisdição do Estado de origem do referido dano, na medida em que o referido Estado exerce controle efetivo sobre as atividades realizadas em seu território ou sob sua jurisdição, de acordo com os parágrafos 95 a 103 deste Parecer

4. Com o objetivo de respeitar e garantir os direitos à vida e à integridade das pessoas sob sua jurisdição, os Estados têm a obrigação de prevenir danos ambientais significativos, dentro ou fora de seu território, para os quais devem regular, supervisionar e controlar as atividades sob sua jurisdição. sua jurisdição que possa causar danos significativos ao meio ambiente; realizar estudos de impacto ambiental quando houver risco de danos significativos ao meio ambiente; estabelecer um plano de contingência, a fim de dispor de medidas e procedimentos de segurança para minimizar a possibilidade de acidentes ambientais graves e mitigar os danos ambientais significativos que possam ter ocorrido, de acordo com os parágrafos 127 a 174 deste Parecer.

5. Os Estados devem agir de acordo com o princípio da precaução, a fim de proteger o direito à vida e à integridade pessoal contra possíveis danos graves ou irreversíveis ao meio ambiente, mesmo na ausência de certeza científica, de acordo com o parágrafo 180 deste Parecer.

6. A fim de respeitar e garantir os direitos à vida e à integridade das pessoas sob sua jurisdição, os Estados têm a obrigação de cooperar, de boa-fé, para a proteção contra danos transfronteiriços significativos ao meio ambiente. Para cumprir essa obrigação, os Estados devem notificar os Estados potencialmente afetados quando tomarem conhecimento de que uma atividade planejada sob sua jurisdição pode gerar risco de danos transfronteiriços significativos e em casos de emergências ambientais, bem como consultar e negociar, em boa-fé, com os Estados potencialmente afetados por danos transfronteiriços significativos, de acordo com os parágrafos 181 a 210 deste Parecer.

7. Com o objetivo de garantir os direitos à vida e à integridade das pessoas sob sua jurisdição, em relação à proteção do meio ambiente, os Estados têm a obrigação de garantir o direito de acesso à informação relativa aos possíveis efeitos sobre o meio ambiente. meio ambiente; o direito à participação pública das pessoas sob sua jurisdição na tomada de decisões e políticas que possam afetar o meio ambiente, bem como o direito de acesso à justiça em relação às obrigações ambientais estatais estabelecidas neste Parecer, de acordo com os parágrafos 211 a 241 deste Parecer."[(93)]

(93) Disponível em: https://www.corteidh.or.cr/docs/opiniones/seriea_23_esp.pdf.

8.5. Opinião Consultiva n. OC – 27/21, de 5.5.2021, sobre o direito de liberdade sindical, negociação coletiva e greve, e sua relação com outros direitos, na perspectiva de gênero

A Comissão Interamericana de Direitos Humanos solicitou à Corte IDHopinião consultiva sobre o alcance das obrigações dos Estados, no marco do sistema interamericano, a respeito das garantias da liberdade sindical, sua relação com outros direitos e sua aplicação sob a perspectiva de gênero, tecendo, inicialmente, as seguintes considerações:

> A liberdade sindical e a liberdade de associação são direitos humanos fundamentais que, juntamente com os direitos à negociação coletiva, de reunião e de greve, formam um núcleo básico de proteção e promoção do direito ao trabalho e suas condições justas e satisfatórias O desenvolvimento do direito ao trabalho é fundamental para fortalecer os sistemas econômicos e sociais, a partir de uma abordagem fundada em direitos, os quais, particularmente, são de vital importância para a garantia e o desfrute de outros direitos humanos, bem como para a autonomia e desenvolvimento da pessoa. Isso inclui a existência de um sistema que garanta a cada trabalhador o acesso a um emprego decente, do qual não seja ele privado injustamente. A Corte referiu-se ao direito ao trabalho como um direito protegido pelo art. 26 da Convenção Americana, sobre o qual os Estados possuem obrigações específicas.
>
> [...] Em outubro de 2018, a Comissão recebeu informações sobre restrições ao exercício da liberdade de associação, ao direito de manifestação e ao direito de greve e a criminalização do protesto nas Américas, com foco no Brasil, Colômbia, Chile, Honduras, Argentina e Costa Rica. Por sua vez, no índice global de direitos coletivos dos trabalhadores publicado pela Confederação Sindical Internacional, 5 países do continente estão registrados como locais onde tais direitos não estariam sendo garantidos. Isso significa que, embora a legislação possa contemplar certos direitos, os trabalhadores efetivamente não têm acesso a eles e, portanto, estão expostos a condutas abusivas e às práticas trabalhistas injustas. Da mesma forma, existem registros de que 8 países do continente em que tais direitos estariam sendo sistematicamente violados, o que implica silenciá-los e colocá-los em risco. Tal cenário se torna mais complexo com a expansão das novas tecnologias e a incerteza sobre seu impacto no mercado de trabalho latino-americano.
>
> A partir de uma perspectiva de igualdade de gênero, há que se considerar que as mulheres constituem cerca de 51% da população total e apenas 38% delas tem acesso ao total de rendimentos monetários gerados e recebidos, sendo

destinados aos homens os 62%. A Comissão considera que as mulheres sofrem diferentes formas de discriminação, advindas tanto da legislação dos Estados, como da prática, quanto ao acesso e controle dos recursos econômicos, distribuição e controle desses recursos dentro e fora da família, bem como quanto ao enfretamento dos obstáculos para a obtenção dos recursos, situação que é particularmente grave no mercado de trabalho informal. A Comissão também identificou algumas questões preocupantes que afetam as mulheres no campo, incluindo disparidade salarial, ou trabalho não remunerado, ou emprego e segregação ocupacional.

Apesar desses desenvolvimentos, ainda não há critérios claros sobre as obrigações específicas dos Estados relacionadas à liberdade de associação, incluindo os direitos à negociação coletiva e à greve, nem sobre sua interdependência direta com condições de trabalho justas e equitativas. Tampouco foram determinadas especificamente as garantias que os Estados devem colocar em prática quando atuam como empregadores ou quando há outros atores envolvidos, como empresas privadas, organizações internacionais ou organizações sem fins lucrativos exercendo esse papel. Tendo em vista também que histórica e tradicionalmente os direitos sindicais e trabalhistas foram entendidos na perspectiva da força de trabalho masculina, o desenvolvimento de normas sobre as obrigações do Estado para garantir o princípio da igualdade e não discriminação das mulheres nesta área é extremamente relevante para a proteção de seus direitos trabalhistas.

Nesse sentido, a Comissão informa que o objetivo desta solicitação é realizar uma interpretação conjunta de várias normas interamericanas fundamentais sobre as obrigações dos Estados em relação ao exercício da liberdade de associação e negociação coletiva e de greve como parte dela, como catalisadores da proteção dos direitos trabalhistas, bem como a interpretação dessas normas a partir de uma perspectiva de gênero. Em contextos de práticas antissindicais, desemprego, perda do valor real dos salários, insegurança no emprego, discriminação e violência de gênero contra as mulheres no trabalho e impactos trabalhistas devido ao uso intensivo de novas tecnologias no continente, é pertinente e oportuno que a Corte Interamericana desenvolva essas questões e forneça diretrizes aos Estados para o adequado cumprimento de suas obrigações.

Com base nas considerações expostas, a CIDH formulou as seguintes questões:

"a) Considerando que o art. 45, alíneas c e g, da Carta da OEA e os princípios e direitos fundamentais no trabalho reconhecem a liberdade de associação, os direitos à negociação coletiva e à greve como parte dos direitos dos trabalhadores para alcançar uma ordem social justa, o desenvolvimento econômico e a paz verdadeira; Qual é o alcance das obrigações dos Estados em matéria de garantias no processo de formação de sindicatos e em seus procedimentos eleitorais e de governança interna, bem como na formalização das negociações coletiva, à luz do que dispõe os arts. 15, 16, 25 e 26 da Convenção Americana, 8 do Protocolo de San Salvador e XXI e XXII da Declaração Americana? E, quais as ações os Estados devem tomar para a realização desses direitos, com vistas ao cumprimento das obrigações de progressividade? No marco regulatório desses Instrumentos, quais procedimentos os Estados devem adotar para identificar e eliminar os principais riscos que impedem a realização dos direitos na região, considerando a natureza e condição do empregador: a) a administração pública, b) as empresas públicas, c) empresas privadas, d) organizações internacionais e e) organizações sem fins lucrativos?

b) No marco dos arts. 16 e 26 da Convenção Americana sobre Direitos Humanos, XXII da Declaração Americana e 8.1 do Protocolo de San Salvador, como se manifesta a relação entre liberdade sindical, negociação coletiva e liberdade sindical? Existe alguma consequência jurídica desta relação sobre o direito ao trabalho e suas condições justas e eqüitativas à luz dos arts. 26 da Convenção Americana, XIV da Declaração Americana, 6 e 7 do Protocolo de San Salvador e os princípios fundamentais do direito ao trabalho? É possível permitir, em geral, que as proteções estabelecidas pela legislação possam ser derrogadas "in pejus" por meio de negociação coletiva? Que especificidades devem ser consideradas quando as mulheres figuram como sujeitos desses direitos?

c) No marco dos arts. 13, 15 e 26 da Convenção Americana sobre Direitos Humanos, IV e XXI da Declaração Americana e 8.1 do Protocolo de San Salvador, como é a relação entre liberdade de associação, liberdade de expressão, direito de greve e o direito de reunião?

Existe alguma consequência jurídica desta relação sobre o direito ao trabalho e suas condições justas e eqüitativas à luz dos arts. 26 da Convenção Americana, XIV da Declaração Americana, 6 e 7 do Protocolo de San Salvador e os princípios fundamentais e direitos trabalhistas? Que especificidades devem ser consideradas quando as mulheres figuram como sujeitos desses direitos?

d) Como se aplica o direito das mulheres de não sofrerem quaisquer formas de discriminação e violência de acordo com os arts. 4.f e 6.a da Convenção de Belém do Pará, 1.1 e 24 da Convenção Americana, 3 do Protocolo de San Salvador e II da Declaração Americana na interpretação do conteúdo

> jurídico da liberdade sindical e dos direitos à negociação coletiva e à greve? Nesse contexto, qual é o alcance das obrigações dos Estados em relação às garantias específicas decorrentes dos arts. 1.1, 2 e 26 da Convenção Americana e dos arts. 2.b, 3 e 5 da Convenção de Belém? Quais são as práticas de discriminação ou violência no trabalho, fundadas na discriminação de gênero que dificultam o exercício dos direitos pelas mulheres?
>
> e) Qual é o papel dos Estados para proteger a liberdade de funcionamento e autonomia dos sindicatos no âmbito dos arts. 26 da Convenção Americana, XXII da Declaração Americana e 8.1.a do Protocolo de San Salvador e garantir a efetiva participação das mulheres como sindicalistas e dirigentes, em conformidade com o princípio da igualdade e da não discriminação? Em quais aspectos se aplica a divisão das responsabilidades familiares entre homens e mulheres nestes contextos?
>
> f) Qual é o alcance das obrigações dos Estados relativamente às garantias específicas decorrentes dos arts. 34.g e 44.º alíneas b. c. e g. da Carta da OEA, 1.1, 2 e 26 da Convenção Americana e XIV e XXII da Declaração Americana no que tange à participação efetiva dos trabalhadores no exercício da liberdade de associação, negociação coletiva e greve, nos processos formação e avaliação de normas e políticas públicas relacionadas ao trabalho no contexto do mercado de trabalho e sua modificação por meio de uso de novas tecnologias?"

Em resposta a tais questões, a Corte opinou conforme segue:

> "1. O direito à liberdade de associação, negociação coletiva e greve são direitos humanos protegidos no âmbito do sistema interamericano, o que implica a obrigação dos Estados de adotar mecanismos para sua garantia, incluindo o acesso a um recurso judicial efetivo contra atos que violem tais direitos, a prevenção, investigação e punição dos responsáveis pelas violações dos direitos sindicais e adotar medidas específicas para sua plena vigência.
>
> 2. A liberdade de associação, a negociação coletiva e o direito de greve têm uma relação de interdependência e indivisibilidade. O respeito e garantia desses direitos é essencial para a defesa dos direitos trabalhistas e de condições de trabalho justas, equitativas e satisfatórias.
>
> 3. Os direitos de reunião e liberdade de expressão, em sua relação com a liberdade de associação, negociação coletiva e ação grevista, constituem direitos fundamentais para que os trabalhadores e seus representantes se organizem e expressem demandas específicas sobre seus direitos, suas condições de trabalho, e possam participar em assuntos de interesse público com voz

coletiva, para os quais os Estados têm o dever de respeitar e garantir esses direitos.

4. A legislação laboral estabelece um nível mínimo de proteção, cujos direitos conferidos aos trabalhadores e trabalhadoras, reconhecidos na legislação laboral, não são passíveis de renúncia, "in pejus", por meio de negociação coletiva.

5. Os Estados devem garantir o direito à mulher, à igualdade de condições, de não ser alvo de atos de discriminação, bem como de participar de todas as associações, em âmbito público e político, incluindo os sindicatos e organizações de trabalhadores. Isso implica a abstenção da utilização de qualquer tipo de tratamento, injustificadamente, diferenciado, apenas pela condição de mulher, e a obrigação dos Estados de criar condições de real igualdade no exercício dos direitos sindicais.

6. A autonomia sindical não alcança as medidas que limitem o exercício dos direitos sindicais das mulheres nos sindicatos, ao contrário, obriga os Estados a adotar medidas positivas que permitam às mulheres gozar de igualdade formal e material no sindicato, sobretudo, nos espaços onde existem agentes que trabalhem no combate aos fatores estruturais e subjacentes à persistência de estereótipos e papéis de gênero, os quais impedem às mulheres de desfrutar de forma plena seus direitos sindicais.

7. Os Estados têm a obrigação de adaptar suas leis e adotar práticas relacionadas às novas condições do mercado de trabalho, pois, quaisquer que sejam os avanços tecnológicos produzidos pelas mudanças nesse sentido, haja vista as obrigações de proteção dos direitos dos trabalhadores imposta pelo Direito Internacional dos Direitos Humanos, devendo para isso estimular a participação efetiva dos representantes dos trabalhadores e empregadores na formulação da política e legislação trabalhista."(94)

Pontos a destacar

1) A Corte afirma que os direitos à liberdade de associação, à negociação coletiva e à greve são direitos humanos protegidos no âmbito do sistema interamericano;

2) A Corte ressalta a interdependência e indivisibilidade dos direitos à liberdade de associação, à negociação coletiva e de greve para a defesa dos direitos trabalhistas e condições justas equitativas de trabalho.

---

(94) Disponível em: https://www.corteidh.or.cr/docs/opiniones/seriea_27_esp1.pdf.

3) A Corte afirma que a legislação trabalhista já estabelece um patamar mínimo civilizatório de direitos, sobre os quais não se admite renúncia.

4) A Corte enfatiza o dever dos Estados de garantir o direito à igualdade e à não discriminação ou tratamento diferenciado à trabalhadora, quando tais condições injustas são empregadas, sobretudo, por se tratar de uma mulher.

5) A Corte lembra que a autonomia sindical encontra limitação no que tange à participação da mulher na atividade sindical, sobretudo, em espaços onde existem a formação de estruturas estereotipadas, que impedem a participação de mulheres.

Capítulo 9

A Jurisdição Contenciosa da Corte IDH — Casos Conexos com as Relações de Trabalho

Antes de adentrarmos na análise da jurisprudência da Corte IDH, é importante mencionar que a agenda 2030 da ONU, implementada em 2015, após a realização da Assembleia Geral das Nações Unidas, com a participação de 193 Estados-membros, estabeleceu compromissos que envolvem a adoção de medidas abrangentes e essenciais em importantes eixos como o do crescimento econômico, da inclusão social, da proteção ambiental, da dimensão crítica e colaborativa, da justiça e da paz.

A agenda do desenvolvimento sustentável apoia-se na ideia de que o planeta deve ser visto como um todo e que cada país e cada comunidade possui desafios importantes a serem abordados e compartilhados com responsabilidade coletiva, buscando soluções de modo colaborativo rumo à construção de um mundo melhor. Assim, a Agenda 2030 da ONU e as decisões sobre direitos humanos possuem conexão, pois se inter-relacionam de diversas formas, especialmente por meio dos objetivos que promovem a paz, a justiça e a igualdade.

Dessa forma, considera-se importante identificar as decisões da Corte IDH, correlacionando-as com a Agenda 2030 da ONU, de modo que cada decisão abaixo analisada será identificada com o objetivo de desenvolvimento sustentável (ODS) correspondente.

9.1. Caso Cabellero Delgado e Santana *vs.* Colômbia — sentença de 8.12.1995

Violações: direito à vida e à liberdade pessoal em face de dirigente sindical

Resumo do caso

O caso refere-se ao desaparecimento forçado de Isidro Caballero Delgado e Maria Carmen Santana, após serem detidos por uma patrulha do Exército da Colômbia, no município de San Alberto, em fevereiro de 1989. A detenção teve como causa a participação ativa do Sr. Isidro Caballero Delgado como dirigente sindical e a adesão de ambos ao "movimento 19 de abril". Entidades sindicais e de direitos humanos, bem como a família dos detidos imprimiram esforços, no sentido de encontrar as vítimas, bem como punir os responsáveis pelo desaparecimento, movendo ações judiciais e administrativas, contudo não obtiveram êxito. Em 4 de abril de 1989, a Comissão IDH, de ofício, e antes de receber uma comunicação formal dos peticionários, embasada em pedido de ação urgente enviado por uma "fonte confiável", transmitiu a denúncia ao governo e solicitou medidas excepcionais para proteger a vida e a integridade pessoal das vítimas. Em 5 de abril do mesmo ano, a Comissão recebeu a denúncia formal dos peticionários, que tramitou sob o n. 10.319. O procedimento perante a comissão foi concluído em 25 de setembro de 1992, com a aprovação do relatório "definitivo" n. 31/92, resultando na remessa do caso à Corte em 24 de dezembro de 1992.

Decisão

A Corte condenou o Estado da Colômbia pela violação dos direitos à vida e à liberdade pessoal, conforme arts. 4º e 7º, da Convenção Americana sobre Direitos Humanos, em relação ao art. 1.1 do mesmo instrumento, entendendo pelo dever do Estado quanto à obrigação de dar continuidade no processo judicial, no que tange à apuração do desaparecimento e morte presumida das vítimas, buscando a punição dos responsáveis, em consonância com a legislação interna. Determinou, ainda, o pagamento de justa indenização aos familiares das vítimas, inclusive em razão dos gastos e esforços dispendidos no processo.

Ponto de destaque:

A Corte, no presente caso, tratou das violações do direito à vida e à liberdade pessoal das vítimas (arts. 4º e 7º da CADH), no entanto, o caso possui conexão com as relações de trabalho, haja vista que os fatos decorreram da atuação do Sr. Isidro como dirigente sindical, bem como de atos que visaram impedir a liberdade de reunião e de associação das vítimas.(95)

9.2. Caso Baena Ricardo e outros *vs.* Panamá — sentença de mérito, reparações e custas de 02.02.2001

8 TRABALHO DECENTE E CRESCIMENTO ECONÔMICO

16 PAZ, JUSTIÇA E INSTITUIÇÕES EFICAZES

(95) CORTE IDH. *Caso Cabellero Delgado e Santana* vs. *Colômbia.* Sentença de mérito. Sentença de 8 de dezembro de 1995. Série C n. 22. Disponível em: https://www.corteidh.or.cr/casos_sentencias.cfm. Acesso em: 22 mar. 2021.

Violações: das garantias judiciais, da legalidade e da irretroatividade da lei prejudicial, da liberdade de associação

Resumo do caso

Trata-se de caso encaminhado à Corte IDH pela Comissão IDH, o qual diz respeito às garantias de legalidade e de irretroatividade da lei prejudicial.

O Sindicato de Empresas Estatais, em outubro de 1990, solicitou ao governo do Panamá, informações a respeito das mudanças previstas no programa político do governo, que afetavam a respectiva classe trabalhadora. O governo panamenho, contudo, rechaçou as petições, o que resultou na convocação pelo Sindicato de uma marcha para o dia 4 de dezembro e uma paralisação para o dia seguinte. Paralelamente, no mesmo dia da marcha, o ex-chefe da Polícia Nacional e outros detidos escaparam da prisão e tomaram o quartel na noite daquele mesmo dia até a manhã seguinte. O governo panamenho associou esse fato à referida marcha. Os dirigentes sindicais decidiram cancelar a greve, porém, o governo panamenho ainda assim considerou que a ação sindical teria sido um ato cúmplice para derrocar o governo, propondo a demissão massiva de todos os trabalhadores que haviam participado da marcha.

Logo após esse fato, o governo remeteu à Assembleia Legislativa projeto de lei, visando a demissão em massa dos trabalhadores das empresas estatais, porém, mesmo antes da aprovação do referido projeto, demitiu os 270 trabalhadores, peticionários da solicitação acima referida. Em 14 de dezembro, a Assembleia aprovou o projeto de lei com caráter retroativo, sendo que os trabalhadores peticionários tentaram reverter esse ato no judiciário, porém não obtiveram êxito.

Após o processamento do caso, a Corte concluiu que o Panamá violou as garantias da legalidade e da irretroatividade da lei prejudicial (art. 9º, da CADH), em prejuízo dos 270 trabalhadores demitidos, por se apoiar em conceitos vagos de condutas ilícitas e, ainda, com amparo em lei editada após os referidos fatos. A Corte IDH também decidiu que o Estado violou as garantias judiciais do devido processo legal e da proteção judicial (arts. 8.1, 8.2 e 25 da CADH), haja vista que a demissão dos trabalhadores não foi individualizada e não lhes foi assegurado o direito de recurso quanto à decisão. A Corte declarou que o Estado violou o direito à liberdade de associação consagrado no art. 16 da CADH, por ter demitido os dirigentes sindicais que estavam envolvidos nas reivindicações, determinando a reintegração dos 270 trabalhadores, bem como o pagamento dos respectivos direitos trabalhistas, ou oportunizar a recolocação dos empregados, de forma a respeitar as condições e salários correspondentes ao tempo da demissão ou, ainda, efetuar o pagamento da indenização correspondente ao término das relações trabalhistas, em conformidade com direito laboral interno. Por fim, determinou que o Estado deveria oferecer retribuições em forma de pensão aos titulares de direito, em relação às vítimas que tenha falecido, obrigação que deve se perpetuar até o seu total cumprimento.

Pontos a destacar

a) A Corte reconheceu o direito às garantias judiciais para os processos administrativos e judiciais em matéria trabalhista, conforme segue:

"Em qualquer assunto, inclusive trabalhista e administrativo, a discricionariedade da administração encontra limites, sendo um deles o respeito pelos direitos humanos. As ações da administração pública possuem regulamento próprio e não podem ser inovadas para, em razão da ordem pública, reduzir discricionariamente as garantias de seus funcionários. (...) a administração não pode editar atos administrativos sancionadores sem conceder aos interessados a garantia do devido processo legal.

É um direito humano obter todas as garantias para se alcançar decisões justas, não devendo a administração se eximir de seu cumprimento. As garantias mínimas devem ser respeitadas no procedimento administrativo e em qualquer outro procedimento cuja decisão possa afetar os direitos das pessoas." (§§ 126 e 127 da sentença de mérito)

b) Primeiro caso em que a Corte IDH se manifestou sobre o direito à liberdade de associação, previsto no art. 16, da CADH, tendo afirmado que: "(...) trata-se, portanto, do direito fundamental de se agrupar para a realização de um bem comum com um fim lícito sem pressões ou intromissões que possam alterar ou desnaturalizar a sua finalidade." (sentença de mérito § 156)

c) A liberdade sindical incorporada ao *corpus iuris* dos direitos humanos, conforme trechos destacados:

"O preâmbulo da Constituição da OIT prevê o 'reconhecimento do princípio da liberdade de associação' como requisito essencial para a 'paz e harmonia universais'."

"Este Tribunal considera que a liberdade de associação, em matéria sindical, reveste-se da maior importância para a defesa dos legítimos interesses dos trabalhadores e faz parte do *corpus juris* dos direitos humanos." (§§ 157 e 158)

d) Aplicação do princípio *restitutio in integrum* (art. 65.1 da CADH), a reparação do dano decorrente da infração a uma obrigação internacional requer a sua plena restituição, vejamos:

"A reparação do dano causado pela infração de uma obrigação internacional exige a sua restituição integral (*restitutio in integrum*), que consiste no restabelecimento da situação anterior, na reparação das consequências produzidas pela infração, bem como no pagamento de uma indenização correspondente aos danos causados." (§ 202)[96]

---

(96) CORTE IDH. *Caso Baena Ricardo e outros contra Panamá.* Competência. Sentença de 28 de novembro de 2003. Série C n. 104. Disponível em: https://www.corteidh.or.cr/casos_sentencias.cfm. Acesso em: 22 mar. 2021.

9.3. Caso Cinco Pensionistas *vs.* Peru — sentença de mérito, reparações e custas de 28.2.2003

Violações: do direito de propriedade e da proteção judicial — alteração de regime previdenciário

Resumo do caso

Trata-se de alteração de regime previdenciário e redução do valor das aposentadorias dos cinco pensionistas, em decorrência de mudança no regime público de seguridade social. Trata-se de violação aos arts. 21 (Direito à Propriedade Privada), 25 (Proteção Judicial) e 26 (Desenvolvimento Progressivo) da Convenção Americana, em relação às obrigações do art.1.1, do mesmo instrumento.

O governo peruano procedeu a alteração do regime previdenciário dos Srs. Carlos Torres Benvenuto, Javier Mujica Ruiz-Huidobro, Guillermo Alvarez Hernández, Reymert Bartra Vasquez e Maximiliano Gamarra Ferreyra, os cinco pensionistas. Tal ato provocou a redução de suas aposentadorias nivelando-as aos mesmos valores dos pensionistas do regime privado de seguridade, o que resultou em prejuízo à subsistência dos aposentados. Em 28.2.2003, a Corte reconheceu a violação aos arts. 21 e 25 da CADH, respectivamente, direito de propriedade e direito à proteção judicial.

Pontos a destacar

a) Primeiro caso julgado pela Corte envolvendo direito previdenciário;

b) A Corte firmou sua competência para julgar demandas que envolvem direitos sociais, ressaltando a dimensão coletiva dos direitos econômicos, sociais e culturais:

"Os direitos econômicos, sociais e culturais têm uma dimensão individual e coletiva. Seu desenvolvimento progressivo, sobre o qual o Comitê de Direitos Econômicos, Sociais e Culturais das Nações Unidas já se pronunciou, deve ser medido, na opinião desta Corte, com base na crescente cobertura dos direitos econômicos, sociais e culturais, em geral, e dos direitos à segurança social e do direito à previdência social e à aposentadoria, em particular, para toda a população, levando-se em consideração os imperativos da equidade social, e não em função das circunstâncias de um grupo muito limitado de aposentados não necessariamente representativos da situação geral prevalecente." (§ 147 da sentença)

c) Fixação de parâmetros para a convencionalidade do ato estatal que visa suprimir ou reduzir o benefício previdenciário de determinado segurado. A Corte estabeleceu dois parâmetros, sendo eles: a) realizar um procedimento administrativo com pleno respeito às garantias adequadas; b) respeitar, em todo caso, as determinações que adotarem os tribunais de justiça em sobreposição às decisões da administração (§ 117). Sobre esse ponto a Corte consignou:

"No caso em apreço, não se cumpriu nenhuma das duas condições acima referidas. A administração modificou o regime, sem esgotar um procedimento adequado, os termos de interpretação das normas que regulamentavam a pensão dos cinco pensionistas, ignorando as decisões judiciais a que se fez referência." (§ 118)

d) A Corte declarou a possibilidade de aplicação do *princípio iura novit curia* como instrumento de delimitação cognitiva em suas decisões: A Corte possui a faculdade de analisar ou não a violação aos artigos da convenção não incluídos nos escritos de demanda; petições, argumentos e provas, e contestação da demanda, com base no *princípio iura novit curia*, solidamente respaldado na jurisprudência internacional, e do qual se valeu reiteradamente a jurisprudência internacional, entendendo-o como no sentido de que o julgador possui a faculdade e inclusive o dever de aplicar as disposições jurídicas pertinentes em uma causa, ainda quando as partes não as invoquem expressamente." (§ 156)

e) A Corte reconheceu o recebimento da pensão por aposentadoria como um direito de propriedade, conforme segue: "Com base no critério estabelecido no art. 29.b) da convenção, a natureza do direito adquirido às pensões pelos trabalhadores sujeitos ao regime previdenciário do Decreto-Lei n. 20.530, é matéria que se insere no direito à propriedade privada, garantido pelo art. 21 da Convenção." (§ 91, d)[97]

f) O caso possui conexão com o direito brasileiro, conforme decisões do STF e STJ, nos julgados abaixo citados:

g) O STJ vem exigindo a observância das garantias do contraditório e da ampla defesa para os casos que busquem reduzir ou suprimir determinado benefício previdenciário, em consonância com o entendimento da Corte Interamericana de Direitos Humanos, no caso Cinco Pensionistas *vs.* Peru (Resp 1.429.976, rel. Min. Humberto Martins, j. 18.2.2014).

h) O STF consolidou o entendimento de que se faz necessário o prévio requerimento administrativo do benefício previdenciário no INSS para que seja possível o ajuizamento de ação judicial que vise o referido benefício, excepcionando-o para os casos em que o entendimento da administração for notória e reiteradamente contrária à postulação do administrado, ou nos casos de revisão de benefício previdenciário, ressalvadas as situações em que o pedido envolve matéria de fato. Por

(97) CORTE IDH. *Caso "Cinco Pensionistas"* vs. *Peru.Fundo, Reparações e Custos*. Sentença de 28 de fevereiro de 2003. Série C n. 98. Disponível em: https://www.corteidh.or.cr/casos_sentencias.cfm. Acesso em: 22 mar. 2021.

fim, o STF entende desnecessário que a via administrativa seja esgotada. (RE 631.240, rel. Min. Roberto Barroso, Plenário, j. 3.9.2014)

9.4. Caso Huilca Tecse *vs.* Peru — sentença de 3.3.2005

Violação: do direito à vida e de liberdade de associação

O caso refere-se ao assassinato do Sr. Pedro Huilca Tecse, dirigente sindical peruano, ocorrido em 18 de dezembro de 1992, em razão de sua atuação sindical em enfrentamento ao governo de Alberto Fujimori e suas medidas em desfavor dos trabalhadores. Na época dos fatos, a vítima era secretário-geral da Confederação Geral dos Trabalhadores do Peru (CGTP). A Comissão informou que essa execução foi presumivelmente realizada por membros do grupo Colina, um esquadrão de "eliminação" vinculado ao Serviço de Inteligência do Exército Peruano. Além disso, a ação também se referia à ausência de investigação completa, imparcial e efetiva dos fatos.

A comissão encaminhou o caso à Corte IDH em 12/3/2004, denunciando a violação aos arts. 4º (direito à vida), 8º (garantias judiciais) e 25 (proteção judicial), todos da CADH, em relação ao art. 1.1 do mesmo instrumento. Durante o procedimento perante a Corte o Estado peruano rconheceu e admitiu sua responsabilidade internacional pela violação dos direitos do Sr. Huilca Tecse e de seus familiares. (pg. 137)

Pontos importantes:

a) Além das violações aos artigos acima mencionados, a Corte reconheceu a violação ao art. 16 da CADH, relativo ao direito de associação.[98]

O caso Huilca Tecse se destaca porque no seu julgamento a Corte IDH considerou o assassinato de um líder sindical não apenas como uma violação do direito à vida, mas também da liberdade de associação, veja-se:

"(...) a execução de um líder sindical, num contexto como o do presente caso, não restringe somente a liberdade de associação de um indivíduo, mas também o direito e a liberdade de determinado grupo de associar-se livremente, sem medo ou temor, de onde resulta que o direito protegido pelo art. 16 tem um alcance e um caráter especial. Assim se mostram as dimensões da liberdade de associação." (Mérito, reparações e custas § 69)

(98) CORTE IDH. *Caso Huilca Tecse* vs. *Peru*. Fundo, Reparações e Custos. Sentença de 3 de março de 2005. Série C n. 121. Disponível em: https://www.corteidh.or.cr/casos_sentencias.cfm. Acesso em: 22 mar. 2021.

b) Conexão com o Direito brasileiro

O caso possui semelhança com o assassinato do seringueiro Francisco Alves Mendes Filho, mais conhecido como Chico Mendes, que também era sindicalista, ativista político e ambientalista brasileiro. Chico Mendes lutava a favor dos seringueiros da Bacia Amazônica e seu ativismo lhe trouxe reconhecimento internacional e, por outro lado, a ira dos fazendeiros locais. Em 22/4/1988, Chico Mendes foi assassinado com um tiro no peito na porta dos fundos de sua casa.[99]

9.5. Caso Massacres de Ituango *vs.* Colômbia — sentença de 1º.7.2006

Violação: trabalho forçado e/ou obrigatório

Resumo do caso

O caso tem relação com a prática de trabalho forçado e refere-se às violações de direitos humanos, ocorridas nos anos de 1996 e 1997, no município de Ituango, na Colômbia, cometidas por grupos paramilitares, os quais perpetraram ataques armados à comunidade local, o que resultou no assassinato de civis indefesos, além de terror psicológico e no deslocamento forçado de pessoas, bem como o despojamento de seus bens.

A comissão submeteu o caso à Corte, em 30/7/2004, e o Estado colombiano foi condenado pelas violações do direito à vida, do direito à integridade pessoal, do direito à liberdade pessoal, das garantias judiciais, dos direitos da criança, direito à proporiedade privada e à proteção judicial, determinando o pagamento de indenizações às vítimas e seus familiares, bem como recomendando ao Estado uma série de providências, estando entre elas: assistência à saúde e tratamento aos familiares das vítimas, estabelecimento de programa habitacional adequada às vítimas sobreviventes, a implementação pelo governo de política de educação em direitos humanos, entre outras providências. A Corte também reconheceu a violação ao art. 6.2 (trabalho forçado ou obrigatório), cuja participação de agentes do Estado ficou demonstrada, no que tange à facilitação da incursão dos grupos paramilitares, aos quais também foi atribuída a violação.[100]

(99) PAIVA, Caio; HEEMANN, Thimotie Aragon. *Jurisprudência Internacional de Direitos Humanos*. 3. ed. Belo Horizonte: Editora CEI, 2020. p. 138.

(100) CORTE IDH. *Caso dos Massacres de Ituango* vs. *Colômbia*. Sentença de 1º de julho de 2006. Série C n. 148.

Pontos a destacar

a) Com base nas regras de interpretação presentes no art. 29 da CADH, a Corte IDH apontou a definição de trabalho forçado ou obrigatório, previsto no art. 6º, da CADH, inclusive utilizando-se do conceito contido na Convenção n. 29 da OIT:

"O Art. 2.1 da Convenção n. 29 da OIT dispõe que: "trabalho forçado" ou compulsório designa todo trabalho ou serviço exigido de um indivíduo sob a ameaça de qualquer penalidade e para o qual esse indivíduo não se ofereceu voluntariamente. (§ 159)

A Corte observa que a definição de trabalho forçado ou obrigatório, presente na referida convenção, consiste em dois elementos básicos. Em primeiro lugar, a atividade ou trabalho é exigido "sob ameaça de sanção". Em segundo lugar, eles são realizados contra a vontade do trabalhador." (§ 160)

No presente caso, a Corte considera que ficou demonstrada a ausência de livre vontade dos trabalhadores em realizar a atividade de pastoreio de gado. Os tropeiros não compareciam voluntariamente para realizar o trabalho em questão e foram privados de sua liberdade, levados para lugares remotos e submetidos aos trabalhos por cerca de dezessete dias; tendo eles se sujeitado a tal situação apenas para salvaguardar suas vidas. Os tropeiros realizavam o trabalho que lhes era imposto para não serem mortos, como ocorreu com os demais colonos." (§ 165)

b) Como fundamento, a Corte também utilizou o princípio *iura novit curia*, neste caso, como instrumento de delimitação cognitiva da decisão, condenando o Estado colombiano também pelas violações aos arts. 11.2 (proteção à honra e dignidade), 21 (direito à propriedade privada), 22 (direito de circulação e residência), todos da CADH, e todos em conformidade com o art. 1.1. do mesmo instrumento.

9.6. Caso Trabalhadores demitidos do Congresso *vs.* Peru — sentença de 24.11.2006

Violações: das garantias judiciais e de proteção judicial dos trabalhadores

8 TRABALHO DECENTE E CRESCIMENTO ECONÔMICO

16 PAZ, JUSTIÇA E INSTITUIÇÕES EFICAZES

Resumo do caso

O caso trata da demissão de 257 trabalhadores do Congresso Nacional da República do Peru, após a dissolução do Congresso, pelo governo de Alberto Fujimori, que,

Disponível em: https://www.corteidh.or.cr/casos_sentencias.cfm. Acesso em: 22 mar. 2021.

nesse contexto, criou o chamado "Governo de Emergência e Reconstrução Nacional". Os fatos decorrem de uma situação generalizada de demissões irregulares no setor público, em que se verificou a ausência de garantias judiciais, bem como de ineficiência do judiciário para tratar dos casos, isso porque, os recursos das vítimas, em que foram solicitadas a nulidade e/ou invalidade das resoluções que autorizaram as demissões, foram declarados improcedentes pelo Superior Tribunal de Justiça de Lima.

A Corte IDH, por sua vez, concluiu pela obrigação do Estado de garantir os recursos judiciais efetivos, bem como de pagar indenizações às vítimas pelos danos imateriais sofridos e, apesar de não reconhecer a violação art. 26 da CADH, invocado pela Comissão e pelos peticionários, a Corte determinou o restabelecimento da situação anterior, conforme segue:

"A reparação do dano decorrente do descumprimento de uma obrigação internacional exige, sempre que possível, a restituição integral (*restitutio in integrum*), que consiste no restabelecimento da situação anterior. Caso isso não seja possível, cabe ao tribunal internacional determinar uma série de medidas para, além de garantir os direitos violados, reparar as consequências produzidas pelas infrações, bem como estabelecer o pagamento de uma indenização como compensação pelos danos causados. A obrigação de reparar é regulada pelo Direito Internacional, não podendo ser modificada ou violada pelo Estado, por disposições de seu direito interno." (§ 143)[101]

Ponto importante

A Corte fez referência ao dever dos órgãos internos de exercerem o controle de convencionalidade, vejamos:

> "Quando um Estado ratifica um tratado internacional como a Convenção Americana, seus juízes também estão sujeitos a ela, o que os obriga a assegurar que o efeito útil da convenção não seja diminuído ou anulado pela aplicação de leis contrárias às suas disposições, objeto e fim. Em outras palavras, os órgãos do Poder Judiciário devem exercer não apenas o controle de constitucionalidade, mas também o controle de "convencionalidade" *ex officio* entre as normas internas e a Convenção Americana, evidentemente no âmbito de suas respectivas competências e das normas processuais correspondentes. Essa função não deve ser limitada exclusivamente pelas declarações ou atos dos demandantes em cada caso concreto, embora não implique que esse controle deva ser sempre exercido, sem considerar outros pressupostos formais e materiais de admissibilidade e origem desse tipo de ação." (§ 128 da sentença)

(101) CORTE IDH. *Caso dos Trabalhadores do Congresso Demitidos* vs. *Peru*. Exceções Preliminares, Mérito, Reparações e Custas. Sentença de 30 de novembro de 2007 Série C n. 174. Disponível em: https://www.corteidh.or.cr/casos_sentencias.cfm. Acesso em: 22 mar. 2021.

9.7. Caso Acevedo Buendía e outros *vs.* Peru — sentença de mérito de 1º.7.2009

Violações: do direito à proteção judicial e da propriedade privada

Resumo do Caso

Em 1º de abril de 2008, a Comissão Interamericana de Direitos Humanos apresentou à Corte o referido caso, decorrente de denúncia encaminhada à CIDH pelos membros da Associação de Desempregados e Aposentados da Controladoria Geral da República do Peru.

O caso trata da mudança no regime de pagamento dos aposentados, que recebiam remuneração equiparada aos funcionários ativos da Controladoria Geral da República. O ato decorreu da publicação do Decreto-Lei n. 25.597, que incumbiu ao Ministério da Economia e Finanças a responsabilidade de assumir o pagamento de salários, pensões e afins, os quais, até então, deveriam ser pagos àquela Controladoria. Tal mudança resultou no cerceamento do direito dos membros da Associação de continuarem a receber o valor da pensão nivelada em conformidade com o Decreto-Lei n. 20.530, além de outros benefícios que deixaram de ser pagos pelo Estado.

A decisão do Superior Tribunal de Justiça de Lima, que declarou inaplicável aos membros da Associação os arts. 9º, inciso c) e 13 do Decreto-lei n. 25.597 e determinou o pagamento, pela Controladoria Geral da República, das remunerações, gratificações e bonificações pagas aos funcionários de cargos e funções idênticas, similares ou equivalentes, aos membros da Associação de Desempregados e Aposentados da Controladoria, não foi cumprida pelo governo peruano.

A Corte reconheceu a violação aos arts. 25.1 e 25.2, da CADH, referentes ao direito à proteção judicial e ao direito à propriedade privada, arts. 21.1 e 21.2, da CADH, todos em relação ao art. 1.1 do mesmo tratado, determinando o pagamento de indenização por danos morais e reembolso de custas e gastos às vítimas, bem como o reembolso dos pagamentos acumulados não recebidos pelas vítimas entre abril de 1993 e outubro de 2000.[102]

---

(102) CORTE IDH. *Caso Acevedo Buendía e outros* vs. *Peru*. Exceção Preliminar, Mérito, Reparações e Custas. Sentença de 1º de julho de 2009. Série C n. 198. Disponível em: https://www.corteidh.or.cr/casos_sentencias.cfm. Acesso em: 23 mar. 2021.

Pontos a destacar

1 – Nota-se no presente caso que a Corte IDH adota em sua decisão a observância do princípio da interdependência entre os direitos civis e políticos e os direitos econômicos, sociais e culturais; fazendo constar que as medidas e os meios necessários em relação aos direitos envolvidos devem estar atrelados aos recursos econômicos e financeiros disponíveis para o cumprimento do compromisso, veja-se:

"(...) a Corte considera pertinente lembrar a interdependência existente entre os direitos civis e políticos e os direitos econômicos, sociais e culturais, uma vez que devem ser entendidos de forma integral como direitos humanos, sem hierarquia entre si e exigíveis em todos os casos perante as autoridades competentes para tal. (§ 101)

2 – A Corte sinaliza a importância de se considerar o caráter progressivo dos direitos econômicos, sociais e culturais (art. 26 da CADH).

"A Corte observa que o desenvolvimento progressivo dos direitos econômicos, sociais e culturais foi objeto de pronunciamento da Comissão de Direitos Econômicos, Sociais e Culturais das Nações Unidas, no sentido de que sua plena efetividade, que não pode ser alcançada num curto espaço de tempo, requer a disposição de flexibilidade necessária, de acordo com as realidades e dificuldades de cada país, as quais implicarão na sua eficácia. Nesse sentido, considerando a flexibilidade de tempo e modalidades, o Estado terá essencialmente, mas não exclusivamente, a obrigação de fazer, ou seja, de adotar medidas e fornecer os meios e elementos necessários para responder às exigências para a realização dos direitos envolvidos, sempre na medida dos recursos econômicos e financeiros disponíveis para o cumprimento do respectivo compromisso internacional adquirido. Assim, a implementação progressiva das referidas medidas poderá ser objeto de responsabilização e, se for o caso, poderá ser exigido o cumprimento do respectivo compromisso assumido pelo Estado perante as instâncias competentes para dirimir eventuais violações de direitos humanos. (§ 102)

3 – A Corte também sinaliza que a progressividade dos direitos econômicos, sociais e culturais deve ser medida pela cobertura e a regressividade deve ser reconhecida como uma violação, passível de ser justiciável:

"Com relação ao exposto, emerge um dever — ainda que condicional — de não regressividade, que nem sempre deve ser entendido como proibição de medidas que restrinjam o exercício de um direito. A esse respeito, o Comitê de Direitos Econômicos, Sociais e Culturais das Nações Unidas indicou que 'medidas de natureza deliberadamente regressiva a esse respeito exigirão a mais cuidadosa consideração e devem ser plenamente justificadas por referência a todos os direitos previstos no PIDESC e no contexto do uso pleno do máximo dos recursos disponíveis ao Estado. Na mesma linha, a Comissão Interamericana considerou que, para avaliar se uma medida retrógrada é compatível com a Convenção Americana, deve-se "determinar se é justificada por razões de medidas suficientes'. Por todo o exposto, pode-se afirmar que a regressividade é justiciável quando se trata de direitos econômicos, sociais e culturais. (§ 103)"

Nos pontos destacados acima podemos identificar que a Corte, além de enfatizar a interdependência dos direitos civis e políticos e dos direitos econômicos, sociais e culturais, não se detém em esclarecer o que significa o dever de progressividade destes últimos, nos termos do que prevê o art. 26 da CADH. A Corte, portanto, afirma que a progressividade dos direitos econômicos, sociais e culturais deverá ser medida em harmonia com a cobertura, de forma que a efetivação dos direitos se traduz em um dever condicionado, mas a regressividade deles é um direito justiciável.

9.8. Caso Abril Alosilla e outros *vs.* Peru — sentença de mérito, reparações e custas de 4.3.2011 e de interpretação de 21.11.2011

Violação: do direito à proteção judicial e direito à progressão salarial

Resumo do caso

O caso refere-se à violação do direito à proteção judicial em detrimento de 233 membros do Sindicato dos Funcionários, Profissionais e Técnicos da Empresa de Serviços de Água Potável e Esgoto de Lima (SIFUSE), pois o Estado não teria garantido o remédio judicial efetivo contra a alegada aplicação retroativa de decretos que eliminaram o sistema de escala salarial que os regia, entre os anos de 1991 e 1992, apesar da vigente garantia constitucional de irretroatividade das leis.

A Corte reconheceu a responsabilidade do Estado pela violação do direito à proteção judicial estabelecido no art. 25.1, em relação ao art. 1.1 da Convenção Americana sobre Direitos Humanos, em prejuízo das 233 vítimas do presente caso, bem como a violação ao direito à propriedade privada reconhecido nos arts. 21.1 e 21.2, em relação aos arts. 25.1 e 1.1 da CADH, em prejuízo às 233 vítimas do presente caso. A Corte também determinou o pagamento de indenização por danos materiais e extrapatrimoniais, bem como o reembolso das custas e gastos decorrentes.(103)

Ponto a destacar

(103) CORTE IDH. *Caso Abrill Alosilla e outros* vs. *Peru.* Fundo, Reparações e Custos. Sentença de 4 de março de 2011. Série C n. 223. Disponível em: https://www.corteidh.or.cr/casos_sentencias.cfm. Acesso em: 22 mar. 2021.

A remuneração reconhecida como um direito de propriedade e o aumento salarial reconhecido como um direito adquirido:

> "(...) O direito adquirido no caso refere-se aos valores já incorporados ao patrimônio dos trabalhadores, bem como os aumentos salariais estabelecidos ao abrigo do regime adotado antes da sua revogação. A Corte considera que este direito adquirido foi afetado pela aplicação retroativa do Decreto-Lei n. 25.876, aplicado em contrariedade ao direito interno e sem o amparo da proteção judicial das vítimas. A afetação patrimonial também se configurou pelo desconto nas remunerações mensais impostas, o que leva à conclusão de que as vítimas não puderam usufruir do seu direito à propriedade de forma plena em relação à sua remuneração." (§ 84)
>
> "Considerando que a ausência de proteção judicial afetou os direitos adquiridos à remuneração integrada ao patrimônio das vítimas, a Corte declara que o Estado violou o direito à propriedade privada reconhecido nos arts. 21.1 e 21.2, em relação ao art. 25.1 e 1.1 da CADH." (§ 85)

9.9. Caso Trabalhadores da Fazenda Brasil Verde *vs.* Brasil — sentença de 22.8.2017

Violações: do direito à vida, da integridade física, da proibição da servidão e do trabalho escravo, do direito à liberdade e segurança pessoal, dos direitos as garantias judiciais e à livre circulação

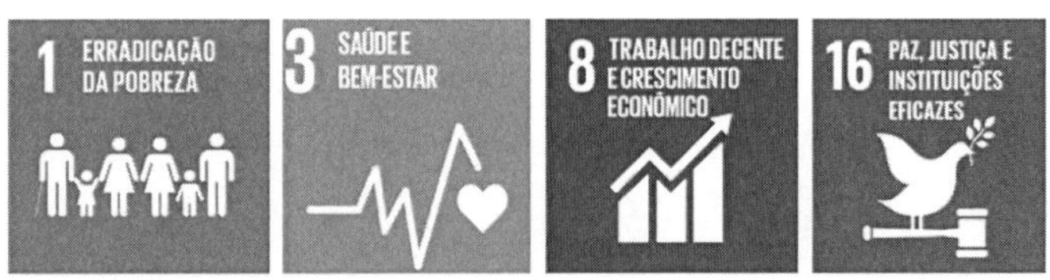

Trata-se de denúncia da prática de trabalho escravo na Fazenda Brasil Verde, localizada no estado do Pará, cujo caso foi submetido à Corte pela Comissão IDH, em 4.3.2015, decorrente das petições encaminhadas pela Comissão Pastoral da Terra (CPT) e pelo Centro pela Justiça e o Direito Internacional (Cejil).

A Comissão alegou a violação ao arts. 4, 5, 6, 7, 8 22 e 25, da CADH, em relação ao art. 1.1, que tratam do direito à vida, integridade física, proibição da servidão e do trabalho escravo, direito à liberdade e segurança pessoal, direito à garantias judiciais, direito à livre circulação, respectivamente.

Resumo do caso

Os fatos decorrem de um contexto em que dezenas de trabalhadores já vinham sendo submetidos ao trabalho escravo, desde o ano de 1988, nas fazendas da região do município de Sapucaia, no estado do Pará, época em que a Polícia Federal recebeu as primeiras denúncias de trabalho escravo. Além da prática de trabalho escravo as autoridades verificaram a existência de irregularidades quanto aos direitos trabalhistas dos empregados, às condições precárias do local de trabalho e, o mais grave ainda, a notícia de desaparecimento de dois empregados adolescentes da Fazenda Brasil Verde, os quais nunca foram encontrados.

A Fazenda Brasil Verde é internacionalmente conhecida pela prática de escravidão, tendo como método o aliciamento e/ou recrutamento de trabalhadores com o seguinte perfil: homens pobres, entre 18 e 40 anos de idade, sendo na sua maioria negros, os quais eram recrutados por "gatos" em estados pobres das regiões Norte e Nordeste, sob a promessa de salários atrativos, porém, os trabalhadores eram levados para outros estados, como o do Pará, e ao chegarem às fazendas de destino, eram informados que estavam em dívida com os proprietários das terras, em razão do transporte, alimentação e hospedagem.

Na maior parte dos casos, os trabalhadores tinham que adquirir tudo que necessitavam nos armazéns dos proprietários das fazendas, a preços elevadíssimos, o que fazia com que acumulassem dívidas que não poderiam pagar, situação que os obrigava a se submeter ao trabalho.

As testemunhas, ouvidas no caso, relataram inúmeras situações penosas e degradantes a que eram submetidas as vítimas, tais como: ameaças de morte; o impedimento de sair livremente; a ausência de salário ou salário irrisório; o endividamento com o proprietário; a falta de moradia, de alimentação e de higiene.

A Corte condenou o Brasil pela prática de escravidão, pelo tráfico de pessoas e pelo não fornecimento de proteção judicial aos 85 trabalhadores, resgatados em março de 2000, bem como aos 43 resgatados em 1997, nos termos do art. 6.1 da CADH, em relação aos arts. 1.1, 3, 5, 7, 11 e 22, do mesmo instrumento e, também responsabilizou o Estado brasileiro por violar o direito à proteção judicial, previsto no art. 25 da CADH, em relação aos arts. 1.1 e 2 do mesmo instrumento.[(104)]

Pontos a destacar

a) O caso é a primeira condenação do Brasil na jurisdição contenciosa da Corte IDH pela existência de trabalho escravo em seu território. O Caso José Pereira já tratado em outro tópico resultou em solução amistosa na CIDH.

b) Outro ponto importante da decisão é o reconhecimento da proibição do trabalho escravo como norma *jus cogens* (dotada de qualidade normativa superior) e obrigação *erga omnes* (todos os países possuem interesse no cumprimento da proibição do trabalho escravo) (§ 249 da sentença).

(104) CORTE IDH. Caso *Trabalhadores da Fazenda Brasil Verde* vs. *Brasil*. Exceções Preliminares, Mérito, Reparações e Custas. Sentença de 20 de outubro de 2016. Série C n. 318. Disponível em: https://www.corteidh.or.cr/casos_sentencias.cfm. Acesso em: 22 mar. 2021.

c) A Corte também reconheceu a existência de uma discriminação estrutural histórica, utilizando a condição econômica para aferir a existência ou não de uma situação de discriminação, conforme voto do juiz Mac-Gregor: "O caso Trabalhadores da Fazenda Brasil Verde *vs*. Brasil é a primeira vez que a Corte Interamericana reconhece a existência de discriminação estrutural histórica, dado o contexto em que ocorreram as violações de direitos humanos das 85 vítimas. Nesse sentido, também constitui o primeiro caso em que a Corte Interamericana declara expressamente a responsabilidade internacional contra um Estado por perpetuar essa histórica situação estrutural de exclusão." (§ 84 da sentença)

A Corte IDH considerou que: "(...) o Estado incorre em responsabilidade internacional nos casos em que, existindo discriminação estrutural, não adota medidas específicas com respeito à situação particular de vitimização na qual se concretiza a vulnerabilidade sobre um círculo de pessoas individualizadas. A própria vitimização dessas pessoas demonstra a sua particular vulnerabilidade, o que demanda a ação de proteção também particular, em relação à qual houve omissão no caso". (Exceções prelimianres, mérito, reparações e custas, § 338)

d) Nesse precedente a Corte refutou o conceito clássico e arcaico de escravidão, observando que o conceito de escravidão não se limita à propriedade sobre a pessoa, explicando que para definir uma situação como escravidão, dois elementos devem ser observados: "i) o estado ou condição de um indivíduo e ii) o exercício de qualquer um dos atributos do direito de propriedade, ou seja, que o escravizador exerça um poder ou controle sobre o escravizado a ponto de anular a personalidade da vítima." (§ 269 da sentença)

Para a Corte esses atributos de direito de propriedade podem consistir em: a) restrição ou controle da autonomia individual; b) perda ou restrição de liberdade de movimento de uma pessoa; c) obtenção de um benefício por parte do escravizador; d) ausência de consentimento ou livre-arbítrio da vítima, gerado por ameaça ou violência ou outras formas de coação, fraude ou falsas promessas; e) uso de violência física e psicológica; f) vulnerabilidade da vítima; g) detenção ou cativeiro; i) exploração.

e) Ainda, a Corte entendeu que o crime de escravidão é imprescritível e sua proibição é norma imperativa. Nesse ponto, interessante a consideração de Paiva e Heemann:

> "... a Corte Interamericana reconheceu a imprescritibilidade da escravidão contemporânea, que, no Brasil, corresponde ao crime de reduçãoa condição análoga à de escravo, conduta tipificada no art. 149 do Código Penal, cuja

pena do tipo básico é de 2 a 8 anos de reclusão, e multa. No entato, isso não significa que o art. 149 do Código Penal passou a ser um crime imprescritível no ordenamento jurídico interno, uma vez que a sentença da Corte IDH se limitou a estabelecer que formas de escravidão contemporânea ou delitos análogos (tráfico de pessoas, servidão e trabalho forçado), no contexto de grave violação a direitos humanos, são crimes de direito internacional e, por tal razão, abrangidos pelo manto da imprescritibilidade, uma vez que integram o domínio do *jus cogens*."(105)

f) A Corte adotou uma interpretação ampla para o art 6.1, da CADH, entendendo que as expressões "tráfico de escravos e tráfico de mulheres", contidas no dispositivo, não se traduz em limitação à proteção dos indivíduos, devendo ser adotada a interpretação mais favorável ao ser humano e sob a ótica do princípio *pro personae*.

g) A exemplo do caso *José Pereira vs. Brasil*, aqui também se verifica a conexão com o direito interno, no que concerne a: i) promulgação da Emenda Constitucional n. 81/2014 que acrescentou ao art. 243 da Constituição Federal sobre a perda da propriedade onde se constatar a situação de trabalho escravo; ii) consolidação do entendimento pelos tribunais superiores sobre a competência da justiça federal para julgar o crime do art. 149 do Código Penal (redução à condição análoga de escravo); iii) a cassação da liminar pelo STF, em 30/5/2016, que impedia a divulgação pelo Ministério do Trabalho da "lista suja" de empregadores que submetiam seus trabalhadores à condições análogas à escravidão.

Sobre o reconhecimento da Competência da Justiça Federal para julgar os casos de crime de redução à condição análoga à de escravo, é relevante transcrever o inteiro teor da ementa do RE 459510, em que se decidiu sobre a questão:

> Ementa Recurso extraordinário. Constitucional. Penal. Processual Penal. Competência. Redução a condição análoga à de escravo. Conduta tipificada no art. 149 do Código Penal. Crime contra a organização do trabalho. Competência da Justiça Federal. Art. 109, inciso VI, da Constituição Federal. Conhecimento e provimento do recurso. 1. O bem jurídico objeto de tutela pelo art. 149 do Código Penal vai além da liberdade individual, já que a prática da conduta em questão acaba por vilipendiar outros bens jurídicos protegidos constitucionalmente como a dignidade da pessoa humana, os direitos trabalhistas e previdenciários, indistintamente considerados. 2. A referida conduta acaba por frustrar os direitos assegurados pela lei trabalhista, atingindo, sobremodo, a organização do trabalho, que visa exatamente a consubstanciar o sistema social trazido pela Constituição Federal em seus arts. 7º e 8º, em conjunto com os postulados do art. 5º, cujo escopo, evidentemente, é proteger o trabalhador em todos os sentidos, evitando a

(105) PAIVA, Caio; HEEMANN, Thimotie Aragon. *Jurisprudência Internacional de Direitos Humanos*. 3. ed. Belo Horizonte: Editora CEI, 2020. p. 395.

usurpação de sua força de trabalho de forma vil. 3. É dever do Estado (*lato sensu*) proteger a atividade laboral do trabalhador por meio de sua organização social e trabalhista, bem como zelar pelo respeito à dignidade da pessoa humana (CF, art. 1º, inciso III). 4. A conjugação harmoniosa dessas circunstâncias se mostra hábil para atrair para a competência da Justiça Federal (CF, art. 109, inciso VI) o processamento e o julgamento do feito. 5. Recurso extraordinário do qual se conhece e ao qual se dá provimento. (STF RE 459510, relator(a): CEZAR PELUSO, relator(a) p/ Acórdão: DIAS TOFFOLI, Tribunal Pleno, julgado em 26.11.2015, ACÓRDÃO ELETRÔNICO *DJe*-067 DIVULG 11.4.2016 PUBLIC 12.4.2016)

Conforme explanado por Paiva e Heemann: "Um dos argumentos para se atribuir essa competência à justiça federal é justamente a violação dos direitos humanos das vítimas envolvidas no crime de redução à condição análoga à de escravo. Logo é louvável que os tribunais superiores levem em consideração o conceito de grave violação de direitos humanos para a fixação da justiça competente para processar e julgar o crime previsto no art. 149 do Código Penal."(106)

h) Os professores Paiva e Heemann mencionam o fenômeno do efeito encantatório dos direitos humanos revelado no presente caso: "A situação vivenciada pelas vítimas do *Caso Trabalhadores da Fazenda Brasil* é mais uma manifestação prática da crítica doutrinária conhecida como "efeito encantatório dos direitos humanos", tendo em vista que, embora os direitos das vítimas estivessem todos previstos em tratados internacionais de direitos humanos e na legislação interna, eles não foram observados (...) em que pese a profusão de convenções e tratados internacionais de direitos humanos possua inegável caráter emancipatório e libertário (encantando a todos), ainda há, principalmente no que toca às classes marginalizadas da população, uma inefetividade das normas de direitos humanos sob o aspecto preventivo (ou pré-violatório), o que acaba por desencantar o discurso utópico previsto na teoria."(107)

i) Por fim, a Corte assinala também neste caso o dever do Estado de exercer o controle de convencionalidade em sua jurisdição:

"Em primeiro lugar, a Corte recorda que determinou que os Estados têm uma obrigação que vincula todos os seus poderes e os órgãos estatais como um todo, os quais estão obrigados a exercer *ex officio* o controle de convencionalidade entre o seu regulamento interno e a Convenção Americana, no âmbito da suas respectivas competências e os correspondentes regulamentos processuais." (§ 408 da sentença)

---

(106) PAIVA, Caio; HEEMANN, Thimotie Aragon. *Jurisprudência Internacional de Direitos Humanos*. 3. ed. Belo Horizonte: Editora CEI, 2020. p. 397.

(107) PAIVA, HEEMANN. *Op. cit.*, p. 397.

9.10. Caso Lagos Del Campo *vs.* Peru — sentença de 31.8.2017

Violações: do direito à estabilidade no emprego e da liberdade de expressão

Resumo do caso

Trata-se da dispensa arbitrária do Sr. Alfredo Lagos Del Campo, após denúncia feita por ele na imprensa peruana, a respeito da ingerência indevida dos empregadores no funcionamento das organizações representativas dos trabalhadores. A demissão do Sr. Lagos Del Campo foi confirmada pelos tribunais nacionais do Peru, apesar da sua condição de dirigente sindical, detentor de estabilidade laboral. A comissão invocou as violações à liberdade de expressão, ao direito coletivo dos trabalhadores de receber informações, à proteção judicial, à igualdade perante a lei e às garantias judiciais.

Síntese da decisão

A Corte reconheceu que o Estado violou direito à estabilidade no emprego (art. 26 em relação aos arts. 1.1, 13, 8 e 16 da Convenção) e à liberdade de expressão (arts. 13 e 8 em relação ao art. 1.1 da Convenção), ressaltando que a violação à liberdade de expressão repercutiu na sua condição como dirigente sindical e no seu direito de associação (arts. 16 e 26 em relação aos 1.1, 13 e 8 da Convenção), causando um impacto no seu desenvolvimento profissional, pessoal e familiar.

Esse caso tornou-se paradigmático, uma vez que reconheceu, de forma direta, a violação ao art. 26, da CADH, que trata dos direitos econômicos, sociais e culturais. Com essa decisão a Corte inaugurou a etapa de proteção direta dos DESCAs.

Considera-se relevante transcrever o que André C. Ramos pontuou sobre o caso:

> "... a Corte IDH, liderada pelo voto do Juiz Eduardo Ferrer Mac-Gregor Poisot, que já vinha defendendo em inúmeros votos dissidentes, desde 2013, a necessidade de abordagem das violações aos DESCAs pela via direta, finalmente, obteve a maioria de votos para declarar, de ofício, a violação ao art. 26 da Convenção Americana de Direitos Humanos. (...) A Corte ressaltou que, apesar da inexistência de pedido formal das partes no procedimento perante a Corte, o peticionário tinha suscitado a violação à estabilidade laboral perante os tribunais internos. De forma que o Estado tivera ampla oportunidade para se defender a respeito desta violação. Foi a primeira vez que a Corte declarou uma violação ao art. 26 da Convenção. Dessa forma, o caso Lagos Del Campo *vs.* Peru é paradigmático ao dar início

a uma nova etapa na jurisprudência da Corte, cujo principal desafio é a densificação do conteúdo, sentido e alcance dos DESCAs."[(108)]

Pontos a destacar

a) No presente caso, a Corte fez menção aos diversos instrumentos de proteção internacional dos direitos humanos, tais como: a Carta da OEA e Declaração Americana dos Direitos e Deveres do Homem, e seus dispositivos, os quais trazem em seu bojo e de forma explícita o direito ao trabalho. (Sentença, § 145)

b) A Corte afirmou que o direito ao trabalho inclui a proteção contra a despedida arbitrária, de forma que o direito à estabilidade deve ser protegido, e o Estado deve adotar meios para a sua devida regulação e fiscalização, bem como proteger o trabalhador e a trabalhadora contra a despedida injustificada, por meio de órgãos competentes para tanto, bem como reparar a situação (seja com a reintegração ou indenização), devendo dispor, ainda, de mecanismos efetivos de reclamação para garantir o acesso à justiça e à tutela judicial. (Sentença, §§ 148, 149)

c) A Corte ressaltou que a estabilidade laboral não consiste na permanência do trabalhador no posto de trabalho, mas no respeito a esse direito, o que inclui, entre outras medidas, conceder as devidas garantias de proteção ao trabalhador para que, em caso de demissão, seja ela por motivos justificados e sob a proteção das devidas garantias, com a possibilidade de o trabalhador recorrer da decisão perante as autoridades internas, com o fim de apurar se as causas imputadas foram manifestamente arbitrárias ou contrárias à lei. (Sentença, § 150)"[(109)]

9.11. Caso dos Trabalhadores Demitidos da Petroperú e outros *vs.* Peru — sentença de 23.11.2017

Violações: do direito à garantia judicial e da proteção judicial

O caso foi submetido à Corte pela Comissão Interamericana de Direitos Humanos em 13.8.2015, e trata de denúncia de violação dos direitos às garantias judiciais e à proteção judicial dos 84 trabalhadores da Petroperú, 39 trabalhadores do Ministério da

(108) RAMOS, André de Carvalho. *Curso de Direitos Humanos*. 7. ed. São Paulo: Saraiva, 2020. p. 467.

(109) CORTE IDH.*Caso Lagos del Campo* vs. *Peru*. Exceções Preliminares, Mérito, Reparações e Custas.Sentença de 31 de agosto de 2017. Série C n. 340. Disponível em: https://www.corteidh.or.cr/casos_sentencias.cfm. Acesso em: 24 mar. 2021.

Educação, 15 trabalhadores do Ministério da Economia e Finanças e 25 trabalhadores da Companhia Nacional de Portos, os quais foram despedidos coletivamente, entre os anos de 1996 e 1998. A despedida teria ocorrido em decorrência dos processos de reestruturação das entidades públicas, que incluía desde adesão ao plano de demissão voluntária até a submissão a provas e exames, cujos resultados poderiam culminar com a demissão dos funcionários.

Síntese da decisão

A Corte não só reconheceu a violação aos arts. 8º (garantias judicias) e 25 (proteção judicial), ambos da Convenção Americana, como também ao art. 26, da CADH, por violação ao direito ao trabalho. E, a exemplo do caso Lagos Del Campo vs. Peru, a Corte da mesma forma entendeu que a proteção do direito ao trabalho, inclui o acesso à justiça e à tutela judicial efetiva, tanto para o setor público quanto para o setor privado das relações laborais. Vejamos:

> "No presente caso, em relação às alegações relacionadas com a violação do direito ao trabalho, esta Corte considera que, conforme estabelecido no precedente Lagos Del Campo *vs.* Peru, o direito ao trabalho inclui o direito de garantir o direito de acesso à justiça e tutela jurisdicional efetiva, tanto na esfera pública quanto na esfera privada das relações trabalhistas." (Sentença, § 193)

9.12. Caso San Miguel Sosa e outros *vs.* Venezuela — sentença de 8.2.2018

Violações: direito ao trabalho, à liberdade de expressão e às garantias judiciais

O caso refere-se à demissão arbitrária das funcionárias públicas Rocío San Miguel Sisa, Magally Chang Girón e Thais Coromoto Peña que trabalhavam no Conselho Nacional de Fronteiras, organismo ligado ao Ministério das Relações Exteriores da Venezuela. A demissão ocorreu em razão de terem as funcionárias assinado documento relativo ao referendo revogatório do mandato do Presidente da República.

A Comissão IDH submeteu o caso à Corte em 8.3.2016, denunciando as violações aos: direitos políticos, ao direito à liberdade de expressão, ao direito à igualdade perante a lei e à não discriminação, às garantias judiciais e à proteção judicial, consagrados nos arts. 8º, 13, 23, 24 e 25, da Convenção Americana, todos em relação ao art. 1.1. E, a Corte reconheceu a violação aos arts. 8.1, 13.1, 23.1 e 25.1 e 1.1, da CADH, inclusive ao art. 26, pela violação ao direito ao trabalho, conforme transcrição que segue:

Síntese da decisão

A Corte concluiu que a rescisão arbitrária do contrato de trabalho das vítimas constituiu uma forma de desvio de poder, uma vez que foi utilizada cláusula contratual, com véu de legalidade, para ocultar a verdadeira finalidade da medida, a saber: a represália contra o exercício legítimo dos direitos de participação política e de liberdade de expressão.

A Corte entendeu que as funcionárias foram alvo de discriminação política, ante o ato de demissão arbitrária, ocorrida em um contexto de diversas denúncias de demissões semelhantes e outras formas de retaliação contra os que decidiram exercer a liberdade de assinar o referendo.

A Corte concluiu que: "... a demissão teve a intenção velada de silenciar e desencorajar a dissidência política, uma vez que foi instrumentalizada com o intuito de intimidar a participação política e a expressão de ideias e opiniões. Além do exposto, este Tribunal considera que o direito ao trabalho inclui o dever do Estado de garantir os direitos de acesso à justiça e proteção judicial efetiva, no âmbito das relações de trabalho, tanto na esfera pública quanto na esfera privada. E, no caso verificado, o Estado não garantiu esses direitos às vítimas, haja vista a demissão arbitrária. (§ 221)"

> "Em consequência, a Corte declara que o Estado é responsável pela violação do direito ao trabalho, reconhecido no art. 26 da Convenção, em relação aos direitos de participação política, liberdade de expressão e acesso à informação, justiça, bem como assim como ao princípio da não discriminação, reconhecido nos arts. 23.1, 13.1, 8.1, 25.1 e 1.1 daquele instrumento, em prejuízo de Rocío San Miguel Sosa, Magally Chang Girón e Thais Coromoto Peña. (§ 222)"(110)

9.13. Caso Empregados da Fábrica de Fogos de Santo Antônio de Jesus *vs.* Brasil — sentença de 15.7.2020

Violações: direitos à vida, à proteção judicial, à integridade pessoal, dos direitos da criança, da igual proteção da lei, da proibição de discriminação, do direito ao trabalho, dos direitos às garantias judiciais e à proteção judicial e à integridade pessoal

(110) CORTE IDH. *Caso San Miguel Sosa e outros* vs. *Venezuela*. Fundo, Reparações e Custos. Sentença de 8 de fevereiro de 2018. Série C n. 348.

Resumo do caso

O caso foi submetido à Corte IDH pela CIDH em 19/9/2018 e trata-se da explosão, ocorrida em 11.12.1998, na fábrica de fogos de artifício em Santo Antônio de Jesus, popularmente conhecida como "Vardo dos Fogos"; localizada no município de Santo Antônio de Jesus, a 127km de Salvador. A explosão resultou na morte de 60 pessoas, as quais em sua maioria eram mulheres, crianças e adolescentes, sendo que quatro dessas mulheres estavam grávidas. Do acidente restaram apenas seis sobreviventes com lesões graves.

Síntese da decisão

A Corte condenou o Brasil pela violação de todos os dispositivos acima mencionados e determinou que o Estado tomasse as medidas cabíveis para assegurar a responsabilidade penal dos infratores, devendo ser eles investigados, processados e punidos, com a devida diligência e em prazo razoável. A Corte ressaltou, ainda, quanto ao dever do Estado de inspecionar sistemática e periodicamente os locais de produção de fogos de artifício, determinando o pagamento de indenizações por danos morais e materiais às vítimas e aos familiares, bem como as medidas de reparação, compreendidas em: tratamento médico, psicológico ou psiquiátrico, medidas de natureza estrutural, e de garantias de não repetição, consubstanciada num projeto de desenvolvimento socioeconômico em favor das vítimas e familiares.

Por fim, a Corte determinou ao Estado que apresentasse relatório sobre a aplicação das Diretrizes Nacionais sobre Empresas e Direitos Humanos e providenciasse a execução de atos públicos, com o objetivo de dar visibilidade ao caso e de conscientizar sobre a importância de se buscar o respeito aos direitos humanos.(111)

Pontos a destacar

a) A Corte declarou que o Estado brasileiro tem o dever de zelar pelo direito a condições equitativas e satisfatórias de trabalho, tendo falhado quanto à obrigação de prevenir acidentes de trabalho, fazendo referência ao *corpus juris* internacional existente, no que tange à análise sobre o alcance do art. 26, acerca do direito às condições de trabalho que garantam a segurança, a saúde e a higiene do trabalhador, citando a Carta da OEA e da Declaração Americana (DADDH), o Protocolo de San Salvador, a Declaração Universal de Direitos Humanos, a Convenção sobre a Eliminação de todas as formas de discriminação contra a Mulher, as Convenções ns. 81 e 155 da OIT, bem como às normas de proteção interna do Brasil.

(111) CORTE IDH. *Caso Empregados da Fábrica de Fogos de Santo Antônio de Jesus e seus familiares* vs. *Brasil.* Exceções preliminares, Mérito, Reparações e Custas. Acórdão de 15 de julho de 2020. Série C n. 407. Disponível em: https://www.corteidh.or.cr/casos_sentencias.cfm. Acesso em: 24 mar. 2021.

b) Proibição do trabalho infantil

A Corte alertou sobre o descumprimento do dever de respeito ao art. 19 da Convenção Americana, em relação ao art. 26 do mesmo instrumento, por parte do Estado brasileiro, no que tange à proteção das crianças que falecerem na explosão da fábrica de fogos, e em razão daquelas que sobreviveram, por não ter adotado medidas de proteção, haja vista a condição de vulnerabilidade das crianças e, sobretudo, por permitir a existência de trabalho infantil nas condições constatadas.

c) Discriminação de gênero, estrutural e interseccional

A Corte apontou a existência de discriminação estrutural e interseccional, que decorre da conjunção de diversos fatores como no caso, a condição de pobreza e vulnerabilidade das mulheres, na sua maioria, afrodescendentes, sujeitas à exploração da sua força de trabalho, haja vista a inexistência de qualquer proteção social, ambiente propenso à exploração de trabalho, conforme assinalou:

> "Neste caso, a Corte pôde constatar que as supostas vítimas estavam imersas em padrões de discriminação estrutural e interseccional. As supostas vítimas se encontravam em situação de pobreza estrutural e eram, em amplíssima maioria, mulheres e meninas afrodescendentes, sendo que quatro delas estavam grávidas e não dispunham de nenhuma alternativa econômica senão aceitar um trabalho perigoso em condições de exploração. A confluência desses fatores possibilitou que a referida fábrica se instalasse e funcionasse naquela região, onde as referidas mulheres e crianças se viram compelidas a trabalhar." (§ 197 da sentença)

c) A pobreza e a marginalização como fatores que acentuam a vulnerabilidade da população:

A Corte constatou que as vítimas se viram sujeitas às condições de vulnerabilidade, em razão da extrema pobreza em que viviam aliada à falta de acesso a outra fonte de renda, fatos que demonstram a existência de clara discriminação estrutural, vejamos:

> "(...) a instalação de uma atividade econômica especialmente perigosa naquela região está relacionada com as condições de pobreza e marginalização da população que ali residia e reside. Para os moradores daqueles bairros, em que residiam as trabalhadoras da fábrica, aquela era a principal, senão a única opção de trabalho, pois se trata de pessoas com baixo nível de escolaridade e alfabetização, que ainda eram rotuladas como "pouco confiáveis", por essas razões não tinham acesso a outro emprego." (...) Isso posto, a interseção de fatores de discriminação neste caso aumentou as desvantagens comparativas das supostas vítimas, as quais compartilham fatores específicos de discriminação que afetam as pessoas em situação de pobreza, as mulheres e os afrodescendentes, ademais, enfrentam uma forma

específica de discriminação por conta da confluência de todos esses fatores e, em alguns casos, por estarem grávidas, por serem meninas, ou por serem meninas e estarem grávidas. Sobre esse assunto é importante destacar que esta Corte já reconheceu que o estado de gravidez pode constituir uma condição particular de vulnerabilidade e, em alguns casos, de vitimização, em razão do impacto diferenciado por conta da gravidez." (§§ 188,189 e 191)

d) Ausência de proteção judicial efetiva e de garantias judiciais de efetividade e de duração razoável dos processos

É importante salientar sobre a existência de diversas ações propostas pelas vítimas e seus familiares, nas esferas penal, civil, administrativa e trabalhista. Tais processos tiveram diferentes fases de andamento. Na esfera civil existem acordos para pagamento das indenizações, os quais foram parcialmente cumpridos; no âmbito administrativo a empresa foi multada e teve seu registro cancelado, em razão das diversas irregularidades encontradas.

Na esfera trabalhista, curiosamente, até os anos de 2000 e 2001, das 76 ações ajuizadas, 30 delas foram arquivadas definitivamente e 46 declaradas improcedentes, resultando em recursos perante o TRT da Bahia, com resultados procedentes às trabalhadoras, porém os processos foram arquivados, em face da não localização de bens em nome do Sr. Mário Fróes Prazeres Bastos, proprietário da fábrica. A Corte enfatizou que houve falha na diligência dos processos, pois somente em agosto de 2018, após 18 anos contados dos ingressos das ações trabalhistas, foi encontrado um único bem em nome do verdadeiro dono, Osvaldo Prazeres Bastos, pai de Mário. (§ 240 da sentença)

e) Dever de fiscalização e prevenção do trabalho em condição insalubre e perigosa

A Corte ressaltou que o Estado tinha o dever de fiscalizar as condições de trabalho na fábrica de fogos, sobretudo, por se tratar de atividade extremamente perigosa, conforme caracteriza a legislação interna: "(...) o Brasil tinha a obrigação de garantir condições de trabalho equitativas e satisfatórias, nos termos descritos no parágrafo anterior. No entanto, as empregadas da fábrica de fogos do "Vardo dos Fogos" trabalhavam em condições de precariedade, insalubridade e insegurança, em tendas localizadas em uma área de pasto sem os mínimos padrões de segurança para a realização da atividade de risco, de forma que não detinham condições que permitissem evitar ou prevenir acidentes de trabalho. (as trabalhadoras) Nunca receberam instrução alguma sobre medidas de segurança, nem mesmo equipamentos de proteção para a realização do trabalho. Tudo isso ocorreu sem qualquer ato de supervisão ou fiscalização por parte do Estado, que tivesse o fim de verificar as condições oferecidas àqueles que trabalhavam na fábrica de fogos ou de empreender alguma ação voltada para a prevenção de acidentes, embora a atividade desenvolvida na fábrica fosse caracterizada pela legislação interna como especialmente perigosa".

f) Insalubridade e Periculosidade — conexão com o direito interno

A Corte relata em diversos trechos da sentença que as empregadas da fábrica de fogos do "Vardo dos Fogos" trabalhavam em condições de precariedade, insalubridade e insegurança, como se vê no trecho a seguir transcrito: "A fábrica consistia em um conjunto de tendas em uma área de pasto, que dispunham de algumas mesas compartilhadas de trabalho. Grande parte dos materiais explosivos se encontravam nos mesmos espaços em que estavam as trabalhadoras. Não havia espaços específicos destinados a períodos de descanso ou de alimentação, nem banheiros." (§ 69)

Neste caso ficaram constatadas as condições de trabalho precárias e degradantes, bem como o risco à periculosidade, no caso, evidente, tanto que resultou no evento fatal que vitimou as 60 pessoas. Dessa forma, o trabalho era desenvolvido em ambiente insalubre e periculoso, e as trabalhadoras, por certo, teriam direito à percepção dos adicionais de insalubre e de periculosidade, situação que nos remete à possibilidade do direito de receber, de forma cumulada, os dois adicionais.

Ocorre que o § 2º do art. 193 diz que o empregado poderá optar pelo adicional de insalubridade que porventura lhe seja devido, dispositivo que, no entanto, não impediu o ingresso de diversas ações trabalhistas, em que eram pleiteadas a cumulação dos adicionais insalubridade e periculosidade, alicerçadas no fato de que o desenvolvimento do trabalho ocorre sob a ação das duas situações perenes, ambiente insalubre e perigoso.

A questão da cumulação dos referidos adicionais já vinha sendo discutida há algum tempo no TST e, em 2017 a SBDI-1 do E. Tribunal posicionou-se no sentido de não ser possível a cumulação dos adicionais de insalubridade e periculosidade, independentemente de que o pedido derivasse de uma única causa de pedir ou de causa de pedir distintas, conforme se verifica na ementa abaixo que trata da questão:

> **"ADICIONAIS. PERICULOSIDADE E INSALUBRIDADE. PERCEPÇÃO CUMULATIVA. VEDAÇÃO. Art. 193, § 2º, DA CLT. ALCANCE. JURISPRUDÊNCIA DA SbDI-1 DO TST. Art. 894, § 2º, DA CLT 1. A SbDI-1 do TST** posiciona-se no sentido de que a norma do art. 193, § 2º, da CLT veda, em toda e qualquer circunstância, a percepção cumulativa dos adicionais de insalubridade e de periculosidade, independentemente de o pedido de cumulação de adicionais derivar de uma única causa de pedir ou de causas de pedir distintas. 2. Consolidação do entendimento segundo o qual a opção a que alude o art. 193, § 2º, da CLT não conflita com a norma do art. 7º, XXII e XXIII, da Constituição Federal. 3. Ausência de conflito entre a legislação brasileira e as normas internacionais de proteção ao trabalho. As Convenções ns. 148 e 155 da OIT, em especial, não contêm qualquer norma explícita em que se assegure a percepção cumulativa dos adicionais de periculosidade e de insalubridade em decorrência da exposição do empregado a

uma pluralidade de agentes de risco distintos. 4. Embargos do Reclamante de que não se conhece, com fundamento no art. 894, § 2º, da CLT." (E-RR-2013-42.2014.5.12.0027, Subseção I Especializada em Dissídios Individuais, relator Ministro Joao Oreste Dalazen, *DEJT* 10.8.2017)

Finalmente, em 2020, o entendimento foi sedimentado pelo E. Tribunal Superior do Trabalho, no julgamento de Incidente de Recurso de Revista Repetitivo IRR n. 239-55.2011.5.02.0319, em que a SBDI-1 do C. TST se pronunciou sobre o controle de constitucionalidade e de convencionalidade quanto à impossibilidade de cumulação dos adicionais de insalubridade e periculosidade, fixando sua tese jurídica nos seguintes termos: "O art. 193, § 2º, da CLT foi recepcionado pela Constituição Federal e veda a cumulação dos adicionais de insalubridade e de periculosidade, ainda que decorrentes de fatos geradores distintos e autônomos", conforme ementa da decisão:

"**INCIDENTE DE RECURSOS REPETITIVOS. ADICIONAIS DE PERICULOSIDADE E DE INSALUBRIDADE. IMPOSSIBILIDADE DE CUMULAÇÃO, AINDA QUE AMPARADOS EM FATOS GERADORES DISTINTOS E AUTÔNOMOS. INTERPRETAÇÃO SISTEMÁTICA DO ORDENAMENTO JURÍDICO. RECEPÇÃO DO ART. 193, § 2º, DA CLT, PELA CONSTITUIÇÃO FEDERAL.** 1. Incidente de recursos repetitivos, instaurado perante a SBDI-1, para decidir-se, sob as perspectivas dos controles de constitucionalidade e de convencionalidade, acerca da possibilidade de cumulação dos adicionais de periculosidade e de insalubridade, quando amparados em fatos geradores distintos e autônomos, diante de eventual ausência de recepção da regra do art. 193, § 2º, da CLT, pela Constituição Federal. 2. Os incisos XXII e XXIII do art. 7º da Constituição Federal são regras de eficácia limitada, de natureza programática. Necessitam da "*interpositio legislatoris*", embora traduzam normas jurídicas tão preceptivas quanto as outras. O princípio orientador dos direitos fundamentais sociais, neles fixado, é a proteção da saúde do trabalhador. Pela topografia dos incisos – o XXII trata da redução dos riscos inerentes ao trabalho e o XXIII, do adicional pelo exercício de atividades de risco – , observa-se que a prevenção deve ser priorizada em relação à compensação, por meio de retribuição pecuniária (a monetização do risco), dos efeitos nocivos do ambiente de trabalho à saúde do trabalhador. 3. Gramaticalmente, a conjunção "ou", bem como a utilização da palavra "adicional", no inciso XXIII do art. 7º, da Carta Magna, no singular, admite supor-se alternatividade entre os adicionais. 4. O legislador, no art. 193, § 2º, da CLT, ao facultar ao empregado a opção pelo recebimento de um dos adicionais devidos, por certo, vedou o pagamento cumulado dos títulos, sem qualquer ressalva. 5. As Convenções 148 e 155 da OIT não tratam de cumulação de adicionais de insalubridade e de periculosidade. 6. Conforme ensina Malcom Shaw, "quando uma lei e um tratado têm o mesmo objeto, os tribunais buscarão interpretá-los de forma que deem efeito a ambos sem contrariar a letra de nenhum dos dois". É o que se recomenda para o caso, uma vez que os textos comparados (Constituição Federal, Convenções da OIT e CLT) não são incompatíveis (a regra da impossibilidade de cumulação adequa-se à transição para o paradigma preventivo), mesmo considerado o caráter supralegal dos tratados que versem sobre direitos humanos. É inaplicável, ainda, o princípio da norma mais favorável, na contramão do plano maior, por ausência de contraposição ou paradoxo. 7. Há Lei e jurisprudência consolidada sobre a matéria. Nada, na conjuntura social, foi alterado, para a ampliação da remuneração dos trabalhadores no caso sob exame . O art. 193, § 2º, da CLT, não se choca com o regramento

> constitucional ou convencional. 8. Pelo exposto, fixa-se a tese jurídica: o art. 193, § 2º, da CLT foi recepcionado pela Constituição Federal e veda a cumulação dos adicionais de insalubridade e de periculosidade, ainda que decorrentes de fatos geradores distintos e autônomos. Tese fixada." (IRR-E-ED-RR-239-55.2011.5.02.0319, Subseção I Especializada em Dissídios Individuais, redator Ministro Alberto Luiz Bresciani de Fontan Pereira, *DEJT* 15.5.2020)

Com todo respeito à interpretação dada ao art. 193, § 2º, da CLT, pelo E. Tribunal Superior do Trabalho, mas não há como negar o *status* supralegal das normas internacionais de direitos fundamentais ratificadas pelo Brasil, que passam a integrar o arcabouço normativo interno e a produzir efeitos na ordem jurídica interna, conforme jurisprudência consolidada do STF.

De início, vale lembrar que o legislador constitucional buscou alçar o direito à percepção dos adicionais de insalubridade e periculosidade a *status* de direito fundamental (art. 7º, XXIII, da CF), pois, o primeiro visa compensar os danos à saúde do trabalhador quando exposto a substâncias nocivas no ambiente laboral, e o segundo, por sua vez, busca preservar o direito à vida, quanto à exposição em ambiente perigoso. No mesmo sentido é o que se extrai das Convenções 148 e 155 da OIT, pois a primeira consagra a necessidade de atualização constante da legislação sobre as condições nocivas de trabalho, e a segunda determina que sejam levados em conta os riscos para a saúde decorrentes da exposição simultânea a diversas substâncias ou agentes no ambiente laboral.

Além disso, o texto constitucional confere especial destaque aos direitos fundamentais, sobretudo para os de cunho sociais na ordem jurídica brasileira, estabelecendo que os direitos e garantias expressos na Constituição não excluem outros decorrentes do regime e dos princípios por ela adotados, ou dos tratados internacionais em que a República Federativa seja parte (art. 5º, § 2º, da CF).

Diante disso, é que se vê a necessidade de se interpretar as normas de direitos fundamentais consoante a nova ordem constitucional, pautada na prevalência dos direitos humanos (art. 4º, § 2º, da CF), o que não deve ser diferente em relação ao § 2º do art. 193, da CLT, uma vez que os adicionais de insalubridade e periculosidade foram alçados ao nível de direitos fundamentais, norma constitucional de aplicação imediata, em consonância com o art.7º, incisos XXII e XXIII e art. 5º § 1º, da Constituição Federal.

Ainda que assim não fosse, ao analisarmos objetivamente o § 2º do art. 193, da CLT, veremos que ele não veda a cumulação dos adicionais, mas diz que: "*o empregado poderá optar pelo adicional de insalubridade que porventura lhe seja devido*". Portanto, trata-se de opção dada pelo legislador, que não se deve traduzir na ausência da cumulação dos adicionais insalubridade e periculosidade, verbas essas detentoras de fatos geradores diferentes, merecendo, portanto, o mesmo tratamento distinto. Nessa linha, segue abaixo a transcrição de ementa que trata da questão:

> "RECURSO DE REVISTA EM FACE DE DECISÃO PUBLICADA ANTES DA VIGÊNCIA DA LEI N. 13.015/2014. CUMULAÇÃO DOS ADICIONAIS DE INSALUBRIDADE E PERICULOSIDADE. POSSIBILIDADE. PREVALÊNCIA DAS NORMAS CONSTITUCIONAIS E SUPRALEGAIS SOBRE A CLT. JURISPRUDÊNCIA CONSOLIDADA DO STF QUANTO AO EFEITO PARALISANTE DAS NORMAS INTERNAS EM DESCOMPASSO COM OS TRATADOS INTERNACIONAIS DE DIREITOS HUMANOS. INCOMPATIBILIDADE MATERIAL. CONVENÇÕES NS. 148 E 155 DA OIT. NORMAS DE DIREITO SOCIAL. CONTROLE DE CONVENCIONALIDADE. NOVA FORMA DE VERIFICAÇÃO DE COMPATIBILIDADE DAS NORMAS INTEGRANTES DO ORDENAMENTO JURÍDICO.
>
> A previsão contida no art. 193, § 2º, da CLT não foi recepcionada pela Constituição Federal de 1988, que, em seu art. 7º, XXIII, garantiu de forma plena o direito ao recebimento dos adicionais de penosidade, insalubridade e periculosidade, sem qualquer ressalva no que tange à cumulação, ainda que tenha remetido sua regulação à lei ordinária. A possibilidade da aludida cumulação se justifica em virtude de os fatos geradores dos direitos serem diversos. Não se há de falar em *bis in idem*. No caso da insalubridade, o bem tutelado é a saúde do obreiro, haja vista as condições nocivas presentes no meio ambiente de trabalho; já a periculosidade traduz situação de perigo iminente que, uma vez ocorrida, pode ceifar a vida do trabalhador, sendo este o bem a que se visa proteger. A regulamentação complementar prevista no citado preceito da Lei Maior deve se pautar pelos princípios e valores insculpidos no texto constitucional, como forma de alcançar, efetivamente, a finalidade da norma. Outro fator que sustenta a inaplicabilidade do preceito celetista é a introdução no sistema jurídico interno das Convenções Internacionais ns. 148 e 155, com *status* de norma materialmente constitucional ou, pelo menos, supralegal, como decidido pelo STF. A primeira consagra a necessidade de atualização constante da legislação sobre as condições nocivas de trabalho e a segunda determina que sejam levados em conta os "riscos para a saúde decorrentes da exposição simultânea a diversas substâncias ou agentes". Nesse contexto, não há mais espaço para a aplicação do art. 193, § 2º, da CLT. Recurso de revista de que se conhece e a que se nega provimento." (TST – RR: 18718720135120022, relator: Cláudio Mascarenhas Brandão, Data de Julgamento: 12.8.2015, 7ª Turma, Data de Publicação: *DEJT* 14.8.2015)

9.14. Caso Buzos Miskitos *vs.* Honduras — sentença de 31.8.2021

Violações: direitos à vida, a uma vida digna, à integridade pessoal, aos direitos da criança, ao trabalho e às suas condições justas, equitativas e satisfatórias que garantam a saúde e higiene do trabalhador, à saúde, à seguridade social, à igualdade e proibição da discriminação, às garantias judiciais e proteção judicial

Resumo do caso

A Corte IDH homologou o acordo de solução amistosa entre o Estado de Honduras e os representantes das vítimas.

O caso está relacionado com as violações de direitos humanos que ocorreram em prejuízo de 42 pessoas pertencentes à comunidade indígena Miskitu, e seus familiares, que viviam e/ou vivem no departamento de Gracias a Dios. As vítimas do caso trabalhavam para empresas dedicadas à pesca de mergulho e muitos destes mergulhadores sofreram acidentes graves devido às submersões profundas, às quais geraram a síndrome de descompressão, bem como deficiências e outras doenças relacionadas à atividade; 12 desses trabalhadores morreram em consequência dos referidos acidentes; 7 deles faleceram em consequência do incêndio no barco "Lancaster" em que viajavam, devido à explosão de um tanque de butano; e o menino Licar Méndez Gutiérrez foi abandonado em uma canoa pelo dono do barco, sendo seu paradeiro até então desconhecido.

Decisão

A Corte reconheceu a violação por parte do Estado dos direitos à vida, a uma vida digna, à integridade pessoal, aos direitos da criança, ao trabalho e às suas condições justas, equitativas e satisfatórias que garantam a saúde e higiene do trabalhador, à saúde, à seguridade social, à igualdade e proibição da discriminação, às garantias judiciais e proteção judicial. A Corte determinou medidas de reparação, compreendidas em tratamento médico, psicológico ou psiquiátrico às vítimas e seus familiares; medidas de natureza estrutural e de garantias de não repetição, consubstanciada em programas de desenvolvimento permanente de fiscalização e supervisão da atividade de pesca de mergulho na região. Por fim, a Corte entendeu pela obrigação do Estado de Honduras de implementar o desenvolvimento socioeconômico em favor da comunidade e campanhas de sensibilização e conscientização públicas, de cobertura nacional, com o objetivo de dar visibilidade ao caso, bem como de promover o respeito aos direitos humanos, com ênfase no respeito à Convenção sobre os Direitos das Pessoas com Deficiência, na Convenção sobre Povos Indígenas e Tribais (Convenção n. 169 da OIT) e na Declaração das Nações Unidas sobre os direitos dos povos indígenas.

Sobre as condições de trabalho dos mergulhadores, vale transcrever o que constou da sentença no seguinte trecho:

> "Quanto às condições de trabalho, segundo a Procuradoria Especial de Grupos Étnicos e Patrimônio Cultural, os Miskitos recebem 45 lempiras por quilo de lagosta (aproximadamente um dólar e oitenta e sete centavos). Com essa quantia os mergulhadores tem que pagar o "cayuquero". Ele acrescentou que o trabalho pode durar entre 12 e 17 dias seguidos sem descanso, na embarcação e sob a imposição do capitão do barco. Afirma, ainda,

> que os mergulhadores recebem o pagamento somente quando o produto da pesca é pago pela empresa de embalagem, sendo que, enquanto isso, os empregadores concedem "créditos" aos mergulhadores, em troca de alimentos, bebidas alcoólicas e roupas, os quais são descontados do pagamento correspondente. Foi apontado pela Procuradoria, ainda, que o número de mergulhadores identificados nos barcos normalmente excede a capacidade para tanto, e não existem inspeções relativas à quantidade, qualidade e manutenção dos equipamentos de mergulho, o que resulta em acidentes com as explosões de cilindros. Informa, ao fim, que mesmo tais condições de trabalho os mergulhadores ainda são obrigados pelos "capitães" dos barcos a executar mergulhos em profundidades de até 140 pés (mais de 40 metros de profundidade)." (§ 35 da sentença)

1) A responsabilidade das empresas com relação aos direitos humanos — *due diligence*

A Corte recordou que a obrigação do Estado-parte da Convenção se projeta para além da relação entre o Estado e as pessoas submetidas à sua jurisdição, e inclui o dever de prevenir, no âmbito privado, que terceiros violem os bens jurídicos protegidos (§ 44 da sentença). Nesse sentido, destacou que os Estados têm a obrigação de regular, supervisionar e controlar a prática de atividades perigosas por parte das empresas que representam riscos significativos aos direitos humanos, para a adoção de medidas legislativas e outras leis para prevenir violações dos direitos humanos realizadas por empresas privadas, e para investigar, punir e reparar tais violações. (§ 48 da sentença)

A Corte, ainda, afirmou que as medidas adotadas pelos Estados deveriam ter como objetivo assegurar que as empresas adotassem políticas adequadas para a proteção dos direitos humanos; bem como a devida diligência (*due diligence*) em relação aos direitos humanos, visando à identificação, prevenção e correção de violações de direitos humanos, para garantir o trabalho digno e decente. (§ 49 da sentença)

2) O dever de fiscalização do Estado

A Corte constatou que o Estado de Honduras tinha uma estrutura regulatória suficiente quanto às obrigações mínimas por parte dos empregadores com vistas a garantir as condições em que eram realizadas as atividade de pesca de mergulho, bem como de seguir os requisitos mínimos de segurança para os mergulhadores, bem como de averiguar se as embarcações tinham condições adequadas de segurança e higiene para a atividade (§ 57 da sentença). No entanto, o Estado não realizou medidas de fiscalização ou inspeção nas embarcações em que os mergulhadores sofreram os acidentes, tampouco na embarcação "Lancaster", que vitimou os mergulhadores na explosão. (§ 58)

3) O direito ao trabalho e suas condições justas, equitativas e satisfatórias que garantam a saúde, segurança e higiene do trabalhador

A Corte considerou que o Estado tinha a obrigação de garantir condições justas, equitativas e satisfatórias de trabalho que garantissem a saúde e higiene do trabalhador, nos termos do art. 26 da Convenção, e especificamente de acordo com as disposições das Regulamentações da Pesca e Código do Trabalho. No entanto, as vítimas no presente caso trabalhavam em áreas precárias, insalubres, deprovidas de segurança e com superlotação das embarcações, as quais não atendiam aos padrões de segurança para o desempenho dessa atividade perigosa, da mesma forma não ofereciam condições que permitisse evitar ou prevenir os acidentes de trabalho. Da mesma forma, o Tribunal advertiu que os mergulhadores não recebiam qualquer treinamento sobre medidas de segurança no trabalho, para o exercício da atividade de pesca submarina, os equipamentos não eram adequados e eficientes, e não era oferecida alimentação adequada aos trabalhadores nessas embarcações, sendo que, muitos deles sofriam ameaças por parte dos capitães dos barcos, quando se encontravam a bordo. (§ 76 da sentença)

Os acidentes ocorreram sem a devida diligência do Estado, que tinha o conhecimento de que a atividade de mergulho, implantada na região Moskitia, implicava risco para a comunidade local. Mesmo assim, não houve qualquer fiscalização por parte das autoridades, no sentido de verificar as condições de trabalho das vítimas do caso, ou de tomar medidas efetivas quanto à prevenção de acidentes. (§ 77 da sentença)

4) A Corte identificou a existência de um padrão de discriminação estrutural e interseccional que coloca a população em situação de vulnerabilidade

> "Nesse sentido, o Tribunal considera que as vítimas estavam imersas em padrões de discriminação estrutural e interseccional, uma vez que eram pessoas pertencentes a uma comunidade indígena, em situação de pobreza, sendo que uma delas era criança, alguns adquiriram deficiências, sem receber tratamento médico, e elas não tinham outra alternativa econômica a não ser aceitar o trabalho perigoso que colocava em risco a vida, a saúde, integridade pessoal dessas pessoas. A confluência desses fatores tornou possível que tal atividade de risco, como a pesca submarina realizada por mergulhadores Miskito, ocorresse sem a implementação efetiva de um regulamento na área de Moskitia, e que as vítimas do caso fossem obrigadas a trabalhar nessa atividade, em condições insalubres e sem proteção previdenciária. O Tribunal observa que o fato de as vítimas pertencerem a um grupo em situação especial de vulnerabilidade acentuou o dever da garantia e respeito dos direitos por parte do Estado. No entanto, o Estado não adotou medidas destinadas a garantir o exercício dos direitos sem discriminação, e a intersecção dessas desvantagens comparativas agravou o estado de vitimização." (§ 107 da sentença)[112]

---

(112) CORTE IDH. *Caso dos Mergulhadores Miskito* vs. *Honduras*. Sentença de 31 de agosto de 2021. Série C n. 432. Disponível em: https://www.corteidh.or.cr/casos_sentencias.cfm. Acesso em: 25 mar. 2021.

9.15. Anotações finais sobre a atuação da Corte IDH

Conforme se verifica, as sentenças da Corte procuram solucionar os litígios de forma mais ampla possível, responsabilizando internacionalmente o Estado violador e determinando a reparações às vítimas, bem como as medidas de investigação e não repetição, entre outras ações que visem reparar as violações e/ou situações decorrentes das consequências dos atos de violação.

Interessante mencionar ainda, que as sentenças da Corte IDH também possuem o papel de coisa julgada *inter partes*, com efeito de "coisa interpretada", servindo, assim, de orientação aos órgãos internos dos Estados-partes da Convenção, com vistas a evitar futuras condenações.[113]

Outra caracterísitca das sentenças da Corte IDH é a de que elas possuem caráter vinculante para os Estados-partes que reconheceram sua jurisdição, de forma que os Estados ficam obrigados a cumpri-la de modo imediato, sob pena de sofrerem sanções e constrangimento, com por exemplo a expulsão do Estado violador por decisão da Assembleia da OEA.

Outro ponto importante sobre as repercussões das decisões da Corte IDH para os Estados-partes da CADH refere-se ao controle de convencionalidade. Isso porque, desde 2003, com o caso *Myrna Mack Chang vs. Guatemala*, a Corte tem utilizado a expressão "controle de convencionalidade" em diversos de seus julgados, pronunciando-se sobre o dever que o poder judiciário dos Estados-partes à Convenção Americana sobre Direitos Humanos possui de realizar o controle de convencionalidade de suas normas internas que violem os dispositivos da CADH.[114]

Apesar de a Corte Interamericana de Direitos Humanos reconhecer as dificuldades existentes em relação à exigibilidade de suas decisões, a justicialização na sua esfera de atuação tem crescido e possibilitado o pronunciamento sobre diversos temas concernentes à proteção dos direitos humanos no continente americano.

---

(113) RAMOS, André de Carvalho. *Processo Internacional de Direitos Humanos*. 6. ed. São Paulo: Saraiva, 2019. p. 266.

(114) FACHIN, Melina Girardi (Org.). *Guia de Proteção dos Direitos Humanos*. Sistemas Internacionais e Sistema Constitucional. Curitiba: Intersaberes, 2019. p.157.

Capítulo 10

Direitos Humanos e Empresas: Por Uma Abordagem Contemporânea

Ao longo deste livro analisamos diversos casos de violações de direitos humanos no contexto trabalhista, bem como as normas e mecanismos de proteção existentes para a garantia e proteção dos direitos humanos do trabalhador.

Não obstante as mudanças ocorridas no modo de execução do trabalho humano, incontestável a sua essencialidade que segue significativa para o desenvolvimento da economia global. Dessa forma, o respeito e proteção do trabalho humano, centrados no respeito e garantia da dignidade humana, é um fim que deve ser perseguido. É bom lembrar que essa base humanista inspirou o surgimento da Declaração Universal dos Direitos Humanos, as Convenções e os Tratados Internacionais e proporcionou, ainda, as modificações nos textos das Constituições dos Estados, tal como ocorreu com a Constituição brasileira.

Conforme já mencionado em tópico anterior, existe o entendimento fortalecido a respeito de que a Constituição brasileira elevou o direito trabalhista a *status* de garantia fundamental, haja vista se tratar de um direito presente no Capítulo II – Dos Direitos Sociais (art. 6º). Além disso, o Título VII, da Ordem Econômica e Financeira, quando nos apresenta os Princípios Gerais da Atividade Econômica e Financeira, declara que a ordem econômica estará fundada na valorização do trabalho humano (art. 170 da CF).

A questão em torno da responsabilidade pelas violações de direitos humanos foi concebida primordialmente com o objetivo de se responder a um padrão conflituoso, em que se tem de um lado a vítima, e de outro o Estado violador, porém, a par do dever do Estado de respeitar, proteger e implementar direitos, há de se considerar que o contexto globalizado atual requer uma visão mais ampliada no que tange à proteção dos direitos humanos por parte de particulares. Isso porque, já há tempos que a dinâmica da atuação empresarial vem sendo estruturada de forma que, de um lado existem as empresas, e do outro indivíduos, coletividades e grupos vulneráveis, haja vista que à medida em que ampliam o seu território de atuação, ampliam igualmente o rol dos sujeitos envolvidos.

Dessa forma, revela-se inevitável o surgimento de questões complexas relacionadas à proteção desses sujeitos envolvidos, as quais têm sido alvo de discussões por parte da comunidade internacional, tendo como resultado a formulação de normas protetivas que, consequentemente, adentram o campo da responsabilidade internacional em matéria de direitos humanos.

A ONU, por sua vez, vem desempenhando o importante papel no sentido de formular diretrizes que visem orientar os atores envolvidos nesse contexto, como o que se verifica com a criação do Centro sobre Empresas Transnacionais, em 1974, seguido pelas Diretrizes da OCDE para empreendimentos multinacionais de 1976, pela adoção da Declaração Tripartida de Princípios Relativos a Empreendimentos Multinacionais e Política Social, da OIT, pela agenda de Responsabilidade Social (RSE) e, também pela adoção dos Princípios de Ruggie (2011), todos já citados no presente estudo.(115)

Além disso, as violações de direitos humanos envolvendo particulares já tem sido alvo de análise perante os órgãos de proteção internacional, especialmente pela Corte Interamericana de Direitos Humanos, cujas condenações repercutiram em responsabilidades para o Estado e para os responsáveis envolvidos, como por exemplo, no caso dos Empregados da Fábrica de Fogos de Santo Antônio de Jesus e seus familiares vs. Brasil.

Por certo, as normas, orientações e medidas existentes em matéria de direitos humanos visam igualmente orientar as empresas no sentido de que passem a adotar uma conduta eticamente orientada e juridicamente conforme *(compliance)*, que se traduz na base da moderna governança corporativa, a qual poderá prevenir os riscos, por meio da identificação de problemas estruturais e contingenciais, inclusive quanto aos parceiros e terceiros envolvidos na atividade produtiva.

Outro ponto importante a ser mencionado, está no fato de que o dever de respeito e prevenção quanto aos *standards* mínimos de proteção dos direitos humanos no ambiente empresarial ancora-se também no fato de que as violações eventualmente perpetradas poderão implicar tanto em custos financeiros para as empresas, como em responsabilidades civil, penal e trabalhista.(116)

Não é demais pontuar, ainda, que a conduta eticamente orientada de uma empresa, ou seja, aquela voltada para a proteção e respeito aos direitos humanos no campo das relações de trabalho, além de se traduzir na introjeção de um valor ético orientado, pode resultar em uma justa competição perante o mercado global, traduzindo-se em um ganho

(115) Vale mencionar que, em 2018, o Brasil promulgou o Decreto n. 9.571, de 21.11.2018, que estabelece as Diretrizes Nacionais sobre Empresas e Direitos Humanos. Disponível em: https://www.planalto.gov.br/ccivil_03/_Ato2015-2018/2018/Decreto/D9571.htm. Acesso em: 1º abr. 2021.

(116) CARLOTO, Selma. *O* Compliance *Trabalhista e a efetividade dos direitos humanos dos trabalhadores*. 2. ed. São Paulo: LTr, 2021. p. 12-30.

para a reputação e identidade empresarial, além de se evitar o *dumping* social(117) e a concorrência desleal.

Dessa forma, entende-se que no cenário globalizado atual o futuro das empresas certamente estará atrelado a essa nova concepção orientada pela ótica dos direitos humanos, demandando uma agenda social mais centrada na valoração da dignidade humana.

Para finalizar, convém mencionar o que a professora Flávia Piovesan diz sobre a importância de se fortalecer a responsabilidade empresarial para a construção de uma nova agenda ampliada e impactada pelos direitos humanos, ou seja, aquela alicerçada numa *"cultura corporativa reinventada em que os direitos humanos convertem-se gradativamente em relevante componente identitário de uma nova cultura empresarial, na busca de um desenvolvimento sustentável nas esferas social, econômica e ambiental, inspirado pelo enfoque de direitos humanos* — o human rights approach."(118)

(117) O *dumping* social ocorre: "quando constatada a conduta de alguns empregadores que, de forma consciente e reiterada, violam os direitos dos trabalhadores, com o objetivo de conseguir vantagens comerciais e financeiras, através do aumento da competitividade desleal no mercado, em razão do baixo custo da produção de bens e prestação de serviços." Fonte: CARLOTO, Selma. *O Compliance Trabalhista e a efetividade dos direitos humanos dos trabalhadores*. 2. ed. São Paulo: LTr, 2021. p.84.

(118) PIOVESAN, Flavia; GONZAGA Victoriana Leonora Corte. Empresas e Direitos Humanos. In: PIOVESAN, F.; SOARES, I.; TORELLY, M. *Empresas e Direitos Humanos:* Desafios e Perspectivas à Luz do Direito Internacional dos Direitos Humanos. Salvador: JusPodivm, 2018. p. 110.

Apêndice

Carta das Nações Unidas — Preceitos

(Adotada e aberta a assinatura pela Conferência de São Francisco em 26.06.1945 e ratificada pelo Brasil em 21.09.1945)

Artigo 1

Os propósitos das Nações unidas são:

1. Manter a paz e a segurança internacionais e, para esse fim: tomar, coletivamente, medidas efetivas para evitar ameaças à paz e reprimir os atos de agressão ou outra qualquer ruptura da paz e chegar, por meios pacíficos e de conformidade com os princípios da justiça e do direito internacional, a um ajuste ou solução das controvérsias ou situações que possam levar a uma perturbação da paz;

2. Desenvolver relações amistosas entre as nações, baseadas no respeito ao princípio de igualdade de direitos e de autodeterminação dos povos, e tomar outras medidas apropriadas ao fortalecimento da paz universal;

3. Conseguir uma cooperação internacional para resolver os problemas internacionais de caráter econômico, social, cultural ou humanitário, e para promover e estimular o respeito aos direitos humanos e às liberdades fundamentais para todos, sem distinção de raça, sexo, língua ou religião; e

4. Ser um centro destinado a harmonizar a ação das nações para a consecução desses objetivos comuns.

Artigo 13

1. A Assembleia Geral iniciará estudos e fará recomendações, destinados a:

a) promover cooperação internacional no terreno político e incentivar o desenvolvimento progressivo do direito internacional e a sua codificação;

b) promover cooperação internacional nos terrenos econômico, social, cultural, educacional e sanitário e favorecer o pleno gozo dos direitos humanos e das liberdades fundamentais, por parte de todos os povos, sem distinção de raça, sexo, língua ou religião.

Artigo 55

Com o fim de criar condições de estabilidade e bem-estar, necessárias às relações pacíficas e amistosas entre as Nações, baseadas no respeito ao princípio da igualdade de direitos e da autodeterminação dos povos, as Nações Unidas favorecerão:

a) níveis mais altos de vida, trabalho efetivo e condições de progresso e desenvolvimento econômico e social;

b) a solução dos problemas internacionais econômicos, sociais, sanitários e conexos; a cooperação internacional, de caráter cultural e educacional; e

c) o respeito universal e efetivo dos direitos humanos e das liberdades fundamentais para todos, sem distinção de raça, sexo, língua ou religião.

Artigo 56

Para a realização dos propósitos enumerados no Artigo 55, todos os Membros da Organização se comprometem a agir em cooperação com esta, em conjunto ou separadamente.

Artigo 62

1. O Conselho Econômico e Social fará ou iniciará estudos e relatórios a respeito de assuntos internacionais de caráter econômico, social, cultural, educacional, sanitário e conexos e poderá fazer recomendações a respeito de tais assuntos à Assembleia Geral, aos Membros das Nações Unidas e às entidades especializadas interessadas.

2. Poderá, igualmente, fazer recomendações destinadas a promover o respeito e a observância dos direitos humanos e das liberdades fundamentais para todos.

Declaração Americana dos Direitos e Deveres do Homem

(Resolução XXX, Ata Final, aprovada na IX Conferência Internacional Americana, em Bogotá, em abril de 1948)

A IX Conferência Internacional Americana,

Considerando:

Que os povos americanos dignificaram a pessoa humana e que suas constituições nacionais reconhecem que as instituições jurídicas e políticas, que regem a vida em sociedade, têm como finalidade principal a proteção dos direitos essenciais do homem e a criação de circunstâncias que lhe permitam progredir espiritual e materialmente e alcançar a felicidade;

Que, em repetidas ocasiões, os Estados americanos reconheceram que os direitos essenciais do homem não derivam do fato de ele ser cidadão de determinado Estado, mas sim do fato dos direitos terem como base os atributos da pessoa humana; Que a proteção internacional dos direitos do homem deve ser a orientação principal do direito americano em evolução;

Que a consagração americana dos direitos essenciais do homem, unida às garantias oferecidas pelo regime interno dos Estados, estabelece o sistema inicial de proteção que os Estados americanos consideram adequado às atuais circunstâncias sociais e jurídicas, não deixando de reconhecer, porém, que deverão fortalecê-lo cada vez mais no terreno internacional, à medida que essas circunstâncias se tornem mais propícias;

Resolve adotar a seguinte

Preâmbulo

Todos os homens nascem livres e iguais em dignidade e direitos e, como são dotados pela natureza de razão e consciência, devem proceder fraternalmente uns para com os outros. O cumprimento do dever de cada um é exigência do direito de todos. Direitos e deveres integram-se correlativamente em toda a atividade social e política do homem. Se os direitos exaltam a liberdade individual, os deveres exprimem a dignidade dessa liberdade.

Os deveres de ordem jurídica dependem da existência anterior de outros de ordem moral, que apoiam os primeiros conceitualmente e os fundamentam. É dever do homem servir o espírito com todas as suas faculdades e todos os seus recursos, porque o espírito é a finalidade suprema da existência humana e a sua máxima categoria. É dever do homem exercer, manter e estimular a cultura por todos os meios ao seu alcance, porque a cultura é a mais elevada expressão social e histórica do espírito. E, visto que a moral e as boas maneiras constituem a mais nobre manifestação da cultura, é dever de todo homem acatar-lhes os princípios.

Capítulo Primeiro

DIREITOS

Artigo I – Todo ser humano tem direito à vida, à liberdade e à segurança de sua pessoa.

Artigo II – Todas as pessoas são iguais perante a lei e têm os direitos e deveres consagrados nesta Declaração, sem distinção de raça, língua, crença ou qualquer outra.

Artigo III – Toda pessoa tem o direito de professar livremente uma crença religiosa e de manifestá-la e praticá-la pública e particularmente.

Artigo IV – Toda pessoa tem o direito à liberdade de investigação, de opinião e de expressão e difusão do pensamento, por qualquer meio.

Artigo V – Toda pessoa tem direito à proteção da lei contra os ataques abusivos a sua honra, a sua reputação e a sua vida particular e familiar.

Artigo VI – Toda pessoa tem direito de constituir família, elemento fundamental da sociedade, e a receber proteção para ela.

Artigo VII – Toda mulher em estado de gravidez ou em época de lactação, assim como toda criança, têm direito à proteção, cuidados e auxílios especiais.

Artigo VIII – Toda pessoa tem direito de fixar sua residência no território do Estado de que é nacional, de transitar por ele livremente e de não abandoná-lo senão por sua própria vontade.

Artigo IX – Toda pessoa tem direito à inviolabilidade do seu domicílio.

Artigo X – Toda pessoa tem direito à inviolabilidade e a circulação da sua correspondência.

Artigo XI – Toda pessoa tem direito a que sua saúde seja resguardada por medidas sanitárias e sociais relativas à alimentação, vestuário, habitação e cuidados médicos correspondentes ao nível permitido pelos recursos públicos e da coletividade.

Artigo XII – Toda pessoa tem direito à educação, que deve inspirar-se nos princípios da liberdade, moralidade e solidariedade humana.

Tem, outrossim, direito a que, por meio dessa educação, lhe seja proporcionado o preparo

para subsistir de uma maneira digna, para melhorar o seu nível de vida e para poder ser útil à sociedade.

O direito à educação compreende o de igualdade de oportunidade em todos os casos, de acordo com os dons naturais, os méritos e o desejo de aproveitar os recursos que possam proporcionar a coletividade e o Estado.

Toda pessoa tem o direito de que lhe seja ministrada gratuitamente, pelo menos, a instrução primária.

Artigo XIII – Toda pessoa tem o direito de tomar parte na vida cultural da coletividade, de gozar das artes e de desfrutar dos benefícios resultantes do progresso intelectual e, especialmente, das descobertas científicas.

Tem o direito, outrossim, de ser protegida em seus interesses morais e materiais no que se refere às invenções, obras literárias, científicas ou artísticas de sua autoria.

Artigo XIV – Toda pessoa tem direito ao trabalho em condições dignas e o de seguir livremente sua vocação, na medida em que for permitido pelas oportunidades de emprego existentes.

Toda pessoa que trabalha tem o direito de receber uma remuneração que, em relação à sua capacidade de trabalho e habilidade, garanta-lhe um nível de vida conveniente para si mesma e para sua família.

Artigo XV – Toda pessoa tem direito ao descanso, ao recreio honesto e à oportunidade de aproveitar utilmente seu tempo livre em benefício de seu melhoramento espiritual, cultural e físico.

Artigo XVI – Toda pessoa tem direito à previdência social de modo a ficar protegida contra as consequências do desemprego, da velhice e da incapacidade que, provenientes de qualquer causa alheia a sua vontade, a impossibilitem física ou mentalmente de obter meios de subsistência.

Artigo XVII – Toda pessoa tem o direito de ser reconhecida, seja onde for, como pessoa com direitos e obrigações, e a gozar dos direitos civis fundamentais.

Artigo XVIII – Toda pessoa pode recorrer aos tribunais para fazer respeitar os seus direitos.

Deve poder contar, outrossim, com processo simples e breve, mediante o qual a justiça a proteja contra atos de autoridade que violem, em seu prejuízo, quaisquer dos direitos fundamentais consagrados constitucionalmente.

Artigo XIX – Toda pessoa tem direito à nacionalidade que legalmente lhe corresponda, podendo mudá-la, se assim o desejar, pela de qualquer outro país que estiver disposto a concedê-la.

Artigo XX – Toda pessoa, legalmente capacitada, tem o direito de tomar parte no governo do seu país, quer diretamente, quer através de seus representantes, e de participar de eleições, que se processarão por voto secreto, de uma maneira legítima, periódica e livre.

Artigo XXI – Toda pessoa tem o direito de se reunir pacificamente com outras, em manifestação pública, ou em assembleia transitória, em relação aos seus interesses comuns, de qualquer natureza que sejam.

Artigo XXII – Toda pessoa tem o direito de se associar com outras a fim de promover, exercer e proteger os seus interesses legítimos, de ordem política, econômica, religiosa, social, cultural, profissional, sindical ou de qualquer outra natureza.

Artigo XXIII – Toda pessoa tem direito à propriedade particular correspondente às necessidades essenciais de uma vida decente, e que contribua para manter a dignidade da pessoa e do lar.

Artigo XXIV – Toda pessoa tem o direito de apresentar solicitações respeitosas à qualquer autoridade competente, quer por motivo de interesse geral, quer de interesse particular,

assim como o de obter uma solução rápida.

Artigo XXV – Ninguém pode ser privado da sua liberdade, a não ser nos casos previstos pelas leis e segundo as praxes estabelecidas pelas leis já existentes.

Ninguém pode ser preso por deixar de cumprir obrigações de natureza claramente civil.

Todo indivíduo que tenha sido privado da sua liberdade tem direito a que o juiz verifique sem demora a legalidade da medida, e a que o julgue sem protelação injustificada, ou, em caso contrário, de ser posto em liberdade. Tem também direito a um tratamento humano durante o tempo em que o privarem da sua liberdade.

Artigo XXVI – Parte-se do princípio de que todo acusado é inocente até que sua culpabilidade seja provada.

Toda pessoa acusada de um delito tem o direito de ser ouvida de uma forma imparcial e pública, de ser julgada por tribunais já estabelecidos de acordo com leis preexistentes, e de que não lhe sejam infligídas penas cruéis, infamantes ou inusitadas.

Artigo XXVII – Toda pessoa tem o direito de procurar e receber asilo em território estrangeiro, em caso de perseguição que não seja motivada por delitos de direito comum, e de acordo com a legislação de cada país e com as convenções internacionais.

Artigo XXVIII – Os direitos do homem estão limitados pelos direitos do próximo, pela segurança de todos e pelas justas exigências do bem-estar geral e do desenvolvimento democrático.

Capítulo Segundo

DEVERES

Artigo XXIX – O indivíduo tem o dever de conviver com os demais, de maneira que todos e cada um possam formar e desenvolver integralmente a sua personalidade.

Artigo XXX – Toda pessoa tem o dever de auxiliar, alimentar, educar e amparar os seus filhos menores de idade, e os filhos têm o dever de honrar sempre os seus pais e de os auxiliar, alimentar e amparar sempre que precisarem.

Artigo XXXI – Toda pessoa tem o dever de adquirir, pelo menos, a instrução primária.

Artigo XXXII – Toda pessoa tem o dever de votar nas eleições populares do país de que for nacional, quando estiver legalmente habilitada para isso.

Artigo XXXIII – Toda pessoa tem o dever de obedecer à lei e aos demais mandamentos legítimos das autoridades do país onde se encontrar.

Artigo XXXIV – Toda pessoa devidamente habilitada tem o dever de prestar os serviços civis e militares que a pátria exija para a sua defesa e conservação, e, no caso de calamidade pública, os serviços civis que estiverem dentro das suas possibilidades.

Da mesma forma, tem o dever de desempenhar os cargos de eleição popular de que for incumbida no Estado de que for nacional.

Artigo XXXV – Toda pessoa está obrigada a cooperar com o Estado e com a coletividade na assistência e previdência sociais, de acordo com as suas possibilidades e com as circunstâncias.

Artigo XXXVI – Toda pessoa tem o dever de pagar os impostos estabelecidos pela lei para a manutenção dos serviços públicos.

Artigo XXXVII – Toda pessoa tem o dever de trabalhar, dentro das suas capacidades e possibilidades, a fim de obter recursos para sua subsistência ou em benefício da coletividade.

Artigo XXXVIII – Todo estrangeiro tem o dever de se abster de tomar parte nas atividades políticas que, de acordo com a lei, sejam privativas dos cidadãos do Estado onde se encontra.

Declaração Universal dos Direitos Humanos

(Adotada e proclamada pela Resolução 217-A (III) da Assembleia das Nações Unidas em 10.12.1948, assinada em 10.12.1945)

Preâmbulo

Considerando que o reconhecimento da dignidade inerente a todos os membros da família humana e dos seus direitos iguais e inalienáveis constitui o fundamento da liberdade, da justiça e da paz no mundo;

Considerando que o desconhecimento e o desprezo dos direitos do Homem conduziram a atos de barbárie que revoltam a consciência da Humanidade e que o advento de um mundo em que os seres humanos sejam livres de falar e de crer, libertos do terror e da miséria, foi proclamado como a mais alta inspiração do Homem;

Considerando que é essencial a proteção dos direitos do Homem através de um regime de direito, para que o Homem não seja compelido, em supremo recurso, à revolta contra a tirania e a opressão;

Considerando que é essencial encorajar o desenvolvimento de relações amistosas entre as nações;

Considerando que, na Carta, os povos das Nações Unidas proclamam, de novo, a sua fé nos direitos fundamentais do Homem, na dignidade e no valor da pessoa humana, na igualdade de direitos dos homens e das mulheres e se declaram resolvidos a favorecer o progresso social e a instaurar melhores condições de vida dentro de uma liberdade mais ampla;

Considerando que os Estados membros se comprometeram a promover, em cooperação com a Organização das Nações Unidas, o respeito universal e efetivo dos direitos do Homem e das liberdades fundamentais;

Considerando que uma concepção comum destes direitos e liberdades é da mais alta importância para dar plena satisfação a tal compromisso:

A Assembleia Geral proclama a presente Declaração Universal dos Direitos Humanos como ideal comum a atingir por todos os povos e todas as nações, a fim de que todos os indivíduos e todos os órgãos da sociedade, tendo-a constantemente no espírito, se esforcem, pelo ensino e pela educação, por desenvolver o respeito desses direitos e liberdades e por promover, por medidas progressivas de ordem nacional e internacional, o seu reconhecimento e a sua aplicação universais e efetivos tanto entre as populações dos próprios Estados membros como entre as dos territórios colocados sob a sua jurisdição.

Artigo 1º

Todos os seres humanos nascem livres e iguais em dignidade e em direitos. Dotados de razão e de consciência, devem agir uns para com os outros em espírito de fraternidade.

Artigo 2º

Todos os seres humanos podem invocar os direitos e as liberdades proclamados na presente Declaração, sem distinção alguma, nomeadamente de raça, de cor, de sexo, de língua, de religião, de opinião política ou outra, de origem nacional ou social, de fortuna, de nascimento ou de qualquer outra situação. Além disso, não será feita nenhuma distinção fundada no estatuto político, jurídico ou internacional do país ou do território da naturalidade da pessoa, seja esse país ou território independente, sob tutela, autônomo ou sujeito a alguma limitação de soberania.

Artigo 3º

Todo indivíduo tem direito à vida, à liberdade e à segurança pessoal.

Artigo 4º

Ninguém será mantido em escravatura ou em servidão; a escravatura e o trato dos escravos, sob todas as formas, são proibidos.

Artigo 5º

Ninguém será submetido a tortura nem a penas ou tratamentos cruéis, desumanos ou degradantes.

Artigo 6º

Todos os indivíduos têm direito ao reconhecimento, em todos os lugares, da sua personalidade jurídica.

Artigo 7º

Todos são iguais perante a lei e, sem distinção, têm direito a igual proteção da lei. Todos têm direito a proteção igual contra qualquer discriminação que viole a presente Declaração e contra qualquer incitamento a tal discriminação.

Artigo 8º

Toda a pessoa direito a recurso efetivo para as jurisdições nacionais competentes contra os atos que violem os direitos fundamentais reconhecidos pela Constituição ou pela lei.

Artigo 9º

Ninguém pode ser arbitrariamente preso, detido ou exilado.

Artigo 10º

Toda a pessoa tem direito, em plena igualdade, a que a sua causa seja equitativa e publicamente julgada por um tribunal independente e imparcial que decida dos seus direitos e obrigações ou das razões de qualquer acusação em matéria penal que contra ela seja deduzida.

Artigo 11

1. Toda a pessoa acusada de um ato delituoso presume-se inocente até que a sua culpabilidade fique legalmente provada no decurso de um processo público em que todas as garantias necessárias de defesa lhe sejam asseguradas.

2. Ninguém será condenado por ações ou omissões que, no momento da sua prática, não constituíam ato delituoso à face do direito interno ou internacional. Do mesmo modo, não será infligida pena mais grave do que a que era aplicável no momento em que o ato delituoso foi cometido.

Artigo 12

Ninguém sofrerá intromissões arbitrárias na sua vida privada, na sua família, no seu domicílio ou na sua correspondência, nem ataques à sua honra e reputação. Contra tais intromissões ou ataques toda a pessoa tem direito a proteção da lei.

Artigo 13

1. Toda a pessoa tem o direito de livremente circular e escolher a sua residência no interior de um Estado.

2. Toda a pessoa tem o direito de abandonar o país em que se encontra, incluindo o seu, e o direito de regressar ao seu país.

Artigo 14

1. Toda a pessoa sujeita a perseguição tem o direito de procurar e de beneficiar de asilo em outros países.

2. Este direito não pode, porém, ser invocado no caso de processo realmente existente por crime de direito comum ou por atividades contrárias aos fins e aos princípios das Nações Unidas.

Artigo 15

1. Todo o indivíduo tem direito a ter uma nacionalidade.

2. Ninguém pode ser arbitrariamente privado da sua nacionalidade nem do direito de mudar de nacionalidade.

Artigo 16

1. A partir da idade núbil, o homem e a mulher têm o direito de casar e de constituir família, sem restrição alguma de raça, nacionalidade ou religião. Durante o casamento e na altura da sua dissolução, ambos têm direitos iguais.

2. O casamento não pode ser celebrado sem o livre e pleno consentimento dos futuros esposos.

3. A família é o elemento natural e fundamental da sociedade e tem direito à proteção desta e do Estado.

Artigo 17

1. Toda a pessoa, individual ou coletiva, tem direito à propriedade.

2. Ninguém pode ser arbitrariamente privado da sua propriedade.

Artigo 18

Toda a pessoa tem direito à liberdade de pensamento, de consciência e de religião; este direito implica a liberdade de mudar de religião ou de convicção, assim como a liberdade de manifestar a religião ou convicção, sozinho ou em comum, tanto em público como em privado, pelo ensino, pela prática, pelo culto e pelos ritos.

Artigo 19

Todo o indivíduo tem direito à liberdade de opinião e de expressão, o que implica o direito de não ser inquietado pelas suas opiniões e o de procurar, receber e difundir, sem consideração de fronteiras, informações e ideias por qualquer meio de expressão.

Artigo 20

1. Toda a pessoa tem direito à liberdade de reunião e de associação pacíficas.

2. Ninguém pode ser obrigado a fazer parte de uma associação.

Artigo 21

1. Toda a pessoa tem o direito de tomar parte na direção dos negócios, públicos do seu país, quer diretamente, quer por intermédio de representantes livremente escolhidos.

2. Toda a pessoa tem direito de acesso, em condições de igualdade, às funções públicas do seu país.

3. A vontade do povo é o fundamento da autoridade dos poderes públicos: e deve exprimir-se através de eleições honestas a realizar periodicamente por sufrágio universal e igual, com voto secreto ou segundo processo equivalente que salvaguarde a liberdade de voto.

Artigo 22

Toda a pessoa, como membro da sociedade, tem direito à segurança social; e pode legitimamente exigir a satisfação dos direitos econômicos, sociais e culturais indispensáveis, graças ao esforço nacional e à cooperação internacional, de harmonia com a organização e os recursos de cada país.

Artigo 23

1. Toda a pessoa tem direito ao trabalho, à livre escolha do trabalho, a condições equitativas e satisfatórias de trabalho e à proteção contra o desemprego.

2. Todos têm direito, sem discriminação alguma, a salário igual por trabalho igual.

3. Quem trabalha tem direito a uma remuneração equitativa e satisfatória, que lhe permita e à sua família uma existência conforme com a dignidade humana, e completada, se possível, por todos os outros meios de proteção social.

4. Toda a pessoa tem o direito de fundar com outras pessoas sindicatos e de se filiar em sindicatos para defesa dos seus interesses.

Artigo 24

Toda a pessoa tem direito ao repouso e aos lazeres, especialmente, a uma limitação razoável da duração do trabalho e as férias periódicas pagas.

Artigo 25

1. Toda a pessoa tem direito a um nível de vida suficiente para lhe assegurar e à sua família a saúde e o bem-estar, principalmente quanto à alimentação, ao vestuário, ao alojamento, à assistência médica e ainda quanto aos serviços sociais necessários, e tem direito à segurança no desemprego, na doença, na invalidez, na viuvez, na velhice ou noutros casos de perda de meios de subsistência por circunstâncias independentes da sua vontade.

2. A maternidade e a infância têm direito a ajuda e a assistência especiais. Todas as crianças, nascidas dentro ou fora do matrimônio, gozam da mesma proteção social.

Artigo 26

1. Toda a pessoa tem direito à educação. A educação deve ser gratuita, pelo menos a correspondente ao ensino elementar fundamental. O ensino elementar é obrigatório. O ensino técnico e profissional dever ser generalizado; o acesso aos estudos superiores deve estar aberto a todos em plena igualdade, em função do seu mérito.

2. A educação deve visar à plena expansão da personalidade humana e ao reforço dos direitos do Homem e das liberdades fundamentais e deve favorecer a compreensão, a tolerância e a amizade entre todas as nações e todos os grupos raciais ou religiosos, bem como o desenvolvimento das atividades das Nações Unidas para a manutenção da paz. 3. Aos pais pertence a prioridade do direito de escolher o gênero de educação a dar aos filhos.

Artigo 27

1. Toda a pessoa tem o direito de tomar parte livremente na vida cultural da comunidade, de fruir as artes e de participar no progresso científico e nos benefícios que deste resultam.

2. Todos têm direito à proteção dos interesses morais e materiais ligados a qualquer produção científica, literária ou artística da sua autoria.

Artigo 28

Toda a pessoa tem direito a que reine, no plano social e no plano internacional, uma ordem capaz de tornar plenamente efetivos os direitos e as liberdades enunciadas na presente Declaração.

Artigo 29

1. O indivíduo tem deveres para com a comunidade, fora da qual não é possível o livre e pleno desenvolvimento da sua personalidade.

2. No exercício deste direito e no gozo destas liberdades ninguém está sujeito senão às limitações estabelecidas pela lei com vista exclusivamente a promover o reconhecimento e o respeito dos direitos e liberdades dos outros e a fim de satisfazer as justas exigências da moral, da ordem pública e do bem-estar numa sociedade democrática.

3. Em caso algum estes direitos e liberdades poderão ser exercidos contrariamente e aos fins e aos princípios das Nações Unidas.

Artigo 30

Nenhuma disposição da presente Declaração pode ser interpretada de maneira a envolver para qualquer Estado, agrupamento ou indivíduo o direito de se entregar a alguma atividade ou de praticar algum ato destinado a destruir os direitos e liberdades aqui enunciados.

Pacto Internacional sobre Direitos Civis e Políticos

(Adotado pela Resolução 2.200-A (XXI) da Assembleia Geral das Nações Unidas em 16.12.1966 — aprovado no Brasil pelo Decreto-legislativo n. 226, de 12.12.1991 e promulgado pelo Decreto n. 592, de 06.07.1992)

PREÂMBULO

Os Estados-partes do presente Pacto,

Considerando que, em conformidade com os princípios proclamados na Carta das Nações Unidas, o reconhecimento da dignidade inerente a todos os membros da família humana e de seus direitos iguais e inalienáveis constitui o fundamento da liberdade, da justiça e da paz no mundo,

Reconhecendo que esses direitos decorrem da dignidade inerente à pessoa humana,

Reconhecendo que, em conformidade com a Declaração Universal dos Direitos do Homem, o ideal do ser humano livre, no gozo das liberdades civis e políticas e liberto do temor e da miséria, não pode ser realizado a menos que se criem as condições que permitam a cada um gozar de seus direitos civis e políticos, assim como de seus direitos econômicos, sociais e culturais,

Considerando que a Carta das Nações Unidas impõe aos Estados a obrigação de promover o respeito universal e efetivo dos direitos e das liberdades do homem,

Compreendendo que o indivíduo, por ter deveres para com seus semelhantes e para com a coletividade a que pertence, tem a obrigação de lutar pela promoção e observância dos direitos reconhecidos no presente Pacto,

Acordam o seguinte:

PARTE I

Artigo 1

1. Todos os povos têm direito à autodeterminação. Em virtude desse direito, determinam livremente seu estatuto político e asseguram livremente seu desenvolvimento econômico, social e cultural.

2. Para a consecução de seus objetivos, todos os povos podem dispor livremente de suas riquezas e de seus recursos naturais, sem prejuízo das obrigações decorrentes da cooperação econômica internacional, baseada no princípio do proveito mútuo, e do Direito Internacional. Em caso algum, poderá um povo ser privado de seus meios de subsistência.

3. Os Estados-partes do presente Pacto, inclusive aqueles que tenham a responsabilidade de administrar territórios não autônomos e territórios sob tutela, deverão promover o exercício do direito à autodeterminação e respeitar esse direito, em conformidade com as disposições da Carta das Nações Unidas.

PARTE II

Artigo 2

1. Os Estados-partes do presente Pacto comprometem-se a respeitar e a garantir a todos os indivíduos que se achem em seu território e que estejam sujeitos a sua jurisdição os direitos reconhecidos no presente Pacto, sem discriminação alguma por motivo de raça, cor, sexo, língua, religião, opinião política ou de outra natureza, origem nacional ou social, situação econômica, nascimento ou qualquer outra condição.

2. Na ausência de medidas legislativas ou de outra natureza destinadas a tornar efetivos os direitos reconhecidos no presente Pacto, os Estados-partes do presente Pacto comprometem-se a tomar as providências necessárias com vistas a adotá-las, levando em consideração seus respectivos procedimentos constitucionais e as disposições do presente Pacto.

3. Os Estados-partes do presente Pacto comprometem-se a:

a) Garantir que toda pessoa, cujos direitos e liberdades reconhecidos no presente Pacto tenham sido violados, possa dispor de um recurso efetivo, mesmo que a violência tenha sido perpetrada por pessoas que agiam no exercício de funções oficiais;

b) Garantir que toda pessoa que interpuser tal recurso terá seu direito determinado pela competente autoridade judicial, administrativa ou legislativa ou por qualquer outra autoridade competente prevista no ordenamento jurídico do Estado em questão; e a desenvolver as possibilidades de recurso judicial;

c) Garantir o cumprimento, pelas autoridades competentes, de qualquer decisão que julgar procedente tal recurso.

Artigo 3

Os Estados-partes do presente Pacto comprometem-se a assegurar a homens e mulheres igualdade no gozo de todos os direitos civis e políticos enunciados no presente Pacto.

Artigo 4

1. Quando situações excepcionais ameacem a existência da nação e sejam proclamadas oficialmente, os Estados-partes do presente Pacto podem adotar, na estrita medida exigida pela situação, medidas que suspendam as obrigações decorrentes do presente Pacto, desde que tais medidas não sejam incompatíveis com as demais obrigações que lhes sejam impostas pelo Direito Internacional e não acarretem discriminação alguma apenas por motivo de raça, cor, sexo, língua, religião ou origem social.

2. A disposição precedente não autoriza qualquer suspensão dos arts. 6, 7, 8 (parágrafos 1 e 2), 11, 15, 16, e 18.

3. Os Estados-partes do presente Pacto que fizerem uso do direito de suspensão devem comunicar imediatamente aos outros Estados-partes do presente Pacto, por intermédio do Secretário-Geral da Organização das Nações Unidas, as disposições que tenham suspenso, bem como os motivos de tal suspensão. Os Estados-partes deverão fazer uma nova comunicação, igualmente por intermédio do Secretário-Geral da Organização das Nações Unidas, na data em que terminar tal suspensão.

Artigo 5

1. Nenhuma disposição do presente Pacto poderá ser interpretada no sentido de reconhecer a um Estado, grupo ou indivíduo qualquer direito de dedicar-se a quaisquer atividades ou praticar quaisquer atos que tenham por objetivo destruir os direitos ou liberdades reconhecidos no presente Pacto ou impor-lhe limitações mais amplas do que aquelas nele previstas.

2. Não se admitirá qualquer restrição ou suspensão dos direitos humanos fundamentais reconhecidos ou vigentes em qualquer Estado-parte do presente Pacto em virtude de leis, convenções, regulamentos ou costumes, sob pretexto de que o presente Pacto não os reconheça ou os reconheça em menor grau.

PARTE III

Artigo 6

1. O direito à vida é inerente à pessoa humana. Este direito deverá ser protegido pela lei. Ninguém poderá ser arbitrariamente privado de sua vida.

2. Nos países em que a pena de morte não tenha sido abolida, esta poderá ser imposta apenas nos casos de crimes mais graves, em conformidade com legislação vigente na época em que o crime foi cometido e que não esteja em conflito com as disposições do presente Pacto, nem com a Convenção sobre a Prevenção e a Punição do Crime de Genocídio. Poder-se-á aplicar essa pena apenas em decorrência de uma sentença transitada em julgado e proferida por tribunal competente.

3. Quando a privação da vida constituir crime de genocídio, entende-se que nenhuma disposição do presente artigo autorizará qualquer Estado-parte do presente Pacto a eximir-se, de modo algum, do cumprimento de qualquer das obrigações que tenham assumido em virtude das disposições da Convenção sobre a Prevenção e a Punição do Crime de Genocídio.

4. Qualquer condenado à morte terá o direito de pedir indulto ou comutação da pena. A anistia, o indulto ou a comutação da pena poderão ser concedidos em todos os casos.

5. A pena de morte não deverá ser imposta em casos de crimes cometidos por pessoas menores de 18 anos, nem aplicada a mulheres em estado de gravidez.

6. Não se poderá invocar disposição alguma do presente artigo para retardar ou impedir a abolição da pena de morte por um Estado-parte do presente Pacto.

Artigo 7

Ninguém poderá ser submetido à tortura, nem a penas ou tratamento cruéis, desumanos ou degradantes. Será proibido, sobretudo, submeter uma pessoa, sem seu livre consentimento, a experiências médicas ou científicas.

Artigo 8

1. Ninguém poderá ser submetido à escravidão; a escravidão e o tráfico de escravos, em todos as suas formas, ficam proibidos.

2. Ninguém poderá ser submetido à servidão.

3. a) Ninguém poderá ser obrigado a executar trabalhos forçados ou obrigatórios;

b) A alínea a) do presente parágrafo não poderá ser interpretada no sentido de proibir, nos países em que certos crimes sejam punidos com prisão e trabalhos forçados, o cumprimento de uma pena de trabalhos forçados, imposta por um tribunal competente;

c) Para os efeitos do presente parágrafo, não serão considerados "trabalhos forçados ou obrigatórios":

i) qualquer trabalho ou serviço, não previsto na alínea b), normalmente exigido de um individuo que tenha sido encarcerado em cumprimento de decisão judicial ou que, tendo sido objeto de tal decisão, ache-se em liberdade condicional;

ii) qualquer serviço de caráter militar e, nos países em que se admite a isenção por motivo de consciência, qualquer serviço nacional que a lei venha a exigir daqueles que se oponham ao serviço militar por motivo de consciência;

iii) qualquer serviço exigido em casos de emergência ou de calamidade que ameacem o bem-estar da comunidade;

iv) qualquer trabalho ou serviço que faça parte das obrigações cívicas normais.

Artigo 9

1. Toda pessoa tem direito à liberdade e à segurança pessoais. Ninguém poderá ser preso ou encarcerado arbitrariamente. Ninguém poderá ser privado de sua liberdade, salvo pelos motivos previstos em lei e em conformidade com os procedimentos nela estabelecidos.

2. Qualquer pessoa, ao ser presa, deverá ser informada das razões da prisão e notificada, sem demora, das acusações formuladas contra ela.

3. Qualquer pessoa presa ou encarcerada em virtude de infração penal deverá ser conduzida, sem demora, à presença do juiz ou de outra autoridade habilitada por lei a exercer funções judiciais e terá o direito de ser julgada em prazo razoável ou de ser posta em liberdade. A prisão preventiva de pessoas que aguardam julgamento não deverá constituir a regra geral, mas a soltura poderá estar condicionada a garantias que assegurem o comparecimento da pessoa em questão à audiência, a todos os atos do processo e, se necessário for, para a execução da sentença.

4. Qualquer pessoa que seja privada de sua liberdade por prisão ou encarceramento terá o direito de recorrer a um tribunal para que este decida sobre a legalidade de seu encarceramento e ordene sua soltura, caso a prisão tenha sido ilegal.

5. Qualquer pessoa vítima de prisão ou encarceramento ilegais terá direito à reparação.

Artigo 10

1. Toda pessoa privada de sua liberdade deverá ser tratada com humanidade e respeito à dignidade inerente à pessoa humana.

2. a) As pessoas processadas deverão ser separadas, salvo em circunstâncias excepcionais, das pessoas condenadas e receber tratamento distinto, condizente com sua condição de pessoa não condenada.

b) As pessoas processadas, jovens, deverão ser separadas das adultas e julgadas o mais rápido possível.

3. O regime penitenciário consistirá num tratamento cujo objetivo principal seja a reforma e a reabilitação moral dos prisioneiros. Os delinquentes juvenis deverão ser separados dos adultos e receber tratamento condizente com sua idade e condição jurídica.

Artigo 11

Ninguém poderá ser preso apenas por não poder cumprir com uma obrigação contratual.

Artigo 12

1. Toda pessoa que se ache legalmente no território de um Estado terá o direito de nele livremente circular e escolher sua residência.

2. Toda pessoa terá o direito de sair livremente de qualquer país, inclusive de seu próprio país.

3. Os direitos supracitados não poderão constituir objeto de restrições, a menos que estejam previstas em lei e no intuito de proteger a segurança nacional e a ordem, a saúde ou a moral públicas, bem como os direitos e liberdades das demais pessoas, e que sejam compatíveis com os outros direitos reconhecidos no presente Pacto.

4. Ninguém poderá ser privado arbitrariamente do direito de entrar em seu próprio país.

Artigo 13

Um estrangeiro que se ache legalmente no território de um Estado-parte do presente Pacto só poderá dele ser expulso em decorrência de decisão adotada em conformidade com a lei e, a menos que razões imperativas de segurança nacional a isso se oponham, terá a possibilidade de expor as razões que militem contra sua expulsão e de ter seu caso reexaminado pelas autoridades competentes, ou por uma ou várias pessoas especialmente designadas pelas referidas autoridades, e de fazer-se representar com esse objetivo.

Artigo 14

1. Todas as pessoas são iguais perante os tribunais e as cortes de justiça. Toda pessoa terá o direito de ser ouvida publicamente e com as devidas garantias por um tribunal competente, independente e imparcial, estabelecido por lei, na apuração de qualquer acusação de caráter penal formulada contra ela ou na determinação de seus direitos e obrigações de caráter civil. A imprensa e o público poderão ser excluídos de parte ou da totalidade de um julgamento, quer por motivo de moral pública, de ordem pública ou de segurança nacional em uma sociedade democrática, quer quando o interesse da vida privada das Partes o exija, que na medida em que isso seja estritamente necessário na opinião da justiça, em circunstâncias específicas, nas quais a publicidade venha a prejudicar os interesses da justiça; entretanto, qualquer sentença proferida em matéria penal ou civil deverá tornar-se pública, a menos que o interesse de menores exija procedimento oposto, ou o processo diga respeito à controvérsias matrimoniais ou à tutela de menores.

2. Toda pessoa acusada de um delito terá direito a que se presuma sua inocência enquanto não for legalmente comprovada sua culpa.

3. Toda pessoa acusada de um delito terá direito, em plena igualdade, a, pelo menos, as seguintes garantias:

a) De ser informado, sem demora, numa língua que compreenda e de forma minuciosa, da natureza e dos motivos da acusação contra ela formulada;

b) De dispor do tempo e dos meios necessários à preparação de sua defesa e a comunicar-se com defensor de sua escolha;

c) De ser julgado sem dilações indevidas;

d) De estar presente no julgamento e de defender-se pessoalmente ou por intermédio de defensor de sua escolha; de ser informado, caso não tenha defensor, do direito que lhe assiste de tê-lo e, sempre que o interesse da justiça assim exija, de ter um defensor designado ex-offício gratuitamente, se não tiver meios para remunerá-lo;

e) De interrogar ou fazer interrogar as testemunhas de acusação e de obter o comparecimento e o interrogatório das testemunhas de defesa nas mesmas condições de que dispõem as de acusação;

f) De ser assistida gratuitamente por um intérprete, caso não compreenda ou não fale a língua empregada durante o julgamento;

g) De não ser obrigada a depor contra si mesma, nem a confessar-se culpada.

4. O processo aplicável a jovens que não sejam maiores nos termos da legislação penal levará em conta a idade dos mesmos e a importância de promover sua reintegração social.

5. Toda pessoa declarada culpada por um delito terá o direito de recorrer da sentença condenatória e da pena a uma instância superior, em conformidade com a lei.

6. Se uma sentença condenatória passada em julgado for posteriormente anulada ou se um indulto for concedido, pela ocorrência ou descoberta de fatos novos que provem cabalmente a existência de erro judicial, a pessoa que sofreu a pena decorrente dessa condenação deverá ser indenizada, de acordo com a lei, a menos que fique provado que se lhe pode imputar, total ou parcialmente, a não revelação dos fatos desconhecidos em tempo útil.

7. Ninguém poderá ser processado ou punido por um delito pelo qual já foi absolvido ou condenado por sentença passada em julgado, em conformidade com a lei e os procedimentos penais de cada país.

Artigo 15

1. Ninguém poderá ser condenado por atos ou omissões que não constituam delito de acordo com o direito nacional ou internacional, no momento em que foram cometidos. Tampouco poder-se-á impor pena mais grave do que a aplicável no momento da ocorrência do delito. Se, depois de perpetrado o delito, a lei estipular a imposição de pena mais leve, o delinquente deverá dela beneficiar-se.

2. Nenhuma disposição do presente Pacto impedirá o julgamento ou a condenação de qualquer indivíduo por atos ou omissões que, no momento em que foram cometidos, eram considerados delituosos de acordo com os princípios gerais de direito reconhecidos pela comunidade das nações.

Artigo 16

Toda pessoa terá direito, em qualquer lugar, ao reconhecimento de sua personalidade jurídica.

Artigo 17

1. Ninguém poderá ser objeto de ingerências arbitrárias ou ilegais em sua vida privada, em sua família, em seu domicílio ou em sua correspondência, nem de ofensas ilegais às suas honra e reputação.

2. Toda pessoa terá direito à proteção da lei contra essas ingerências ou ofensas.

Artigo 18

1. Toda pessoa terá direito à liberdade de pensamento, de consciência e de religião. Esse direito implicará a liberdade de ter ou adotar uma religião ou uma crença de sua escolha e a liberdade de professar sua religião ou crença, individual ou coletivamente, tanto pública como privadamente, por meio do culto, da celebração de ritos, de práticas e do ensino.

2. Ninguém poderá ser submetido a medidas coercitivas que possam restringir sua liberdade de ter ou de adotar uma religião ou crença de sua escolha.

3. A liberdade de manifestar a própria religião ou crença estará sujeita apenas à limitações previstas em lei e que se façam necessárias para proteger a segurança, a ordem, a saúde ou a moral públicas ou os direitos e as liberdades das demais pessoas.

4. Os Estados-partes do presente Pacto comprometem-se a respeitar a liberdade dos pais — e, quando for o caso, dos tutores legais — de assegurar a educação religiosa e moral dos filhos que esteja de acordo com suas próprias convicções.

Artigo 19

1. Ninguém poderá ser molestado por suas opiniões.

2. Toda pessoa terá direito à liberdade de expressão; esse direito incluirá a liberdade de procurar, receber e difundir informações e ideias de qualquer natureza, independentemente de considerações de fronteiras, verbalmente ou por escrito, em forma impressa ou artística, ou por qualquer outro meio de sua escolha.

3. O exercício do direito previsto no parágrafo 2 do presente artigo implicará deveres e responsabilidades especiais. Consequentemente, poderá estar sujeito a certas restrições, que devem, entretanto, ser expressamente previstas em lei e que se façam necessárias para:

a) assegurar o respeito dos direitos e da reputação das demais pessoas;

b) proteger a segurança nacional, a ordem, a saúde ou a moral públicas.

Artigo 20

1. Será proibida por lei qualquer propaganda em favor da guerra.

2. Será proibida por lei qualquer apologia do ódio nacional, racial ou religioso que constitua incitamento à discriminação, à hostilidade ou à violência.

Artigo 21

O direito de reunião pacífica será reconhecido. O exercício desse direito estará sujeito apenas às restrições previstas em lei e que se façam necessárias, em uma sociedade democrática, no interesse da segurança nacional, da segurança ou da ordem públicas, ou para proteger a saúde ou a moral públicas ou os direitos e as liberdades das demais pessoas.

Artigo 22

1. Toda pessoa terá o direito de associar-se livremente a outras, inclusive o direito de constituir sindicatos e de a eles filiar-se, para a proteção de seus interesses.

2. O exercício desse direito estará sujeito apenas às restrições previstas em lei e que se façam necessárias, em uma sociedade democrática, no interesse da segurança nacional, da segurança e da ordem públicas, ou para proteger a saúde ou a moral públicas ou os direitos e liberdades das demais pessoas. O presente artigo não impedirá que se submeta a restrições legais o exercício desse direito por membros das forças armadas e da polícia.

3. Nenhuma das disposições do presente artigo permitirá que Estados-partes da Convenção de 1948 da Organização Internacional do Trabalho, relativa à liberdade sindical e à proteção do direito sindical, venham a adotar medidas legislativas que restrinjam — ou aplicar a lei de maneira a restringir — as garantias previstas na referida Convenção.

Artigo 23

1. A família é o elemento natural e fundamental da sociedade e terá o direito de ser protegida pela sociedade e pelo Estado.

2. Será reconhecido o direito do homem e da mulher de, em idade núbil, contrair casamento e constituir família.

3. Casamento algum será celebrado sem o consentimento livre e pleno dos futuros esposos.

4. Os Estados-partes do presente Pacto deverão adotar as medidas apropriadas para assegurar a igualdade de direitos e responsabilidades dos esposos quanto ao casamento, durante o mesmo e por ocasião de sua dissolução. Em caso de dissolução, deverão adotar-se disposições que assegurem a proteção necessária para os filhos.

Artigo 24

1. Toda criança terá direito, sem discriminação alguma por motivo de cor, sexo, língua, religião, origem nacional ou social, situação econômica ou nascimento, às medidas de proteção que a sua condição de menor requerer por parte de sua família, da sociedade e do Estado.

2. Toda criança deverá ser registrada imediatamente após seu nascimento e deverá receber um nome.

3. Toda criança terá o direito de adquirir uma nacionalidade.

Artigo 25

Todo cidadão terá o direito e a possibilidade, sem qualquer das formas de discriminação mencionadas no Artigo 2 e sem restrições infundadas:

a) de participar da condução dos assuntos públicos, diretamente ou por meio de representantes livremente escolhidos;

b) de votar e de ser eleito em eleições periódicas, autênticas, realizadas por sufrágio universal e igualitário e por voto secreto, que garantam a manifestação da vontade dos eleitores;

c) de ter acesso, em condições gerais de igualdade, às funções públicas de seu país.

Artigo 26

Todas as pessoas são iguais perante a lei e têm direito, sem discriminação alguma, a igual proteção da Lei. A este respeito, a lei deverá proibir qualquer forma de discriminação e garantir a todas as pessoas proteção igual e eficaz contra qualquer discriminação por motivo de raça, cor, sexo, língua, religião, opinião política ou de outra natureza, origem nacional ou social, situação econômica, nascimento ou qualquer outra situação.

Artigo 27

Nos Estados em que haja minorias étnicas, religiosas ou linguísticas, as pessoas pertencentes a essas minorias não poderão ser privadas do direito de ter, conjuntamente com outros membros de seu grupo, sua própria vida cultural, de professar e praticar sua própria religião e usar sua própria língua.

PARTE IV

Artigo 28

1. Constituir-se-á um Comitê de Diretores Humanos (doravante denominado o "Comitê" no presente Pacto). O Comitê será composto de dezoito membros e desempenhará as funções descritas adiante.

2. O Comitê será integrado por nacionais dos Estados-partes do presente Pacto, os quais deverão ser pessoas de elevada reputação moral e reconhecida competência em matéria de direitos humanos, levando-se em consideração a utilidade da participação de algumas pessoas com experiência jurídica.

3. Os membros do Comitê serão eleitos e exercerão suas funções a título pessoal.

Artigo 29

1. Os membros do Comitê serão eleitos em votação secreta dentre uma lista de pessoas que preencham os requisitos previstos no Artigo 28 e indicadas, com esse objetivo, pelos Estados-partes do presente Pacto.

2. Cada Estado-parte no presente Pacto poderá indicar duas pessoas. Essas pessoas deverão ser nacionais do Estado que as indicou.

3. A mesma pessoa poderá ser indicada mais de uma vez.

Artigo 30

1. A primeira eleição realizar-se-á no máximo seis meses após a data de entrada em vigor do presente Pacto.

2. Ao menos quatro meses antes da data de cada eleição do Comitê, e desde que não seja uma eleição para preencher uma vaga declarada nos termos do Artigo 34, o Secretário-Geral da Organização das Nações Unidas convidará, por escrito, os Estados-partes do presente Protocolo a indicar, no prazo de três meses, os candidatos a membro do Comitê.

3. O Secretário-Geral da Organização das Nações Unidas organizará uma lista por ordem alfabética de todos os candidatos assim designados, mencionando os Estados-partes que os tiverem indicado, e a comunicará aos Estados-partes do presente Pacto, no máximo um mês antes da data de cada eleição.

4. Os membros do Comitê serão eleitos em reuniões dos Estados-partes convocadas pelo Secretário-Geral da Organização das Nações Unidas na sede da Organização. Nessas reuniões, em que o quórum será estabelecido por dois terços dos Estados-partes do presente Pacto, serão eleitos membros do Comitê os candidatos que obtiverem o maior número de votos e a maioria absoluta dos votos dos representantes dos Estados-partes presentes e votantes.

Artigo 31

1. O Comitê não poderá ter mais de um nacional de um mesmo Estado.

2. Nas eleições do Comitê, levar-se-ão em consideração uma distribuição geográfica equitativa e uma representação das diversas formas de civilização, bem como dos principais sistemas jurídicos.

Artigo 32

1. Os membros do Comitê serão eleitos para um mandato de quatro anos. Poderão, caso suas candidaturas sejam apresentadas novamente, ser reeleitos. Entretanto, o mandato de nove dos membros eleitos na primeira eleição expirará ao final de dois anos; imediatamente após a primeira eleição, o presidente da reunião a que se refere o parágrafo 4 do Artigo 30 indicará, por sorteio, os nomes desses nove membros.

2. Ao expirar o mandato dos membros, as eleições se realizarão de acordo com o disposto nos artigos precedentes desta Parte do presente Pacto.

Artigo 33

1. Se, na opinião unânime dos demais membros, um membro do Comitê deixar de desempenhar suas funções por motivos distintos de uma ausência temporária, o Presidente comunicará tal fato ao Secretário-Geral da Organização das Nações Unidas, que declarará vago o lugar que o referido membro ocupava.

2. Em caso de morte ou renúncia de um membro do Comitê, o Presidente comunicará imediatamente tal fato ao Secretário-Geral da Organização das Nações Unidas, que declarará vago o lugar desde a data da morte ou daquela em que a renúncia passe a produzir efeitos.

Artigo 34

1. Quando uma vaga for declarada nos termos do Artigo 33 e o mandato do membro a ser substituído não expirar no prazo de seis meses a contar da data em que tenha sido declarada a vaga, o Secretário-Geral da Organização das Nações Unidas comunicará tal fato aos Estados-partes do presente Pacto, que poderão, no prazo de dois meses, indicar candidatos, em conformidade com o Artigo 29, para preencher a vaga.

2. O Secretário-Geral da Organização das Nações Unidas organizará uma lista por ordem alfabética dos candidatos assim designados e a comunicará aos Estados-partes do presente Pacto. A eleição destinada a preencher tal vaga será realizada nos termos das disposições pertinentes desta parte do presente Pacto.

3. Qualquer membro do Comitê eleito para preencher uma vaga em conformidade com o Artigo 33 fará parte do Comitê durante o restante do mandato do membro que deixar vago o lugar do Comitê, nos termos do referido artigo.

Artigo 35

Os membros do Comitê receberão, com a aprovação da Assembleia-Geral da Organização das Nações Unidas, honorários provenientes de recursos da Organização das Nações Unidas, nas condições fixadas, considerando-se a importância das funções do Comitê, pela Assembleia-Geral.

Artigo 36

O Secretário-Geral da Organização das Nações Unidas colocará à disposição do Comitê o pessoal e os serviços necessários ao desempenho eficaz das funções que lhe são atribuídas em virtude do presente Pacto.

Artigo 37

1. O Secretário-Geral da Organização das Nações Unidas convocará os Membros do Comitê para a primeira reunião, a realizar-se na sede da Organização.

2. Após a primeira reunião, o Comitê deverá reunir-se em todas as ocasiões previstas em suas regras de procedimento.

3. As reuniões do Comitê serão realizadas normalmente na sede da Organização das Nações Unidas ou no Escritório das Nações Unidas em Genebra.

Artigo 38

Todo Membro do Comitê deverá, antes de iniciar suas funções, assumir, em sessão pública, o compromisso solene de que desempenhará suas funções imparcial e conscientemente.

Artigo 39

1. O Comitê elegerá sua mesa para um período de dois anos. Os membros da mesa poderão ser reeleitos.

2. O próprio Comitê estabelecerá suas regras de procedimento; estas, contudo, deverão conter, entre outras, as seguintes disposições:

a) O quorum será de doze membros;

b) As decisões do Comitê serão tomadas por maioria de votos dos membros presentes.

Artigo 40

1. Os Estados-partes do presente Pacto comprometem-se a submeter relatórios sobre as medidas por eles adotadas para tornar efetivos os direitos reconhecidos no presente Pacto e sobre o processo alcançado no gozo desses direitos:

a) Dentro do prazo de um ano, a contar do início da vigência do presente Pacto nos Estados-partes interessados;

b) A partir de então, sempre que o Comitê vier a solicitar.

2. Todos os relatórios serão submetidos ao Secretário-Geral da Organização das Nações Unidas, que os encaminhará, para exame, ao Comitê. Os relatórios deverão sublinhar, caso existam, os fatores e as dificuldades que prejudiquem a implementação do presente Pacto.

3. O Secretário-Geral da Organização das Nações Unidas poderá, após consulta ao Comitê, encaminhar às agências especializadas interessadas cópias das partes dos relatórios que digam respeito a sua esfera de competência.

4. O Comitê estudará os relatórios apresentados pelos Estados-partes do presente Pacto e transmitirá aos Estados-partes seu próprio relatório, bem como os comentários gerais que julgar oportunos. O Comitê poderá igualmente transmitir ao Conselho Econômico e Social os referidos comentários, bem como cópias dos relatórios que houver recebido dos Estados-partes do presente Pacto.

5. Os Estados-partes no presente Pacto poderão submeter ao Comitê as observações que desejarem formular relativamente aos comentários feitos nos termos do parágrafo 4 do presente artigo.

Artigo 41

1. Com base no presente Artigo, todo Estado-parte do presente Pacto poderá declarar, a qualquer momento, que reconhece a competência do Comitê para receber e examinar as comunicações em que um Estado-parte alegue que outro Estado-parte não vem cumprindo as obrigações que lhe impõe o presente Pacto. As referidas comunicações só serão recebidas e examinadas nos termos do presente artigo no caso de serem apresentadas por um Estado-parte que houver feito uma declaração em que reconheça, com relação a si próprio, a competência do Comitê. O Comitê não receberá comunicação alguma relativa a um Estado-parte que não houver feito uma declaração dessa natureza. As comunicações recebidas em virtude do presente artigo estarão sujeitas ao procedimento que se segue:

a) Se um Estado-parte do presente Pacto considerar que outro Estado-parte não vem cumprindo as disposições do presente Pacto poderá, mediante comunicação escrita, levar a questão ao conhecimento deste Estado-parte. Dentro do prazo de três meses, a contar da data do recebimento da comunicação, o Estado destinatário fornecerá ao Estado que enviou a comunicação explicações ou quaisquer outras declarações por escrito que esclareçam a questão, as quais deverão fazer referência, até onde seja possível e pertinente, aos procedimentos nacionais e aos recursos jurídicos adotados, em trâmite ou disponíveis sobre a questão;

b) Se, dentro do prazo de seis meses, a contar da data do recebimento da comunicação original pelo Estado destinatário, a questão não estiver dirimida satisfatoriamente para ambos os Estados-partes interessados, tanto um como o outro terão o direito de submetê-la ao Comitê, mediante notificação endereçada ao Comitê ou ao outro Estado interessado;

c) O Comitê tratará de todas as questões que se lhe submetem em virtude do presente artigo somente após ter-se assegurado de que todos os recursos jurídicos internos disponíveis tenham sido utilizados e esgotados, em consonância com os princípios do Direito Internacional geralmente reconhecidos. Não se aplicará essa regra quanto a aplicação dos mencionados recursos prolongar-se injustificadamente;

d) O Comitê realizará reuniões confidenciais quando estiver examinando as comunicações previstas no presente artigo;

e) Sem prejuízo das disposições da alínea c), o Comitê colocará seus bons ofícios à disposição dos Estados-partes interessados no intuito de alcançar uma solução amistosa para a questão, baseada no respeito aos direitos humanos e liberdades fundamentais reconhecidos no presente Pacto;

f) Em todas as questões que se lhe submetam em virtude do presente artigo, o Comitê poderá solicitar aos Estados-partes interessados, a que se faz referência na alínea b), que lhe forneçam quaisquer informações pertinentes;

g) Os Estados-partes interessados, a que se faz referência na alínea b), terão direito de fazer-se representar quando as questões forem examinadas no Comitê e de apresentar suas observações verbalmente e/ou por escrito;

h) O Comitê, dentro dos doze meses seguintes à data de recebimento da notificação mencionada na alínea b), apresentará relatório em que:

(i) se houver sido alcançada uma solução nos termos da alínea e), o Comitê restringir-se-á, em seu relatório, a uma breve exposição dos fatos e da solução alcançada.

(ii) se não houver sido alcançada solução alguma nos termos da alínea e), o Comitê, restringir-se-á, em seu relatório, a uma breve exposição dos fatos; serão anexados ao relatório o texto das observações escritas e as atas das observações orais apresentadas pelos Estados-partes interessados.

Para cada questão, o relatório será encaminhado aos Estados-partes interessados.

2. As disposições do presente artigo entrarão em vigor a partir do momento em que dez Estados-partes do presente Pacto houverem feito as declarações mencionadas no parágrafo 1 deste artigo. As referidas declarações serão depositadas pelos Estados-partes junto ao Secretário-Geral da Organização das Nações Unidas, que enviará cópias das mesmas aos demais Estados-partes. Toda declaração poderá ser retirada, a qualquer momento, mediante notificação endereçada ao Secretário-Geral. Far-se-á essa retirada sem prejuízo do exame de quaisquer questões que constituam objeto de uma comunicação já transmitida nos termos deste artigo; em virtude do presente artigo, não se receberá qualquer nova comunicação de um Estado-parte uma vez que o Secretário-Geral tenha recebido a notificação sobre a retirada da declaração, a menos que o Estado-parte interessado haja feito uma nova declaração.

Artigo 42

1. a) Se uma questão submetida ao Comitê, nos termos do Artigo 41, não estiver dirimida satisfatoriamente para os Estados-partes interessados, o Comitê poderá, com o consentimento prévio dos Estados-partes interessados, constituir uma Comissão ad hoc (doravante denominada "a Comissão"). A Comissão colocará seus bons ofícios à disposição dos Estados-partes interessados no intuito de se alcançar uma solução amistosa para a questão baseada no respeito ao presente Pacto.

b) A Comissão será composta de cinco membros designados com o consentimento dos Estados-partes interessados. Se os Estados-partes interessados não chegarem a um acordo a respeito da totalidade ou de parte da composição da Comissão dentro do prazo de três meses, os membros da Comissão em relação aos quais não se chegou a acordo serão eleitos pelo Comitê, entre os seus próprios membros, em votação secreta e por maioria de dois terços dos membros do Comitê.

2. Os membros da Comissão exercerão suas funções a título pessoal. Não poderão ser nacionais dos Estados interessados, nem de Estado que não seja Parte do presente Pacto, nem de um Estado-parte que não tenha feito a declaração prevista no Artigo 41.

3. A própria Comissão elegerá seu Presidente e estabelecerá suas regras de procedimento.

4. As reuniões da Comissão serão realizadas normalmente na sede da Organização das Nações Unidas ou no Escritório das Nações Unidas em Genebra. Entretanto, poderão realizar-se em qualquer outro lugar apropriado que a Comissão determinar, após consulta ao Secretário-Geral da Organização das Nações Unidas e aos Estados-partes interessados.

5. O secretariado referido no Artigo 36 também prestará serviços às comissões designadas em virtude do presente artigo.

6. As informações obtidas e coligidas pelo Comitê serão colocadas à disposição da Comissão, a qual poderá solicitar aos Estados-partes interessados que lhe forneçam qualquer outra informação pertinente.

7. Após haver estudado a questão sob todos os seus aspectos, mas, em qualquer caso, no prazo de doze meses após dela ter tomado conhecimento, a Comissão apresentará um relatório ao Presidente do Comitê, que o encaminhará aos Estados-partes interessados:

a) Se a Comissão não puder terminar o exame da questão, restringir-se-á, em seu relatório, a uma breve exposição sobre o estágio em que se encontra o exame da questão;

b) Se houver sido alcançado uma solução amistosa para a questão, baseada no respeito dos direitos humanos reconhecidos no presente Pacto, a Comissão restringir-se-á, em seu relatório, a uma breve exposição dos fatos e da solução alcançada;

c) Se não houver sido alcançada solução nos termos da alínea b), a Comissão incluirá no relatório suas conclusões sobre os fatos relativos à questão debatida entre os Estados-partes interessados, assim como sua opinião sobre a possibilidade de solução amistosa para a questão, o relatório incluirá as observações escritas e as atas das observações orais feitas pelos Estados-partes interessados;

d) Se o relatório da Comissão for apresentado nos termos da alínea c), os Estados-partes interessados comunicarão, no prazo de três meses a contar da data do recebimento do relatório, ao Presidente do Comitê se aceitam ou não os termos do relatório da Comissão.

8. As disposições do presente artigo não prejudicarão as atribuições do Comitê previstas no Artigo 41.

9. Todas as despesas dos membros da Comissão serão repartidas equitativamente entre os Estados-partes interessados, com base em estimativas a serem estabelecidas pelo Secretário-Geral da Organização das Nações Unidas.

10. O Secretário-Geral da Organização das Nações Unidas poderá, caso seja necessário, pagar as despesas dos membros da Comissão antes que sejam reembolsadas pelos Estados-partes interessados, em conformidade com o parágrafo 9 do presente artigo.

Artigo 43

Os membros do Comitê e os membros da Comissão de Conciliação ad hoc que forem designados nos termos do Artigo 42 terão direito às facilidades, privilégios e imunidades que se concedem aos peritos no desempenho de missões para a Organização das Nações Unidas, em conformidade com as seções pertinentes da Convenção sobre Privilégios e Imunidades das Nações Unidas.

Artigo 44

As disposições relativas à implementação do presente Pacto aplicar-se-ão sem prejuízo dos procedimentos instituídos em matéria de direito humanos pelos — ou em virtude dos mesmos — instrumentos constitutivos e pelas Convenções da Organização das Nações Unidas e das agências especializadas e não impedirão que os Estados-partes venham a recorrer a outros procedimentos para a solução de controvérsias em conformidade com os acordos internacionais gerais ou especiais vigentes entre eles.

Artigo 45

O Comitê submeterá à Assembleia-Geral, por intermédio do Conselho Econômico e Social, um relatório sobre suas atividades.

PARTE V

Artigo 46

Nenhuma disposição do presente Pacto poderá ser interpretada em detrimento das disposições da Carta das Nações Unidas e das constituições das agências especializadas, as quais definem as responsabilidades respectivas dos diversos órgãos da Organização das Nações Unidas e das agências especializadas relativamente às questões tratadas no presente Pacto.

Artigo 47

Nenhuma disposição do presente Pacto poderá ser interpretada em detrimento do direito inerente a todos os povos de desfrutar e utilizar plena e livremente suas riquezas e seus recursos naturais.

PARTE VI

Artigo 48

1. O presente Pacto está aberto à assinatura de todos os Estados Membros da Organização das Nações Unidas ou membros de qualquer de suas agências especializadas, de todo Estado-parte do Estatuto da Corte Internacional de Justiça, bem como de qualquer outro Estado convidado pela Assembleia-Geral a tornar-se Parte do presente Pacto.

2. O presente Pacto está sujeito a ratificação. Os instrumentos de ratificação serão depositados junto ao Secretário-Geral da Organização das Nações Unidas.

3. O presente Pacto está aberto à adesão de qualquer dos Estados mencionados no parágrafo 1 do presente artigo.

4. Far-se-á a adesão mediante depósito do instrumento de adesão junto ao Secretário-Geral da Organização das Nações Unidas.

5. O Secretário-Geral da Organização das Nações Unidas informará todos os Estados que hajam assinado o presente Pacto ou a ele aderido do depósito de cada instrumento de ratificação ou adesão.

Artigo 49

1. O presente Pacto entrará em vigor três meses após a data do depósito, junto ao Secretário-Geral da Organização das Nações Unidas, do trigésimo-quinto instrumento de ratificação ou adesão.

2. Para os Estados que vierem a ratificar o presente Pacto ou a ele aderir após o depósito do trigésimo-quinto instrumento de ratificação ou adesão, o presente Pacto entrará em vigor três meses após a data do depósito, pelo Estado em questão, de seu instrumento de ratificação ou adesão.

Artigo 50

Aplicar-se-ão as disposições do presente Pacto, sem qualquer limitação ou exceção, a todas as unidades constitutivas dos Estados federativos.

Artigo 51

1. Qualquer Estado-parte do presente Pacto poderá propor emendas e depositá-las junto ao Secretário--Geral da Organização das Nações Unidas. O Secretário-Geral comunicará todas as propostas de emenda aos Estados-partes do presente Pacto, pedindo-lhes que o notifiquem se desejam que se convoque uma conferência dos Estados-partes destinada a examinar as propostas e submetê-las a votação. Se pelo menos um terço dos Estados-partes se manifestar a favor da referida convocação, o Secretário-Geral convocará a conferência sob os auspícios da Organização das Nações Unidas. Qualquer emenda adotada pela maioria dos Estados-partes presentes e votantes na conferência será submetida à aprovação da Assembleia-Geral das Nações Unidas.

2. Tais emendas entrarão em vigor quando aprovadas pela Assembleia-Geral das Nações Unidas e aceitas em conformidade com seus respectivos procedimentos constitucionais, por uma maioria de dois terços dos Estados-partes no presente Pacto.

3. Ao entrarem em vigor, tais emendas serão obrigatórias para os Estados-partes que as aceitaram, ao passo que os demais Estados-partes permanecem obrigados pelas disposições do presente Pacto e pelas emendas anteriores por eles aceitas.

Artigo 52

Independentemente das notificações previstas no parágrafo 5 do Artigo 48, o Secretário-Geral da Organização das Nações Unidas comunicará a todos os Estados referidos no parágrafo 1 do referido artigo:

a) as assinaturas, ratificações e adesões recebidas em conformidade com o Artigo 48;

b) a data de entrada em vigor do Pacto, nos termos do Artigo 49, e a data em entrada em vigor de quaisquer emendas, nos termos do Artigo 51.

Artigo 53

1. O presente Pacto, cujos textos em chinês, espanhol, francês, inglês e russo são igualmente autênticos, será depositado nos arquivos da Organização das Nações Unidas.

2. O Secretário-Geral da Organização das Nações Unidas encaminhará cópias autênticas do presente Pacto a todos os Estados mencionados no Artigo 48.

Em fé do quê, os abaixo-assinados, devidamente autorizados por seus respectivos Governos, assinaram o presente Pacto, aberto à assinatura em Nova York, aos 19 dias do mês de dezembro do ano de mil novecentos e sessenta e seis.

Protocolo Facultativo referente ao Pacto Internacional sobre os Direitos Civis e Políticos

(Adotado pela Resolução 2.200-A (XXI) da Assembleia Geral das Nações Unidas em 16.12.1966 e ratificado pelo Brasil em 25.09.2009)

Os Estados-partes no presente Protocolo, considerando que, para melhor assegurar o cumprimento dos fins do Pacto Internacional sobre os Direitos Civis e Políticos (a seguir denominado "o Pacto») e a aplicação das suas disposições, conviria habilitar o Comité dos Direitos do Homem, constituído nos termos da quarta parte do Pacto (a seguir denominado "o Comité»), a receber e examinar, como se prevê no presente Protocolo, as comunicações provenientes de particulares que se considerem vítimas de uma violação dos direitos enunciados no Pacto, acordam no seguinte:

Artigo 1.º

Os Estados-partes no Pacto que se tornem partes no presente Protocolo reconhecem que o Comité tem competência para receber e examinar comunicações provenientes de particulares sujeitos à sua jurisdição que aleguem ser vítimas de uma violação, por esses Estados-partes, de qualquer dos direitos enunciados no Pacto. O Comité não recebe nenhuma comunicação respeitante a um Estado-parte no Pacto que não seja parte no presente Protocolo.

Artigo 2.º

Ressalvado o disposto no Artigo 1.º, os particulares que se considerem vítimas da violação de qualquer dos direitos enunciados no Pacto e que tenham esgotado todos os recursos internos disponíveis podem apresentar uma comunicação escrita ao Comité para que este a examine.

Artigo 3.º

O Comité declarará inadmissíveis as comunicações apresentadas, em virtude do presente Protocolo, que sejam anónimas ou cuja apresentação considere constituir um abuso de direito ou considere incompatível com as disposições do Pacto.

Artigo 4.º

1. Ressalvado o disposto no Artigo 3.º, o Comité levará as comunicações que lhe sejam apresentadas, em virtude do presente Protocolo, à atenção dos Estados-partes no dito Protocolo que tenham alegadamente violado qualquer disposição do Pacto.

2. Nos 6 meses imediatos, os ditos Estados submeterão por escrito ao Comité as explicações ou declarações que esclareçam a questão e indicarão, se tal for o caso, as medidas que tenham tomado para remediar a situação.

Artigo 5.º

1. O Comité examina as comunicações recebidas em virtude do presente Protocolo, tendo em conta todas as informações escritas que lhe são submetidas pelo particular e pelo Estado-parte interessado.

2. O Comité não examinará nenhuma comunicação de um particular sem se assegurar de que:

2.a. A mesma questão não está a ser examinada por outra instância internacional de inquérito ou de decisão;

2.b. O particular esgotou todos os recursos internos disponíveis. Esta regra não se aplica se os processos de recurso excederem prazos razoáveis.

3. O Comité realiza as suas sessões à porta fechada quando examina as comunicações previstas no presente Protocolo.

4. O Comité comunica as suas constatações ao Estado-parte interessado e ao particular.

Artigo 6.º

O Comité insere no relatório anual que elabora de acordo com o Artigo 45.º do Pacto um resumo das suas atividades previstas no presente Protocolo.

Artigo 7.º

Enquanto se espera a realização dos objetivos da Resolução 1514 (XV), adoptada pela Assembleia Geral das Nações Unidas em 14 de Dezembro de 1960, referente à Declaração sobre a Concessão de Independência aos Países e aos Povos Coloniais, o disposto no presente Protocolo em nada restringe o direito de petição concedido a estes povos pela Carta das Nações Unidas e por outras convenções e instrumentos internacionais concluídos sob os auspícios da Organização das Nações Unidas ou das suas instituições especializadas.

Artigo 8.º

1. O presente Protocolo está aberto à assinatura dos Estados que tenham assinado o Pacto.

2. O presente Protocolo está sujeito à ratificação dos Estados que ratificaram o Pacto ou a ele aderiram. Os instrumentos de ratificação serão depositados junto do Secretário-Geral da Organização das Nações Unidas.

3. O presente Protocolo está aberto à adesão dos Estados que tenham ratificado o Pacto ou que a ele tenham aderido.

4. A adesão far-se-á através do depósito de um instrumento de adesão junto do Secretário-Geral da Organização das Nações Unidas.

5. O Secretário-Geral da Organização das Nações Unidas informa todos os Estados que assinaram o presente Protocolo ou que a ele aderiram do depósito de cada instrumento de adesão ou ratificação.

Artigo 9.º

1. Sob ressalva da entrada em vigor do Pacto, o presente Protocolo entrará em vigor 3 meses após a data do depósito junto do Secretário-Geral da Organização das Nações Unidas do 10.º instrumento de ratificação ou de adesão.

2. Para os Estados que ratifiquem o presente Protocolo ou a ele adiram após o depósito do 10.º instrumento de ratificação ou de adesão, o dito Protocolo entrará em vigor 3 meses após a data do depósito por esses Estados do seu instrumento de ratificação ou de adesão.

Artigo 10

O disposto no presente Protocolo aplica-se, sem limitação ou excepção, a todas as unidades constitutivas dos Estados Federais.

Artigo 11

1. Os Estados-partes no presente Protocolo podem propor alterações e depositar o respectivo texto junto do Secretário-Geral da Organização das Nações Unidas. O Secretário-Geral transmite todos os projetos de alterações aos Estados-partes no dito Protocolo, pedindo-lhes que indiquem se desejam a convocação de uma conferência de Estados-partes para examinar estes projetos e submetê-los a votação. Se pelo menos um terço dos Estados se declarar a favor desta convocação, o Secretário-Geral convoca a conferência sob os auspícios da Organização das Nações Unidas. As alterações adoptadas pela maioria dos Estados presentes e votantes na conferência serão submetidas para aprovação à Assembleia Geral das Nações Unidas.

2. Estas alterações entram em vigor quando forem aprovadas pela Assembleia Geral das Nações Unidas e aceites, de acordo com as suas regras constitucionais respectivas, por uma maioria de dois terços dos Estados-partes no presente Protocolo.

3. Quando estas alterações entrarem em vigor tornam-se obrigatórias para os Estados-partes que as aceitaram, continuando os outros Estados-partes ligados pelas disposições do presente Protocolo e pelas alterações anteriores que tenham aceitado.

Artigo 12

1. Os Estados-partes podem, em qualquer altura, denunciar o presente Protocolo por notificação escrita dirigida ao Secretário-Geral da Organização das Nações Unidas. A denúncia produzirá efeitos 3 meses após a data em que o Secretário-Geral tenha recebido a notificação.

2. A denúncia não impedirá a aplicação das disposições do presente Protocolo às comunicações apresentadas em conformidade com o Artigo 2.º antes da data em que a denúncia produz efeitos.

Artigo 13

Independentemente das notificações previstas no parágrafo 5 do Artigo 8.º do presente Protocolo, o Secretário-Geral da Organização das Nações Unidas informará todos os Estados referidos no parágrafo 1 do Artigo 48.º do Pacto:

Das assinaturas do presente Protocolo e dos instrumentos de ratificação e de adesão depositados de acordo com o Artigo 8.º;

a. Da data da entrada em vigor do presente Protocolo de acordo com o Artigo 9.º e da data da entrada em vigor das alterações prevista no Artigo 11.º;

b. Das denúncias feitas nos termos do Artigo 12.º.

Artigo 14

1. O presente Protocolo, cujos textos inglês, chinês, espanhol, francês e russo são igualmente válidos, será depositado nos arquivos da Organização das Nações Unidas.

2. O Secretário-Geral da Organização das Nações Unidas transmitirá uma cópia autenticada do presente Protocolo a todos os Estados referidos no Artigo 48.º do Pacto.

Pacto Internacional sobre Direitos Econômicos, Sociais e Culturais

(Adotado pela Resolução 2.200-A(XXI) da Assembleia Geral das Nações Unidas em 16.12.1966 e ratificado pelo Brasil em 24.01.1992)

PREÂMBULO

Os Estados-partes do presente Pacto,

Considerando que, em conformidade com os princípios proclamados na Carta das Nações Unidas, o reconhecimento da dignidade inerente a todos os membros da família humana e dos seus direitos iguais e inalienáveis constitui o fundamento da liberdade, da justiça e da paz no mundo,

Reconhecendo que esses direitos decorrem da dignidade inerente à pessoa humana,

Reconhecendo que, em conformidade com a Declaração Universal dos Direitos do Homem, o ideal do ser humano livre, liberto do temor e da miséria, não pode ser realizado a menos que se criem condições que permitam a cada um gozar de seus direitos econômicos, sociais e culturais, assim como de seus direitos civis e políticos,

Considerando que a Carta das Nações Unidas impõe aos Estados a obrigação de promover o respeito universal e efetivo dos direitos e das liberdades do homem,

Compreendendo que o indivíduo, por ter deveres para com seus semelhantes e para com a coletividade a que pertence, tem a obrigação de lutar pela promoção e observância dos direitos reconhecidos no presente Pacto,

Acordam o seguinte:

PARTE I

Artigo 1º

1. Todos os povos têm direito a autodeterminação. Em virtude desse direito, determinam livremente seu estatuto político e asseguram livremente seu desenvolvimento econômico, social e cultural.

2. Para a consecução de seus objetivos, todos os povos podem dispor livremente de suas riquezas e de seus recursos naturais, sem prejuízo das obrigações decorrentes da cooperação econômica internacional, baseada no princípio do proveito mútuo, e do Direito Internacional. Em caso algum, poderá um povo ser privado de seus próprios meios de subsistência.

3. Os Estados-partes do Presente Pacto, inclusive aqueles que tenham a responsabilidade de administrar territórios não autônomos e territórios sob tutela, deverão promover o exercício do direito à autodeterminação e respeitar esse direito, em conformidade com as disposições da Carta das Nações Unidas.

PARTE II

Artigo 2º

1. Cada Estado-parte do presente Pacto compromete-se a adotar medidas, tanto por esforço próprio como pela assistência e cooperação internacionais, principalmente nos planos econômico e técnico, até o máximo de seus recursos disponíveis, que visem a assegurar, progressivamente, por todos os meios apropriados, o pleno exercício dos direitos reconhecidos no presente Pacto, incluindo, em particular, a adoção de medidas legislativas.

2. Os Estados-partes do presente Pacto comprometem-se a garantir que os direitos nele enunciados se exercerão sem discriminação alguma por motivo de raça, cor, sexo, língua, religião, opinião política ou de outra natureza, origem nacional ou social, situação econômica, nascimento ou qualquer outra situação.

3. Os países em desenvolvimento, levando devidamente em consideração os direitos humanos e a situação econômica nacional, poderão determinar em que medida garantirão os direitos econômicos reconhecidos no presente Pacto àqueles que não sejam seus nacionais.

Artigo 3º

Os Estados-partes do presente Pacto comprometem-se a assegurar a homens e mulheres igualdade no gozo de todos os direitos econômicos, sociais e culturais enumerados no presente Pacto.

Artigo 4º

Os Estados-partes do presente Pacto reconhecem que, no exercício dos direitos assegurados em conformidade com o presente Pacto pelo Estado, este poderá submeter tais direitos unicamente às limitações estabelecidas em lei, somente na medida compatível com a natureza desses direitos e exclusivamente com o objetivo de favorecer o bem-estar geral em uma sociedade democrática.

Artigo 5º

1. Nenhuma das disposições do presente Pacto poderá ser interpretada no sentido de reconhecer a um Estado, grupo ou indivíduo qualquer direito de dedicar-se a quaisquer atividades ou de praticar quaisquer atos que tenham por objetivo destruir os direitos ou liberdades reconhecidos no presente Pacto ou impor-lhes limitações mais amplas do que aquelas nele previstas.

2. Não se admitirá qualquer restrição ou suspensão dos direitos humanos fundamentais reconhecidos ou vigentes em qualquer país em virtude de leis, convenções, regulamentos ou costumes, sob pretexto de que o presente Pacto não os reconheça ou os reconheça em menor grau.

PARTE III

Artigo 6º

1. Os Estados-partes do presente Pacto reconhecem o direito ao trabalho, que compreende o direito de toda pessoa de ter a possibilidade de ganhar a vida mediante um trabalho livremente escolhido ou aceito, e tomarão medidas apropriadas para salvaguardar esse direito.

2. As medidas que cada Estado-parte do presente Pacto tomará a fim de assegurar o pleno exercício desse direito deverão incluir a orientação e a formação técnica e profissional, a elaboração de programas, normas e técnicas apropriadas para assegurar um desenvolvimento econômico, social e cultural constante e o pleno emprego produtivo em condições que salvaguardem aos indivíduos o gozo das liberdades políticas e econômicas fundamentais.

Artigo 7º

Os Estados-partes do presente Pacto reconhecem o direito de toda pessoa de gozar de condições de trabalho justas e favoráveis, que assegurem especialmente:

a) Uma remuneração que proporcione, no mínimo, a todos os trabalhadores:

i) Um salário equitativo e uma remuneração igual por um trabalho de igual valor, sem qualquer distinção; em particular, as mulheres deverão ter a garantia de condições de trabalho não inferiores às dos homens e perceber a mesma remuneração que eles por trabalho igual;

ii) Uma existência decente para eles e suas famílias, em conformidade com as disposições do presente Pacto;

b) À segurança e a higiene no trabalho;

c) Igual oportunidade para todos de serem promovidos, em seu trabalho, à categoria superior que lhes corresponda, sem outras considerações que as de tempo de trabalho e capacidade;

d) O descanso, o lazer, a limitação razoável das horas de trabalho e férias periódicas remuneradas, assim como a remuneração dos feridos.

Artigo 8º

1. Os Estados-partes do presente Pacto comprometem-se a garantir:

a) O direito de toda pessoa de fundar com outras, sindicatos e de filiar-se ao sindicato de sua escolha, sujeitando-se unicamente aos estatutos da organização interessada, com o objetivo de promover e de proteger seus interesses econômicos e sociais. O exercício desse direito só poderá ser objeto das restrições previstas em lei e que sejam necessárias, em uma sociedade democrática, no interesse da segurança nacional ou da ordem pública, ou para proteger os direitos e as liberdades alheias;

b) O direito dos sindicatos de formar federações ou confederações nacionais e o direito destas de formar organizações sindicais internacionais ou de filiar-se às mesmas.

c) O direito dos sindicatos de exercer livremente suas atividades, sem quaisquer limitações além daquelas previstas em lei e que sejam necessárias, em uma sociedade democrática, no interesse da segurança nacional ou da ordem pública, ou para proteger os direitos e as liberdades das demais pessoas:

d) O direito de greve, exercido de conformidade com as leis de cada país.

2. O presente artigo não impedirá que se submeta a restrições legais o exercício desses direitos pelos membros das forças armadas, da política ou da administração pública.

3. Nenhuma das disposições do presente artigo permitirá que os Estados-partes da Convenção de 1948 da Organização Internacional do Trabalho, relativa à liberdade sindical e à proteção do direito sindical, venham a adotar medidas legislativas que restrinjam — ou a aplicar a lei de maneira a restringir — as garantias previstas na referida Convenção.

Artigo 9º

Os Estados-partes do presente Pacto reconhecem o direito de toda pessoa à previdência social, inclusive ao seguro social.

Artigo 10

Os Estados-partes do presente Pacto reconhecem que:

1. Deve-se conceder à família, que é o elemento natural e fundamental da sociedade, as mais amplas proteção e assistência possíveis, especialmente para a sua constituição e enquanto ela for responsável pela criação e educação dos filhos. O matrimônio deve ser contraído com o livre consentimento dos futuros cônjuges.

2. Deve-se conceder proteção especial às mães por um período de tempo razoável antes e depois do parto. Durante esse período, deve-se conceder às mães que trabalham licença remunerada ou licença acompanhada de benefícios previdenciários adequados.

3. Devem-se adotar medidas especiais de proteção e de assistência em prol de todas as crianças e adolescentes, sem distinção alguma por motivo de filiação ou qualquer outra condição. Devem-se proteger as crianças e adolescentes contra a exploração econômica e social. O emprego de crianças e adolescentes em trabalhos que lhes sejam nocivos à moral e à saúde ou que lhes façam correr perigo de vida, ou ainda que lhes venham a prejudicar o desenvolvimento normal, será punido por lei.

Os Estados devem também estabelecer limites de idade sob os quais fique proibido e punido por lei o emprego assalariado da mão de obra infantil.

Artigo 11

1. Os Estados-partes do presente Pacto reconhecem o direito de toda pessoa a um nível de vida adequado para si próprio e sua família, inclusive à alimentação, vestimenta e moradia adequadas, assim como a uma melhoria contínua de suas condições de vida. Os Estados-partes tomarão medidas apropriadas para assegurar a consecução desse direito, reconhecendo, nesse sentido, a importância essencial da cooperação internacional fundada no livre consentimento.

2. Os Estados-partes do presente Pacto, reconhecendo o direito fundamental de toda pessoa de estar protegida contra a fome, adotarão, individualmente e mediante cooperação internacional, as medidas, inclusive programas concretos, que se façam necessárias para:

a) Melhorar os métodos de produção, conservação e distribuição de gêneros alimentícios pela plena utilização dos conhecimentos técnicos e científicos, pela difusão de princípios de educação nutricional e pelo aperfeiçoamento ou reforma dos regimes agrários, de maneira que se assegurem a exploração e a utilização mais eficazes dos recursos naturais;

b) Assegurar uma repartição equitativa dos recursos alimentícios mundiais em relação às necessidades, levando-se em conta os problemas tanto dos países importadores quanto dos exportadores de gêneros alimentícios.

Artigo 12

1. Os Estados-partes do presente Pacto reconhecem o direito de toda pessoa de desfrutar o mais elevado nível possível de saúde física e mental.

2. As medidas que os Estados-partes do presente Pacto deverão adotar com o fim de assegurar o pleno exercício desse direito incluirão as medidas que se façam necessárias para assegurar:

a) A diminuição da mortinatalidade e da mortalidade infantil, bem como o desenvolvimento são das crianças;

b) A melhoria de todos os aspectos de higiene do trabalho e do meio ambiente;

c) A prevenção e o tratamento das doenças epidêmicas, endêmicas, profissionais e outras, bem como a luta contra essas doenças;

d) A criação de condições que assegurem a todos assistência médica e serviços médicos em caso de enfermidade.

Artigo 13

1. Os Estados-partes do presente Pacto reconhecem o direito de toda pessoa à educação. Concordam em que a educação deverá visar ao pleno desenvolvimento da personalidade humana e do sentido de sua dignidade e fortalecer o respeito pelos direitos humanos e liberdades fundamentais. Concordam ainda em que a educação deverá capacitar todas as pessoas a participar efetivamente de uma sociedade livre, favorecer a compreensão, a tolerância e a amizade entre todas as nações e entre todos os grupos raciais, étnicos ou religiosos e promover as atividades das Nações Unidas em prol da manutenção da paz.

2. Os Estados-partes do presente Pacto reconhecem que, com o objetivo de assegurar o pleno exercício desse direito:

a) A educação primária deverá ser obrigatória e acessível gratuitamente a todos;

b) A educação secundária em suas diferentes formas, inclusive a educação secundária técnica e profissional, deverá ser generalizada e tornar-se acessível a todos, por todos os meios apropriados e, principalmente, pela implementação progressiva do ensino gratuito;

c) A educação de nível superior deverá igualmente tornar-se acessível a todos, com base na capacidade de cada um, por todos os meios apropriados e, principalmente, pela implementação progressiva do ensino gratuito;

d) Dever-se-á fomentar e intensificar, na medida do possível, a educação de base para aquelas pessoas que não receberam educação primária ou não concluíram o ciclo completo de educação primária;

e) Será preciso prosseguir ativamente o desenvolvimento de uma rede escolar em todos os níveis de ensino, implementar-se um sistema adequado de bolsas de estudo e melhorar continuamente as condições materiais do corpo docente.

1. Os Estados-partes do presente Pacto comprometem-se a respeitar a liberdade dos pais — e, quando for o caso, dos tutores legais — de escolher para seus filhos escolas distintas daquelas criadas pelas autoridades públicas, sempre que atendam aos padrões mínimos de ensino prescritos ou aprovados pelo Estado, e de fazer com que seus filhos venham a receber educação religiosa ou moral que esteja de acordo com suas próprias convicções.

2.Nenhuma das disposições do presente artigo poderá ser interpretada no sentido de restringir a liberdade de indivíduos e de entidades de criar e dirigir instituições de ensino, desde que respeitados os princípios enunciados no parágrafo 1 do presente artigo e que essas instituições observem os padrões mínimos prescritos pelo Estado.

Artigo 14

Todo Estado-parte do presente Pacto que, no momento em que se tornar Parte, ainda não tenha garantido em seu próprio território ou territórios sob sua jurisdição a obrigatoriedade e a gratuidade da educação primária, se compromete a elaborar e a adotar, dentro de um prazo de dois anos, um plano de ação detalhado destinado à implementação progressiva, dentro de um número razoável de anos estabelecidos no próprio plano, do princípio da educação primária obrigatória e gratuita para todos.

Artigo 15

1. Os Estados-partes do presente Pacto reconhecem a cada indivíduo o direito de:

a) Participar da vida cultural;

b) Desfrutar o progresso científico e suas aplicações;

c) Beneficiar-se da proteção dos interesses morais e materiais decorrentes de toda a produção cientifica, literária ou artística de que seja autor.

2. As Medidas que os Estados-partes do Presente Pacto deverão adotar com a finalidade de assegurar o pleno exercício desse direito incluirão aquelas necessárias à conservação, ao desenvolvimento e à difusão da ciência e da cultura.

3.Os Estados-partes do presente Pacto comprometem-se a respeitar a liberdade indispensável à pesquisa científica e à atividade criadora.

4. Os Estados-partes do presente Pacto reconhecem os benefícios que derivam do fomento e do desenvolvimento da cooperação e das relações internacionais no domínio da ciência e da cultura.

PARTE IV

Artigo 16

1. Os Estados-partes do presente Pacto comprometem-se a apresentar, de acordo com as disposições da presente parte do Pacto, relatórios sobre as medidas que tenham adotado e sobre o progresso realizado com o objetivo de assegurar a observância dos direitos reconhecidos no Pacto.

2. a) Todos os relatórios deverão ser encaminhados ao Secretário-Geral da Organização das Nações Unidas, o qual enviará cópias dos mesmos ao Conselho Econômico e Social, para exame, de acordo com as disposições do presente Pacto.

b) O Secretário-Geral da Organização das Nações Unidas encaminhará também às agências especializadas cópias dos relatórios — ou de todas as partes pertinentes dos mesmos — enviados pelos Estados-partes do presente Pacto que sejam igualmente membros das referidas agências especializadas, na medida em que os relatórios, ou partes deles, guardem relação com questões que sejam da competência de tais agências, nos termos de seus respectivos instrumentos constitutivos.

Artigo 17

1. Os Estados-partes do presente Pacto apresentarão seus relatórios por etapas, segundo um programa a ser estabelecido pelo Conselho Econômico e Social no prazo de um ano a contar da data da entrada em vigor do presente Pacto, após consulta aos Estados-partes e às agências especializadas interessadas.

2. Os relatórios poderão indicar os fatores e as dificuldades que prejudiquem o pleno cumprimento das obrigações previstas no presente Pacto.

3. Caso as informações pertinentes já tenham sido encaminhadas à Organização das Nações Unidas ou a uma agência especializada por um Estado-parte, não será necessário reproduzir as referidas informações, sendo suficiente uma referência precisa às mesmas.

Artigo 18

Em virtude das responsabilidades que lhe são conferidas pela Carta das Nações Unidas no domínio dos direitos humanos e das liberdades fundamentais, o Conselho Econômico e Social poderá concluir acordos com as agências especializadas sobre a apresentação, por estas, de relatórios relativos aos progressos realizados quanto ao cumprimento das disposições do presente Pacto que correspondam ao seu campo de atividades. Os relatórios poderão incluir dados sobre as decisões e recomendações referentes ao cumprimento das disposições do presente Pacto adotadas pelos órgãos competentes das agências especializadas.

Artigo 19

O Conselho Econômico e Social poderá encaminhar à Comissão de Direitos Humanos, para fins de estudo e de recomendação de ordem geral, ou para informação, caso julgue apropriado, os relatórios concernentes aos direitos humanos que apresentarem os Estados nos termos dos arts. 16 e 17 e aqueles concernentes aos direitos humanos que apresentarem as agências especializadas nos termos do Artigo 18.

Artigo 20

Os Estados-partes do presente Pacto e as agências especializadas interessadas poderão encaminhar ao Conselho Econômico e Social comentários sobre qualquer recomendação de ordem geral feita em virtude do Artigo 19 ou sobre qualquer referência a uma recomendação de ordem geral que venha a constar de relatório da Comissão de Direitos Humanos ou de qualquer documento mencionado no referido relatório.

Artigo 21

O Conselho Econômico e Social poderá apresentar ocasionalmente à Assembleia-Geral relatórios que contenham recomendações de caráter geral bem como resumo das informações recebidas dos Estados-partes do presente Pacto e das agências especializadas sobre as medidas adotadas e o progresso realizado com a finalidade de assegurar a observância geral dos direitos reconhecidos no presente Pacto.

Artigo 22

O Conselho Econômico e Social poderá levar ao conhecimento de outros órgãos da Organização das Nações Unidas, de seus órgãos subsidiários e das agências especializadas interessadas, às quais incumba a prestação de assistência técnica, quaisquer questões suscitadas nos relatórios mencionados nesta parte do presente Pacto que possam ajudar essas entidades a pronunciar-se, cada uma dentro de sua esfera de competência, sobre a conveniência de medidas internacionais que possam contribuir para a implementação efetiva e progressiva do presente Pacto.

Artigo 23

Os Estados-partes do presente Pacto concordam em que as medidas de ordem internacional destinadas a tornar efetivos os direitos reconhecidos no referido Pacto, incluem, sobretudo, a conclusão de convenções, a adoção de recomendações, a prestação de assistência técnica e a organização, em conjunto com os governos interessados, e no intuito de efetuar consultas e realizar estudos, de reuniões regionais e de reuniões técnicas.

Artigo 24

Nenhuma das disposições do presente Pacto poderá ser interpretada em detrimento das disposições da Carta das Nações Unidas ou das constituições das agências especializadas, as quais definem as responsabilidades respectivas dos diversos órgãos da Organização das Nações Unidas e agências especializadas relativamente às matérias tratadas no presente Pacto.

Artigo 25

Nenhuma das disposições do presente Pacto poderá ser interpretada em detrimento do direito inerente a todos os povos de desfrutar e utilizar plena e livremente suas riquezas e seus recursos naturais.

PARTE V

Artigo 26

1. O presente Pacto está aberto à assinatura de todos os Estados membros da Organização das Nações Unidas ou membros de qualquer de suas agências especializadas, de todo Estado-parte do Estatuto da Corte Internacional de Justiça, bem como de qualquer outro Estado convidado pela Assembleia-Geral das Nações Unidas a tornar-se Parte do presente Pacto.

2. O presente Pacto está sujeito à ratificação. Os instrumentos de ratificação serão depositados junto ao Secretário-Geral da Organização das Nações Unidas.

3. O presente Pacto está aberto à adesão de qualquer dos Estados mencionados no parágrafo 1 do presente artigo.

4. Far-se-á a adesão mediante depósito do instrumento de adesão junto ao Secretário-Geral da Organização das Nações Unidas.

5. O Secretário-Geral da Organização das Nações Unidas informará todos os Estados que hajam assinado o presente Pacto ou a ele aderido, do depósito de cada instrumento de ratificação ou de adesão.

Artigo 27

1. O presente Pacto entrará em vigor três meses após a data do depósito, junto ao Secretário-Geral da Organização das Nações Unidas, do trigésimo-quinto instrumento de ratificação ou de adesão.

2. Para os Estados que vierem a ratificar o presente Pacto ou a ele aderir após o depósito do trigésimo-quinto instrumento de ratificação ou de adesão, o presente Pacto entrará em vigor três meses após a data do depósito, pelo Estado em questão, de seu instrumento de ratificação ou de adesão.

Artigo 28

Aplicar-se-ão as disposições do presente Pacto, sem qualquer limitação ou exceção, a todas as unidades constitutivas dos Estados Federativos.

Artigo 29

1. Qualquer Estado-parte do presente Pacto poderá propor emendas e depositá-las junto ao Secretário-Geral da Organização das Nações Unidas. O Secretário-Geral comunicará todas as propostas de emenda aos Estados-partes do presente Pacto, pedindo-lhes que o notifiquem se desejam que se convoque uma conferência dos Estados-partes destinada a examinar as propostas e submetê-las à votação. Se pelo menos um terço dos Estados-partes se manifestar a favor da referida convocação, o Secretário-Geral convocará a conferência sob os auspícios da Organização das Nações Unidas. Qualquer emenda adotada pela maioria dos Estados-partes presentes e votantes na conferência será submetida à aprovação da Assembleia-Geral das Nações Unidas.

2. Tais emendas entrarão em vigor quando aprovadas pela Assembleia-Geral das Nações Unidas e aceitas, em conformidade com seus respectivos procedimentos constitucionais, por uma maioria de dois terços dos Estados-partes no presente Pacto.

3. Ao entrarem em vigor, tais emendas serão obrigatórias para os Estados-partes que as aceitaram, ao passo que os demais Estados-partes permanecem obrigados pelas disposições do presente Pacto e pelas emendas anteriores por eles aceitas.

Artigo 30

Independentemente das notificações previstas no parágrafo 5 do Artigo 26, o Secretário-Geral da Organização das Nações Unidas comunicará a todos os Estados mencionados no parágrafo 1 do referido artigo:

a) as assinaturas, ratificações e adesões recebidas em conformidade com o Artigo 26;

b) a data de entrada em vigor do Pacto, nos termos do Artigo 27, e a data de entrada em vigor de quaisquer emendas, nos termos do Artigo 29.

Artigo 31

1. O presente Pacto, cujos textos em chinês, espanhol, francês, inglês e russo são igualmente autênticos, será depositado nos arquivos da Organização das Nações Unidas.

2. O Secretário-Geral da Organização das Nações Unidas encaminhará cópias autenticadas do presente Pacto a todos os Estados mencionados no Artigo 26.

Em fé do quê, os abaixo-assinados, devidamente autorizados por seus respectivos Governos, assinaram o presente Pacto, aberto à assinatura em Nova York, aos 19 dias do mês de dezembro do ano de mil novecentos e sessenta e seis.

Convenção sobre a Eliminação de Todas as Formas de Discriminação contra a Mulher

(Adotada pela Resolução 34/180 da Assembleia Geral das Nações Unidas em 18.12.1979 — ratificada pelo Brasil em 1º.12.1984)

Os Estados-partes na presente convenção,

Considerando que a Carta das Nações Unidas reafirma a fé nos direitos fundamentais do homem, na dignidade e no valor da pessoa humana e na igualdade de direitos do homem e da mulher,

Considerando que a Declaração Universal dos Direitos Humanos reafirma o princípio da não discriminação e proclama que todos os seres humanos nascem livres e iguais em dignidade e direitos e que toda pessoa pode invocar todos os direitos e liberdades proclamados nessa Declaração, sem distinção alguma, inclusive de sexo,

Considerando que os Estados-Partes nas Convenções Internacionais sobre Direitos Humanos tem a obrigação de garantir ao homem e à mulher a igualdade de gozo de todos os direitos econômicos, sociais, culturais, civis e políticos,

Observando as convenções internacionais concluídas sob os auspícios das Nações Unidas e dos organismos especializados em favor da igualdade de direitos entre o homem e a mulher,

Observando, ainda, as resoluções, declarações e recomendações aprovadas pelas Nações Unidas e pelas Agências Especializadas para favorecer a igualdade de direitos entre o homem e a mulher,

Preocupados, contudo, com o fato de que, apesar destes diversos instrumentos, a mulher continue sendo objeto de grandes discriminações,

Relembrando que a discriminação contra a mulher viola os princípios da igualdade de direitos e do respeito da dignidade humana, dificulta a participação da mulher, nas mesmas condições que o homem, na vida política, social, econômica e cultural de seu país, constitui um obstáculo ao aumento do bem-estar da sociedade e da família e dificulta o pleno desenvolvimento das potencialidades da mulher para prestar serviço a seu país e à humanidade,

Preocupados com o fato de que, em situações de pobreza, a mulher tem um acesso mínimo à alimentação, à saúde, à educação, à capacitação e às oportunidades de emprego, assim como à satisfação de outras necessidades,

Convencidos de que o estabelecimento da Nova Ordem Econômica Internacional baseada na equidade e na justiça contribuirá significativamente para a promoção da igualdade entre o homem e a mulher,

Salientando que a eliminação do *apartheid*, de todas as formas de racismo, discriminação racial, colonialismo, neocolonialismo, agressão, ocupação estrangeira e dominação e interferência nos assuntos internos dos Estados é essencial para o pleno exercício dos direitos do homem e da mulher,

Afirmando que o fortalecimento da paz e da segurança internacionais, o alívio da tensão internacional, a cooperação mútua entre todos os Estados, independentemente de seus sistemas econômicos e sociais, o desarmamento geral e completo, e em particular o desarmamento nuclear sob um estrito e efetivo controle internacional, a afirmação dos princípios de justiça, igualdade e proveito mútuo nas relações entre países e a realização do direito dos povos submetidos a dominação colonial e estrangeira e a ocupação estrangeira, à autodeterminação e independência, bem como o respeito da soberania nacional e da integridade territorial, promoverão o progresso e o desenvolvimento sociais, e, em consequência, contribuirão para a realização da plena igualdade entre o homem e a mulher,

Convencidos de que a participação máxima da mulher, em igualdade de condições com o homem, em todos os campos, é indispensável para o desenvolvimento pleno e completo de um país, o bem-estar do mundo e a causa da paz,

Tendo presente a grande contribuição da mulher ao bem-estar da família e ao desenvolvimento da sociedade, até agora não plenamente reconhecida, a importância social da maternidade e a função dos pais na família e na educação dos filhos, e conscientes de que o papel da mulher na procriação não deve ser causa de discriminação mas sim que a educação dos filhos exige a responsabilidade compartilhada entre homens e mulheres e a sociedade como um conjunto,

Reconhecendo que para alcançar a plena igualdade entre o homem e a mulher é necessário modificar o papel tradicional tanto do homem como da mulher na sociedade e na família,

Resolvidos a aplicar os princípios enunciados na Declaração sobre a Eliminação da Discriminação contra a Mulher e, para isto, a adotar as medidas necessárias a fim de suprimir essa discriminação em todas as suas formas e manifestações,

Concordaram no seguinte:

PARTE I

Artigo 1º – Para os fins da presente Convenção, a expressão "discriminação contra a mulher" significará toda a distinção, exclusão ou restrição baseada no sexo e que tenha por objeto ou resultado prejudicar ou anular o reconhecimento, gozo ou exercício pela mulher, independentemente de seu estado civil, com base na igualdade do homem e da mulher, dos direitos humanos e liberdades fundamentais nos campos político, econômico, social, cultural e civil ou em qualquer outro campo.

Artigo 2º – Os Estados-partes condenam a discriminação contra a mulher em todas as suas formas, concordam em seguir, por todos os meios apropriados e sem dilações, uma política destinada a eliminar a discriminação contra a mulher, e com tal objetivo se comprometem a:

a) Consagrar, se ainda não o tiverem feito, em suas constituições nacionais ou em outra legislação apropriada o princípio da igualdade do homem e da mulher e assegurar por lei outros meios apropriados a realização prática desse princípio;

b) Adotar medidas adequadas, legislativas e de outro caráter, com as sanções cabíveis e que proíbam toda discriminação contra a mulher;

c) Estabelecer a proteção jurídica dos direitos da mulher numa base de igualdade com os do homem e garantir, por meio dos tribunais nacionais competentes e de outras instituições públicas, a proteção efetiva da mulher contra todo ato de discriminação;

d) Abster-se de incorrer em todo ato ou prática de discriminação contra a mulher e zelar para que as autoridades e instituições públicas atuem em conformidade com esta obrigação;

e) Tomar as medidas apropriadas para eliminar a discriminação contra a mulher praticada por qualquer pessoa, organização ou empresa;

f) Adotar todas as medidas adequadas, inclusive de caráter legislativo, para modificar ou derrogar leis, regulamentos, usos e práticas que constituam discriminação contra a mulher;

g) Derrogar todas as disposições penais nacionais que constituam discriminação contra a mulher.

Artigo 3º – Os Estados-partes tomarão, em todas as esferas e, em particular, nas esferas política, social, econômica e cultural, todas as medidas apropriadas, inclusive de caráter legislativo, para assegurar o pleno desenvolvimento e progresso da mulher, com o objetivo de garantir-lhe o exercício e gozo dos direitos humanos e liberdades fundamentais em igualdade de condições com o homem.

Artigo 4º – 1. A adoção pelos Estados-Partes de medidas especiais de caráter temporário destinadas a acelerar a igualdade de fato entre o homem e a mulher não se considerará discriminação na forma definida nesta Convenção, mas de nenhuma maneira implicará, como consequência, a manutenção de normas desiguais ou separadas; essas medidas cessarão quando os objetivos de igualdade de oportunidade e tratamento houverem sido alcançados.

2. A adoção pelos Estados-Partes de medidas especiais, inclusive as contidas na presente Convenção, destinadas a proteger a maternidade, não se considerará discriminatória.

Artigo 5º – Os Estados-Partes tornarão todas as medidas apropriadas para:

a) Modificar os padrões socioculturais de conduta de homens e mulheres, com vistas a alcançar a eliminação dos preconceitos e práticas consuetudinárias e de qualquer outra índole que estejam baseados na ideia da inferioridade ou superioridade de qualquer dos sexos ou em funções estereotipadas de homens e mulheres.

b) Garantir que a educação familiar inclua uma compreensão adequada da maternidade como função social e o reconhecimento da responsabilidade comum de homens e mulheres no que diz respeito à educação e ao desenvolvimento de seus filhos, entendendo-se que o interesse dos filhos constituirá a consideração primordial em todos os casos.

Artigo 6º – Os Estados-Partes tomarão todas as medidas apropriadas, inclusive de caráter legislativo, para suprimir todas as formas de tráfico de mulheres e exploração da prostituição da mulher.

PARTE II

Artigo 7º – Os Estados-Partes tomarão todas as medidas apropriadas para eliminar a discriminação contra a mulher na vida política e pública do país e, em particular, garantirão, em igualdade de condições com os homens, o direito a:

a) Votar em todas as eleições e referenda públicos e ser elegível para todos os órgãos cujos membros sejam objeto de eleições públicas;

b) Participar na formulação de políticas governamentais e na execução destas, e ocupar cargos públicos e exercer todas as funções públicas em todos os planos governamentais;

c) Participar em organizações e associações não governamentais que se ocupem da vida pública e política do país.

Artigo 8º – Os Estados-Partes tomarão todas as medidas apropriadas para garantir, à mulher, em igualdade de condições com o homem e sem discriminação alguma, a oportunidade de representar seu governo no plano internacional e de participar no trabalho das organizações internacionais.

Artigo 9º – 1. Os Estados-Partes outorgarão às mulheres direitos iguais aos dos homens para adquirir, mudar ou conservar sua nacionalidade. Garantirão, em particular, que nem o casamento com um estrangeiro, nem a mudança de nacionalidade do marido durante o casamento, modifiquem automaticamente a nacionalidade da esposa, convertam-na em apátrida ou a obriguem a adotar a nacionalidade do cônjuge.

2. Os Estados-Partes outorgarão à mulher os mesmos direitos que ao homem no que diz respeito à nacionalidade dos filhos.

PARTE III

Artigo 10 – Os Estados-Partes adotarão todas as medidas apropriadas para eliminar a discriminação contra a mulher, a fim de assegurar-lhe a igualdade de direitos com o homem na esfera da educação e em particular para assegurarem condições de igualdade entre homens e mulheres:

a) As mesmas condições de orientação em matéria de carreiras e capacitação profissional, acesso aos estudos e obtenção de diplomas nas instituições de ensino de todas as categorias, tanto em zonas rurais como urbanas; essa igualdade deverá ser assegurada na educação pré-escolar, geral, técnica e profissional, incluída a educação técnica superior, assim como todos os tipos de capacitação profissional;

b) Acesso aos mesmos currículos e mesmos exames, pessoal docente do mesmo nível profissional, instalações e material escolar da mesma qualidade;

c) A eliminação de todo conceito estereotipado dos papéis masculino e feminino em todos os níveis e em todas as formas de ensino mediante o estímulo à educação mista e a outros tipos de educação que contribuam para alcançar este objetivo e, em particular, mediante a modificação dos livros e programas escolares e adaptação dos métodos de ensino;

d) As mesmas oportunidades para obtenção de bolsas-de-estudo e outras subvenções para estudos;

e) As mesmas oportunidades de acesso aos programas de educação supletiva, incluídos os programas de alfabetização funcional e de adultos, com vistas a reduzir, com a maior brevidade possível, a diferença de conhecimentos existentes entre o homem e a mulher;

f) A redução da taxa de abandono feminino dos estudos e a organização de programas para aquelas jovens e mulheres que tenham deixado os estudos prematuramente;

g) As mesmas oportunidades para participar ativamente nos esportes e na educação física;

h) Acesso a material informativo específico que contribua para assegurar a saúde e o bem-estar da família, incluída a informação e o assessoramento sobre planejamento da família.

Artigo 11 – Os Estados-Partes adotarão todas as medidas apropriadas para eliminar a discriminação contra a mulher na esfera do emprego a fim de assegurar, em condições de igualdade entre homens e mulheres, os mesmos direitos, em particular:

a) O direito ao trabalho como direito inalienável de todo ser humano;

b) O direito às mesmas oportunidades de emprego, inclusive a aplicação dos mesmos critérios de seleção em questões de emprego;

c) O direito de escolher livremente profissão e emprego, o direito à promoção e à estabilidade no emprego e a todos os benefícios e outras condições de serviço, e o direito ao acesso à formação e à atualização profissionais, incluindo aprendizagem, formação profissional superior e treinamento periódico;

d) O direito a igual remuneração, inclusive benefícios, e igualdade de tratamento relativa a um trabalho de igual valor, assim como igualdade de tratamento com respeito à avaliação da qualidade do trabalho;

e) O direito à seguridade social, em particular em casos de aposentadoria, desemprego, doença, invalidez, velhice ou outra incapacidade para trabalhar, bem como o direito de férias pagas;

f) O direito à proteção da saúde e à segurança nas condições de trabalho, inclusive a salvaguarda da função de reprodução.

2. A fim de impedir a discriminação contra a mulher por razões de casamento ou maternidade e assegurar a efetividade de seu direito a trabalhar, os Estados-Partes tomarão as medidas adequadas para:

a) Proibir, sob sanções, a demissão por motivo de gravidez ou licença de maternidade e a discriminação nas demissões motivadas pelo estado civil;

b) Implantar a licença de maternidade, com salário pago ou benefícios sociais comparáveis, sem perda do emprego anterior, antiguidade ou benefícios sociais;

c) Estimular o fornecimento de serviços sociais de apoio necessários para permitir que os pais combinem as obrigações para com a família com as responsabilidades do trabalho e a participação na vida pública, especialmente mediante fomento da criação e desenvolvimento de uma rede de serviços destinados ao cuidado das crianças;

d) Dar proteção especial às mulheres durante a gravidez nos tipos de trabalho comprovadamente prejudiciais para elas.

3. A legislação protetora relacionada com as questões compreendidas neste artigo será examinada periodicamente à luz dos conhecimentos científicos e tecnológicos e será revista, derrogada ou ampliada conforme as necessidades.

Artigo 12 – 1. Os Estados-Partes adotarão todas as medidas apropriadas para eliminar a discriminação contra a mulher na esfera dos cuidados médicos a fim de assegurar, em condições de igualdade entre homens e mulheres, o acesso a serviços médicos, inclusive os referentes ao planejamento familiar.

2. Sem prejuízo do disposto no parágrafo 1º, os Estados-Partes garantirão à mulher assistência apropriadas em relação à gravidez, ao parto e ao período posterior ao parto, proporcionando assistência gratuita quando assim for necessário, e lhe assegurarão uma nutrição adequada durante a gravidez e a lactância.

Artigo 13 – Os Estados-Partes adotarão todas as medidas apropriadas para eliminar a discriminação contra a mulher em outras esferas da vida econômica e social a fim de assegurar, em condições de igualdade entre homens e mulheres, os mesmos direitos, em particular:

a) O direito a benefícios familiares;

b) O direito a obter empréstimos bancários, hipotecas e outras formas de crédito financeiro;

c) O direito a participar em atividades de recreação, esportes e em todos os aspectos da vida cultural.

Artigo 14 – 1. Os Estados-Partes levarão em consideração os problemas específicos enfrentados pela mulher rural e o importante papel que desempenha na subsistência econômica de sua família, incluído seu trabalho em setores não monetários da economia, e tomarão todas as medidas apropriadas para assegurar a aplicação dos dispositivos desta Convenção à mulher das zonas rurais.

2. Os Estados-Partes adotarão todas as medias apropriadas para eliminar a discriminação contra a mulher nas zonas rurais a fim de assegurar, em condições de igualdade entre homens e mulheres, que elas participem no desenvolvimento rural e dele se beneficiem, e em particular as segurar-lhes-ão o direito a:

a) Participar da elaboração e execução dos planos de desenvolvimento em todos os níveis;

b) Ter acesso a serviços médicos adequados, inclusive informação, aconselhamento e serviços em matéria de planejamento familiar;

c) Beneficiar-se diretamente dos programas de seguridade social;

d) Obter todos os tipos de educação e de formação, acadêmica e não acadêmica, inclusive os relacionados à alfabetização funcional, bem como, entre outros, os benefícios de todos os serviços comunitário e de extensão a fim de aumentar sua capacidade técnica;

e) Organizar grupos de autoajuda e cooperativas a fim de obter igualdade de acesso às oportunidades econômicas mediante emprego ou trabalho por conta própria;

f) Participar de todas as atividades comunitárias;

g) Ter acesso aos créditos e empréstimos agrícolas, aos serviços de comercialização e às tecnologias apropriadas, e receber um tratamento igual nos projetos de reforma agrária e de reestabelecimentos;

h) gozar de condições de vida adequadas, particularmente nas esferas da habitação, dos serviços sanitários, da eletricidade e do abastecimento de água, do transporte e das comunicações.

PARTE IV

Artigo 15 – 1. Os Estados-Partes reconhecerão à mulher a igualdade com o homem perante a lei.

2. Os Estados-Partes reconhecerão à mulher, em matérias civis, uma capacidade jurídica idêntica do homem e as mesmas oportunidades para o exercício dessa capacidade. Em particular, reconhecerão à mulher iguais direitos para firmar contratos e administrar bens e dispensar-lhe-ão um tratamento igual em todas as etapas do processo nas cortes de justiça e nos tribunais.

3. Os Estados-Partes convém em que todo contrato ou outro instrumento privado de efeito jurídico que tenda a restringir a capacidade jurídica da mulher será considerado nulo.

4. Os Estados-Partes concederão ao homem e à mulher os mesmos direitos no que respeita à legislação relativa ao direito das pessoas à liberdade de movimento e à liberdade de escolha de residência e domicílio.

Artigo 16 – 1. Os Estados-Partes adotarão todas as medidas adequadas para eliminar a discriminação contra a mulher em todos os assuntos relativos ao casamento e às ralações familiares e, em particular, com base na igualdade entre homens e mulheres, assegurarão:

a) O mesmo direito de contrair matrimônio;

b) O mesmo direito de escolher livremente o cônjuge e de contrair matrimônio somente com livre e pleno consentimento;

c) Os mesmos direitos e responsabilidades durante o casamento e por ocasião de sua dissolução;

d) Os mesmos direitos e responsabilidades como pais, qualquer que seja seu estado civil, em matérias pertinentes aos filhos. Em todos os casos, os interesses dos filhos serão a consideração primordial;

e) Os mesmos direitos de decidir livre a responsavelmente sobre o número de seus filhos e sobre o intervalo entre os nascimentos e a ter acesso à informação, à educação e aos meios que lhes permitam exercer esses direitos;

f) Os mesmos direitos e responsabilidades com respeito à tutela, curatela, guarda e adoção dos filhos, ou institutos análogos, quando esses conceitos existirem na legislação nacional. Em todos os casos os interesses dos filhos serão a consideração primordial;

g) Os mesmos direitos pessoais como marido e mulher, inclusive o direito de escolher sobrenome, profissão e ocupação;

h) Os mesmos direitos a ambos os cônjuges em matéria de propriedade, aquisição, gestão, administração, gozo e disposição dos bens, tanto a título gratuito quanto à título oneroso.

2. Os esponsais e o casamento de uma criança não terão efeito legal e todas as medidas necessárias, inclusive as de caráter legislativo, serão adotadas para estabelecer uma idade mínima para o casamento e para tornar obrigatória a inscrição de casamentos em registro oficial.

PARTE V

Artigo 17 – 1. Com o fim de examinar os progressos alcançados na aplicação desta Convenção, será estabelecido um Comitê sobre a Eliminação da Discriminação contra a Mulher (doravante denominado o Comitê) composto, no momento da entrada em vigor da Convenção, de dezoito e, após sua ratificação ou adesão pelo trigésimo-quinto Estado-Parte, de vinte e três peritos de grande prestígio moral e competência na área abarcada pela Convenção. Os peritos serão eleitos pelos Estados-Partes entre seus nacionais e exercerão suas funções a título pessoal; será levada em conta uma repartição geográfica equitativa e a representação das formas diversas de civilização assim como dos principais sistemas jurídicos;

2. Os membros do Comitê serão eleitos em escrutínio secreto de uma lista de pessoas indicadas pelos Estados-Partes. Cada um dos Estados-Partes poderá indicar uma pessoa entre seus próprios nacionais;

3. A eleição inicial realizar-se-á seis meses após a data de entrada em vigor desta Convenção. Pelo menos três meses antes da data de cada eleição, o Secretário-Geral das Nações Unidas dirigirá uma carta aos Estados-Partes convidando-os a apresentar suas candidaturas, no prazo de dois meses. O Secretário-Geral preparará uma lista, por ordem alfabética de todos os candidatos assim apresentados, com indicação dos Estados-Partes que os tenham apresentado e comunicá-la-á aos Estados-partes;

4. Os membros do Comitê serão eleitos durante uma reunião dos Estados-Partes convocado pelo Secretário-Geral na sede das Nações Unidas. Nessa reunião, em que o quórum será alcançado com dois terços dos Estados-Partes, serão eleitos membros do Comitê os candidatos que obtiverem o maior número de votos e a maioria absoluta de votos dos representantes dos Estados-Partes presentes e votantes;

5. Os membros do Comitê serão eleitos para um mandato de quatro anos. Entretanto, o mandato de nove dos membros eleitos na primeira eleição expirará ao fim de dois anos; imediatamente após a primeira eleição os nomes desses nove membros serão escolhidos, por sorteio, pelo Presidente do Comitê;

6. A eleição dos cinco membros adicionais do Comitê realizar-se-á em conformidade com o disposto nos parágrafos 2, 3 e 4 deste Artigo, após o depósito do trigésimo-quinto instrumento de ratificação ou adesão. O mandato de dois dos membros adicionais eleitos nessa ocasião, cujos nomes serão escolhidos, por sorteio, pelo Presidente do Comitê, expirará ao fim de dois anos;

7. Para preencher as vagas fortuitas, o Estado-Parte cujo perito tenha deixado de exercer suas funções de membro do Comitê nomeará outro perito entre seus nacionais, sob reserva da aprovação do Comitê;

8. Os membros do Comitê, mediante aprovação da Assembleia Geral, receberão remuneração dos recursos das Nações Unidas, na forma e condições que a Assembleia Geral decidir, tendo em vista a importância das funções do Comitê;

9. O Secretário-Geral das Nações Unidas proporcionará o pessoal e os serviços necessários para o desempenho eficaz das funções do Comitê em conformidade com esta Convenção.

Artigo 18 – 1. Os Estados-Partes comprometem-se a submeter ao Secretário-Geral das Nações Unidas, para exame do Comitê, um relatório sobre as medidas legislativas, judiciárias, administrativas ou outras que adotarem para tornarem efetivas as disposições desta Convenção e sobre os progressos alcançados a esse respeito:

a) No prazo de um ano a partir da entrada em vigor da Convenção para o Estado interessado; e

b) Posteriormente, pelo menos cada quatro anos e toda vez que o Comitê a solicitar.

2. Os relatórios poderão indicar fatores e dificuldades que influam no grau de cumprimento das obrigações estabelecidos por esta Convenção.

Artigo 19 – 1. O Comitê adotará seu próprio regulamento.

2. O Comitê elegerá sua Mesa por um período de dois anos.

Artigo 20 – 1. O Comitê se reunirá normalmente todos os anos por um período não superior a duas semanas para examinar os relatórios que lhe sejam submetidos em conformidade com o Artigo 18 desta Convenção.

2. As reuniões do Comitê realizar-se-ão normalmente na sede das Nações Unidas ou em qualquer outro lugar que o Comitê determine.

Artigo 21 – 1. O Comitê, através do Conselho Econômico e Social das Nações Unidas, informará anualmente a Assembleia Geral das Nações Unidas de suas atividades e poderá apresentar sugestões e recomendações de caráter geral baseadas no exame dos relatórios e em informações recebidas dos Estados-Partes. Essas sugestões e recomendações de caráter geral serão incluídas no relatório do Comitê juntamente com as observações que os Estados-Partes tenham porventura formulado.

2. O Secretário-Geral transmitirá, para informação, os relatórios do Comitê à Comissão sobre a Condição da Mulher.

As Agências Especializadas terão direito a estar representadas no exame da aplicação das disposições desta Convenção que correspondam à esfera de suas atividades. O Comitê poderá convidar as Agências Especializadas a apresentar relatórios sobre a aplicação da Convenção nas áreas que correspondam à esfera de suas atividades.

PARTE VI

Artigo 23 – Nada do disposto nesta Convenção prejudicará qualquer disposição que seja mais propícia à obtenção da igualdade entre homens e mulheres e que seja contida:

a) Na legislação de um Estado-Parte ou

b) Em qualquer outra convenção, tratado ou acordo internacional vigente nesse Estado.

Artigo 24 – Os Estados-Partes comprometem-se a adotar todas as medidas necessárias em âmbito nacional para alcançar a plena realização dos direitos reconhecidos nesta Convenção.

Artigo 25 – 1. Esta Convenção estará aberta à assinatura de todos os Estados.

2. O Secretário-Geral das Nações Unidas fica designado depositário desta Convenção.

3. Esta Convenção está sujeita a ratificação. Os instrumentos de ratificação serão depositados junto ao Secretário-Geral das Nações Unidas.

4. Esta Convenção estará aberta à adesão de todos os Estados. A adesão efetuar-se-á através do depósito de um instrumento de adesão junto ao Secretário-Geral das Nações Unidas.

Artigo 26 – 1. Qualquer Estado-Parte poderá, em qualquer momento, formular pedido de revisão desta revisão desta Convenção, mediante notificação escrita dirigida ao Secretário-Geral das Nações Unidas.

2. A Assembleia Geral das Nações Unidas decidirá sobre as medidas a serem tomadas, se for o caso, com respeito a esse pedido.

Artigo 27 – 1. Esta Convenção entrará em vigor no trigésimo dia a partir da data do depósito do vigésimo instrumento de ratificação ou adesão junto ao Secretário-Geral das Nações Unidas.

2. Para cada Estado que ratificar a presente Convenção ou a ela aderir após o depósito do vigésimo instrumento de ratificação ou adesão, a Convenção entrará em vigor no trigésimo dia após o depósito de seu instrumento de ratificação ou adesão.

Artigo 28 – 1. O Secretário-Geral das Nações Unidas receberá e enviará a todos os Estados o texto das reservas feitas pelos Estados no momento da ratificação ou adesão.

2. Não será permitida uma reserva incompatível com o objeto e o propósito desta Convenção.

3. As reservas poderão ser retiradas a qualquer momento por uma notificação endereçada com esse objetivo ao Secretário-Geral das Nações Unidas, que informará a todos os Estados a respeito. A notificação surtirá efeito na data de seu recebimento.

Artigo 29 – 1. Qualquer controvérsia entre dois ou mais Estados-Partes relativa à interpretação ou aplicação desta Convenção e que não for resolvida por negociações será, a pedido de qualquer das Partes na controvérsia, submetida a arbitragem. Se no prazo de seis meses a partir da data do pedido de arbitragem as Partes não acordarem sobre a forma da arbitragem, qualquer das Partes poderá submeter a controvérsia à Corte Internacional de Justiça mediante pedido em conformidade com o Estatuto da Corte.

2. Qualquer Estado-Parte, no momento da assinatura ou ratificação desta Convenção ou de adesão a ela, poderá declarar que não se considera obrigado pelo parágrafo anterior. Os demais Estados-Partes não estarão obrigados pelo parágrafo anterior perante nenhum Estado-Parte que tenha formulado essa reserva.

3. Qualquer Estado-Parte que tenha formulado a reserva prevista no parágrafo anterior poderá retirá-la em qualquer momento por meio de notificação ao Secretário-Geral das Nações Unidas.

Artigo 30 – Esta convenção, cujos textos em árabe, chinês, espanhol, francês, inglês e russo são igualmente autênticos será depositada junto ao Secretário-Geral das Nações Unidas.

Em testemunho do que, os abaixo-assinados devidamente autorizados, assinaram esta Convenção.

Protocolo Facultativo à Convenção sobre a Eliminação de Todas as Formas de Discriminação Contra a Mulher

(Adotado pela Resolução A/54/l4 da Assembleia Geral das Nações Unidas em 15.10.1999 e ratificado pelo Brasil em 28.06.2002)

Os Estados-partes do presente Protocolo,

Observando que na Carta das Nações Unidas se reafirma a fé nos direitos humanos fundamentais, na dignidade e no valor da pessoa humana e na igualdade de direitos entre homens e mulheres,

Observando, ainda, que a Declaração Universal dos Direitos Humanos proclama que todos os seres humanos nascem livres e iguais em dignidade e direitos e que cada pessoa tem todos os direitos e liberdades nela proclamados, sem qualquer tipo de distinção, incluindo distinção baseada em sexo,

Lembrando que as Convenções Internacionais de Direitos Humanos e outros instrumentos internacionais de direitos humanos proíbem a discriminação baseada em sexo,

Lembrando, ainda, a Convenção sobre a Eliminação de Todas as Formas de Discriminação Contra a Mulher (doravante denominada "a Convenção"), na qual os Estados-partes condenam a discriminação contra a mulher em todas as suas formas e concordam em buscar, de todas as maneiras apropriadas e sem demora, uma política de eliminação da discriminação contra a mulher,

Reafirmando sua determinação de assegurar o pleno e equitativo gozo pelas mulheres de todos os direitos e liberdades fundamentais e de agir de forma efetiva para evitar violações desses direitos e liberdades,

Concordaram com o que se segue:

Artigo 1

Cada Estado-parte do presente Protocolo (doravante denominado "Estado-parte") reconhece a competência do Comitê sobre a Eliminação da Discriminação contra a Mulher (doravante denominado "o Comitê") para receber e considerar comunicações apresentadas de acordo com o Artigo 2 deste Protocolo.

Artigo 2

As comunicações podem ser apresentadas por indivíduos ou grupos de indivíduos, que se encontrem sob a jurisdição do Estado-parte e aleguem ser vítimas de violação de quaisquer dos direitos estabelecidos na Convenção por aquele Estado-parte, ou em nome desses indivíduos ou grupos de indivíduos. Sempre que for apresentada em nome de indivíduos ou grupos de indivíduos, a comunicação deverá contar com seu consentimento, a menos que o autor possa justificar estar agindo em nome deles sem o seu consentimento.

Artigo 3

As comunicações deverão ser feitas por escrito e não poderão ser anônimas. Nenhuma comunicação relacionada a um Estado-parte da Convenção que não seja parte do presente Protocolo será recebida pelo Comitê.

Artigo 4

1. O Comitê não considerará a comunicação, exceto se tiver reconhecido que todos os recursos da jurisdição interna foram esgotados ou que a utilização desses recursos estaria sendo protelada além do razoável ou deixaria dúvida quanto a produzir o efetivo amparo.

2. O Comitê declarará inadmissível toda comunicação que:

(a) se referir a assunto que já tiver sido examinado pelo Comitê ou tiver sido ou estiver sendo examinado sob outro procedimento internacional de investigação ou solução de controvérsias;

(b) for incompatível com as disposições da Convenção;

(c) estiver manifestamente mal fundamentada ou não suficientemente consubstanciada;

(d) constituir abuso do direito de submeter comunicação;

(c) tiver como objeto fatos que tenham ocorrido antes da entrada em vigor do presente Protocolo para o Estado-parte em questão, a não ser no caso de tais fatos terem tido continuidade após aquela data.

Artigo 5

1. A qualquer momento após o recebimento de comunicação e antes que tenha sido alcançada determinação sobre o mérito da questão, o Comitê poderá transmitir ao Estado-parte em questão, para urgente consideração, solicitação no sentido de que o Estado-parte tome as medidas antecipatórias necessárias para evitar possíveis danos irreparáveis à vítima ou vítimas da alegada violação.

2. Sempre que o Comitê exercer seu arbítrio segundo o parágrafo 1 deste Artigo, tal fato não implica determinação sobre a admissibilidade ou mérito da comunicação.

Artigo 6

1. A menos que o Comitê considere que a comunicação seja inadmissível sem referência ou Estado--parte em questão, e desde que o indivíduo ou indivíduos consintam na divulgação de sua identidade ao Estado-parte, o Comitê levará confidencialmente à atenção do Estado-parte em questão a comunicação por ele recebida no âmbito do presente Protocolo.

2. Dentro de seis meses, o Estado-parte que receber a comunicação apresentará ao Comitê explicações ou declarações por escrito esclarecendo o assunto e o remédio, se houver, que possa ter sido aplicado pelo Estado-parte.

Artigo 7

1. O Comitê considerará as comunicações recebidas segundo o presente Protocolo à luz das informações que vier a receber de indivíduos ou grupos de indivíduos, ou em nome destes, ou do Estado-parte em questão, desde que essa informação seja transmitida às partes em questão.

2. O Comitê realizará reuniões fechadas ao examinar as comunicações no âmbito do presente Protocolo.

3. Após examinar a comunicação, o Comitê transmitirá suas opiniões a respeito, juntamente com sua recomendação, se houver, às partes em questão.

4. O Estado-parte dará a devida consideração às opiniões do Comitê, juntamente com as recomendações deste último, se houver, e apresentará ao Comitê, dentro de seis meses, resposta por escrito incluindo informações sobre quaisquer ações realizadas à luz das opiniões e recomendações do Comitê.

5. O Comitê poderá convidar o Estado-parte a apresentar informações adicionais sobre quaisquer medidas que o Estado-parte tenha tomado em resposta às opiniões e recomendações do Comitê, se houver, incluindo, quando o Comitê julgar apropriado, informações que passem a constar de relatórios subsequentes do Estado-parte segundo o Artigo 18 da Convenção.

Artigo 8

1. Caso o Comitê receba informação fidedigna indicando graves ou sistemáticas violações por um Estado-parte dos direitos estabelecidos na Convenção, o Comitê convidará o Estado-parte a cooperar no exame da informação e, para esse fim, a apresentar observações quanto à informação em questão.

2. Levando em conta quaisquer observações que possam ter sido apresentadas pelo Estado-parte em questão, bem como outras informações fidedignas das quais disponha, o Comitê poderá designar um ou mais de seus membros para conduzir uma investigação e apresentar relatório urgentemente ao Comitê. Sempre que justificado, e com o consentimento do Estado-parte, a investigação poderá incluir visita ao território deste último.

3. Após examinar os resultados da investigação, o Comitê os transmitirá ao Estado-parte em questão juntamente com quaisquer comentários e recomendações.

4. O Estado-parte em questão deverá, dentro de seis meses do recebimento dos resultados, comentários e recomendações do Comitê, apresentar suas observações ao Comitê.

5. Tal investigação será conduzida em caráter confidencial e a cooperação do Estado-parte será buscada em todos os estágios dos procedimentos.

Artigo 9

1. O Comitê poderá convidar o Estado-parte em questão a incluir em seu relatório, segundo o Artigo 18 da Convenção, pormenores de qualquer medida tomada em resposta à investigação conduzida segundo o Artigo 18 deste Protocolo.

2. O Comitê poderá, caso necessário, após o término do período de seis meses mencionado no Artigo 8.4 deste Protocolo, convidar o Estado-parte a informá-lo das medidas tomadas em resposta à mencionada investigação.

Artigo 10

1. Cada Estado-parte poderá, no momento da assinatura ou ratificação do presente Protocolo ou no momento em que a este aderir, declarar que não reconhece a competência do Comitê disposta nos Arts. 8 e 9 deste Protocolo.

2. O Estado-parte que fizer a declaração de acordo com o Parágrafo 1 deste Artigo 10 poderá, a qualquer momento, retirar essa declaração através de notificação ao Secretário-Geral.

Artigo 11

Os Estados-partes devem tomar todas as medidas apropriadas para assegurar que os indivíduos sob sua jurisdição não fiquem sujeitos a maus tratos ou intimidação como consequência de sua comunicação com o Comitê nos termos do presente Protocolo.

Artigo 12

O Comitê incluirá em seu relatório anual, segundo o Artigo 21 da Convenção, um resumo de suas atividades nos termos do presente Protocolo.

Artigo 13

Cada Estado-parte compromete-se a tornar públicos e amplamente conhecidos a Convenção e o presente Protocolo e a facilitar o acesso à informação acerca das opiniões e recomendações do Comitê, em particular sobre as questões que digam respeito ao próprio Estado-parte.

Artigo 14

O Comitê elaborará suas próprias regras de procedimento a serem seguidas no exercício das funções que lhe são conferidas no presente Protocolo.

Artigo 15

1. O presente Protocolo estará aberto à assinatura por qualquer Estado que tenha ratificado ou aderido à Convenção.

2. O presente Protocolo estará sujeito à ratificação por qualquer Estado que tenha ratificado ou aderido à Convenção. Os instrumentos de ratificação deverão ser depositados junto ao Secretário-Geral das Nações Unidas.

3. O presente Protocolo estará aberto à adesão por qualquer Estado que tenha ratificado ou aderido à Convenção.

4. A adesão será efetivada pelo depósito de instrumento de adesão junto ao Secretário-Geral das Nações Unidas.

Artigo 16

1. O presente Protocolo entrará em vigor três meses após a data do depósito junto ao Secretário-Geral das Nações Unidas do décimo instrumento de ratificação ou adesão.

2. Para cada Estado que ratifique o presente Protocolo ou a ele venha a aderir após sua entrada em vigor, o presente Protocolo entrará em vigor três meses após a data do depósito de seu próprio instrumento de ratificação ou adesão.

Artigo 17

Não serão permitidas reservas ao presente Protocolo.

Artigo 18

1. Qualquer Estado-parte poderá propor emendas ao presente Protocolo e dar entrada a proposta de emendas junto ao Secretário-Geral das Nações Unidas. O Secretário-Geral deverá, nessa ocasião, comu-

nicar as emendas propostas aos Estados-partes juntamente com solicitação de que o notifiquem caso sejam favoráveis a uma conferência de Estados-partes com o propósito de avaliar e votar a proposta. Se ao menos um terço dos Estados-partes for favorável à conferência, o Secretário-Geral deverá convocá-la sob os auspícios das Nações Unidas. Qualquer emenda adotada pela maioria dos Estados-partes presentes e votantes na conferência será submetida à Assembleia-Geral das Nações Unidas para aprovação.

2. As emendas entrarão em vigor tão logo tenham sido aprovadas pela Assembleia-Geral das Nações Unidas e aceitas por maioria de dois terços dos Estados-partes do presente Protocolo, de acordo com seus respectivos processos constitucionais.

3. Sempre que as emendas entrarem em vigor, obrigarão os Estados-partes que as tenham aceitado, ficando os outros Estados-partes obrigados pelas disposições do presente Protocolo e quaisquer emendas anteriores que tiverem aceitado.

Artigo 19

1. Qualquer Estado-parte poderá denunciar o presente Protocolo a qualquer momento por meio de notificação por escrito endereçada ao Secretário-Geral das Nações Unidas. A denúncia terá efeito seis meses após a data do recebimento da notificação pelo Secretário-Geral.

2. A denúncia não prejudicará a continuidade da aplicação das disposições do presente Protocolo em relação a qualquer comunicação apresentada segundo o Artigo 2 deste Protocolo e a qualquer investigação iniciada segundo o Artigo 8 deste Protocolo antes da data de vigência da denúncia.

Artigo 20

O Secretário-Geral das Nações Unidas informará a todos os Estados sobre:

(a) Assinaturas, ratificações e adesões ao presente Protocolo;

(b) Data de entrada em vigor do presente Protocolo e de qualquer emenda feita nos termos do Artigo 18 deste Protocolo;

(c) Qualquer denúncia feita segundo o Artigo 19 deste Protocolo.

Artigo 21

1. O presente Protocolo, do qual as versões em árabe, chinês, inglês, francês, russo e espanhol são igualmente autênticas, será depositado junto aos arquivos das Nações Unidas.

2. O Secretário-Geral das Nações Unidas transmitirá cópias autenticadas do presente Protocolo a todos os estados mencionados no Artigo 25 da Convenção.

Convenção Internacional sobre a Eliminação de todas as formas de Discriminação Racial

(Adotada pela Resolução 2.106-A (XX) da Assembleia Geral das Nações Unidas em 21.12.1965 e ratificada pelo Brasil em 27.03.1968)

Os Estados-partes na presente Convenção,

Considerando que a Carta das Nações Unidas se baseia em princípios de dignidade e igualdade inerentes a todos os seres humanos, e que todos os Estados Membros se comprometeram a tomar medidas separadas e conjuntas, em cooperação com a Organização, para a consecução de um dos propósitos das Nações Unidas que é promover e encorajar o respeito universal e observância dos direitos humanos e liberdades fundamentais para todos, sem discriminação de raça, sexo, idioma ou religião.

Considerando que a Declaração Universal dos Direitos do Homem proclama que todos os homens nascem livres e iguais em dignidade e direitos e que todo homem tem todos os direitos estabelecidos na mesma, sem distinção de qualquer espécie e principalmente de raça, cor ou origem nacional,

Considerando que todos os homens são iguais perante a lei e têm o direito à igual proteção contra qualquer discriminação e contra qualquer incitamento à discriminação,

Considerando que as Nações Unidas têm condenado o colonialismo e todas as práticas de segregação e discriminação a ele associadas, em qualquer forma e onde quer que existam, e que a Declaração sobre a Concessão de Independência, a Países e Povos Coloniais, de 14 de dezembro de 1960 (Resolução 1.514 (XV), da Assembleia Geral) afirmou e proclamou solenemente a necessidade de levá-las a um fim rápido e incondicional,

Considerando que a Declaração das Nações Unidas sobre eliminação de todas as formas de Discriminação Racial, de 20 de novembro de 1963, (Resolução 1.904 (XVIII) da Assembleia-Geral), afirma solenemente a necessidade de eliminar rapidamente a discriminação racial através do mundo em todas as suas formas e manifestações e de assegurar a compreensão e o respeito à dignidade da pessoa humana,

Convencidos de que qualquer doutrina de superioridade baseada em diferenças raciais é cientificamente falsa, moralmente condenável, socialmente injusta e perigosa, em que, não existe justificação para a discriminação racial, em teoria ou na prática, em lugar algum,

Reafirmando que a discriminação entre os homens por motivos de raça, cor ou origem étnica é um obstáculo a relações amistosas e pacíficas entre as nações e é capaz de disturbar a paz e a segurança entre povos e a harmonia de pessoas vivendo lado a lado até dentro de um mesmo Estado,

Convencidos que a existência de barreiras raciais repugna os ideais de qualquer sociedade humana,

Alarmados por manifestações de discriminação racial ainda em evidência em algumas áreas do mundo e por políticas governamentais baseadas em superioridade racial ou ódio, como as políticas de *apartheid*, segregação ou separação,

Resolvidos a adotar todas as medidas necessárias para eliminar rapidamente a discriminação racial em todas as suas formas e manifestações, e a prevenir e combater doutrinas e práticas racistas com o objetivo de promover o entendimento entre as raças e construir uma comunidade internacional livre de todas as formas de segregação racial e discriminação racial,

Levando em conta a Convenção sobre Discriminação nos Emprego e Ocupação adotada pela Organização internacional do Trabalho em 1958, e a Convenção contra discriminação no Ensino adotada pela Organização das Nações Unidas para a Educação, a Ciência e a Cultura, em 1960,

Desejosos de completar os princípios estabelecidos na Declaração das Nações Unidas sobre a Eliminação de todas as formas de discriminação racial e assegurar o mais cedo possível a adoção de medidas práticas para esse fim,

Acordaram no seguinte:

PARTE I

Artigo I

1. Nesta Convenção, a expressão "discriminação racial" significará qualquer distinção, exclusão, restrição ou preferência baseadas em raça, cor, descendência ou origem nacional ou étnica que tem por objetivo

ou efeito anular ou restringir o reconhecimento, gozo ou exercício num mesmo plano, (em igualdade de condição), de direitos humanos e liberdades fundamentais no domínio político econômico, social, cultural ou em qualquer outro domínio de vida pública.

2. Esta Convenção não se aplicará às distinções, exclusões, restrições e preferências feitas por um Estado-parte nesta Convenção entre cidadãos e não cidadãos.

3. Nada nesta Convenção poderá ser interpretado como afetando as disposições legais dos Estados-partes, relativas a nacionalidade, cidadania e naturalização, desde que tais disposições não discriminem contra qualquer nacionalidade particular.

4. Não serão consideradas discriminação racial as medidas especiais tomadas com o único objetivo de assegurar progresso adequado de certos grupos raciais ou étnicos ou de indivíduos que necessitem da proteção que possa ser necessária para proporcionar a tais grupos ou indivíduos igual gozo ou exercício de direitos humanos e liberdades fundamentais, contanto que, tais medidas não conduzam, em consequência, à manutenção de direitos separados para diferentes grupos raciais e não prossigam após terem sidos alcançados os seus objetivos.

Artigo II

1. Os Estados-partes condenam a discriminação racial e comprometem-se a adotar, por todos os meios apropriados e sem tardar uma política de eliminação da discriminação racial em todas as suas formas e de promoção de entendimento entre todas as raças e para esse fim:

a) Cada Estado-parte compromete-se a efetuar nenhum ato ou prática de discriminação racial contra pessoas, grupos de pessoas ou instituições e fazer com que todas as autoridades públicas nacionais ou locais, se conformem com esta obrigação;

b) Cada Estado-parte compromete-se a não encorajar, defender ou apoiar a discriminação racial praticada por uma pessoa ou uma organização qualquer;

c) Cada Estado-parte deverá tomar as medidas eficazes, a fim de rever as políticas governamentais nacionais e locais e para modificar, ab-rogar ou anular qualquer disposição regulamentar que tenha como objetivo criar a discriminação ou perpetrá-la onde já existir;

d) Cada Estado-parte deverá, por todos os meios apropriados, inclusive, se as circunstâncias o exigirem, as medidas legislativas, proibir e por fim, a discriminação racial praticadas por pessoa, por grupo ou das organizações;

e) Cada Estado-parte compromete-se a favorecer, quando for o caso, as organizações e movimentos multirraciais e outros meios próprios a eliminar as barreiras entre as raças e a desencorajar o que tende a fortalecer a divisão racial.

2) Os Estados-partes tomarão, se as circunstâncias o exigirem, nos campos social, econômico, cultural e outros, as medidas especiais e concretas para assegurar como convier o desenvolvimento ou a proteção de certos grupos raciais ou de indivíduos pertencentes a estes grupos com o objetivo de garantir-lhes, em condições de igualdade, o pleno exercício dos direitos do homem e das liberdades fundamentais.

Essas medidas não deverão, em caso algum, ter a finalidade de manter direitos desiguais ou distintos para os diversos grupos raciais, depois de alcançados os objetivos em razão dos quais foram tomadas.

Artigo III

Os Estados-partes especialmente condenam a segregação racial e o apartheid e comprometem-se a proibir e a eliminar nos territórios sob sua jurisdição todas as práticas dessa natureza.

Artigo IV

Os Estados-partes condenam toda propaganda e todas as organizações que se inspirem em ideias ou teorias baseadas na superioridade de uma raça ou de um grupo de pessoas de uma certa cor ou de uma certa origem étnica ou que pretendem justificar ou encorajar qualquer forma de ódio e de discriminação raciais e comprometem-se a adotar imediatamente medidas positivas destinadas a eliminar qualquer incitação a uma tal discriminação, ou quaisquer atos de discriminação com este objetivo, tendo em vista os princípios formulados na Declaração universal dos direitos do homem e os direitos expressamente enunciados no Artigo 5 da presente convenção, eles se comprometem principalmente:

a) a declarar delitos puníveis por lei, qualquer difusão de ideias baseadas na superioridade ou ódio raciais, qualquer incitamento à discriminação racial, assim como quaisquer atos de violência ou provocação a tais atos, dirigidos contra qualquer raça ou qualquer grupo de pessoas de outra cor ou de outra origem étnica, como também qualquer assistência prestada a atividades racistas, inclusive seu financiamento;

b) a declarar ilegais e a proibir as organizações assim como as atividades de propaganda organizada e qualquer outro tipo de atividade de propaganda que incitar à discriminação racial e que a encorajar e a declarar delito punível por lei a participação nestas organizações ou nestas atividades.

c) a não permitir às autoridades públicas nem às instituições públicas, nacionais ou locais, o incitamento ou encorajamento à discriminação racial.

Artigo V

De conformidade com as obrigações fundamentais enunciadas no Artigo 2, os Estados-partes comprometem-se a proibir e a eliminar a discriminação racial em todas suas formas e a garantir o direito de cada um à igualdade perante a lei sem distinção de raça, de cor ou de origem nacional ou étnica, principalmente no gozo dos seguintes direitos:

a) direito a um tratamento igual perante os tribunais ou qualquer outro órgão que administre justiça;

b) direito à segurança da pessoa ou à proteção do Estado contra violência ou lesão corporal cometida, quer por funcionários de Governo, quer por qualquer indivíduo, grupo ou instituição.

c) direitos políticos principalmente direito de participar às eleições — de votar e ser votado — conforme o sistema de sufrágio universal e igual, direito de tomar parte no Governo, assim como na direção dos assuntos públicos, em qualquer grau e o direito de acesso, em igualdade de condições, às funções públicas.

d) Outros direitos civis, principalmente,

i) direito de circular livremente e de escolher residência dentro das fronteiras do Estado;

ii) direito de deixar qualquer país, inclusive o seu, e de voltar a seu país;

iii) direito a uma nacionalidade;

iv) direito de casar-se e escolher o cônjuge;

v) direito de qualquer pessoa, tanto individualmente como em conjunto, à propriedade;

vi) direito de herdar;

vii) direito à liberdade de pensamento, de consciência e de religião;

viii) direito à liberdade de opinião e de expressão;

ix) direito à liberdade de reunião e de associação pacífica;

e) direitos econômicos, sociais e culturais, principalmente:

i) direitos ao trabalho, a livre escolha de seu trabalho, a condições equitativas e satisfatórias de trabalho, à proteção contra o desemprego, a um salário igual para um trabalho igual, a uma remuneração equitativa e satisfatória;

ii) direito de fundar sindicatos e a eles se filiar;

iii) direito à habitação;

iv) direito à saúde pública, a tratamento médico, à previdência social e aos serviços sociais;

v) direito à educação e à formação profissional;

vi) direito a igual participação das atividades culturais;

f) Direito de acesso a todos os lugares e serviços destinados ao uso do público, tais como, meios de transportes, hotéis, restaurantes, cafés, espetáculos e parques.

Artigo VI

Os Estados-partes assegurarão a qualquer pessoa que estiver sob sua jurisdição, proteção e recursos efetivos perante os tribunais nacionais e outros órgãos do Estado competentes, contra quaisquer atos de discriminação racial que, contrariamente à presente Convenção, violarem seus direitos individuais e suas liberdades fundamentais, assim como o direito de pedir a esses tribunais uma satisfação ou reparação justa e adequada por qualquer dano de que foi vítima em decorrência de tal discriminação.

Artigo VII

Os Estados-partes, comprometem-se a tomar as medidas imediatas e eficazes, principalmente no campo do ensino, educação, da cultura e da informação, para lutas contra os preconceitos que levem à discriminação racial e para promover, o entendimento, a tolerância e a amizade entre nações e grupos raciais e étnicos assim como para propagar os objetivo e princípios da Carta das Nações Unidas, da Declaração Universal dos Direitos do Homem, da Declaração das Nações Unidas sobre a eliminação de todas as formas de discriminação racial e da presente Convenção.

PARTE II

Artigo VIII

1. Será estabelecido um Comitê para a eliminação da discriminação racial (doravante denominado "o Comitê") composto de 18 peritos conhecidos para sua alta moralidade e conhecida imparcialidade, que serão eleitos pelos Estados Membros dentre seus nacionais e que atuarão a título individual, levando-se em conta uma repartição geográfica equitativa e a representação das formas diversas de civilização assim como dos principais sistemas jurídicos.

2. Os Membros do Comité serão eleitos em escrutínio secreto de uma lista de candidatos designados pelos Estados-partes, Cada Estado-parte poderá designar um candidato escolhido dentre seus nacionais.

3. A primeira eleição será realizada seis meses após a data da entrada em vigor da presente Convenção. Três meses pelo menos antes de cada eleição, o Secretário Geral das Nações Unidas enviará uma Carta aos Estados-partes para convidá-los a apresentar suas candidaturas no prazo de dois meses. O Secretário-Geral elaborará uma lista por ordem alfabética, de todos os candidatos assim nomeados com indicação dos Estados-partes que os nomearam, e a comunicará aos Estados-partes.

4. Os membros do Comité serão eleitos durante uma reunião dos Estados-partes convocada pelo Secretário--Geral das Nações Unidas. Nessa reunião, em que o quórum será alcançado com dois terços dos Estados--partes, serão eleitos membros do Comitê, os candidatos que obtiverem o maior número de votos e a maioria absoluta de votos dos representantes dos Estados-partes presentes e votantes.

5. a) Os membros do Comitê serão eleitos por um período de quatro anos. Entretanto, o mandato de nove dos membros eleitos na primeira eleição, expirará ao fim de dois anos; logo após a primeira eleição os nomes desses nove membros serão escolhidos, por sorteio, pelo Presidente do Comitê.

b) Para preencher as vagas fortuitas, o Estado-parte, cujo perito deixou de exercer suas funções de membro do Comitê, nomeará outro perito dentre seus nacionais, sob reserva da aprovação do Comitê.

6. Os Estados-partes serão responsáveis pelas despesas dos membros do Comitê para o período em que estes desempenharem funções no Comitê.

Artigo IX

1. Os Estados-partes comprometem-se a apresentar ao Secretário Geral, para exame do Comitê, um relatório sobre as medidas legislativas, judiciárias, administrativas ou outras que tomarem para tornarem efetivas as disposições da presente Convenção:

a) dentro do prazo de um ano a partir da entrada em vigor da Convenção, para cada Estado interessado no que lhe diz respeito, e posteriormente, cada dois anos, e toda vez que o Comitê o solicitar. O Comitê poderá solicitar informações complementares aos Estados-partes.

2. O Comitê submeterá anualmente à Assembleia Geral, um relatório sobre suas atividades e poderá fazer sugestões e recomendações de ordem geral baseadas no exame dos relatórios e das informações recebidas dos Estados-partes. Levará estas sugestões e recomendações de ordem geral ao conhecimento da Assembleia Geral, e, se as houver, juntamente com as observações dos Estados-partes.

Artigo X

1. O Comitê adotará seu regulamento interno.

2. O Comitê elegerá sua mesa por um período de dois anos.

3. O Secretário Geral da Organização das Nações Unidas fornecerá os serviços de Secretaria ao Comitê.

4. O Comitê reunir-se-á normalmente na Sede das Nações Unidas.

Artigo XI

1. Se um Estado-parte julgar que outro Estado igualmente Parte não aplica as disposições da presente Convenção, poderá chamar a atenção do Comitê sobre a questão. O Comitê transmitirá, então, a comunicação ao Estado-parte interessado. Num prazo de três meses, o Estado destinatário submeterá ao Comitê as explicações ou declarações por escrito, a fim de esclarecer a questão e indicar as medidas corretivas que por acaso tenham sido tomadas pelo referido Estado.

2. Se, dentro de um prazo de seis meses a partir da data do recebimento da comunicação original pelo Estado destinatário a questão não foi resolvida a contento dos dois estados, por meio de negociações bilaterais ou por qualquer outro processo que estiver a sua disposição, tanto um como o outro terão o direito de submetê-la novamente ao Comitê, endereçando uma notificação ao Comitê assim como ao outro Estado interessado.

3. O Comitê só poderá tomar conhecimento de uma questão, de acordo com o parágrafo 2 do presente artigo, após ter constatado que todos os recursos internos disponíveis foram interpostos ou esgotados,

de conformidade com os princípios do direito internacional geralmente reconhecidos. Esta regra não se aplicará se os procedimentos de recurso excederem prazos razoáveis.

4. Em qualquer questão que lhe for submetida, o Comitê poderá solicitar aos Estados-Partes presentes que lhe forneçam quaisquer informações complementares pertinentes.

5. Quando o Comitê examinar uma questão conforme o presente Artigo os Estados-Partes interessados terão o direito de nomear um representante que participará sem direito de voto dos trabalhos no Comitê durante todos os debates.

Artigo XII

1. a) Depois que o Comitê obtiver e consultar as informações que julgar necessárias, o Presidente nomeará uma Comissão de Conciliação ad hoc (doravante denominada " A Comissão"), composta de 5 pessoas que poderão ser ou não membros do Comitê. Os membros serão nomeados com o consentimento pleno e unânime das partes na controvérsia e a Comissão fará seus bons ofícios à disposição dos Estados presentes, com o objetivo de chegar a uma solução amigável da questão, baseada no respeito à presente Convenção.

b) Se os Estados-partes na controvérsia não chegarem a um entendimento em relação a toda ou parte da composição da Comissão num prazo de três meses, os membros da Comissão que não tiverem o assentimento do Estados-partes, na controvérsia, serão eleitos por escrutínio secreto — entre os membros do Comitê por maioria de dois terços dos membros do Comitê.

2. Os membros da Comissão atuarão a título individual. Não deverão ser nacionais de um dos Estados-Partes na controvérsia nem de um Estado que não seja parte da presente Convenção.

3. A Comissão elegerá seu Presidente e adotará seu regulamento interno.

4. A Comissão reunir-se-á normalmente na sede nas Nações Unidas ou em qualquer outro lugar apropriado que a Comissão determinar.

5. O Secretariado previsto no parágrafo 3 do Artigo 10 prestará igualmente seus serviços à Comissão cada vez que uma controvérsia entre os Estados-partes provocar sua formação.

6. Todas as despesas dos membros da Comissão serão divididas igualmente entre os Estados-Partes na controvérsia baseadas num cálculo estimativo feito pelo Secretário-Geral.

7. O Secretário Geral ficará autorizado a pagar, se for necessário, as despesas dos membros da Comissão, antes que o reembolso seja efetuado pelos Estados-Partes na controvérsia, de conformidade com o parágrafo 6 do presente artigo.

8. As informações obtidas e confrontadas pelo Comitê serão postas à disposição da Comissão, e a Comissão poderá solicitar aos Estados interessados fornecer-lhe qualquer informação complementar pertinente.

Artigo XIII

1. Após haver estudado a questão sob todos os seus aspectos, a Comissão preparará e submeterá ao Presidente do Comitê um relatório com as conclusões sobre todas as questões de fato relativas à controvérsia entre as partes e as recomendações que julgar oportunas a fim de chegar a uma solução amistosa da controvérsia.

2. O Presidente do Comitê transmitirá o relatório da Comissão a cada um dos Estados-partes na controvérsia. Os referidos Estados comunicarão ao Presidente do Comitê num prazo de três meses se aceitam ou não, as recomendações contidas no relatório da Comissão.

3. Expirado o prazo previsto no parágrafo 2º do presente artigo, o Presidente do Comitê comunicará o Relatório da Comissão e as declarações dos Estados-partes interessadas aos outros Estados-partes na Comissão.

Artigo XIV

1. Todo Estado-parte poderá declarar a qualquer momento que reconhece a competência do Comitê para receber e examinar comunicações de indivíduos ou grupos de indivíduos sob sua jurisdição que se consideram vítimas de uma violação pelo referido Estado-parte, de qualquer um dos direitos enunciados na presente Convenção. O Comitê não receberá qualquer comunicação de um Estado-parte que não houver feito tal declaração.

2. Qualquer Estado-parte que fizer uma declaração de conformidade com o parágrafo do presente artigo, poderá criar ou designar um órgão dentro de sua ordem jurídica nacional, que terá competência para receber e examinar as petições de pessoas ou grupos de pessoas sob sua jurisdição que alegarem ser vítimas de uma violação de qualquer um dos direitos enunciados na presente Convenção e que esgotaram os outros recursos locais disponíveis.

3. A declaração feita de conformidade com o parágrafo 1 do presente artigo e o nome de qualquer órgão criado ou designado pelo Estado-parte interessado consoante o parágrafo 2 do presente artigo será depositado pelo Estado-parte interessado junto ao Secretário Geral das Nações Unidas que remeterá cópias aos outros Estados-partes. A declaração poderá ser retirada a qualquer momento mediante notificação ao Secretário Geral mas esta retirada não prejudicará as comunicações que já estiverem sendo estudadas pelo Comitê.

4. O órgão criado ou designado de conformidade com o parágrafo 2 do presente artigo, deverá manter um registro de petições e cópias autenticadas do registro serão depositadas anualmente por canais apropriados junto ao Secretário Geral das Nações Unidas, no entendimento que o conteúdo dessas cópias não será divulgado ao público.

5. Se não obtiver reparação satisfatória do órgão criado ou designado de conformidade com o parágrafo 2 do presente artigo, o peticionário terá o direito de levar a questão ao Comitê dentro de seis meses.

6. a) O Comitê levará, a título confidencial, qualquer comunicação que lhe tenha sido endereçada, ao conhecimento do Estado-parte que, pretensamente houver violado qualquer das disposições desta Convenção, mas a identidade da pessoa ou dos grupos de pessoas não poderá ser revelada sem o consentimento expresso da referida pessoa ou grupos de pessoas. O Comitê não receberá comunicações anônimas.

b) Nos três meses seguintes, o referido Estado submeterá, por escrito ao Comitê, as explicações ou recomendações que esclareçam a questão e indicará as medidas corretivas que por acaso houver adotado.

7. a) O Comitê examinará as comunicações, à luz de todas as informações que lhe forem submetidas pelo Estado-parte interessado e pelo peticionário. O Comitê só examinará uma comunicação de um peticionário após ter-se assegurado que este esgotou todos os recursos internos disponíveis. Entretanto, esta regra não se aplicará se os processos de recurso excederem prazos razoáveis.

b) O Comitê remeterá suas sugestões e recomendações eventuais, ao Estado-parte interessado e ao peticionário.

8. O Comitê incluirá em seu relatório anual um resumo destas comunicações, se for necessário, um resumo das explicações e declarações dos Estados-partes interessados assim como suas próprias sugestões e recomendações.

9. O Comitê somente terá competência para exercer as funções previstas neste artigo se pelo menos dez Estados-partes nesta Convenção estiverem obrigados por declarações feitas de conformidade com o parágrafo deste artigo.

Artigo XV

1. Enquanto não forem atingidos os objetivos da resolução 1.514 (XV) da Assembleia-Geral de 14 de dezembro de 1960, relativa à Declaração sobre a concessão da independência dos países e povos coloniais, as disposições da presente convenção não restringirão de maneira alguma o direito de petição concedida aos povos por outros instrumentos internacionais ou pela Organização das Nações Unidas e suas agências especializadas.

2. a) O Comitê constituído de conformidade com o parágrafo 1 do Artigo 8 desta Convenção receberá cópia das petições provenientes dos órgãos das Nações Unidas que se encarregarem de questões diretamente relacionadas com os princípios e objetivos da presente Convenção e expressará sua opinião e formulará recomendações sobre petições recebidas quando examinar as petições recebidas dos habitantes dos territórios sob tutela ou não autônomo ou de qualquer outro território a que se aplicar a Resolução 1514 (XV) da Assembleia-Geral, relacionadas a questões tratadas pela presente Convenção e que forem submetidas a esses órgãos.

b) O Comitê receberá dos órgãos competentes da Organização das Nações Unidas cópia dos relatórios sobre medidas de ordem legislativa, judiciária, administrativa ou outra diretamente relacionada com os princípios e objetivos da presente Convenção que as Potências Administradoras tiverem aplicado nos territórios mencionados na alínea "a" do presente parágrafo e expressará sua opinião e fará recomendações a esses órgãos.

3. O Comitê incluirá em seu relatório à Assembleia-Geral um resumo das petições e relatórios que houver recebido de órgãos das Nações Unidas e as opiniões e recomendações que houver proferido sobre tais petições e relatórios.

4. O Comitê solicitará ao Secretário Geral das Nações Unidas qualquer informação relacionada com os objetivos da presente Convenção que este dispuser sobre os territórios mencionados no parágrafo 2 (a) do presente artigo.

Artigo XVI

As disposições desta Convenção relativas a solução das controvérsias ou queixas serão aplicadas sem prejuízo de outros processos para solução de controvérsias e queixas no campo da discriminação previstos nos instrumentos constitutivos das Nações Unidas e suas agências especializadas, e não excluirá a possibilidade dos Estados-partes recomendarem aos outros, processos para a solução de uma controvérsia de conformidade com os acordos internacionais ou especiais que os ligarem.

TERCEIRA PARTE

Artigo XVII

1. A presente Convenção ficará aberta à assinatura de todo Estado-Membro da Organização das Nações Unidas ou membro de qualquer uma de suas agências especializadas, de qualquer Estado-parte no Estatuto da Corte Internacional de Justiça, assim como de qualquer outro Estado convidado pela Assembleia-Geral da Organização das Nações Unidas a tornar-se parte na presente Convenção.

2. A presente Convenção ficará sujeita à ratificação e os instrumentos de ratificação serão depositados junto ao Secretário Geral das Nações Unidas.

Artigo XVIII

1. A presente Convenção ficará aberta à adesão de qualquer Estado mencionado no parágrafo 1º do Artigo 17.

2. A adesão será efetuada pelo depósito de instrumento de adesão junto ao Secretário Geral das Nações Unidas.

Artigo XIX

1. Esta convenção entrará em vigor no trigésimo dia após a data do depósito junto ao Secretário Geral das Nações Unidas do vigésimo sétimo instrumento de ratificação ou adesão.

2. Para cada Estado que ratificar a presente Convenção ou a ele aderir após o depósito do vigésimo sétimo instrumento de ratificação ou adesão esta Convenção entrará em vigor no trigésimo dia após o depósito de seu instrumento de ratificação ou adesão.

Artigo XX

1. O Secretário Geral das Nações Unidas receberá e enviará, a todos os Estados que forem ou vierem a tornar-se partes desta Convenção, as reservas feitas pelos Estados no momento da ratificação ou adesão. Qualquer Estado que objetar a essas reservas, deverá notificar ao Secretário Geral dentro de noventa dias da data da referida comunicação, que não a aceita.

2. Não será permitida uma reserva incompatível com o objeto e o escopo desta Convenção nem uma reserva cujo efeito seria a de impedir o funcionamento de qualquer dos órgãos previstos nesta Convenção. Uma reserva será considerada incompatível ou impeditiva se a ela objetarem ao menos dois terços dos Estados-partes nesta Convenção.

3. As reservas poderão ser retiradas a qualquer momento por uma notificação endereçada com esse objetivo ao Secretário Geral. Tal notificação surtirá efeito na data de seu recebimento.

Artigo XXI

Qualquer Estado-parte poderá denunciar esta Convenção mediante notificação escrita endereçada ao Secretário Geral da Organização das Nações Unidas. A denúncia surtirá efeito um ano após a data do recebimento da notificação pelo Secretário Geral.

Artigo XXII

Qualquer Controvérsia entre dois ou mais Estados-partes relativa à interpretação ou aplicação desta Convenção, que não for resolvida por negociações ou pelos processos previstos expressamente nesta Convenção, será pedido de qualquer das Partes na controvérsia, submetida à decisão da Corte Internacional de Justiça a não ser que os litigantes concordem em outro meio de solução.

Artigo XXIII

1. Qualquer Estado-parte poderá formular a qualquer momento um pedido de revisão da presente Convenção, mediante notificação escrita endereçada ao Secretário Geral das Nações Unidas.

2. A Assembleia-Geral decidirá a respeito das medidas a serem tomadas, caso for necessário, sobre o pedido.

Artigo XXIV

O Secretário Geral da Organização das Nações Unidas comunicará a todos os Estados mencionados no parágrafo 1º do Artigo 17 desta Convenção.

a) as assinaturas e os depósitos de instrumentos de ratificação e de adesão de conformidade com os arts. 17 e 18;

b) a data em que a presente Convenção entrar em vigor, de conformidade com o Artigo 19;

c) as comunicações e declarações recebidas de conformidade com os arts. 14, 20 e 23.

d) as denúncias feitas de conformidade com o Artigo 21.

Artigo XXV

1. Esta Convenção, cujos textos em chinês, espanhol, francês, inglês e russo são igualmente autênticos será depositada nos arquivos das Nações Unidas.

2. O Secretário Geral das Nações Unidas encaminhará cópias autenticadas desta Convenção a todos os Estados.

Convenção Sobre os Direitos da Criança

(Adotada pela Resolução L.44 (XLIV) da Assembleia Geral das Nações Unidas em 20.11.1989 e ratificada pelo Brasil em 24.09.1990)

Preâmbulo

Os Estados-partes da presente Convenção,

Considerando que, de acordo com os princípios proclamados na Carta das Nações Unidas, a liberdade, a justiça e a paz no mundo se fundamentam no reconhecimento da dignidade inerente e dos direitos iguais e inalienáveis de todos os membros da família humana;

Tendo em conta que os povos das Nações Unidas reafirmaram na carta sua fé nos direitos fundamentais do homem e na dignidade e no valor da pessoa humana e que decidiram promover o progresso social e a elevação do nível de vida com mais liberdade;

Reconhecendo que as Nações Unidas proclamaram e acordaram na Declaração Universal dos Direitos Humanos e nos Pactos Internacionais de Direitos Humanos que toda pessoa possui todos os direitos e liberdades neles enunciados, sem distinção de qualquer natureza, seja de raça, cor, sexo, idioma, crença, opinião política ou de outra índole, origem nacional ou social, posição econômica, nascimento ou qualquer outra condição;

Recordando que na Declaração Universal dos Direitos Humanos as Nações Unidas proclamaram que a infância tem direito a cuidados e assistência especiais;

Convencidos de que a família, como grupo fundamental da sociedade e ambiente natural para o crescimento e bem-estar de todos os seus membros, e em particular das crianças, deve receber a proteção e assistência necessárias a fim de poder assumir plenamente suas responsabilidades dentro da comunidade;

Reconhecendo que a criança, para o pleno e harmonioso desenvolvimento de sua personalidade, deve crescer no seio da família, em um ambiente de felicidade, amor e compreensão;

Considerando que a criança deve estar plenamente preparada para uma vida independente na sociedade e deve ser educada de acordo com os ideais proclamados na Cartas das Nações Unidas, especialmente com espírito de paz, dignidade, tolerância, liberdade, igualdade e solidariedade;

Tendo em conta que a necessidade de proporcionar à criança uma proteção especial foi enunciada na Declaração de Genebra de 1924 sobre os Direitos da Criança e na Declaração dos Direitos da Criança adotada pela Assembleia Geral em 20 de novembro de 1959, e reconhecida na Declaração Universal dos Direitos Humanos, no Pacto Internacional de Direitos Civis e Políticos (em particular nos Arts. 23 e 24), no Pacto Internacional de Direitos Econômicos, Sociais e Culturais (em particular no Artigo 10) e nos estatutos e instrumentos pertinentes das Agências Especializadas e das organizações internacionais que se interessam pelo bem-estar da criança;

Tendo em conta que, conforme assinalado na Declaração dos Direitos da Criança, "a criança, em virtude de sua falta de maturidade física e mental, necessita proteção e cuidados especiais, inclusive a devida proteção legal, tanto antes quanto após seu nascimento";

Lembrando o estabelecido na Declaração sobre os Princípios Sociais e Jurídicos Relativos à Proteção e ao Bem-Estar das Crianças, especialmente com Referência à Adoção e à Colocação em Lares de Adoção, nos Planos Nacional e Internacional; as Regras Mínimas das Nações Unidas para a Administração da Justiça Juvenil (Regras de Pequim); e a Declaração sobre a Proteção da Mulher e da Criança em Situações de Emergência ou de Conflito Armado;

Reconhecendo que em todos os países do mundo existem crianças vivendo sob condições excepcionalmente difíceis e que essas crianças necessitam consideração especial;

Tomando em devida conta a importância das tradições e dos valores culturais de cada povo para a proteção e o desenvolvimento harmonioso da criança;

Reconhecendo a importância da cooperação internacional para a melhoria das condições de vida das crianças em todos os países, especialmente nos países em desenvolvimento;

Acordam o seguinte:

PARTE I

Artigo 1

Para efeitos da presente Convenção considera-se como criança todo ser humano com menos de dezoito anos de idade, a não ser que, em conformidade com a lei aplicável à criança, a maioridade seja alcançada antes.

Artigo 2

1. Os Estados-partes respeitarão os direitos enunciados na presente Convenção e assegurarão sua aplicação a cada criança sujeita à sua jurisdição, sem distinção alguma, independentemente de raça, cor, sexo, idioma, crença, opinião política ou de outra índole, origem nacional, étnica ou social, posição econômica, deficiências físicas, nascimento ou qualquer outra condição da criança, de seus pais ou de seus representantes legais.

2. Os Estados-partes tomarão todas as medidas apropriadas para assegurar a proteção da criança contra toda forma de discriminação ou castigo por causa da condição, das atividades, das opiniões manifestadas ou das crenças de seus pais, representantes legais ou familiares.

Artigo 3

1. Todas as ações relativas às crianças, levadas a efeito por instituições públicas ou privadas de bem-estar social, tribunais, autoridades administrativas ou órgãos legislativos, devem considerar, primordialmente, o interesse maior da criança.

2. Os Estados-partes se comprometem a assegurar à criança a proteção e o cuidado que sejam necessários para seu bem-estar, levando em consideração os direitos e deveres de seus pais, tutores ou outras pessoas responsáveis por ela perante a lei e, com essa finalidade, tomarão todas as medidas legislativas e administrativas adequadas.

3. Os Estados-partes se certificarão de que as instituições, os serviços e os estabelecimentos encarregados do cuidado ou da proteção das crianças cumpram com os padrões estabelecidos pelas autoridades competentes, especialmente no que diz respeito à segurança e à saúde das crianças, ao número e à competência de seu pessoal e à existência de supervisão adequada.

Artigo 4

Os Estados-partes adotarão todas as medidas administrativas, legislativas e de outra índole com vistas à implementação dos direitos reconhecidos na presente Convenção. Com relação aos direitos econômicos, sociais e culturais, os Estados-partes adotarão essas medidas utilizando ao máximo os recursos disponíveis e, quando necessário, dentro de um quadro de cooperação internacional.

Artigo 5

Os Estados-partes respeitarão as responsabilidades, os direitos e os deveres dos pais ou, onde for o caso, dos membros da família ampliada ou da comunidade, conforme determinem os costumes locais, dos tutores ou de outras pessoas legalmente responsáveis, de proporcionar à criança instrução e orientação adequadas e acordes com a evolução de sua capacidade no exercício dos direitos reconhecidos na presente convenção.

Artigo 6

1. Os Estados-partes reconhecem que toda criança tem o direito inerente à vida.

2. Os Estados-partes assegurarão ao máximo a sobrevivência e o desenvolvimento da criança.

Artigo 7

1. A criança será registrada imediatamente após seu nascimento e terá direito, desde o momento em que nasce, a um nome, a uma nacionalidade e, na medida do possível, a conhecer seus pais e a ser cuidada por eles.

2. Os Estados-partes zelarão pela aplicação desses direitos de acordo com sua legislação nacional e com as obrigações que tenham assumido em virtude dos instrumentos internacionais pertinentes, sobretudo se, de outro modo, a criança se tornaria apátrida.

Artigo 8

1. Os Estados-partes se comprometem a respeitar o direito da criança de preservar sua identidade, inclusive a nacionalidade, o nome e as relações familiares, de acordo com a lei, sem interferências ilícitas.

2. Quando uma criança se vir privada ilegalmente de algum ou de todos os elementos que configuram sua identidade, os Estados-partes deverão prestar assistência e proteção adequadas com vistas a restabelecer rapidamente sua identidade.

Artigo 9

1. Os Estados-partes deverão zelar para que a criança não seja separada dos pais contra a vontade dos mesmos, exceto quando, sujeita à revisão judicial, as autoridades competentes determinarem, em conformidade com a lei e os procedimentos legais cabíveis, que tal separação é necessária ao interesse maior da criança. Tal determinação pode ser necessária em casos específicos, por exemplo, nos casos em que

a criança sofre maus tratos ou descuido por parte de seus pais ou quando estes vivem separados e uma decisão deve ser tomada a respeito do local da residência da criança.

2. Caso seja adotado qualquer procedimento em conformidade com o estipulado no parágrafo 1 do presente artigo, todas as partes interessadas terão a oportunidade de participar e de manifestar suas opiniões.

3. Os Estados-partes respeitarão o direito da criança que esteja separada de um ou de ambos os pais de manter regularmente relações pessoais e contato direto com ambos, a menos que isso seja contrário ao interesse maior da criança.

4. Quando essa separação ocorrer em virtude de uma medida adotada por um Estado-parte, tal como detenção, prisão, exílio, deportação ou morte (inclusive falecimento decorrente de qualquer causa enquanto a pessoa estiver sob a custódia do Estado) de um dos pais da criança, ou de ambos, ou da própria criança, o Estado-parte, quando solicitado, proporcionará aos pais, à criança ou, se for o caso, a outro familiar, informações básicas a respeito do paradeiro do familiar ou familiares ausentes, a não ser que tal procedimento seja prejudicial ao bem-estar da criança. Os Estados-partes se certificarão, além disso, de que a apresentação de tal petição não acarrete, por si só, consequências adversas para a pessoa ou pessoas interessadas.

Artigo 10

1. De acordo com a obrigação dos Estados-partes estipulada no parágrafo 1 do Artigo 9, toda solicitação apresentada por uma criança, ou por seus pais, para ingressar ou sair de um Estado-parte com vistas à reunião da família, deverá ser atendida pelos Estados-partes de forma positiva, humanitária e rápida. Os Estados-partes assegurarão, ainda, que a apresentação de tal solicitação não acarretará consequências adversas para os solicitantes ou para seus familiares.

2. A criança cujos pais residam em Estados diferentes terá o direito de manter, periodicamente, relações pessoais e contato direto com ambos, exceto em circunstâncias especiais. Para tanto, e de acordo com a obrigação assumida pelos Estados-partes em virtude do parágrafo 2 do Artigo 9, os Estados-partes respeitarão o direito da criança e de seus pais de sair de qualquer país, inclusive do próprio, e de ingressar no seu próprio país. O direito de sair de qualquer país estará sujeito, apenas, às restrições determinadas pela lei que sejam necessárias para proteger a segurança nacional, a ordem pública, a saúde ou a moral públicas ou os direitos e as liberdades de outras pessoas e que estejam acordes com os demais direitos reconhecidos pela presente convenção.

Artigo 11

1. Os Estados-partes adotarão medidas a fim de lutar contra a transferência ilegal de crianças para o exterior e a retenção ilícita das mesmas fora do país.

2. Para tanto, aos Estados-partes promoverão a conclusão de acordos bilaterais ou multilaterais ou a adesão a acordos já existentes.

Artigo 12

1. Os Estados-partes assegurarão à criança que estiver capacitada a formular seus próprios juízos o direito de expressar suas opiniões livremente sobre todos os assuntos relacionados com a criança, levando-se devidamente em consideração essas opiniões, em função da idade e maturidade da criança.

2. Com tal propósito, se proporcionará à criança, em particular, a oportunidade de ser ouvida em todo processo judicial ou administrativo que afete a mesma, quer diretamente quer por intermédio de um representante ou órgão apropriado, em conformidade com as regras processuais da legislação nacional.

Artigo 13

1. A criança terá direito à liberdade de expressão. Esse direito incluirá a liberdade de procurar, receber e divulgar informações e ideias de todo tipo, independentemente de fronteiras, de forma oral, escrita ou impressa, por meio das artes ou por qualquer outro meio escolhido pela criança.

2. O exercício de tal direito poderá estar sujeito a determinadas restrições, que serão unicamente as previstas pela lei e consideradas necessárias:

a) para o respeito dos direitos ou da reputação dos demais, ou

b) para a proteção da segurança nacional ou da ordem pública, ou para proteger a saúde e a moral públicas.

Artigo 14

1. Os Estados-partes respeitarão o direito da criança à liberdade de pensamento, de consciência e de crença.

2. Os Estados-partes respeitarão os direitos e deveres dos pais e, se for o caso, dos representantes legais, de orientar a criança com relação ao exercício de seus direitos de maneira acorde com a evolução de sua capacidade.

3. A liberdade de professar a própria religião ou as próprias crenças estará sujeita, unicamente, às limitações prescritas pela lei e necessárias para proteger a segurança, a ordem, a moral, a saúde pública ou os direitos e liberdades fundamentais dos demais.

Artigo 15

1 Os Estados-partes reconhecem os direitos da criança à liberdade de associação e à liberdade de realizar reuniões pacíficas.

2. Não serão impostas restrições ao exercício desses direitos, a não ser as estabelecidas em conformidade com a lei e que sejam necessárias numa sociedade democrática, no interesse da segurança nacional ou pública, da ordem pública, da proteção à saúde e à moral públicas ou da proteção aos direitos e liberdades dos demais.

Artigo 16

1. Nenhuma criança será objeto de interferências arbitrárias ou ilegais em sua vida particular, sua família, seu domicílio ou sua correspondência, nem de atentados ilegais a sua honra e a sua reputação.

2. A criança tem direito à proteção da lei contra essas interferências ou atentados.

Artigo 17

Os Estados-partes reconhecem a função importante desempenhada pelos meios de comunicação e zelarão para que a criança tenha acesso a informações e materiais procedentes de diversas fontes nacionais e internacionais, especialmente informações e materiais que visem a promover seu bem-estar social, espiritual e moral e sua saúde física e mental. Para tanto, os Estados-partes:

a) incentivarão os meios de comunicação a difundir informações e materiais de interesse social e cultural para a criança, de acordo com o espírito do Artigo 29;

b) promoverão a cooperação internacional na produção, no intercâmbio e na divulgação dessas informações e desses materiais procedentes de diversas fontes culturais, nacionais e internacionais;

c) incentivarão a produção e difusão de livros para crianças;

d) incentivarão os meios de comunicação no sentido de, particularmente, considerar as necessidades linguísticas da criança que pertença a um grupo minoritário ou que seja indígena;

e) promoverão a elaboração de diretrizes apropriadas a fim de proteger a criança contra toda informação e material prejudiciais ao seu bem-estar, tendo em conta as disposições dos arts. 13 e 18.

Artigo 18

1. Os Estados-partes envidarão os seus melhores esforços a fim de assegurar o reconhecimento do princípio de que ambos os pais têm obrigações comuns com relação à educação e ao desenvolvimento da criança. Caberá aos pais ou, quando for o caso, aos representantes legais, a responsabilidade primordial pela educação e pelo desenvolvimento da criança. Sua preocupação fundamental visará ao interesse maior da criança.

2. A fim de garantir e promover os direitos enunciados na presente convenção, os Estados-partes prestarão assistência adequada aos pais e aos representantes legais para o desempenho de suas funções no que tange à educação da criança e assegurarão a criação de instituições, instalações e serviços para o cuidado das crianças.

3. Os Estados-partes adotarão todas as medidas apropriadas a fim de que as crianças cujos pais trabalhem tenham direito a beneficiar-se dos serviços de assistência social e creches a que fazem jus.

Artigo 19

1. Os Estados-partes adotarão todas as medidas legislativas, administrativas, sociais e educacionais apropriadas para proteger a criança contra todas as formas de violência física ou mental, abuso ou tratamento negligente, maus tratos ou exploração, inclusive abuso sexual, enquanto a criança estiver sob a custódia dos pais, do representante legal ou de qualquer outra pessoa responsável por ela.

2. Essas medidas de proteção deveriam incluir, conforme apropriado, procedimentos eficazes para a elaboração de programas sociais capazes de proporcionar uma assistência adequada à criança e às pessoas encarregadas de seu cuidado, bem como para outras formas de prevenção, para a identificação, notificação, transferência a uma instituição, investigação, tratamento e acompanhamento posterior dos casos acima mencionados de maus tratos à criança e, conforme o caso, para a intervenção judiciária.

Artigo 20

1. As crianças privadas temporária ou permanentemente do seu meio familiar, ou cujo interesse maior exija que não permaneçam nesse meio, terão direito à proteção e assistência especiais do Estado.

2. Os Estados-partes garantirão, de acordo com suas leis nacionais, cuidados alternativos para essas crianças.

3. Esses cuidados poderiam incluir, inter alia, a colocação em lares de adoção, a kafalah do direito islâmico, a adoção ou, caso necessário, a colocação em instituições adequadas de proteção para as crianças. Ao serem consideradas as soluções, deve-se dar especial atenção à origem étnica, religiosa, cultural e linguística da criança, bem como à conveniência da continuidade de sua educação.

Artigo 21

Os Estados-partes que reconhecem ou permitem o sistema de adoção atentarão para o fato de que a consideração primordial seja o interesse maior da criança. Dessa forma, atentarão para que:

a) a adoção da criança seja autorizada apenas pelas autoridades competentes, as quais determinarão, consoante as leis e os procedimentos cabíveis e com base em todas as informações pertinentes e fidedignas, que a adoção é admissível em vista da situação jurídica da criança com relação a seus pais, parentes e representantes legais e que, caso solicitado, as pessoas interessadas tenham dado, com conhecimento de causa, seu consentimento à adoção, com base no assessoramento que possa ser necessário;

b) a adoção efetuada em outro país possa ser considerada como outro meio de cuidar da criança, no caso em que a mesma não possa ser colocada em um lar de adoção ou entregue a uma família adotiva ou não logre atendimento adequado em seu país de origem;

c) a criança adotada em outro país goze de salvaguardas e normas equivalentes às existentes em seu país de origem com relação à adoção;

d) todas as medidas apropriadas sejam adotadas, a fim de garantir que, em caso de adoção em outro país, a colocação não permita benefícios financeiros indevidos aos que dela participarem;

e) quando necessário, promover os objetivos do presente artigo mediante ajustes ou acordos bilaterais ou multilaterais, e envidarão esforços, nesse contexto, com vistas a assegurar que a colocação da criança em outro país seja levada a cabo por intermédio das autoridades ou organismos competentes.

Artigo 22

1. Os Estados-partes adotarão medidas pertinentes para assegurar que a criança que tente obter a condição de refugiada, ou que seja considerada como refugiada de acordo com o direito e os procedimentos internacionais ou internos aplicáveis, receba, tanto no caso de estar sozinha como acompanhada por seus pais ou por qualquer outra pessoa, a proteção e a assistência humanitária adequadas a fim de que possa usufruir dos direitos enunciados na presente convenção e em outros instrumentos internacionais de direitos humanos ou de caráter humanitário dos quais os citados Estados sejam parte.

2. Para tanto, os Estados-partes cooperarão, da maneira como julgarem apropriada, com todos os esforços das Nações Unidas e demais organizações intergovernamentais competentes, ou organizações não governamentais que cooperem com as Nações Unidas, no sentido de proteger e ajudar a criança refugiada, e de localizar seus pais ou outros membros de sua família a fim de obter informações necessárias que permitam sua reunião com a família. Quando não for possível localizar nenhum dos pais ou membros da família, será concedida à criança a mesma proteção outorgada a qualquer outra criança privada permanente ou temporariamente de seu ambiente familiar, seja qual for o motivo, conforme o estabelecido na presente convenção.

Artigo 23

1. Os Estados-partes reconhecem que a criança portadora de deficiências físicas ou mentais deverá desfrutar de uma vida plena e decente em condições que garantam sua dignidade, favoreçam sua autonomia e facilitem sua participação ativa na comunidade.

2. Os Estados-partes reconhecem o direito da criança deficiente de receber cuidados especiais e, de acordo com os recursos disponíveis e sempre que a criança ou seus responsáveis reúnam as condições requeridas, estimularão e assegurarão a prestação da assistência solicitada, que seja adequada ao estado da criança e às circunstâncias de seus pais ou das pessoas encarregadas de seus cuidados.

3. Atendendo às necessidades especiais da criança deficiente, a assistência prestada, conforme disposto no parágrafo 2 do presente artigo, será gratuita sempre que possível, levando-se em consideração a situação econômica dos pais ou das pessoas que cuidem da criança, e visará a assegurar à criança deficiente o acesso efetivo à educação, à capacitação, aos serviços de saúde, aos serviços de reabilitação, à preparação para o emprego e às oportunidades de lazer, de maneira que a criança atinja a mais completa integração social possível e o maior desenvolvimento individual factível, inclusive seu desenvolvimento cultural e espiritual.

4. Os Estados-partes promoverão, com espírito de cooperação internacional, um intercâmbio adequado de informações nos campos da assistência médica preventiva e do tratamento médico, psicológico e funcional das crianças deficientes, inclusive a divulgação de informações a respeito dos métodos de reabilitação e dos serviços de ensino e formação profissional, bem como o acesso a essa informação, a fim de que os Estados-partes possam aprimorar sua capacidade e seus conhecimentos e ampliar sua experiência nesses campos. Nesse sentido, serão levadas especialmente em conta as necessidades dos países em desenvolvimento.

Artigo 24

1. Os Estados-partes reconhecem o direito da criança de gozar do melhor padrão possível de saúde e dos serviços destinados ao tratamento das doenças e à recuperação da saúde. Os Estados-partes envidarão esforços no sentido de assegurar que nenhuma criança se veja privada de seu direito de usufruir desses serviços sanitários.

2. Os Estados-partes garantirão a plena aplicação desse direito e, em especial, adotarão as medidas apropriadas com vistas a:

a) reduzir a mortalidade infantil;

b) assegurar a prestação de assistência médica e cuidados sanitários necessários a todas as crianças, dando ênfase aos cuidados básicos de saúde;

c) combater as doenças e a desnutrição dentro do contexto dos cuidados básicos de saúde mediante, inter alia, a aplicação de tecnologia disponível e o fornecimento de alimentos nutritivos e de água potável, tendo em vista os perigos e riscos da poluição ambiental;

d) assegurar às mães adequada assistência pré-natal e pós-natal;

e) assegurar que todos os setores da sociedade, e em especial os pais e as crianças, conheçam os princípios básicos de saúde e nutrição das crianças, as vantagens da amamentação, da higiene e do saneamento ambiental e das medidas de prevenção de acidentes, e tenham acesso à educação pertinente e recebam apoio para a aplicação desses conhecimentos;

f) desenvolver a assistência médica preventiva, a orientação aos pais e a educação e serviços de planejamento familiar.

3. Os Estados-partes adotarão todas as medidas eficazes e adequadas para abolir práticas tradicionais que sejam prejudicais à saúde da criança.

4. Os Estados-partes se comprometem a promover e incentivar a cooperação internacional com vistas a lograr, progressivamente, a plena efetivação do direito reconhecido no presente artigo. Nesse sentido, será dada atenção especial às necessidades dos países em desenvolvimento.

Artigo 25

Os Estados-partes reconhecem o direito de uma criança que tenha sido internada em um estabelecimento pelas autoridades competentes para fins de atendimento, proteção ou tratamento de saúde física ou mental a um exame periódico de avaliação do tratamento ao qual está sendo submetida e de todos os demais aspectos relativos à sua internação.

Artigo 26

1. Os Estados-partes reconhecerão a todas as crianças o direito de usufruir da previdência social, inclusive do seguro social, e adotarão as medidas necessárias para lograr a plena consecução desse direito, em conformidade com sua legislação nacional.

2. Os benefícios deverão ser concedidos, quando pertinentes, levando-se em consideração os recursos e a situação da criança e das pessoas responsáveis pelo seu sustento, bem como qualquer outra consideração cabível no caso de uma solicitação de benefícios feita pela criança ou em seu nome.

Artigo 27

1. Os Estados-partes reconhecem o direito de toda criança a um nível de vida adequado ao seu desenvolvimento físico, mental, espiritual, moral e social.

2. Cabe aos pais, ou a outras pessoas encarregadas, a responsabilidade primordial de propiciar, de acordo com suas possibilidades e meios financeiros, as condições de vida necessárias ao desenvolvimento da criança.

3. Os Estados-partes, de acordo com as condições nacionais e dentro de suas possibilidades, adotarão medidas apropriadas a fim de ajudar os pais e outras pessoas responsáveis pela criança a tornar efetivo esse direito e, caso necessário, proporcionarão assistência material e programas de apoio, especialmente no que diz respeito à nutrição, ao vestuário e à habitação.

4. Os Estados-partes tomarão todas as medidas adequadas para assegurar o pagamento da pensão alimentícia por parte dos pais ou de outras pessoas financeiramente responsáveis pela criança, quer residam no Estado-parte quer no exterior. Nesse sentido, quando a pessoa que detém a responsabilidade financeira pela criança residir em Estado diferente daquele onde mora a criança, os Estados-partes promoverão a adesão a acordos internacionais ou a conclusão de tais acordos, bem como a adoção de outras medidas apropriadas.

Artigo 28

1. Os Estados-partes reconhecem o direito da criança à educação e, a fim de que ela possa exercer progressivamente e em igualdade de condições esse direito, deverão especialmente:

a) tornar o ensino primário obrigatório e disponível gratuitamente para todos;

b) estimular o desenvolvimento do ensino secundário em suas diferentes formas, inclusive o ensino geral e profissionalizante, tornando-o disponível e acessível a todas as crianças, e adotar medidas apropriadas tais como a implantação do ensino gratuito e a concessão de assistência financeira em caso de necessidade;

c) tornar o ensino superior acessível a todos com base na capacidade e por todos os meios adequados;

d) tornar a informação e a orientação educacionais e profissionais disponíveis e accessíveis a todas as crianças;

e) adotar medidas para estimular a frequência regular às escolas e a redução do índice de evasão escolar.

2. Os Estados-partes adotarão todas as medidas necessárias para assegurar que a disciplina escolar seja ministrada de maneira compatível com a dignidade humana da criança e em conformidade com a presente convenção.

3. Os Estados-partes promoverão e estimularão a cooperação internacional em questões relativas à educação, especialmente visando a contribuir para a eliminação da ignorância e do analfabetismo no mundo e facilitar o acesso aos conhecimentos científicos e técnicos e aos métodos modernos de ensino. A esse respeito, será dada atenção especial às necessidades dos países em desenvolvimento.

Artigo 29

1. Os Estados-partes reconhecem que a educação da criança deverá estar orientada no sentido de:

a) desenvolver a personalidade, as aptidões e a capacidade mental e física da criança em todo o seu potencial;

b) imbuir na criança o respeito aos direitos humanos e às liberdades fundamentais, bem como aos princípios consagrados na Carta das Nações Unidas;

c) imbuir na criança o respeito aos seus pais, à sua própria identidade cultural, ao seu idioma e seus valores, aos valores nacionais do país em que reside, aos do eventual país de origem, e aos das civilizações diferentes da sua;

d) preparar a criança para assumir uma vida responsável numa sociedade livre, com espírito de compreensão, paz, tolerância, igualdade de sexos e amizade entre todos os povos, grupos étnicos, nacionais e religiosos e pessoas de origem indígena;

e) imbuir na criança o respeito ao meio ambiente.

2. Nada do disposto no presente artigo ou no Artigo 28 será interpretado de modo a restringir a liberdade dos indivíduos ou das entidades de criar e dirigir instituições de ensino, desde que sejam respeitados os princípios enunciados no parágrafo 1 do presente artigo e que a educação ministrada em tais instituições esteja acorde com os padrões mínimos estabelecidos pelo Estado.

Artigo 30

Nos Estados-partes onde existam minorias étnicas, religiosas ou linguísticas, ou pessoas de origem indígena, não será negado a uma criança que pertença a tais minorias ou que seja indígena o direito de, em comunidade com os demais membros de seu grupo, ter sua própria cultura, professar e praticar sua própria religião ou utilizar seu próprio idioma.

Artigo 31

1. Os Estados-partes reconhecem o direito da criança ao descanso e ao lazer, ao divertimento e às atividades recreativas próprias da idade, bem como à livre participação na vida cultural e artística.

2. Os Estados-partes respeitarão e promoverão o direito da criança de participar plenamente da vida cultural e artística e encorajarão a criação de oportunidades adequadas, em condições de igualdade, para que participem da vida cultural, artística, recreativa e de lazer.

Artigo 32

1. Os Estados-partes reconhecem o direito da criança de estar protegida contra a exploração econômica e contra o desempenho de qualquer trabalho que possa ser perigoso ou interferir em sua educação, ou que seja nocivo para sua saúde ou para seu desenvolvimento físico, mental, espiritual, moral ou social.

2. Os Estados-partes adotarão medidas legislativas, administrativas, sociais e educacionais com vistas a assegurar a aplicação do presente artigo. Com tal propósito, e levando em consideração as disposições pertinentes de outros instrumentos internacionais, os Estados-partes, deverão, em particular:

a) estabelecer uma idade ou idades mínimas para a admissão em empregos;

b) estabelecer regulamentação apropriada relativa a horários e condições de emprego;

c) estabelecer penalidades ou outras sanções apropriadas a fim de assegurar o cumprimento efetivo do presente artigo.

Artigo 33

Os Estados-partes adotarão todas as medidas apropriadas, inclusive medidas legislativas, administrativas, sociais e educacionais, para proteger a criança contra o uso ilícito de drogas e substâncias psicotrópicas descritas nos tratados internacionais pertinentes e para impedir que crianças sejam utilizadas na produção e no tráfico ilícito dessas substâncias.

Artigo 34

Os Estados-partes se comprometem a proteger a criança contra todas as formas de exploração e abuso sexual. Nesse sentido, os Estados-partes tomarão, em especial, todas as medidas de caráter nacional, bilateral e multilateral que sejam necessárias para impedir:

a) o incentivo ou a coação para que uma criança se dedique a qualquer atividade sexual ilegal;

b) a exploração da criança na prostituição ou outras práticas sexuais ilegais;

c) a exploração da criança em espetáculos ou materiais pornográficos.

Artigo 35

Os Estados-partes tomarão todas as medidas de caráter nacional, bilateral e multilateral que sejam necessárias para impedir o sequestro, a venda ou o tráfico de crianças para qualquer fim ou sob qualquer forma.

Artigo 36

Os Estados-partes protegerão a criança contra todas as demais formas de exploração que sejam prejudiciais para qualquer aspecto de seu bem-estar.

Artigo 37

Os Estados-partes zelarão para que:

a) nenhuma criança seja submetida a tortura nem a outros tratamentos ou penas cruéis, desumanos ou degradantes. Não será imposta a pena de morte nem a prisão perpétua sem possibilidade de livramento por delitos cometidos por menores de dezoito anos de idade;

b) nenhuma criança seja privada de sua liberdade de forma ilegal ou arbitrária. A detenção, a reclusão ou a prisão de uma criança será efetuada em conformidade com a lei e apenas como último recurso, e durante o mais breve período de tempo que for apropriado;

c) toda criança privada da liberdade seja tratada com a humanidade e o respeito que merece a dignidade inerente à pessoa humana, e levando-se em consideração as necessidades de uma pessoa de sua idade. Em especial, toda criança privada de sua liberdade ficará separada dos adultos, a não ser que tal fato seja considerado contrário aos melhores interesses da criança, e terá direito a manter contato com sua família por meio de correspondência ou de visitas, salvo em circunstâncias excepcionais;

d) toda criança privada de sua liberdade tenha direito a rápido acesso a assistência jurídica e a qualquer outra assistência adequada, bem como direito a impugnar a legalidade da privação de sua liberdade perante um tribunal ou outra autoridade competente, independente e imparcial e a uma rápida decisão a respeito de tal ação.

Artigo 38

1. Os Estados-partes se comprometem a respeitar e a fazer com que sejam respeitadas as normas do direito humanitário internacional aplicáveis em casos de conflito armado no que digam respeito às crianças.

2. Os Estados-partes adotarão todas as medidas possíveis a fim de assegurar que todas as pessoas que ainda não tenham completado quinze anos de idade não participem diretamente de hostilidades.

3. Os Estados-partes abster-se-ão de recrutar pessoas que não tenham completado quinze anos de idade para servir em suas forças armadas. Caso recrutem pessoas que tenham completado quinze anos mas que tenham menos de dezoito anos, deverão procurar dar prioridade aos de mais idade.

4. Em conformidade com suas obrigações de acordo com o direito humanitário internacional para proteção da população civil durante os conflitos armados, os Estados-partes adotarão todas as medidas necessárias a fim de assegurar a proteção e o cuidado das crianças afetadas por um conflito armado.

Artigo 39

Os Estados-partes adotarão todas as medidas apropriadas para estimular a recuperação física e psicológica e a reintegração social de toda criança vítima de qualquer forma de abandono, exploração ou abuso; tortura ou outros tratamentos ou penas cruéis, desumanos ou degradantes; ou conflitos armados. Essa recuperação e reintegração serão efetuadas em ambiente que estimule a saúde, o respeito próprio e a dignidade da criança.

Artigo 40

1. Os Estados-partes reconhecem o direito de toda criança a quem se alegue ter infringido as leis penais ou a quem se acuse ou declare culpada de ter infringido as leis penais de ser tratada de modo a promover e estimular seu sentido de dignidade e de valor e a fortalecer o respeito da criança pelos direitos humanos e pelas liberdades fundamentais de terceiros, levando em consideração a idade da criança e a importância de se estimular sua reintegração e seu desempenho construtivo na sociedade.

2. Nesse sentido, e de acordo com as disposições pertinentes dos instrumentos internacionais, os Estados-partes assegurarão, em particular:

a) que não se alegue que nenhuma criança tenha infringido as leis penais, nem se acuse ou declare culpada nenhuma criança de ter infringido essas leis, por atos ou omissões que não eram proibidos pela legislação nacional ou pelo direito internacional no momento em que foram cometidos;

b) que toda criança de quem se alegue ter infringido as leis penais ou a quem se acuse de ter infringido essas leis goze, pelo menos, das seguintes garantias:

I) ser considerada inocente enquanto não for comprovada sua culpabilidade conforme a lei;

II) ser informada sem demora e diretamente ou, quando for o caso, por intermédio de seus pais ou de seus representantes legais, das acusações que pesam contra ela, e dispor de assistência jurídica ou outro tipo de assistência apropriada para a preparação e apresentação de sua defesa;

III) ter a causa decidida sem demora por autoridade ou órgão judicial competente, independente e imparcial, em audiência justa conforme a lei, com assistência jurídica ou outra assistência e, a não ser que seja considerado contrário aos melhores interesses da criança, levando em consideração especialmente sua idade ou situação e a de seus pais ou representantes legais;

IV) não ser obrigada a testemunhar ou a se declarar culpada, e poder interrogar ou fazer com que sejam interrogadas as testemunhas de acusação bem como poder obter a participação e o interrogatório de testemunhas em sua defesa, em igualdade de condições;

V) se for decidido que infringiu as leis penais, ter essa decisão e qualquer medida imposta em decorrência da mesma submetidas a revisão por autoridade ou órgão judicial superior competente, independente e imparcial, de acordo com a lei;

VI) contar com a assistência gratuita de um intérprete caso a criança não compreenda ou fale o idioma utilizado;

VII) ter plenamente respeitada sua vida privada durante todas as fases do processo.

3. Os Estados-partes buscarão promover o estabelecimento de leis, procedimentos, autoridades e instituições específicas para as crianças de quem se alegue ter infringido as leis penais ou que sejam acusadas ou declaradas culpadas de tê-las infringido, e em particular:

a) o estabelecimento de uma idade mínima antes da qual se presumirá que a criança não tem capacidade para infringir as leis penais;

b) a adoção sempre que conveniente e desejável, de medidas para tratar dessas crianças sem recorrer a procedimentos judiciais, contando que sejam respeitados plenamente os direitos humanos e as garantias legais.

4. Diversas medidas, tais como ordens de guarda, orientação e supervisão, aconselhamento, liberdade vigiada, colocação em lares de adoção, programas de educação e formação profissional, bem como outras alternativas à internação em instituições, deverão estar disponíveis para garantir que as crianças sejam tratadas de modo apropriado ao seu bem-estar e de forma proporcional às circunstâncias e ao tipo do delito.

Artigo 41

Nada do estipulado na presente Convenção afetará disposições que sejam mais convenientes para a realização dos direitos da criança e que podem constar:

a) das leis de um Estado-parte;

b) das normas de direito internacional vigentes para esse Estado.

PARTE II

Artigo 42

Os Estados-partes se comprometem a dar aos adultos e às crianças amplo conhecimento dos princípios e disposições da convenção, mediante a utilização de meios apropriados e eficazes.

Artigo 43

1. A fim de examinar os progressos realizados no cumprimento das obrigações contraídas pelos Estados-partes na presente convenção, deverá ser estabelecido um Comitê para os Direitos da Criança que desempenhará as funções a seguir determinadas.

2. O comitê estará integrado por dez especialistas de reconhecida integridade moral e competência nas áreas cobertas pela presente convenção. Os membros do comitê serão eleitos pelos Estados-partes dentre seus nacionais e exercerão suas funções a título pessoal, tomando-se em devida conta a distribuição geográfica equitativa bem como os principais sistemas jurídicos.

3. Os membros do comitê serão escolhidos, em votação secreta, de uma lista de pessoas indicadas pelos Estados-partes. Cada Estado-parte poderá indicar uma pessoa dentre os cidadãos de seu país.

4. A eleição inicial para o comitê será realizada, no mais tardar, seis meses após a entrada em vigor da presente convenção e, posteriormente, a cada dois anos. No mínimo quatro meses antes da data marcada para cada eleição, o Secretário-Geral das Nações Unidas enviará uma carta aos Estados-partes convidando-os a apresentar suas candidaturas num prazo de dois meses. O Secretário-Geral elaborará posteriormente uma lista da qual farão parte, em ordem alfabética, todos os candidatos indicados e os Estados-partes que os designaram, e submeterá a mesma aos Estados-partes presentes à Convenção.

5. As eleições serão realizadas em reuniões dos Estados-partes convocadas pelo Secretário-Geral na Sede das Nações Unidas. Nessas reuniões, para as quais o quórum será de dois terços dos Estados-partes, os candidatos eleitos para o comitê serão aqueles que obtiverem o maior número de votos e a maioria absoluta de votos dos representantes dos Estados-partes presentes e votantes.

6. Os membros do comitê serão eleitos para um mandato de quatro anos. Poderão ser reeleitos caso sejam apresentadas novamente suas candidaturas. O mandato de cinco dos membros eleitos na primeira eleição expirará ao término de dois anos; imediatamente após ter sido realizada a primeira eleição, o presidente da reunião na qual a mesma se efetuou escolherá por sorteio os nomes desses cinco membros.

7. Caso um membro do comitê venha a falecer ou renuncie ou declare que por qualquer outro motivo não poderá continuar desempenhando suas funções, o Estado-parte que indicou esse membro designará outro especialista, dentre seus cidadãos, para que exerça o mandato até seu término, sujeito à aprovação do comitê.

8. O comitê estabelecerá suas próprias regras de procedimento.

9. O comitê elegerá a mesa para um período de dois anos.

10. As reuniões do comitê serão celebradas normalmente na sede das Nações Unidas ou em qualquer outro lugar que o comitê julgar conveniente. O comitê se reunirá normalmente todos os anos. A duração das reuniões do comitê será determinada e revista, se for o caso, em uma reunião dos Estados-partes da presente convenção, sujeita à aprovação da Assembleia Geral.

11. O Secretário-Geral das Nações Unidas fornecerá o pessoal e os serviços necessários para o desempenho eficaz das funções do comitê de acordo com a presente convenção.

12. Com prévia aprovação da Assembleia Geral, os membros do Comitê estabelecido de acordo com a presente convenção receberão emolumentos provenientes dos recursos das Nações Unidas, segundo os termos e condições determinados pela assembleia.

Artigo 44

1. Os Estados-partes se comprometem a apresentar ao comitê, por intermédio do Secretário-Geral das Nações Unidas, relatórios sobre as medidas que tenham adotado com vistas a tornar efetivos os direitos reconhecidos na convenção e sobre os progressos alcançados no desempenho desses direitos:

a) num prazo de dois anos a partir da data em que entrou em vigor para cada Estado-parte a presente convenção;

b) a partir de então, a cada cinco anos.

2. Os relatórios preparados em função do presente artigo deverão indicar as circunstâncias e as dificuldades, caso existam, que afetam o grau de cumprimento das obrigações derivadas da presente convenção. Deverão, também, conter informações suficientes para que o comitê compreenda, com exatidão, a implementação da convenção no país em questão.

3. Um Estado-parte que tenha apresentado um relatório inicial ao comitê não precisará repetir, nos relatórios posteriores a serem apresentados conforme o estipulado no sub-item b) do parágrafo 1 do presente artigo, a informação básica fornecida anteriormente.

4. O comitê poderá solicitar aos Estados-partes maiores informações sobre a implementação da convenção.

5. A cada dois anos, o comitê submeterá relatórios sobre suas atividades à Assembleia Geral das Nações Unidas, por intermédio do Conselho Econômico e Social.

6. Os Estados-partes tornarão seus relatórios amplamente disponíveis ao público em seus respectivos países.

Artigo 45

A fim de incentivar a efetiva implementação da Convenção e estimular a cooperação internacional nas esferas regulamentadas pela convenção:

a) os organismos especializados, o Fundo das Nações Unidas para a Infância e outros órgãos das Nações Unidas terão o direito de estar representados quando for analisada a implementação das disposições da presente convenção que estejam compreendidas no âmbito de seus mandatos. O comitê poderá convidar as agências especializadas, o Fundo das Nações Unidas para a Infância e outros órgãos competentes que considere apropriados a fornecer assessoramento especializado sobre a implementação da Convenção em matérias correspondentes a seus respectivos mandatos. O comitê poderá convidar as agências especializadas, o Fundo das Nações Unidas para Infância e outros órgãos das Nações Unidas a apresentarem relatórios sobre a implementação das disposições da presente convenção compreendidas no âmbito de suas atividades;

b) conforme julgar conveniente, o comitê transmitirá às agências especializadas, ao Fundo das Nações Unidas para a Infância e a outros órgãos competentes quaisquer relatórios dos Estados-partes que contenham um pedido de assessoramento ou de assistência técnica, ou nos quais se indique essa necessidade, juntamente com as observações e sugestões do comitê, se as houver, sobre esses pedidos ou indicações;

c) comitê poderá recomendar à Assembleia Geral que solicite ao Secretário-Geral que efetue, em seu nome, estudos sobre questões concretas relativas aos direitos da criança;

d) o comitê poderá formular sugestões e recomendações gerais com base nas informações recebidas nos termos dos Arts. 44 e 45 da presente convenção. Essas sugestões e recomendações gerais deverão ser transmitidas aos Estados-partes e encaminhadas à Assembleia geral, juntamente com os comentários eventualmente apresentados pelos Estados-partes.

PARTE III

Artigo 46

A presente convenção está aberta à assinatura de todos os Estados.

Artigo 47

A presente convenção está sujeita à ratificação. Os instrumentos de ratificação serão depositados junto ao Secretário-Geral das Nações Unidas.

Artigo 48

A presente convenção permanecerá aberta à adesão de qualquer Estado. Os instrumentos de adesão serão depositados junto ao Secretário-Geral das Nações Unidas.

Artigo 49

1. A presente convenção entrará em vigor no trigésimo dia após a data em que tenha sido depositado o vigésimo instrumento de ratificação ou de adesão junto ao Secretário-Geral das Nações Unidas.

2. Para cada Estado que venha a ratificar a convenção ou a aderir a ela após ter sido depositado o vigésimo instrumento de ratificação ou de adesão, a convenção entrará em vigor no trigésimo dia após o depósito, por parte do Estado, de seu instrumento de ratificação ou de adesão.

Artigo 50

1. Qualquer Estado-parte poderá propor uma emenda e registrá-la com o Secretário-Geral das Nações Unidas. O Secretário-Geral comunicará a emenda proposta aos Estados-partes, com a solicitação de que estes o notifiquem caso apoiem a convocação de uma Conferência de Estados-partes com o propósito de analisar as propostas e submetê-las à votação. Se, num prazo de quatro meses a partir da data dessa notificação, pelo menos um terço dos Estados-partes se declarar favorável a tal Conferência, o Secretário-Geral convocará conferência, sob os auspícios das Nações Unidas. Qualquer emenda adotada pela maioria de Estados-partes presentes e votantes na conferência será submetida pelo Secretário-Geral à Assembleia Geral para sua aprovação.

2. Uma emenda adotada em conformidade com o parágrafo 1 do presente artigo entrará em vigor quando aprovada pela Assembleia Geral das Nações Unidas e aceita por uma maioria de dois terços de Estados-partes.

3. Quando uma emenda entrar em vigor, ela será obrigatória para os Estados-partes que as tenham aceito, enquanto os demais Estados-partes permanecerão obrigados pelas disposições da presente convenção e pelas emendas anteriormente aceitas por eles.

Artigo 51

1. O Secretário-Geral das Nações Unidas receberá e comunicará a todos os Estados-partes o texto das reservas feitas pelos Estados no momento da ratificação ou da adesão.

2. Não será permitida nenhuma reserva incompatível com o objetivo e o propósito da presente convenção.

3. Quaisquer reservas poderão ser retiradas a qualquer momento mediante uma notificação nesse sentido dirigida ao Secretário-Geral das Nações Unidas, que informará a todos os Estados. Essa notificação entrará em vigor a partir da data de recebimento da mesma pelo Secretário-Geral.

Artigo 52

Um Estado-parte poderá denunciar a presente convenção mediante notificação feita por escrito ao Secretário-Geral das Nações Unidas. A denúncia entrará em vigor um ano após a data em que a notificação tenha sido recebida pelo Secretário-Geral.

Artigo 53

Designa-se para depositário da presente convenção o Secretário-Geral das Nações Unidas.

Artigo 54

O original da presente convenção, cujos textos em árabe chinês, espanhol, francês, inglês e russo são igualmente autênticos, será depositado em poder do Secretário-Geral das Nações Unidas.

Em fé do que, os plenipotenciários abaixo assinados, devidamente autorizados por seus respectivos Governos, assinaram a presente Convenção.

Convenção sobre os Direitos das Pessoas com Deficiência

(Adotada pela Resolução A/RES/61/106 da Assembleia Geral das Nações Unidas em 13.12.2006 e ratificada pelo Brasil em 1º.08.2008)

Preâmbulo

Os Estados-partes da presente Convenção,

a) *Relembrando* os princípios consagrados na Carta das Nações Unidas, que reconhecem a dignidade e o valor inerentes e os direitos iguais e inalienáveis de todos os membros da família humana como o fundamento da liberdade, da justiça e da paz no mundo,

b) *Reconhecendo* que as Nações Unidas, na Declaração Universal dos Direitos Humanos e nos Pactos Internacionais sobre Direitos Humanos, proclamaram e concordaram que toda pessoa faz jus a todos os direitos e liberdades ali estabelecidos, sem distinção de qualquer espécie,

c) *Reafirmando* a universalidade, a indivisibilidade, a interdependência e a inter-relação de todos os direitos humanos e liberdades fundamentais, bem como a necessidade de garantir que todas as pessoas com deficiência os exerçam plenamente, sem discriminação,

d) *Relembrando* o Pacto Internacional dos Direitos Econômicos, Sociais e Culturais, o Pacto Internacional dos Direitos Civis e Políticos, a Convenção Internacional sobre a Eliminação de Todas as Formas de Discriminação Racial, a Convenção sobre a Eliminação de todas as Formas de Discriminação contra a Mulher, a Convenção contra a Tortura e Outros Tratamentos ou Penas Cruéis, Desumanos ou Degradantes, a Convenção sobre os Direitos da Criança e a Convenção Internacional sobre a Proteção dos Direitos de Todos os Trabalhadores Migrantes e Membros de suas Famílias,

e) *Reconhecendo* que a deficiência é um conceito em evolução e que a deficiência resulta da interação entre pessoas com deficiência e as barreiras devidas às atitudes e ao ambiente que impedem a plena e efetiva participação dessas pessoas na sociedade em igualdade de oportunidades com as demais pessoas,

f) *Reconhecendo* a importância dos princípios e das diretrizes de política, contidos no Programa de Ação Mundial para as Pessoas Deficientes e nas Normas sobre a Equiparação de Oportunidades para Pessoas com Deficiência, para influenciar a promoção, a formulação e a avaliação de políticas, planos, programas e ações em níveis nacional, regional e internacional para possibilitar maior igualdade de oportunidades para pessoas com deficiência,

g) *Ressaltando* a importância de trazer questões relativas à deficiência ao centro das preocupações da sociedade como parte integrante das estratégias relevantes de desenvolvimento sustentável,

h) *Reconhecendo* também que a discriminação contra qualquer pessoa, por motivo de deficiência, configura violação da dignidade e do valor inerentes ao ser humano,

i) *Reconhecendo* ainda a diversidade das pessoas com deficiência,

j) *Reconhecendo* a necessidade de promover e proteger os direitos humanos de todas as pessoas com deficiência, inclusive daquelas que requerem maior apoio,

k) *Preocupados* com o fato de que, não obstante esses diversos instrumentos e compromissos, as pessoas com deficiência continuam a enfrentar barreiras contra sua participação como membros iguais da sociedade e violações de seus direitos humanos em todas as partes do mundo,

l) *Reconhecendo* a importância da cooperação internacional para melhorar as condições de vida das pessoas com deficiência em todos os países, particularmente naqueles em desenvolvimento,

m) *Reconhecendo* as valiosas contribuições existentes e potenciais das pessoas com deficiência ao bem-estar comum e à diversidade de suas comunidades, e que a promoção do pleno exercício, pelas pessoas com deficiência, de seus direitos humanos e liberdades fundamentais e de sua plena participação na sociedade resultará no fortalecimento de seu senso de pertencimento à sociedade e no significativo avanço do desenvolvimento humano, social e econômico da sociedade, bem como na erradicação da pobreza,

n) *Reconhecendo* a importância, para as pessoas com deficiência, de sua autonomia e independência individuais, inclusive da liberdade para fazer as próprias escolhas,

o) *Considerando* que as pessoas com deficiência devem ter a oportunidade de participar ativamente das decisões relativas a programas e políticas, inclusive aos que lhes dizem respeito diretamente,

p) *Preocupados* com as difíceis situações enfrentadas por pessoas com deficiência que estão sujeitas a formas múltiplas ou agravadas de discriminação por causa de raça, cor, sexo, idioma, religião, opiniões políticas ou de outra natureza, origem nacional, étnica, nativa ou social, propriedade, nascimento, idade ou outra condição,

q) *Reconhecendo* que mulheres e meninas com deficiência estão frequentemente expostas a maiores riscos, tanto no lar como fora dele, de sofrer violência, lesões ou abuso, descaso ou tratamento negligente, maus-tratos ou exploração,

r) *Reconhecendo* que as crianças com deficiência devem gozar plenamente de todos os direitos humanos e liberdades fundamentais em igualdade de oportunidades com as outras crianças e relembrando as obrigações assumidas com esse fim pelos Estados-partes na Convenção sobre os Direitos da Criança,

s) *Ressaltando* a necessidade de incorporar a perspectiva de gênero aos esforços para promover o pleno exercício dos direitos humanos e liberdades fundamentais por parte das pessoas com deficiência,

t) *Salientando* o fato de que a maioria das pessoas com deficiência vive em condições de pobreza e, nesse sentido, reconhecendo a necessidade crítica de lidar com o impacto negativo da pobreza sobre pessoas com deficiência,

u) *Tendo em mente* que as condições de paz e segurança baseadas no pleno respeito aos propósitos e princípios consagrados na Carta das Nações Unidas e a observância dos instrumentos de direitos humanos são indispensáveis para a total proteção das pessoas com deficiência, particularmente durante conflitos armados e ocupação estrangeira,

v) *Reconhecendo* a importância da acessibilidade aos meios físico, social, econômico e cultural, à saúde, à educação e à informação e comunicação, para possibilitar às pessoas com deficiência o pleno gozo de todos os direitos humanos e liberdades fundamentais,

w*) Conscientes* de que a pessoa tem deveres para com outras pessoas e para com a comunidade a que pertence e que, portanto, tem a responsabilidade de esforçar-se para a promoção e a observância dos direitos reconhecidos na Carta Internacional dos Direitos Humanos,

x) *Convencidos* de que a família é o núcleo natural e fundamental da sociedade e tem o direito de receber a proteção da sociedade e do Estado e de que as pessoas com deficiência e seus familiares devem receber a proteção e a assistência necessárias para tornar as famílias capazes de contribuir para o exercício pleno e equitativo dos direitos das pessoas com deficiência,

y) Convencidos de que uma convenção internacional geral e integral para promover e proteger os direitos e a dignidade das pessoas com deficiência prestará significativa contribuição para corrigir as profundas desvantagens sociais das pessoas com deficiência e para promover sua participação na vida econômica, social e cultural, em igualdade de oportunidades, tanto nos países em desenvolvimento como nos desenvolvidos,

Acordaram o seguinte:

Artigo 1

Propósito

O propósito da presente Convenção é promover, proteger e assegurar o exercício pleno e equitativo de todos os direitos humanos e liberdades fundamentais por todas as pessoas com deficiência e promover o respeito pela sua dignidade inerente.

Pessoas com deficiência são aquelas que têm impedimentos de longo prazo de natureza física, mental, intelectual ou sensorial, os quais, em interação com diversas barreiras, podem obstruir sua participação plena e efetiva na sociedade em igualdades de condições com as demais pessoas.

Artigo 2

Definições

Para os propósitos da presente Convenção:

"Comunicação" abrange as línguas, a visualização de textos, o braille, a comunicação tátil, os caracteres ampliados, os dispositivos de multimídia acessível, assim como a linguagem simples, escrita e oral, os sistemas auditivos e os meios de voz digitalizada e os modos, meios e formatos aumentativos e alternativos de comunicação, inclusive a tecnologia da informação e comunicação acessíveis;

"Língua" abrange as línguas faladas e de sinais e outras formas de comunicação não falada;

"Discriminação por motivo de deficiência" significa qualquer diferenciação, exclusão ou restrição baseada em deficiência, com o propósito ou efeito de impedir ou impossibilitar o reconhecimento, o desfrute ou o exercício, em igualdade de oportunidades com as demais pessoas, de todos os direitos humanos e liberdades fundamentais nos âmbitos político, econômico, social, cultural, civil ou qualquer outro. Abrange todas as formas de discriminação, inclusive a recusa de adaptação razoável;

"Adaptação razoável" significa as modificações e os ajustes necessários e adequados que não acarretem ônus desproporcional ou indevido, quando requeridos em cada caso, a fim de assegurar que as pessoas com deficiência possam gozar ou exercer, em igualdade de oportunidades com as demais pessoas, todos os direitos humanos e liberdades fundamentais;

"Desenho universal" significa a concepção de produtos, ambientes, programas e serviços a serem usados, na maior medida possível, por todas as pessoas, sem necessidade de adaptação ou projeto específico. O "desenho universal" não excluirá as ajudas técnicas para grupos específicos de pessoas com deficiência, quando necessárias.

Artigo 3

Princípios gerais

Os princípios da presente Convenção são:

a) O respeito pela dignidade inerente, a autonomia individual, inclusive a liberdade de fazer as próprias escolhas, e a independência das pessoas;

b) A não discriminação;

c) A plena e efetiva participação e inclusão na sociedade;

d) O respeito pela diferença e pela aceitação das pessoas com deficiência como parte da diversidade humana e da humanidade;

e) A igualdade de oportunidades;

f) A acessibilidade;

g) A igualdade entre o homem e a mulher;

h) O respeito pelo desenvolvimento das capacidades das crianças com deficiência e pelo direito das crianças com deficiência de preservar sua identidade.

Artigo 4

Obrigações gerais

1. Os Estados-partes se comprometem a assegurar e promover o pleno exercício de todos os direitos humanos e liberdades fundamentais por todas as pessoas com deficiência, sem qualquer tipo de discriminação por causa de sua deficiência. Para tanto, os Estados-partes se comprometem a:

a) Adotar todas as medidas legislativas, administrativas e de qualquer outra natureza, necessárias para a realização dos direitos reconhecidos na presente Convenção;

b) Adotar todas as medidas necessárias, inclusive legislativas, para modificar ou revogar leis, regulamentos, costumes e práticas vigentes, que constituírem discriminação contra pessoas com deficiência;

c) Levar em conta, em todos os programas e políticas, a proteção e a promoção dos direitos humanos das pessoas com deficiência;

d) Abster-se de participar em qualquer ato ou prática incompatível com a presente Convenção e assegurar que as autoridades públicas e instituições atuem em conformidade com a presente Convenção;

e) Tomar todas as medidas apropriadas para eliminar a discriminação baseada em deficiência, por parte de qualquer pessoa, organização ou empresa privada;

f) Realizar ou promover a pesquisa e o desenvolvimento de produtos, serviços, equipamentos e instalações com desenho universal, conforme definidos no Artigo 2 da presente Convenção, que exijam o mínimo possível de adaptação e cujo custo seja o mínimo possível, destinados a atender às necessidades específicas de pessoas com deficiência, a promover sua disponibilidade e seu uso e a promover o desenho universal quando da elaboração de normas e diretrizes;

g) Realizar ou promover a pesquisa e o desenvolvimento, bem como a disponibilidade e o emprego de novas tecnologias, inclusive as tecnologias da informação e comunicação, ajudas técnicas para locomoção, dispositivos e tecnologias assistivas, adequados a pessoas com deficiência, dando prioridade a tecnologias de custo acessível;

h) Propiciar informação acessível para as pessoas com deficiência a respeito de ajudas técnicas para locomoção, dispositivos e tecnologias assistivas, incluindo novas tecnologias bem como outras formas de assistência, serviços de apoio e instalações;

i) Promover a capacitação em relação aos direitos reconhecidos pela presente Convenção dos profissionais e equipes que trabalham com pessoas com deficiência, de forma a melhorar a prestação de assistência e serviços garantidos por esses direitos.

2. Em relação aos direitos econômicos, sociais e culturais, cada Estado-parte se compromete a tomar medidas, tanto quanto permitirem os recursos disponíveis e, quando necessário, no âmbito da cooperação internacional, a fim de assegurar progressivamente o pleno exercício desses direitos, sem prejuízo das obrigações contidas na presente Convenção que forem imediatamente aplicáveis de acordo com o direito internacional.

3. Na elaboração e implementação de legislação e políticas para aplicar a presente Convenção e em outros processos de tomada de decisão relativos às pessoas com deficiência, os Estados-partes realizarão consultas estreitas e envolverão ativamente pessoas com deficiência, inclusive crianças com deficiência, por intermédio de suas organizações representativas.

4. Nenhum dispositivo da presente Convenção afetará quaisquer disposições mais propícias à realização dos direitos das pessoas com deficiência, as quais possam estar contidas na legislação do Estado-parte

ou no direito internacional em vigor para esse Estado. Não haverá nenhuma restrição ou derrogação de qualquer dos direitos humanos e liberdades fundamentais reconhecidos ou vigentes em qualquer Estado-parte da presente Convenção, em conformidade com leis, convenções, regulamentos ou costumes, sob a alegação de que a presente Convenção não reconhece tais direitos e liberdades ou que os reconhece em menor grau.

5. As disposições da presente Convenção se aplicam, sem limitação ou exceção, a todas as unidades constitutivas dos Estados federativos.

Artigo 5

Igualdade e não discriminação

1. Os Estados-partes reconhecem que todas as pessoas são iguais perante e sob a lei e que fazem jus, sem qualquer discriminação, a igual proteção e igual benefício da lei.

2. Os Estados-partes proibirão qualquer discriminação baseada na deficiência e garantirão às pessoas com deficiência igual e efetiva proteção legal contra a discriminação por qualquer motivo.

3. A fim de promover a igualdade e eliminar a discriminação, os Estados-partes adotarão todas as medidas apropriadas para garantir que a adaptação razoável seja oferecida.

4. Nos termos da presente Convenção, as medidas específicas que forem necessárias para acelerar ou alcançar a efetiva igualdade das pessoas com deficiência não serão consideradas discriminatórias.

Artigo 6

Mulheres com deficiência

1. Os Estados-partes reconhecem que as mulheres e meninas com deficiência estão sujeitas a múltiplas formas de discriminação e, portanto, tomarão medidas para assegurar às mulheres e meninas com deficiência o pleno e igual exercício de todos os direitos humanos e liberdades fundamentais.

2. Os Estados-partes tomarão todas as medidas apropriadas para assegurar o pleno desenvolvimento, o avanço e o empoderamento das mulheres, a fim de garantir-lhes o exercício e o gozo dos direitos humanos e liberdades fundamentais estabelecidos na presente Convenção.

Artigo 7

Crianças com deficiência

1. Os Estados-partes tomarão todas as medidas necessárias para assegurar às crianças com deficiência o pleno exercício de todos os direitos humanos e liberdades fundamentais, em igualdade de oportunidades com as demais crianças.

2. Em todas as ações relativas às crianças com deficiência, o superior interesse da criança receberá consideração primordial.

3. Os Estados-partes assegurarão que as crianças com deficiência tenham o direito de expressar livremente sua opinião sobre todos os assuntos que lhes disserem respeito, tenham a sua opinião devidamente valorizada de acordo com sua idade e maturidade, em igualdade de oportunidades com as demais crianças, e recebam atendimento adequado à sua deficiência e idade, para que possam exercer tal direito.

Artigo 8

Conscientização

1. Os Estados-partes se comprometem a adotar medidas imediatas, efetivas e apropriadas para:

a) Conscientizar toda a sociedade, inclusive as famílias, sobre as condições das pessoas com deficiência e fomentar o respeito pelos direitos e pela dignidade das pessoas com deficiência;

b) Combater estereótipos, preconceitos e práticas nocivas em relação a pessoas com deficiência, inclusive aqueles relacionados a sexo e idade, em todas as áreas da vida;

c) Promover a conscientização sobre as capacidades e contribuições das pessoas com deficiência.

2. As medidas para esse fim incluem:

a) Lançar e dar continuidade a efetivas campanhas de conscientização públicas, destinadas a:

i) Favorecer atitude receptiva em relação aos direitos das pessoas com deficiência;

ii) Promover percepção positiva e maior consciência social em relação às pessoas com deficiência;

iii) Promover o reconhecimento das habilidades, dos méritos e das capacidades das pessoas com deficiência e de sua contribuição ao local de trabalho e ao mercado laboral;

b) Fomentar em todos os níveis do sistema educacional, incluindo neles todas as crianças desde tenra idade, uma atitude de respeito para com os direitos das pessoas com deficiência;

c) Incentivar todos os órgãos da mídia a retratar as pessoas com deficiência de maneira compatível com o propósito da presente Convenção;

d) Promover programas de formação sobre sensibilização a respeito das pessoas com deficiência e sobre os direitos das pessoas com deficiência.

Artigo 9

Acessibilidade

1. A fim de possibilitar às pessoas com deficiência viver de forma independente e participar plenamente de todos os aspectos da vida, os Estados-partes tomarão as medidas apropriadas para assegurar às pessoas com deficiência o acesso, em igualdade de oportunidades com as demais pessoas, ao meio físico, ao transporte, à informação e comunicação, inclusive aos sistemas e tecnologias da informação e comunicação, bem como a outros serviços e instalações abertos ao público ou de uso público, tanto na zona urbana como na rural. Essas medidas, que incluirão a identificação e a eliminação de obstáculos e barreiras à acessibilidade, serão aplicadas, entre outros, a:

a) Edifícios, rodovias, meios de transporte e outras instalações internas e externas, inclusive escolas, residências, instalações médicas e local de trabalho;

b) Informações, comunicações e outros serviços, inclusive serviços eletrônicos e serviços de emergência.

2. Os Estados-partes também tomarão medidas apropriadas para:

a) Desenvolver, promulgar e monitorar a implementação de normas e diretrizes mínimas para a acessibilidade das instalações e dos serviços abertos ao público ou de uso público;

b) Assegurar que as entidades privadas que oferecem instalações e serviços abertos ao público ou de uso público levem em consideração todos os aspectos relativos à acessibilidade para pessoas com deficiência;

c) Proporcionar, a todos os atores envolvidos, formação em relação às questões de acessibilidade com as quais as pessoas com deficiência se confrontam;

d) Dotar os edifícios e outras instalações abertas ao público ou de uso público de sinalização em braille e em formatos de fácil leitura e compreensão;

e) Oferecer formas de assistência humana ou animal e serviços de mediadores, incluindo guias, ledores e intérpretes profissionais da língua de sinais, para facilitar o acesso aos edifícios e outras instalações abertas ao público ou de uso público;

f) Promover outras formas apropriadas de assistência e apoio a pessoas com deficiência, a fim de assegurar a essas pessoas o acesso a informações;

g) Promover o acesso de pessoas com deficiência a novos sistemas e tecnologias da informação e comunicação, inclusive à Internet;

h) Promover, desde a fase inicial, a concepção, o desenvolvimento, a produção e a disseminação de sistemas e tecnologias de informação e comunicação, a fim de que esses sistemas e tecnologias se tornem acessíveis a custo mínimo.

Artigo 10

Direito à vida

Os Estados-partes reafirmam que todo ser humano tem o inerente direito à vida e tomarão todas as medidas necessárias para assegurar o efetivo exercício desse direito pelas pessoas com deficiência, em igualdade de oportunidades com as demais pessoas.

Artigo 11

Situações de risco e emergências humanitárias

Em conformidade com suas obrigações decorrentes do direito internacional, inclusive do direito humanitário internacional e do direito internacional dos direitos humanos, os Estados-partes tomarão todas as medidas necessárias para assegurar a proteção e a segurança das pessoas com deficiência que se encontrarem em situações de risco, inclusive situações de conflito armado, emergências humanitárias e ocorrência de desastres naturais.

Artigo 12

Reconhecimento igual perante a lei

1. Os Estados-partes reafirmam que as pessoas com deficiência têm o direito de ser reconhecidas em qualquer lugar como pessoas perante a lei.

2. Os Estados-partes reconhecerão que as pessoas com deficiência gozam de capacidade legal em igualdade de condições com as demais pessoas em todos os aspectos da vida.

3. Os Estados-partes tomarão medidas apropriadas para prover o acesso de pessoas com deficiência ao apoio que necessitarem no exercício de sua capacidade legal.

4. Os Estados-partes assegurarão que todas as medidas relativas ao exercício da capacidade legal incluam salvaguardas apropriadas e efetivas para prevenir abusos, em conformidade com o direito internacional dos direitos humanos. Essas salvaguardas assegurarão que as medidas relativas ao exercício da capacidade legal respeitem os direitos, a vontade e as preferências da pessoa, sejam isentas de conflito de interesses e de influência indevida, sejam proporcionais e apropriadas às circunstâncias da pessoa, se apliquem pelo período mais curto possível e sejam submetidas à revisão regular por uma autoridade ou órgão judiciário competente, independente e imparcial. As salvaguardas serão proporcionais ao grau em que tais medidas afetarem os direitos e interesses da pessoa.

5. Os Estados-partes, sujeitos ao disposto neste Artigo, tomarão todas as medidas apropriadas e efetivas para assegurar às pessoas com deficiência o igual direito de possuir ou herdar bens, de controlar as próprias finanças e de ter igual acesso a empréstimos bancários, hipotecas e outras formas de crédito financeiro, e assegurarão que as pessoas com deficiência não sejam arbitrariamente destituídas de seus bens.

Artigo 13

Acesso à justiça

1. Os Estados-partes assegurarão o efetivo acesso das pessoas com deficiência à justiça, em igualdade de condições com as demais pessoas, inclusive mediante a provisão de adaptações processuais adequadas à idade, a fim de facilitar o efetivo papel das pessoas com deficiência como participantes diretos ou indiretos, inclusive como testemunhas, em todos os procedimentos jurídicos, tais como investigações e outras etapas preliminares.

2. A fim de assegurar às pessoas com deficiência o efetivo acesso à justiça, os Estados-partes promoverão a capacitação apropriada daqueles que trabalham na área de administração da justiça, inclusive a polícia e os funcionários do sistema penitenciário.

Artigo 14

Liberdade e segurança da pessoa

1. Os Estados-partes assegurarão que as pessoas com deficiência, em igualdade de oportunidades com as demais pessoas:

a) Gozem do direito à liberdade e à segurança da pessoa; e

b) Não sejam privadas ilegal ou arbitrariamente de sua liberdade e que toda privação de liberdade esteja em conformidade com a lei, e que a existência de deficiência não justifique a privação de liberdade.

2. Os Estados-partes assegurarão que, se pessoas com deficiência forem privadas de liberdade mediante algum processo, elas, em igualdade de oportunidades com as demais pessoas, façam jus a garantias de acordo com o direito internacional dos direitos humanos e sejam tratadas em conformidade com os objetivos e princípios da presente Convenção, inclusive mediante a provisão de adaptação razoável.

Artigo 15

Prevenção contra tortura ou tratamentos ou penas cruéis, desumanos ou degradantes

1. Nenhuma pessoa será submetida à tortura ou a tratamentos ou penas cruéis, desumanos ou degradantes. Em especial, nenhuma pessoa deverá ser sujeita a experimentos médicos ou científicos sem seu livre consentimento.

2. Os Estados-partes tomarão todas as medidas efetivas de natureza legislativa, administrativa, judicial ou outra para evitar que pessoas com deficiência, do mesmo modo que as demais pessoas, sejam submetidas à tortura ou a tratamentos ou penas cruéis, desumanos ou degradantes.

Artigo 16

Prevenção contra a exploração, a violência e o abuso

1. Os Estados-partes tomarão todas as medidas apropriadas de natureza legislativa, administrativa, social, educacional e outras para proteger as pessoas com deficiência, tanto dentro como fora do lar, contra todas as formas de exploração, violência e abuso, incluindo aspectos relacionados a gênero.

2. Os Estados-partes também tomarão todas as medidas apropriadas para prevenir todas as formas de exploração, violência e abuso, assegurando, entre outras coisas, formas apropriadas de atendimento e

apoio que levem em conta o gênero e a idade das pessoas com deficiência e de seus familiares e atendentes, inclusive mediante a provisão de informação e educação sobre a maneira de evitar, reconhecer e denunciar casos de exploração, violência e abuso. Os Estados-partes assegurarão que os serviços de proteção levem em conta a idade, o gênero e a deficiência das pessoas.

3. A fim de prevenir a ocorrência de quaisquer formas de exploração, violência e abuso, os Estados-partes assegurarão que todos os programas e instalações destinados a atender pessoas com deficiência sejam efetivamente monitorados por autoridades independentes.

4. Os Estados-partes tomarão todas as medidas apropriadas para promover a recuperação física, cognitiva e psicológica, inclusive mediante a provisão de serviços de proteção, a reabilitação e a reinserção social de pessoas com deficiência que forem vítimas de qualquer forma de exploração, violência ou abuso. Tais recuperação e reinserção ocorrerão em ambientes que promovam a saúde, o bem-estar, o autorrespeito, a dignidade e a autonomia da pessoa e levem em consideração as necessidades de gênero e idade.

5. Os Estados-partes adotarão leis e políticas efetivas, inclusive legislação e políticas voltadas para mulheres e crianças, a fim de assegurar que os casos de exploração, violência e abuso contra pessoas com deficiência sejam identificados, investigados e, caso necessário, julgados.

Artigo 17

Proteção da integridade da pessoa

Toda pessoa com deficiência tem o direito a que sua integridade física e mental seja respeitada, em igualdade de condições com as demais pessoas.

Artigo 18

Liberdade de movimentação e nacionalidade

1. Os Estados-partes reconhecerão os direitos das pessoas com deficiência à liberdade de movimentação, à liberdade de escolher sua residência e à nacionalidade, em igualdade de oportunidades com as demais pessoas, inclusive assegurando que as pessoas com deficiência:

a) Tenham o direito de adquirir nacionalidade e mudar de nacionalidade e não sejam privadas arbitrariamente de sua nacionalidade em razão de sua deficiência.

b) Não sejam privadas, por causa de sua deficiência, da competência de obter, possuir e utilizar documento comprovante de sua nacionalidade ou outro documento de identidade, ou de recorrer a processos relevantes, tais como procedimentos relativos à imigração, que forem necessários para facilitar o exercício de seu direito à liberdade de movimentação.

c) Tenham liberdade de sair de qualquer país, inclusive do seu; e

d) Não sejam privadas, arbitrariamente ou por causa de sua deficiência, do direito de entrar no próprio país.

2. As crianças com deficiência serão registradas imediatamente após o nascimento e terão, desde o nascimento, o direito a um nome, o direito de adquirir nacionalidade e, tanto quanto possível, o direito de conhecer seus pais e de ser cuidadas por eles.

Artigo 19

Vida independente e inclusão na comunidade

Os Estados-partes desta Convenção reconhecem o igual direito de todas as pessoas com deficiência de viver na comunidade, com a mesma liberdade de escolha que as demais pessoas, e tomarão medidas efetivas e apropriadas para facilitar às pessoas com deficiência o pleno gozo desse direito e sua plena inclusão e participação na comunidade, inclusive assegurando que:

a) As pessoas com deficiência possam escolher seu local de residência e onde e com quem morar, em igualdade de oportunidades com as demais pessoas, e que não sejam obrigadas a viver em determinado tipo de moradia;

b) As pessoas com deficiência tenham acesso a uma variedade de serviços de apoio em domicílio ou em instituições residenciais ou a outros serviços comunitários de apoio, inclusive os serviços de atendentes pessoais que forem necessários como apoio para que as pessoas com deficiência vivam e sejam incluídas na comunidade e para evitar que fiquem isoladas ou segregadas da comunidade;

c) Os serviços e instalações da comunidade para a população em geral estejam disponíveis às pessoas com deficiência, em igualdade de oportunidades, e atendam às suas necessidades.

Artigo 20

Mobilidade pessoal

Os Estados-partes tomarão medidas efetivas para assegurar às pessoas com deficiência sua mobilidade pessoal com a máxima independência possível:

a) Facilitando a mobilidade pessoal das pessoas com deficiência, na forma e no momento em que elas quiserem, e a custo acessível;

b) Facilitando às pessoas com deficiência o acesso a tecnologias assistivas, dispositivos e ajudas técnicas de qualidade, e formas de assistência humana ou animal e de mediadores, inclusive tornando-os disponíveis a custo acessível;

c) Propiciando às pessoas com deficiência e ao pessoal especializado uma capacitação em técnicas de mobilidade;

d) Incentivando entidades que produzem ajudas técnicas de mobilidade, dispositivos e tecnologias assistivas a levarem em conta todos os aspectos relativos à mobilidade de pessoas com deficiência.

Artigo 21

Liberdade de expressão e de opinião e acesso à informação

Os Estados-partes tomarão todas as medidas apropriadas para assegurar que as pessoas com deficiência possam exercer seu direito à liberdade de expressão e opinião, inclusive à liberdade de buscar, receber e compartilhar informações e ideias, em igualdade de oportunidades com as demais pessoas e por intermédio de todas as formas de comunicação de sua escolha, conforme o disposto no Artigo 2 da presente Convenção, entre as quais:

a) Fornecer, prontamente e sem custo adicional, às pessoas com deficiência, todas as informações destinadas ao público em geral, em formatos acessíveis e tecnologias apropriadas aos diferentes tipos de deficiência;

b) Aceitar e facilitar, em trâmites oficiais, o uso de línguas de sinais, braille, comunicação aumentativa e alternativa, e de todos os demais meios, modos e formatos acessíveis de comunicação, à escolha das pessoas com deficiência;

c) Urgir as entidades privadas que oferecem serviços ao público em geral, inclusive por meio da Internet, a fornecer informações e serviços em formatos acessíveis, que possam ser usados por pessoas com deficiência;

d) Incentivar a mídia, inclusive os provedores de informação pela Internet, a tornar seus serviços acessíveis a pessoas com deficiência;

e) Reconhecer e promover o uso de línguas de sinais.

Artigo 22

Respeito à privacidade

1. Nenhuma pessoa com deficiência, qualquer que seja seu local de residência ou tipo de moradia, estará sujeita a interferência arbitrária ou ilegal em sua privacidade, família, lar, correspondência ou outros tipos de comunicação, nem a ataques ilícitos à sua honra e reputação. As pessoas com deficiência têm o direito à proteção da lei contra tais interferências ou ataques.

2. Os Estados-partes protegerão a privacidade dos dados pessoais e dados relativos à saúde e à reabilitação de pessoas com deficiência, em igualdade de condições com as demais pessoas.

Artigo 23

Respeito pelo lar e pela família

1. Os Estados-partes tomarão medidas efetivas e apropriadas para eliminar a discriminação contra pessoas com deficiência, em todos os aspectos relativos a casamento, família, paternidade e relacionamentos, em igualdade de condições com as demais pessoas, de modo a assegurar que:

a) Seja reconhecido o direito das pessoas com deficiência, em idade de contrair matrimônio, de casar-se e estabelecer família, com base no livre e pleno consentimento dos pretendentes;

b) Sejam reconhecidos os direitos das pessoas com deficiência de decidir livre e responsavelmente sobre o número de filhos e o espaçamento entre esses filhos e de ter acesso a informações adequadas à idade e a educação em matéria de reprodução e de planejamento familiar, bem como os meios necessários para exercer esses direitos.

c) As pessoas com deficiência, inclusive crianças, conservem sua fertilidade, em igualdade de condições com as demais pessoas.

2. Os Estados-partes assegurarão os direitos e responsabilidades das pessoas com deficiência, relativos à guarda, custódia, curatela e adoção de crianças ou instituições semelhantes, caso esses conceitos constem na legislação nacional. Em todos os casos, prevalecerá o superior interesse da criança. Os Estados-partes prestarão a devida assistência às pessoas com deficiência para que essas pessoas possam exercer suas responsabilidades na criação dos filhos.

3. Os Estados-partes assegurarão que as crianças com deficiência terão iguais direitos em relação à vida familiar. Para a realização desses direitos e para evitar ocultação, abandono, negligência e segregação de crianças com deficiência, os Estados-partes fornecerão prontamente informações abrangentes sobre serviços e apoios a crianças com deficiência e suas famílias.

4. Os Estados-partes assegurarão que uma criança não será separada de seus pais contra a vontade destes, exceto quando autoridades competentes, sujeitas a controle jurisdicional, determinarem, em conformidade com as leis e procedimentos aplicáveis, que a separação é necessária, no superior interesse da criança. Em nenhum caso, uma criança será separada dos pais sob alegação de deficiência da criança ou de um ou ambos os pais.

5. Os Estados-partes, no caso em que a família imediata de uma criança com deficiência não tenha condições de cuidar da criança, farão todo esforço para que cuidados alternativos sejam oferecidos por outros parentes e, se isso não for possível, dentro de ambiente familiar, na comunidade.

Artigo 24

Educação

1. Os Estados-partes reconhecem o direito das pessoas com deficiência à educação. Para efetivar esse direito sem discriminação e com base na igualdade de oportunidades, os Estados-partes assegurarão sistema educacional inclusivo em todos os níveis, bem como o aprendizado ao longo de toda a vida, com os seguintes objetivos:

a) O pleno desenvolvimento do potencial humano e do senso de dignidade e autoestima, além do fortalecimento do respeito pelos direitos humanos, pelas liberdades fundamentais e pela diversidade humana;

b) O máximo desenvolvimento possível da personalidade e dos talentos e da criatividade das pessoas com deficiência, assim como de suas habilidades físicas e intelectuais;

c) A participação efetiva das pessoas com deficiência em uma sociedade livre.

2. Para a realização desse direito, os Estados-partes assegurarão que:

a) As pessoas com deficiência não sejam excluídas do sistema educacional geral sob alegação de deficiência e que as crianças com deficiência não sejam excluídas do ensino primário gratuito e compulsório ou do ensino secundário, sob alegação de deficiência;

b) As pessoas com deficiência possam ter acesso ao ensino primário inclusivo, de qualidade e gratuito, e ao ensino secundário, em igualdade de condições com as demais pessoas na comunidade em que vivem;

c) Adaptações razoáveis de acordo com as necessidades individuais sejam providenciadas;

d) As pessoas com deficiência recebam o apoio necessário, no âmbito do sistema educacional geral, com vistas a facilitar sua efetiva educação;

e) Medidas de apoio individualizadas e efetivas sejam adotadas em ambientes que maximizem o desenvolvimento acadêmico e social, de acordo com a meta de inclusão plena.

3. Os Estados-partes assegurarão às pessoas com deficiência a possibilidade de adquirir as competências práticas e sociais necessárias de modo a facilitar às pessoas com deficiência sua plena e igual participação no sistema de ensino e na vida em comunidade. Para tanto, os Estados-partes tomarão medidas apropriadas, incluindo:

a) Facilitação do aprendizado do braille, escrita alternativa, modos, meios e formatos de comunicação aumentativa e alternativa, e habilidades de orientação e mobilidade, além de facilitação do apoio e aconselhamento de pares;

b) Facilitação do aprendizado da língua de sinais e promoção da identidade linguística da comunidade surda;

c) Garantia de que a educação de pessoas, em particular crianças cegas, surdocegas e surdas, seja ministrada nas línguas e nos modos e meios de comunicação mais adequados ao indivíduo e em ambientes que favoreçam ao máximo seu desenvolvimento acadêmico e social.

4. A fim de contribuir para o exercício desse direito, os Estados-partes tomarão medidas apropriadas para empregar professores, inclusive professores com deficiência, habilitados para o ensino da língua de sinais e/ou do braille, e para capacitar profissionais e equipes atuantes em todos os níveis de ensino.

Essa capacitação incorporará a conscientização da deficiência e a utilização de modos, meios e formatos apropriados de comunicação aumentativa e alternativa, e técnicas e materiais pedagógicos, como apoios para pessoas com deficiência.

5. Os Estados-partes assegurarão que as pessoas com deficiência possam ter acesso ao ensino superior em geral, treinamento profissional de acordo com sua vocação, educação para adultos e formação continuada, sem discriminação e em igualdade de condições. Para tanto, os Estados-partes assegurarão a provisão de adaptações razoáveis para pessoas com deficiência.

Artigo 25

Saúde

Os Estados-partes reconhecem que as pessoas com deficiência têm o direito de gozar do estado de saúde mais elevado possível, sem discriminação baseada na deficiência. Os Estados-partes tomarão todas as medidas apropriadas para assegurar às pessoas com deficiência o acesso a serviços de saúde, incluindo os serviços de reabilitação, que levarão em conta as especificidades de gênero. Em especial, os Estados-partes:

a) Oferecerão às pessoas com deficiência programas e atenção à saúde gratuitos ou a custos acessíveis da mesma variedade, qualidade e padrão que são oferecidos às demais pessoas, inclusive na área de saúde sexual e reprodutiva e de programas de saúde pública destinados à população em geral;

b) Propiciarão serviços de saúde que as pessoas com deficiência necessitam especificamente por causa de sua deficiência, inclusive diagnóstico e intervenção precoces, bem como serviços projetados para reduzir ao máximo e prevenir deficiências adicionais, inclusive entre crianças e idosos;

c) Propiciarão esses serviços de saúde às pessoas com deficiência, o mais próximo possível de suas comunidades, inclusive na zona rural;

d) Exigirão dos profissionais de saúde que dispensem às pessoas com deficiência a mesma qualidade de serviços dispensada às demais pessoas e, principalmente, que obtenham o consentimento livre e esclarecido das pessoas com deficiência concernentes. Para esse fim, os Estados-partes realizarão atividades de formação e definirão regras éticas para os setores de saúde público e privado, de modo a conscientizar os profissionais de saúde acerca dos direitos humanos, da dignidade, autonomia e das necessidades das pessoas com deficiência;

e) Proibirão a discriminação contra pessoas com deficiência na provisão de seguro de saúde e seguro de vida, caso tais seguros sejam permitidos pela legislação nacional, os quais deverão ser providos de maneira razoável e justa;

f) Prevenirão que se negue, de maneira discriminatória, os serviços de saúde ou de atenção à saúde ou a administração de alimentos sólidos ou líquidos por motivo de deficiência.

Artigo 26

Habilitação e reabilitação

1. Os Estados-partes tomarão medidas efetivas e apropriadas, inclusive mediante apoio dos pares, para possibilitar que as pessoas com deficiência conquistem e conservem o máximo de autonomia e plena capacidade física, mental, social e profissional, bem como plena inclusão e participação em todos os aspectos da vida. Para tanto, os Estados-partes organizarão, fortalecerão e ampliarão serviços e programas completos de habilitação e reabilitação, particularmente nas áreas de saúde, emprego, educação e serviços sociais, de modo que esses serviços e programas:

a) Comecem no estágio mais precoce possível e sejam baseados em avaliação multidisciplinar das necessidades e pontos fortes de cada pessoa;

b) Apoiem a participação e a inclusão na comunidade e em todos os aspectos da vida social, sejam oferecidos voluntariamente e estejam disponíveis às pessoas com deficiência o mais próximo possível de suas comunidades, inclusive na zona rural.

2. Os Estados-partes promoverão o desenvolvimento da capacitação inicial e continuada de profissionais e de equipes que atuam nos serviços de habilitação e reabilitação.

3. Os Estados-partes promoverão a disponibilidade, o conhecimento e o uso de dispositivos e tecnologias assistivas, projetados para pessoas com deficiência e relacionados com a habilitação e a reabilitação.

Artigo 27

Trabalho e emprego

1. Os Estados-partes reconhecem o direito das pessoas com deficiência ao trabalho, em igualdade de oportunidades com as demais pessoas. Esse direito abrange o direito à oportunidade de se manter com um trabalho de sua livre escolha ou aceitação no mercado laboral, em ambiente de trabalho que seja aberto, inclusivo e acessível a pessoas com deficiência. Os Estados-partes salvaguardarão e promoverão a realização do direito ao trabalho, inclusive daqueles que tiverem adquirido uma deficiência no emprego, adotando medidas apropriadas, incluídas na legislação, com o fim de, entre outros:

a) Proibir a discriminação baseada na deficiência com respeito a todas as questões relacionadas com as formas de emprego, inclusive condições de recrutamento, contratação e admissão, permanência no emprego, ascensão profissional e condições seguras e salubres de trabalho;

b) Proteger os direitos das pessoas com deficiência, em condições de igualdade com as demais pessoas, às condições justas e favoráveis de trabalho, incluindo iguais oportunidades e igual remuneração por trabalho de igual valor, condições seguras e salubres de trabalho, além de reparação de injustiças e proteção contra o assédio no trabalho;

c) Assegurar que as pessoas com deficiência possam exercer seus direitos trabalhistas e sindicais, em condições de igualdade com as demais pessoas;

d) Possibilitar às pessoas com deficiência o acesso efetivo a programas de orientação técnica e profissional e a serviços de colocação no trabalho e de treinamento profissional e continuado;

e) Promover oportunidades de emprego e ascensão profissional para pessoas com deficiência no mercado de trabalho, bem como assistência na procura, obtenção e manutenção do emprego e no retorno ao emprego;

f) Promover oportunidades de trabalho autônomo, empreendedorismo, desenvolvimento de cooperativas e estabelecimento de negócio próprio;

g) Empregar pessoas com deficiência no setor público;

h) Promover o emprego de pessoas com deficiência no setor privado, mediante políticas e medidas apropriadas, que poderão incluir programas de ação afirmativa, incentivos e outras medidas;

i) Assegurar que adaptações razoáveis sejam feitas para pessoas com deficiência no local de trabalho;

j) Promover a aquisição de experiência de trabalho por pessoas com deficiência no mercado aberto de trabalho;

k) Promover reabilitação profissional, manutenção do emprego e programas de retorno ao trabalho para pessoas com deficiência.

2.Os Estados-partes assegurarão que as pessoas com deficiência não serão mantidas em escravidão ou servidão e que serão protegidas, em igualdade de condições com as demais pessoas, contra o trabalho forçado ou compulsório.

Artigo 28

Padrão de vida e proteção social adequados

1. Os Estados-partes reconhecem o direito das pessoas com deficiência a um padrão adequado de vida para si e para suas famílias, inclusive alimentação, vestuário e moradia adequados, bem como à melhoria contínua de suas condições de vida, e tomarão as providências necessárias para salvaguardar e promover a realização desse direito sem discriminação baseada na deficiência.

2. Os Estados-partes reconhecem o direito das pessoas com deficiência à proteção social e ao exercício desse direito sem discriminação baseada na deficiência, e tomarão as medidas apropriadas para salvaguardar e promover a realização desse direito, tais como:

a) Assegurar igual acesso de pessoas com deficiência a serviços de saneamento básico e assegurar o acesso aos serviços, dispositivos e outros atendimentos apropriados para as necessidades relacionadas com a deficiência;

b) Assegurar o acesso de pessoas com deficiência, particularmente mulheres, crianças e idosos com deficiência, a programas de proteção social e de redução da pobreza;

c) Assegurar o acesso de pessoas com deficiência e suas famílias em situação de pobreza à assistência do Estado em relação a seus gastos ocasionados pela deficiência, inclusive treinamento adequado, aconselhamento, ajuda financeira e cuidados de repouso;

d) Assegurar o acesso de pessoas com deficiência a programas habitacionais públicos;

e) Assegurar igual acesso de pessoas com deficiência a programas e benefícios de aposentadoria.

Artigo 29

Participação na vida política e pública

Os Estados-partes garantirão às pessoas com deficiência direitos políticos e oportunidade de exercê-los em condições de igualdade com as demais pessoas, e deverão:

a) Assegurar que as pessoas com deficiência possam participar efetiva e plenamente na vida política e pública, em igualdade de oportunidades com as demais pessoas, diretamente ou por meio de representantes livremente escolhidos, incluindo o direito e a oportunidade de votarem e serem votadas, mediante, entre outros:

i) Garantia de que os procedimentos, instalações e materiais e equipamentos para votação serão apropriados, acessíveis e de fácil compreensão e uso;

ii) Proteção do direito das pessoas com deficiência ao voto secreto em eleições e plebiscitos, sem intimidação, e a candidatar-se nas eleições, efetivamente ocupar cargos eletivos e desempenhar quaisquer funções públicas em todos os níveis de governo, usando novas tecnologias assistivas, quando apropriado;

iii) Garantia da livre expressão de vontade das pessoas com deficiência como eleitores e, para tanto, sempre que necessário e a seu pedido, permissão para que elas sejam auxiliadas na votação por uma pessoa de sua escolha;

b) Promover ativamente um ambiente em que as pessoas com deficiência possam participar efetiva e plenamente na condução das questões públicas, sem discriminação e em igualdade de oportunidades com as demais pessoas, e encorajar sua participação nas questões públicas, mediante:

i) Participação em organizações não governamentais relacionadas com a vida pública e política do país, bem como em atividades e administração de partidos políticos;

ii) Formação de organizações para representar pessoas com deficiência em níveis internacional, regional, nacional e local, bem como a filiação de pessoas com deficiência a tais organizações.

Artigo 30

Participação na vida cultural e em recreação, lazer e esporte

1. Os Estados-partes reconhecem o direito das pessoas com deficiência de participar na vida cultural, em igualdade de oportunidades com as demais pessoas, e tomarão todas as medidas apropriadas para que as pessoas com deficiência possam:

a) Ter acesso a bens culturais em formatos acessíveis;

b) Ter acesso a programas de televisão, cinema, teatro e outras atividades culturais, em formatos acessíveis; e

c) Ter acesso a locais que ofereçam serviços ou eventos culturais, tais como teatros, museus, cinemas, bibliotecas e serviços turísticos, bem como, tanto quanto possível, ter acesso a monumentos e locais de importância cultural nacional.

2. Os Estados-partes tomarão medidas apropriadas para que as pessoas com deficiência tenham a oportunidade de desenvolver e utilizar seu potencial criativo, artístico e intelectual, não somente em benefício próprio, mas também para o enriquecimento da sociedade.

3. Os Estados-partes deverão tomar todas as providências, em conformidade com o direito internacional, para assegurar que a legislação de proteção dos direitos de propriedade intelectual não constitua barreira excessiva ou discriminatória ao acesso de pessoas com deficiência a bens culturais.

4. As pessoas com deficiência farão jus, em igualdade de oportunidades com as demais pessoas, a que sua identidade cultural e linguística específica seja reconhecida e apoiada, incluindo as línguas de sinais e a cultura surda.

5. Para que as pessoas com deficiência participem, em igualdade de oportunidades com as demais pessoas, de atividades recreativas, esportivas e de lazer, os Estados-partes tomarão medidas apropriadas para:

a) Incentivar e promover a maior participação possível das pessoas com deficiência nas atividades esportivas comuns em todos os níveis;

b) Assegurar que as pessoas com deficiência tenham a oportunidade de organizar, desenvolver e participar em atividades esportivas e recreativas específicas às deficiências e, para tanto, incentivar a provisão de instrução, treinamento e recursos adequados, em igualdade de oportunidades com as demais pessoas;

c) Assegurar que as pessoas com deficiência tenham acesso a locais de eventos esportivos, recreativos e turísticos;

d) Assegurar que as crianças com deficiência possam, em igualdade de condições com as demais crianças, participar de jogos e atividades recreativas, esportivas e de lazer, inclusive no sistema escolar;

e) Assegurar que as pessoas com deficiência tenham acesso aos serviços prestados por pessoas ou entidades envolvidas na organização de atividades recreativas, turísticas, esportivas e de lazer.

Artigo 31

Estatísticas e coleta de dados

1. Os Estados-partes coletarão dados apropriados, inclusive estatísticos e de pesquisas, para que possam formular e implementar políticas destinadas a por em prática a presente Convenção. O processo de coleta e manutenção de tais dados deverá:

a) Observar as salvaguardas estabelecidas por lei, inclusive pelas leis relativas à proteção de dados, a fim de assegurar a confidencialidade e o respeito pela privacidade das pessoas com deficiência;

b) Observar as normas internacionalmente aceitas para proteger os direitos humanos, as liberdades fundamentais e os princípios éticos na coleta de dados e utilização de estatísticas.

2. As informações coletadas de acordo com o disposto neste Artigo serão desagregadas, de maneira apropriada, e utilizadas para avaliar o cumprimento, por parte dos Estados-partes, de suas obrigações na presente Convenção e para identificar e enfrentar as barreiras com as quais as pessoas com deficiência se deparam no exercício de seus direitos.

3. Os Estados-partes assumirão responsabilidade pela disseminação das referidas estatísticas e assegurarão que elas sejam acessíveis às pessoas com deficiência e a outros.

Artigo 32

Cooperação internacional

1. Os Estados-partes reconhecem a importância da cooperação internacional e de sua promoção, em apoio aos esforços nacionais para a consecução do propósito e dos objetivos da presente Convenção e, sob este aspecto, adotarão medidas apropriadas e efetivas entre os Estados e, de maneira adequada, em parceria com organizações internacionais e regionais relevantes e com a sociedade civil e, em particular, com organizações de pessoas com deficiência. Estas medidas poderão incluir, entre outras:

a) Assegurar que a cooperação internacional, incluindo os programas internacionais de desenvolvimento, sejam inclusivos e acessíveis para pessoas com deficiência;

b) Facilitar e apoiar a capacitação, inclusive por meio do intercâmbio e compartilhamento de informações, experiências, programas de treinamento e melhores práticas;

c) Facilitar a cooperação em pesquisa e o acesso a conhecimentos científicos e técnicos;

d) Propiciar, de maneira apropriada, assistência técnica e financeira, inclusive mediante facilitação do acesso a tecnologias assistivas e acessíveis e seu compartilhamento, bem como por meio de transferência de tecnologias.

2. O disposto neste Artigo se aplica sem prejuízo das obrigações que cabem a cada Estado-parte em decorrência da presente Convenção.

Artigo 33

Implementação e monitoramento nacionais

1. Os Estados-partes, de acordo com seu sistema organizacional, designarão um ou mais de um ponto focal no âmbito do Governo para assuntos relacionados com a implementação da presente Convenção e darão a devida consideração ao estabelecimento ou designação de um mecanismo de coordenação no âmbito do Governo, a fim de facilitar ações correlatas nos diferentes setores e níveis.

2. Os Estados-partes, em conformidade com seus sistemas jurídico e administrativo, manterão, fortalecerão, designarão ou estabelecerão estrutura, incluindo um ou mais de um mecanismo independente, de maneira apropriada, para promover, proteger e monitorar a implementação da presente Convenção. Ao designar ou estabelecer tal mecanismo, os Estados-partes levarão em conta os princípios relativos ao status e funcionamento das instituições nacionais de proteção e promoção dos direitos humanos.

3. A sociedade civil e, particularmente, as pessoas com deficiência e suas organizações representativas serão envolvidas e participarão plenamente no processo de monitoramento.

Artigo 34

Comitê sobre os Direitos das Pessoas com Deficiência

1. Um Comitê sobre os Direitos das Pessoas com Deficiência (doravante denominado "Comitê") será estabelecido, para desempenhar as funções aqui definidas.

2. O Comitê será constituído, quando da entrada em vigor da presente Convenção, de 12 peritos. Quando a presente Convenção alcançar 60 ratificações ou adesões, o Comitê será acrescido em seis membros, perfazendo o total de 18 membros.

3. Os membros do Comitê atuarão a título pessoal e apresentarão elevada postura moral, competência e experiência reconhecidas no campo abrangido pela presente Convenção. Ao designar seus candidatos, os Estados-partes são instados a dar a devida consideração ao disposto no Artigo 4.3 da presente Convenção.

4. Os membros do Comitê serão eleitos pelos Estados-partes, observando-se uma distribuição geográfica equitativa, representação de diferentes formas de civilização e dos principais sistemas jurídicos, representação equilibrada de gênero e participação de peritos com deficiência.

5. Os membros do Comitê serão eleitos por votação secreta em sessões da Conferência dos Estados-partes, a partir de uma lista de pessoas designadas pelos Estados-partes entre seus nacionais. Nessas sessões, cujo quórum será de dois terços dos Estados-partes, os candidatos eleitos para o Comitê serão aqueles que obtiverem o maior número de votos e a maioria absoluta dos votos dos representantes dos Estados-partes presentes e votantes.

6. A primeira eleição será realizada, o mais tardar, até seis meses após a data de entrada em vigor da presente Convenção. Pelo menos quatro meses antes de cada eleição, o Secretário-Geral das Nações Unidas dirigirá carta aos Estados-partes, convidando-os a submeter os nomes de seus candidatos no prazo de dois meses. O Secretário-Geral, subsequentemente, preparará lista em ordem alfabética de todos os candidatos apresentados, indicando que foram designados pelos Estados-partes, e submeterá essa lista aos Estados-partes da presente Convenção.

7. Os membros do Comitê serão eleitos para mandato de quatro anos, podendo ser candidatos à reeleição uma única vez. Contudo, o mandato de seis dos membros eleitos na primeira eleição expirará ao fim de dois anos; imediatamente após a primeira eleição, os nomes desses seis membros serão selecionados por sorteio pelo presidente da sessão a que se refere o parágrafo 5 deste Artigo.

8. A eleição dos seis membros adicionais do Comitê será realizada por ocasião das eleições regulares, de acordo com as disposições pertinentes deste Artigo.

9. Em caso de morte, demissão ou declaração de um membro de que, por algum motivo, não poderá continuar a exercer suas funções, o Estado-parte que o tiver indicado designará um outro perito que tenha as qualificações e satisfaça aos requisitos estabelecidos pelos dispositivos pertinentes deste Artigo, para concluir o mandato em questão.

10. O Comitê estabelecerá suas próprias normas de procedimento.

11. O Secretário-Geral das Nações Unidas proverá o pessoal e as instalações necessários para o efetivo desempenho das funções do Comitê segundo a presente Convenção e convocará sua primeira reunião.

12. Com a aprovação da Assembleia Geral, os membros do Comitê estabelecido sob a presente Convenção receberão emolumentos dos recursos das Nações Unidas, sob termos e condições que a Assembleia possa decidir, tendo em vista a importância das responsabilidades do Comitê.

13. Os membros do Comitê terão direito aos privilégios, facilidades e imunidades dos peritos em missões das Nações Unidas, em conformidade com as disposições pertinentes da Convenção sobre Privilégios e Imunidades das Nações Unidas.

Artigo 35

Relatórios dos Estados-partes

1. Cada Estado-parte, por intermédio do Secretário-Geral das Nações Unidas, submeterá relatório abrangente sobre as medidas adotadas em cumprimento de suas obrigações estabelecidas pela presente Convenção e sobre o progresso alcançado nesse aspecto, dentro do período de dois anos após a entrada em vigor da presente Convenção para o Estado-parte concernente.

2. Depois disso, os Estados-partes submeterão relatórios subsequentes, ao menos a cada quatro anos, ou quando o Comitê o solicitar.

3. O Comitê determinará as diretrizes aplicáveis ao teor dos relatórios.

4. Um Estado-parte que tiver submetido ao Comitê um relatório inicial abrangente não precisará, em relatórios subsequentes, repetir informações já apresentadas. Ao elaborar os relatórios ao Comitê, os Estados-partes são instados a fazê-lo de maneira franca e transparente e a levar em consideração o disposto no Artigo 4.3 da presente Convenção.

5.Os relatórios poderão apontar os fatores e as dificuldades que tiverem afetado o cumprimento das obrigações decorrentes da presente Convenção.

Artigo 36

Consideração dos relatórios

1. Os relatórios serão considerados pelo Comitê, que fará as sugestões e recomendações gerais que julgar pertinentes e as transmitirá aos respectivos Estados-partes. O Estado-parte poderá responder ao Comitê com as informações que julgar pertinentes. O Comitê poderá pedir informações adicionais ao Estados-partes, referentes à implementação da presente Convenção.

2. Se um Estado-parte atrasar consideravelmente a entrega de seu relatório, o Comitê poderá notificar esse Estado de que examinará a aplicação da presente Convenção com base em informações confiáveis de que disponha, a menos que o relatório devido seja apresentado pelo Estado dentro do período de três meses após a notificação. O Comitê convidará o Estado-parte interessado a participar desse exame. Se o Estado-parte responder entregando seu relatório, aplicar-se-á o disposto no parágrafo 1 do presente artigo.

3. O Secretário-Geral das Nações Unidas colocará os relatórios à disposição de todos os Estados-partes.

4. Os Estados-partes tornarão seus relatórios amplamente disponíveis ao público em seus países e facilitarão o acesso à possibilidade de sugestões e de recomendações gerais a respeito desses relatórios.

5. O Comitê transmitirá às agências, fundos e programas especializados das Nações Unidas e a outras organizações competentes, da maneira que julgar apropriada, os relatórios dos Estados-partes que contenham demandas ou indicações de necessidade de consultoria ou de assistência técnica, acompanhados de eventuais observações e sugestões do Comitê em relação às referidas demandas ou indicações, a fim de que possam ser consideradas.

Artigo 37

Cooperação entre os Estados-partes e o Comitê

1. Cada Estado-parte cooperará com o Comitê e auxiliará seus membros no desempenho de seu mandato.

2. Em suas relações com os Estados-partes, o Comitê dará a devida consideração aos meios e modos de aprimorar a capacidade de cada Estado-parte para a implementação da presente Convenção, inclusive mediante cooperação internacional.

Artigo 38

Relações do Comitê com outros órgãos

A fim de promover a efetiva implementação da presente Convenção e de incentivar a cooperação internacional na esfera abrangida pela presente Convenção:

a) As agências especializadas e outros órgãos das Nações Unidas terão o direito de se fazer representar quando da consideração da implementação de disposições da presente Convenção que disserem respeito aos seus respectivos mandatos. O Comitê poderá convidar as agências especializadas e outros órgãos competentes, segundo julgar apropriado, a oferecer consultoria de peritos sobre a implementação da Convenção em áreas pertinentes a seus respectivos mandatos. O Comitê poderá convidar agências especializadas e outros órgãos das Nações Unidas a apresentar relatórios sobre a implementação da Convenção em áreas pertinentes às suas respectivas atividades;

b) No desempenho de seu mandato, o Comitê consultará, de maneira apropriada, outros órgãos pertinentes instituídos ao amparo de tratados internacionais de direitos humanos, a fim de assegurar a consistência de suas respectivas diretrizes para a elaboração de relatórios, sugestões e recomendações gerais e de evitar duplicação e superposição no desempenho de suas funções.

Artigo 39

Relatório do Comitê

A cada dois anos, o Comitê submeterá à Assembleia Geral e ao Conselho Econômico e Social um relatório de suas atividades e poderá fazer sugestões e recomendações gerais baseadas no exame dos relatórios e nas informações recebidas dos Estados-partes. Estas sugestões e recomendações gerais serão incluídas no relatório do Comitê, acompanhadas, se houver, de comentários dos Estados-partes.

Artigo 40

Conferência dos Estados-partes

1. Os Estados-partes reunir-se-ão regularmente em Conferência dos Estados-partes a fim de considerar matérias relativas à implementação da presente Convenção.

2. O Secretário-Geral das Nações Unidas convocará, dentro do período de seis meses após a entrada em vigor da presente Convenção, a Conferência dos Estados-partes. As reuniões subsequentes serão convocadas pelo Secretário-Geral das Nações Unidas a cada dois anos ou conforme a decisão da Conferência dos Estados-partes.

Artigo 41

Depositário

O Secretário-Geral das Nações Unidas será o depositário da presente Convenção.

Artigo 42

Assinatura

A presente Convenção será aberta à assinatura de todos os Estados e organizações de integração regional na sede das Nações Unidas em Nova York, a partir de 30 de março de 2007.

Artigo 43

Consentimento em comprometer-se

A presente Convenção será submetida à ratificação pelos Estados signatários e à confirmação formal por organizações de integração regional signatárias. Ela estará aberta à adesão de qualquer Estado ou organização de integração regional que não a houver assinado.

Artigo 44

Organizações de integração regional

1. "Organização de integração regional" será entendida como organização constituída por Estados soberanos de determinada região, à qual seus Estados membros tenham delegado competência sobre matéria abrangida pela presente Convenção. Essas organizações declararão, em seus documentos de confirmação formal ou adesão, o alcance de sua competência em relação à matéria abrangida pela presente Convenção. Subsequentemente, as organizações informarão ao depositário qualquer alteração substancial no âmbito de sua competência.

2. As referências a "Estados-partes" na presente Convenção serão aplicáveis a essas organizações, nos limites da competência destas.

3. Para os fins do parágrafo 1 do Artigo 45 e dos parágrafos 2 e 3 do Artigo 47, nenhum instrumento depositado por organização de integração regional será computado.

4. As organizações de integração regional, em matérias de sua competência, poderão exercer o direito de voto na Conferência dos Estados-partes, tendo direito ao mesmo número de votos quanto for o número de seus Estados membros que forem Partes da presente Convenção. Essas organizações não exercerão seu direito de voto, se qualquer de seus Estados membros exercer seu direito de voto, e vice-versa.

Artigo 45

Entrada em vigor

1. A presente Convenção entrará em vigor no trigésimo dia após o depósito do vigésimo instrumento de ratificação ou adesão.

2. Para cada Estado ou organização de integração regional que ratificar ou formalmente confirmar a presente Convenção ou a ela aderir após o depósito do referido vigésimo instrumento, a Convenção entrará em vigor no trigésimo dia a partir da data em que esse Estado ou organização tenha depositado seu instrumento de ratificação, confirmação formal ou adesão.

Artigo 46

Reservas

1. Não serão permitidas reservas incompatíveis com o objeto e o propósito da presente Convenção.

2. As reservas poderão ser retiradas a qualquer momento.

Artigo 47

Emendas

1. Qualquer Estado-parte poderá propor emendas à presente Convenção e submetê-las ao Secretário-Geral das Nações Unidas. O Secretário-Geral comunicará aos Estados-partes quaisquer emendas propostas, solicitando-lhes que o notifiquem se são favoráveis a uma Conferência dos Estados-partes para considerar as propostas e tomar decisão a respeito delas. Se, até quatro meses após a data da referida comunicação, pelo menos um terço dos Estados-partes se manifestar favorável a essa Conferência, o Secretário-Geral das Nações Unidas convocará a Conferência, sob os auspícios das Nações Unidas. Qualquer emenda adotada por maioria de dois terços dos Estados-partes presentes e votantes será submetida pelo Secretário-Geral à aprovação da Assembleia Geral das Nações Unidas e, posteriormente, à aceitação de todos os Estados-partes.

2. Qualquer emenda adotada e aprovada conforme o disposto no parágrafo 1 do presente artigo entrará em vigor no trigésimo dia após a data na qual o número de instrumentos de aceitação tenha atingido dois terços do número de Estados-partes na data de adoção da emenda. Posteriormente, a emenda entrará em vigor para todo Estado-parte no trigésimo dia após o depósito por esse Estado do seu instrumento de aceitação. A emenda será vinculante somente para os Estados-partes que a tiverem aceitado.

3. Se a Conferência dos Estados-partes assim o decidir por consenso, qualquer emenda adotada e aprovada em conformidade com o disposto no parágrafo 1 deste Artigo, relacionada exclusivamente com os arts. 34, 38, 39 e 40, entrará em vigor para todos os Estados-partes no trigésimo dia a partir da data em que o número de instrumentos de aceitação depositados tiver atingido dois terços do número de Estados-partes na data de adoção da emenda.

Artigo 48

Denúncia

Qualquer Estado-parte poderá denunciar a presente Convenção mediante notificação por escrito ao Secretário-Geral das Nações Unidas. A denúncia tornar-se-á efetiva um ano após a data de recebimento da notificação pelo Secretário-Geral.

Artigo 49

Formatos acessíveis

O texto da presente Convenção será colocado à disposição em formatos acessíveis.

Artigo 50

Textos autênticos

Os textos em árabe, chinês, espanhol, francês, inglês e russo da presente Convenção serão igualmente autênticos.

EM FÉ DO QUE os plenipotenciários abaixo assinados, devidamente autorizados para tanto por seus respectivos Governos, firmaram a presente Convenção.

Protocolo Facultativo à Convenção sobre os Direitos das Pessoas com Deficiência

(Adotado pela Resolução A/RES/61/106 da Assembleia Geral das Nações Unidas em 13.12.2006 e ratificado pelo Brasil em 1º.08.2008)

Os Estados-partes do presente Protocolo acordaram o seguinte:

Artigo 1º

1. Qualquer Estado-parte do presente Protocolo ("Estado-parte") reconhece a competência do Comitê sobre os Direitos das Pessoas com Deficiência ("Comitê") para receber e considerar comunicações submetidas por pessoas ou grupos de pessoas, ou em nome deles, sujeitos à sua jurisdição, alegando serem vítimas de violação das disposições da Convenção pelo referido Estado-parte.

2. O Comitê não receberá comunicação referente a qualquer Estado-parte que não seja signatário do presente Protocolo.

Artigo 2º

O Comitê considerará inadmissível a comunicação quando:

a) A comunicação for anônima;

b) A comunicação constituir abuso do direito de submeter tais comunicações ou for incompatível com as disposições da Convenção;

c) A mesma matéria já tenha sido examinada pelo Comitê ou tenha sido ou estiver sendo examinada sob outro procedimento de investigação ou resolução internacional;

d) Não tenham sido esgotados todos os recursos internos disponíveis, salvo no caso em que a tramitação desses recursos se prolongue injustificadamente, ou seja improvável que se obtenha com eles solução efetiva;

e) A comunicação estiver precariamente fundamentada ou não for suficientemente substanciada; ou

f) Os fatos que motivaram a comunicação tenham ocorrido antes da entrada em vigor do presente Protocolo para o Estado-parte em apreço, salvo se os fatos continuaram ocorrendo após aquela data.

Artigo 3º

Sujeito ao disposto no Artigo 2 do presente Protocolo, o Comitê levará confidencialmente ao conhecimento do Estado-parte concernente qualquer comunicação submetida ao Comitê. Dentro do período de seis meses, o Estado concernente submeterá ao Comitê explicações ou declarações por escrito, esclarecendo a matéria e a eventual solução adotada pelo referido Estado.

Artigo 4º

1. A qualquer momento após receber uma comunicação e antes de decidir o mérito dessa comunicação, o Comitê poderá transmitir ao Estado-parte concernente, para sua urgente consideração, um pedido para que o Estado-parte tome as medidas de natureza cautelar que forem necessárias para evitar possíveis danos irreparáveis à vítima ou às vítimas da violação alegada.

2. O exercício pelo Comitê de suas faculdades discricionárias em virtude do parágrafo 1 do presente Artigo não implicará prejuízo algum sobre a admissibilidade ou sobre o mérito da comunicação.

Artigo 5º

O Comitê realizará sessões fechadas para examinar comunicações a ele submetidas em conformidade com o presente Protocolo. Depois de examinar uma comunicação, o Comitê enviará suas sugestões e recomendações, se houver, ao Estado-parte concernente e ao requerente.

Artigo 6º

1. Se receber informação confiável indicando que um Estado-parte está cometendo violação grave ou sistemática de direitos estabelecidos na Convenção, o Comitê convidará o referido Estado-parte a colaborar com a verificação da informação e, para tanto, a submeter suas observações a respeito da informação em pauta.

2. Levando em conta quaisquer observações que tenham sido submetidas pelo Estado-parte concernente, bem como quaisquer outras informações confiáveis em poder do Comitê, este poderá designar um ou mais de seus membros para realizar investigação e apresentar, em caráter de urgência, relatório ao Comitê. Caso se justifique e o Estado-parte o consinta, a investigação poderá incluir uma visita ao território desse Estado.

3. Após examinar os resultados da investigação, o Comitê os comunicará ao Estado-parte concernente, acompanhados de eventuais comentários e recomendações.

4. Dentro do período de seis meses após o recebimento dos resultados, comentários e recomendações transmitidos pelo Comitê, o Estado-parte concernente submeterá suas observações ao Comitê.

5. A referida investigação será realizada confidencialmente e a cooperação do Estado-parte será solicitada em todas as fases do processo.

Artigo 7º

1. O Comitê poderá convidar o Estado-parte concernente a incluir em seu relatório, submetido em conformidade com o disposto no Artigo 35 da Convenção, pormenores a respeito das medidas tomadas em consequência da investigação realizada em conformidade com o Artigo 6 do presente Protocolo.

2. Caso necessário, o Comitê poderá, encerrado o período de seis meses a que se refere o parágrafo 4 do Artigo 6, convidar o Estado-parte concernente a informar o Comitê a respeito das medidas tomadas em consequência da referida investigação.

Artigo 8º

Qualquer Estado-parte poderá, quando da assinatura ou ratificação do presente Protocolo ou de sua adesão a ele, declarar que não reconhece a competência do Comitê, a que se referem os Arts. 6 e 7.

Artigo 9º

O Secretário-Geral das Nações Unidas será o depositário do presente Protocolo.

Artigo 10

O presente Protocolo será aberto à assinatura dos Estados e organizações de integração regional signatários da Convenção, na sede das Nações Unidas em Nova York, a partir de 30 de março de 2007.

Artigo 11

O presente Protocolo estará sujeito à ratificação pelos Estados signatários do presente Protocolo que tiverem ratificado a Convenção ou aderido a ela. Ele estará sujeito à confirmação formal por organizações de integração regional signatárias do presente Protocolo que tiverem formalmente confirmado a

Convenção ou a ela aderido. O Protocolo ficará aberto à adesão de qualquer Estado ou organização de integração regional que tiver ratificado ou formalmente confirmado a Convenção ou a ela aderido e que não tiver assinado o Protocolo.

Artigo 12

1. "Organização de integração regional" será entendida como organização constituída por Estados soberanos de determinada região, à qual seus Estados membros tenham delegado competência sobre matéria abrangida pela Convenção e pelo presente Protocolo. Essas organizações declararão, em seus documentos de confirmação formal ou adesão, o alcance de sua competência em relação à matéria abrangida pela Convenção e pelo presente Protocolo. Subsequentemente, as organizações informarão ao depositário qualquer alteração substancial no alcance de sua competência.

2. As referências a "Estados-partes" no presente Protocolo serão aplicáveis a essas organizações, nos limites da competência de tais organizações.

3. Para os fins do parágrafo 1 do Artigo 13 e do parágrafo 2 do Artigo 15, nenhum instrumento depositado por organização de integração regional será computado.

4. As organizações de integração regional, em matérias de sua competência, poderão exercer o direito de voto na Conferência dos Estados-partes, tendo direito ao mesmo número de votos que seus Estados membros que forem Partes do presente Protocolo. Essas organizações não exercerão seu direito de voto se qualquer de seus Estados membros exercer seu direito de voto, e vice-versa.

Artigo 13

1. Sujeito à entrada em vigor da Convenção, o presente Protocolo entrará em vigor no trigésimo dia após o depósito do décimo instrumento de ratificação ou adesão.

2. Para cada Estado ou organização de integração regional que ratificar ou formalmente confirmar o presente Protocolo ou a ele aderir depois do depósito do décimo instrumento dessa natureza, o Protocolo entrará em vigor no trigésimo dia a partir da data em que esse Estado ou organização tenha depositado seu instrumento de ratificação, confirmação formal ou adesão.

Artigo 14

1. Não serão permitidas reservas incompatíveis com o objeto e o propósito do presente Protocolo.

2. As reservas poderão ser retiradas a qualquer momento.

Artigo 15

1. Qualquer Estado-parte poderá propor emendas ao presente Protocolo e submetê-las ao Secretário-Geral das Nações Unidas. O Secretário-Geral comunicará aos Estados-partes quaisquer emendas propostas, solicitando-lhes que o notifiquem se são favoráveis a uma Conferência dos Estados-partes para considerar as propostas e tomar decisão a respeito delas. Se, até quatro meses após a data da referida comunicação, pelo menos um terço dos Estados-partes se manifestar favorável a essa Conferência, o Secretário-Geral das Nações Unidas convocará a Conferência, sob os auspícios das Nações Unidas. Qualquer emenda adotada por maioria de dois terços dos Estados-partes presentes e votantes será submetida pelo Secretário-Geral à aprovação da Assembleia Geral das Nações Unidas e, posteriormente, à aceitação de todos os Estados-partes.

2. Qualquer emenda adotada e aprovada conforme o disposto no parágrafo 1 do presente artigo entrará em vigor no trigésimo dia após a data na qual o número de instrumentos de aceitação tenha atingido dois terços do número de Estados-partes na data de adoção da emenda. Posteriormente, a emenda

entrará em vigor para todo Estado-parte no trigésimo dia após o depósito por esse Estado do seu instrumento de aceitação. A emenda será vinculante somente para os Estados-partes que a tiverem aceitado.

Artigo 16

Qualquer Estado-parte poderá denunciar o presente Protocolo mediante notificação por escrito ao Secretário-Geral das Nações Unidas. A denúncia tornar-se-á efetiva um ano após a data de recebimento da notificação pelo Secretário-Geral.

Artigo 17

O texto do presente Protocolo será colocado à disposição em formatos acessíveis.

Artigo 18

Os textos em árabe, chinês, espanhol, francês, inglês e russo e do presente Protocolo serão igualmente autênticos.

EM FÉ DO QUE os plenipotenciários abaixo assinados, devidamente autorizados para tanto por seus respectivos governos, firmaram o presente Protocolo.

Convenção Americana sobre Direitos Humanos

(Assinada na Conferência Especializada Interamericana sobre Direitos Humanos, San José, Costa Rica, em 22.11.1969 e ratificada pelo Brasil em 25.09.1992)

Preâmbulo

Os Estados americanos signatários da presente Convenção,

Reafirmando seu propósito de consolidar neste Continente, dentro do quadro das instituições democráticas, um regime de liberdade pessoal e de justiça social, fundado no respeito dos direitos essenciais do homem;

Reconhecendo que os direitos essenciais do homem não derivam do fato de ser ele nacional de determinado Estado, mas sim do fato de ter como fundamento os atributos da pessoa humana, razão por que justificam uma proteção internacional, de natureza convencional, coadjuvante ou complementar da que oferece o direito interno dos Estados americanos;

Considerando que esses princípios foram consagrados na Carta da Organização dos Estados Americanos, na Declaração Americana dos Direitos e Deveres do Homem e na Declaração Universal dos Direitos do Homem e que foram reafirmados e desenvolvidos em outros instrumentos internacionais, tanto de âmbito mundial como regional;

Reiterando que, de acordo com a Declaração Universal dos Direitos do Homem, só pode ser realizado o ideal do ser humano livre, isento do temor e da miséria, se forem criadas condições que permitam a cada pessoa gozar dos seus direitos econômicos, sociais e culturais, bem como dos seus direitos civis e políticos; e

Considerando que a Terceira Conferência Interamericana Extraordinária (Buenos Aires, 1967) aprovou a incorporação à própria Carta da Organização de normas mais amplas sobre direitos econômicos, sociais e educacionais e resolveu que uma convenção interamericana sobre direitos humanos determinasse a estrutura, competência e processo dos órgãos encarregados dessa matéria,

Convieram no seguinte:

PARTE I

DEVERES DOS ESTADOS E DIREITOS PROTEGIDOS

CAPÍTULO I

ENUMERAÇÃO DE DEVERES

Artigo 1. Obrigação de respeitar os direitos

1. Os Estados-partes nesta Convenção comprometem-se a respeitar os direitos e liberdades nela reconhecidos e a garantir seu livre e pleno exercício a toda pessoa que esteja sujeita à sua jurisdição, sem discriminação alguma por motivo de raça, cor, sexo, idioma, religião, opiniões políticas ou de qualquer outra natureza, origem nacional ou social, posição econômica, nascimento ou qualquer outra condição social.

2. Para os efeitos desta Convenção, pessoa é todo ser humano.

Artigo 2. Dever de adotar disposições de direito interno

Se o exercício dos direitos e liberdades mencionados no Artigo 1 ainda não estiver garantido por disposições legislativas ou de outra natureza, os Estados-partes comprometem-se a adotar, de acordo com as suas normas constitucionais e com as disposições desta Convenção, as medidas legislativas ou de outra natureza que forem necessárias para tornar efetivos tais direitos e liberdades.

CAPÍTULO II

DIREITOS CIVIS E POLÍTICOS

Artigo 3. Direito ao reconhecimento da personalidade jurídica

Toda pessoa tem direito ao reconhecimento de sua personalidade jurídica.

Artigo 4. Direito à vida

1. Toda pessoa tem o direito de que se respeite sua vida. Esse direito deve ser protegido pela lei e, em geral, desde o momento da concepção. Ninguém pode ser privado da vida arbitrariamente.

2. Nos países que não houverem abolido a pena de morte, esta só poderá ser imposta pelos delitos mais graves, em cumprimento de sentença final de tribunal competente e em conformidade com lei que estabeleça tal pena, promulgada antes de haver o delito sido cometido. Tampouco se estenderá sua aplicação a delitos aos quais não se aplique atualmente.

3. Não se pode restabelecer a pena de morte nos Estados que a hajam abolido.

4. Em nenhum caso pode a pena de morte ser aplicada por delitos políticos, nem por delitos comuns conexos com delitos políticos.

5. Não se deve impor a pena de morte a pessoa que, no momento da perpetração do delito, for menor de dezoito anos, ou maior de setenta, nem aplicá-la a mulher em estado de gravidez.

6. Toda pessoa condenada à morte tem direito a solicitar anistia, indulto ou comutação da pena, os quais podem ser concedidos em todos os casos. Não se pode executar a pena de morte enquanto o pedido estiver pendente de decisão ante a autoridade competente.

Artigo 5. Direito à integridade pessoal

1. Toda pessoa tem o direito de que se respeite sua integridade física, psíquica e moral.

2. Ninguém deve ser submetido a torturas, nem a penas ou tratos cruéis, desumanos ou degradantes. Toda pessoa privada da liberdade deve ser tratada com o respeito devido à dignidade inerente ao ser humano.

3. A pena não pode passar da pessoa do delinquente.

4. Os processados devem ficar separados dos condenados, salvo em circunstâncias excepcionais, e ser submetidos a tratamento adequado à sua condição de pessoas não condenadas.

5. s menores, quando puderem ser processados, devem ser separados dos adultos e conduzidos a tribunal especializado, com a maior rapidez possível, para seu tratamento.

6. As penas privativas da liberdade devem ter por finalidade essencial a reforma e a readaptação social dos condenados.

Artigo 6. Proibição da escravidão e da servidão

1 Ninguém pode ser submetido a escravidão ou a servidão, e tanto estas como o tráfico de escravos e o tráfico de mulheres são proibidos em todas as suas formas.

2. Ninguém deve ser constrangido a executar trabalho forçado ou obrigatório. Nos países em que se prescreve, para certos delitos, pena privativa da liberdade acompanhada de trabalhos forçados, esta disposição não pode ser interpretada no sentido de que proíbe o cumprimento da dita pena, imposta por juiz ou tribunal competente. O trabalho forçado não deve afetar a dignidade nem a capacidade física e intelectual do recluso.

3. Não constituem trabalhos forçados ou obrigatórios para os efeitos deste artigo:

Os trabalhos ou serviços normalmente exigidos de pessoa reclusa em cumprimento de sentença ou resolução formal expedida pela autoridade judiciária competente. Tais trabalhos ou serviços devem ser executados sob a vigilância e controle das autoridades públicas, e os indivíduos que os executarem não devem ser postos à disposição de particulares, companhias ou pessoas jurídicas de caráter privado;

O serviço militar e, nos países onde se admite a isenção por motivos de consciência, o serviço nacional que a lei estabelecer em lugar daquele;

O serviço imposto em casos de perigo ou calamidade que ameace a existência ou o bem-estar da comunidade; e

O trabalho ou serviço que faça parte das obrigações cívicas normais.

Artigo 7. Direito à liberdade pessoal

Toda pessoa tem direito à liberdade e à segurança pessoais.

Ninguém pode ser privado de sua liberdade física, salvo pelas causas e nas condições previamente fixadas pelas constituições políticas dos Estados-partes ou pelas leis de acordo com elas promulgadas.

Ninguém pode ser submetido a detenção ou encarceramento arbitrários.

Toda pessoa detida ou retida deve ser informada das razões da sua detenção e notificada, sem demora, da acusação ou acusações formuladas contra ela.

5. Toda pessoa detida ou retida deve ser conduzida, sem demora, à presença de um juiz ou outra autoridade autorizada pela lei a exercer funções judiciais e tem direito a ser julgada dentro de um prazo razoável ou a ser posta em liberdade, sem prejuízo de que prossiga o processo. Sua liberdade pode ser condicionada a garantias que assegurem o seu comparecimento em juízo.

6. Toda pessoa privada da liberdade tem direito a recorrer a um juiz ou tribunal competente, a fim de que este decida, sem demora, sobre a legalidade de sua prisão ou detenção e ordene sua soltura se a prisão ou a detenção forem ilegais. Nos Estados-partes cujas leis preveem que toda pessoa que se vir ameaçada de ser privada de sua liberdade tem direito a recorrer a um juiz ou tribunal competente a fim de que este decida sobre a legalidade de tal ameaça, tal recurso não pode ser restringido nem abolido. O recurso pode ser interposto pela própria pessoa ou por outra pessoa.

Ninguém deve ser detido por dívidas. Este princípio não limita os mandados de autoridade judiciária competente expedidos em virtude de inadimplemento de obrigação alimentar.

Artigo 8 Garantias judiciais

1. Toda pessoa tem direito a ser ouvida, com as devidas garantias e dentro de um prazo razoável, por um juiz ou tribunal competente, independente e imparcial, estabelecido anteriormente por lei, na apuração de qualquer acusação penal formulada contra ela, ou para que se determinem seus direitos ou obrigações de natureza civil, trabalhista, fiscal ou de qualquer outra natureza.

2. Toda pessoa acusada de delito tem direito a que se presuma sua inocência enquanto não se comprove legalmente sua culpa. Durante o processo, toda pessoa tem direito, em plena igualdade, às seguintes garantias mínimas:

a. direito do acusado de ser assistido gratuitamente por tradutor ou intérprete, se não compreender ou não falar o idioma do juízo ou tribunal;

b. comunicação prévia e pormenorizada ao acusado da acusação formulada;

c. concessão ao acusado do tempo e dos meios adequados para a preparação de sua defesa;

d. direito do acusado de defender-se pessoalmente ou de ser assistido por um defensor de sua escolha e de comunicar-se, livremente e em particular, com seu defensor;

e. direito irrenunciável de ser assistido por um defensor proporcionado pelo Estado, remunerado ou não, segundo a legislação interna, se o acusado não se defender ele próprio nem nomear defensor dentro do prazo estabelecido pela lei;

f. direito da defesa de inquirir as testemunhas presentes no tribunal e de obter o comparecimento, como testemunhas ou peritos, de outras pessoas que possam lançar luz sobre os fatos;

g. direito de não ser obrigado a depor contra si mesma, nem a declarar-se culpada; e

h. direito de recorrer da sentença para juiz ou tribunal superior.

3. A confissão do acusado só é válida se feita sem coação de nenhuma natureza.

4. O acusado absolvido por sentença passada em julgado não poderá ser submetido a novo processo pelos mesmos fatos.

5. O processo penal deve ser público, salvo no que for necessário para preservar os interesses da justiça.

Artigo 9. Princípio da legalidade e da retroatividade

Ninguém pode ser condenado por ações ou omissões que, no momento em que forem cometidas, não sejam delituosas, de acordo com o direito aplicável. Tampouco se pode impor pena mais grave que a aplicável no momento da perpetração do delito. Se depois da perpetração do delito a lei dispuser a imposição de pena mais leve, o delinquente será por isso beneficiado.

Artigo 10. Direito a indenização

Toda pessoa tem direito de ser indenizada conforme a lei, no caso de haver sido condenada em sentença passada em julgado, por erro judiciário.

Artigo 11. Proteção da honra e da dignidade

Toda pessoa tem direito ao respeito de sua honra e ao reconhecimento de sua dignidade.

Ninguém pode ser objeto de ingerências arbitrárias ou abusivas em sua vida privada, na de sua família, em seu domicílio ou em sua correspondência, nem de ofensas ilegais à sua honra ou reputação.

Toda pessoa tem direito à proteção da lei contra tais ingerências ou tais ofensas.

Artigo 12. Liberdade de consciência e de religião

Toda pessoa tem direito à liberdade de consciência e de religião. Esse direito implica a liberdade de conservar sua religião ou suas crenças, ou de mudar de religião ou de crenças, bem como a liberdade de professar e divulgar sua religião ou suas crenças, individual ou coletivamente, tanto em público como em privado.

Ninguém pode ser objeto de medidas restritivas que possam limitar sua liberdade de conservar sua religião ou suas crenças, ou de mudar de religião ou de crenças.

A liberdade de manifestar a própria religião e as próprias crenças está sujeita unicamente às limitações prescritas pela lei e que sejam necessárias para proteger a segurança, a ordem, a saúde ou a moral públicas ou os direitos ou liberdades das demais pessoas.

Os pais, e quando for o caso os tutores, têm direito a que seus filhos ou pupilos recebam a educação religiosa e moral que esteja acorde com suas próprias convicções.

Artigo 13. Liberdade de pensamento e de expressão

Toda pessoa tem direito à liberdade de pensamento e de expressão. Esse direito compreende a liberdade de buscar, receber e difundir informações e ideias de toda natureza, sem consideração de fronteiras, verbalmente ou por escrito, ou em forma impressa ou artística, ou por qualquer outro processo de sua escolha.

O exercício do direito previsto no inciso precedente não pode estar sujeito a censura prévia, mas a responsabilidades ulteriores, que devem ser expressamente fixadas pela lei e ser necessárias para assegurar:

a. o respeito aos direitos ou à reputação das demais pessoas; ou

b. a proteção da segurança nacional, da ordem pública, ou da saúde ou da moral públicas.

Não se pode restringir o direito de expressão por vias ou meios indiretos, tais como o abuso de controles oficiais ou particulares de papel de imprensa, de frequências radioelétricas ou de equipamentos e aparelhos usados na difusão de informação, nem por quaisquer outros meios destinados a obstar a comunicação e a circulação de ideias e opiniões.

A lei pode submeter os espetáculos públicos a censura prévia, com o objetivo exclusivo de regular o acesso a eles, para proteção moral da infância e da adolescência, sem prejuízo do disposto no inciso 2.

A lei deve proibir toda propaganda a favor da guerra, bem como toda apologia ao ódio nacional, racial ou religioso que constitua incitação à discriminação, à hostilidade, ao crime ou à violência.

Artigo 14. Direito de retificação ou resposta

Toda pessoa atingida por informações inexatas ou ofensivas emitidas em seu prejuízo por meios de difusão legalmente regulamentados e que se dirijam ao público em geral, tem direito a fazer, pelo mesmo órgão de difusão, sua retificação ou resposta, nas condições que estabeleça a lei.

Em nenhum caso a retificação ou a resposta eximirão das outras responsabilidades legais em que se houver incorrido.

Para a efetiva proteção da honra e da reputação, toda publicação ou empresa jornalística, cinematográfica, de rádio ou televisão, deve ter uma pessoa responsável que não seja protegida por imunidades nem goze de foro especial.

Artigo 15. Direito de reunião

É reconhecido o direito de reunião pacífica e sem armas. O exercício de tal direito só pode estar sujeito às restrições previstas pela lei e que sejam necessárias, numa sociedade democrática, no interesse da segurança nacional, da segurança ou da ordem públicas, ou para proteger a saúde ou a moral públicas ou os direitos e liberdades das demais pessoas.

Artigo 16. Liberdade de associação

1.Todas as pessoas têm o direito de associar-se livremente com fins ideológicos, religiosos, políticos, econômicos, trabalhistas, sociais, culturais, desportivos ou de qualquer outra natureza.

2. O exercício de tal direito só pode estar sujeito às restrições previstas pela lei que sejam necessárias, numa sociedade democrática, no interesse da segurança nacional, da segurança ou da ordem públicas, ou para proteger a saúde ou a moral públicas ou os direitos e liberdades das demais pessoas.

3. O disposto neste artigo não impede a imposição de restrições legais, e mesmo a privação do exercício do direito de associação, aos membros das forças armadas e da polícia.

Artigo 17. Proteção da família

1. A família é o elemento natural e fundamental da sociedade e deve ser protegida pela sociedade e pelo Estado.

2. É reconhecido o direito do homem e da mulher de contraírem casamento e de fundarem uma família, se tiverem a idade e as condições para isso exigidas pelas leis internas, na medida em que não afetem estas o princípio da não discriminação estabelecido nesta Convenção.

3. O casamento não pode ser celebrado sem o livre e pleno consentimento dos contraentes.

4. Os Estados-partes devem tomar medidas apropriadas no sentido de assegurar a igualdade de direitos e a adequada equivalência de responsabilidades dos cônjuges quanto ao casamento, durante o casamento e em caso de dissolução do mesmo. Em caso de dissolução, serão adotadas disposições que assegurem a proteção necessária aos filhos, com base unicamente no interesse e conveniência dos mesmos.

5. A lei deve reconhecer iguais direitos tanto aos filhos nascidos fora do casamento como aos nascidos dentro do casamento.

Artigo 18. Direito ao nome

Toda pessoa tem direito a um prenome e aos nomes de seus pais ou ao de um destes. A lei deve regular a forma de assegurar a todos esse direito, mediante nomes fictícios, se for necessário.

Artigo 19. Direitos da criança

Toda criança tem direito às medidas de proteção que a sua condição de menor requer por parte da sua família, da sociedade e do Estado.

Artigo 20. Direito à nacionalidade

1.Toda pessoa tem direito a uma nacionalidade.

2. Toda pessoa tem direito à nacionalidade do Estado em cujo território houver nascido, se não tiver direito a outra.

3. A ninguém se deve privar arbitrariamente de sua nacionalidade nem do direito de mudá-la.

Artigo 21. Direito à propriedade privada

1. Toda pessoa tem direito ao uso e gozo dos seus bens. A lei pode subordinar esse uso e gozo ao interesse social.

2. Nenhuma pessoa pode ser privada de seus bens, salvo mediante o pagamento de indenização justa, por motivo de utilidade pública ou de interesse social e nos casos e na forma estabelecidos pela lei.

3. Tanto a usura como qualquer outra forma de exploração do homem pelo homem devem ser reprimidas pela lei.

Artigo 22. Direito de circulação e de residência

1. Toda pessoa que se ache legalmente no território de um Estado tem direito de circular nele e de nele residir em conformidade com as disposições legais.

2. Toda pessoa tem o direito de sair livremente de qualquer país, inclusive do próprio.

3. O exercício dos direitos acima mencionados não pode ser restringido senão em virtude de lei, na medida indispensável, numa sociedade democrática, para prevenir infrações penais ou para proteger a segurança nacional, a segurança ou a ordem públicas, a moral ou a saúde públicas, ou os direitos e liberdades das demais pessoas.

4. O exercício dos direitos reconhecidos no inciso 1 pode também ser restringido pela lei, em zonas determinadas, por motivo de interesse público.

5. Ninguém pode ser expulso do território do Estado do qual for nacional, nem ser privado do direito de nele entrar.

6. O estrangeiro que se ache legalmente no território de um Estado-parte nesta Convenção só poderá dele ser expulso em cumprimento de decisão adotada de acordo com a lei.

7. Toda pessoa tem o direito de buscar e receber asilo em território estrangeiro, em caso de perseguição por delitos políticos ou comuns conexos com delitos políticos e de acordo com a legislação de cada Estado e com os convênios internacionais.

8. Em nenhum caso o estrangeiro pode ser expulso ou entregue a outro país, seja ou não de origem, onde seu direito à vida ou à liberdade pessoal esteja em risco de violação por causa da sua raça, nacionalidade, religião, condição social ou de suas opiniões políticas.

9. É proibida a expulsão coletiva de estrangeiros.

Artigo 23. Direitos políticos

1. Todos os cidadãos devem gozar dos seguintes direitos e oportunidades:

De participar na direção dos assuntos públicos, diretamente ou por meio de representantes livremente eleitos;

De votar e ser eleitos em eleições periódicas autênticas, realizadas por sufrágio universal e igual e por voto secreto que garanta a livre expressão da vontade dos eleitores; e

De ter acesso, em condições gerais de igualdade, às funções públicas de seu país.

2. A lei pode regular o exercício dos direitos e oportunidades a que se refere o inciso anterior, exclusivamente por motivos de idade, nacionalidade, residência, idioma, instrução, capacidade civil ou mental, ou condenação, por juiz competente, em processo penal.

Artigo 24. Igualdade perante a lei

Todas as pessoas são iguais perante a lei. Por conseguinte, têm direito, sem discriminação, a igual proteção da lei.

Artigo 25. Proteção judicial

1. Toda pessoa tem direito a um recurso simples e rápido ou a qualquer outro recurso efetivo, perante os juízes ou tribunais competentes, que a proteja contra atos que violem seus direitos fundamentais reconhecidos pela constituição, pela lei ou pela presente Convenção, mesmo quando tal violação seja cometida por pessoas que estejam atuando no exercício de suas funções oficiais.

2. Os Estados-partes comprometem-se:

a. a assegurar que a autoridade competente prevista pelo sistema legal doEstado decida sobre os direitos de toda pessoa que interpuser tal recurso;

b. a desenvolver as possibilidades de recurso judicial; e

c. a assegurar o cumprimento, pelas autoridades competentes, de toda decisão em que se tenha considerado procedente o recurso.

CAPÍTULO III

DIREITOS ECONÔMICOS, SOCIAIS E CULTURAIS

Artigo 26. Desenvolvimento progressivo

Os Estados-partes comprometem-se a adotar providências, tanto no âmbito interno como mediante cooperação internacional, especialmente econômica e técnica, a fim de conseguir progressivamente a plena efetividade dos direitos que decorrem das normas econômicas, sociais e sobre educação, ciência e cultura, constantes da Carta da Organização dos Estados Americanos, reformada pelo Protocolo de Buenos Aires, na medida dos recursos disponíveis, por via legislativa ou por outros meios apropriados.

CAPÍTULO IV

SUSPENSÃO DE GARANTIAS, INTERPRETAÇÃO E APLICAÇÃO

Artigo 27. Suspensão de garantias

1. Em caso de guerra, de perigo público, ou de outra emergência que ameace a independência ou segurança do Estado-parte, este poderá adotar disposições que, na medida e pelo tempo estritamente

limitados às exigências da situação, suspendam as obrigações contraídas em virtude desta Convenção, desde que tais disposições não sejam incompatíveis com as demais obrigações que lhe impõe o Direito Internacional e não encerrem discriminação alguma fundada em motivos de raça, cor, sexo, idioma, religião ou origem social.

2. A disposição precedente não autoriza a suspensão dos direitos determinados seguintes artigos: (Direito ao reconhecimento da personalidade jurídica); 4 (Direito à vida); 5 (Direito à integridade pessoal); 6 (Proibição da escravidão e servidão); 9 (Princípio da legalidade e da retroatividade); 12 (Liberdade de consciência e de religião); 17 (Proteção da família); 18 (Direito ao nome); 19 (Direitos da criança); 20 (Direito à nacionalidade) e 23 (Direitos políticos), nem das garantias indispensáveis para a proteção de tais direitos.

3. Todo Estado-parte que fizer uso do direito de suspensão deverá informar imediatamente os outros Estados-partes na presente Convenção, por intermédio do Secretário-Geral da Organização dos Estados Americanos, das disposições cuja aplicação haja suspendido, dos motivos determinantes da suspensão e da data em que haja dado por terminada tal suspensão.

Artigo 28. Cláusula federal

1. Quando se tratar de um Estado-parte constituído como Estado federal, o governo nacional do aludido Estado-parte cumprirá todas as disposições da presente Convenção, relacionadas com as matérias sobre as quais exerce competência legislativa e judicial.

2. No tocante às disposições relativas às matérias que correspondem à competência das entidades componentes da federação, o governo nacional deve tomar imediatamente as medidas pertinente, em conformidade com sua constituição e suas leis, a fim de que as autoridades competentes das referidas entidades possam adotar as disposições cabíveis para o cumprimento desta Convenção.

3. Quando dois ou mais Estados-partes decidirem constituir entre eles uma federação ou outro tipo de associação, diligenciarão no sentido de que o pacto comunitário respectivo contenha as disposições necessárias para que continuem sendo efetivas no novo Estado assim organizado as normas da presente Convenção.

Artigo 29. Normas de interpretação

Nenhuma disposição desta Convenção pode ser interpretada no sentido de:

a. permitir a qualquer dos Estados-partes, grupo ou pessoa, suprimir o gozo e exercício dos direitos e liberdades reconhecidos na Convenção ou limitá-los em maior medida do que a nela prevista;

b. limitar o gozo e exercício de qualquer direito ou liberdade que possam ser reconhecidos de acordo com as leis de qualquer dos Estados-partes ou de acordo com outra convenção em que seja parte um dos referidos Estados;

c. excluir outros direitos e garantias que são inerentes ao ser humano ou que decorrem da forma democrática representativa de governo; e

d. excluir ou limitar o efeito que possam produzir a Declaração Americana dos Direitos e Deveres do Homem e outros atos internacionais da mesma natureza.

Artigo 30. Alcance das restrições

As restrições permitidas, de acordo com esta Convenção, ao gozo e exercício dos direitos e liberdades nela reconhecidos, não podem ser aplicadas senão de acordo com leis que forem promulgadas por motivo de interesse geral e com o propósito para o qual houverem sido estabelecidas.

Artigo 31. Reconhecimento de outros direitos

Poderão ser incluídos no regime de proteção desta Convenção outros direitos e liberdades que forem reconhecidos de acordo com os processos estabelecidos nos arts. 76 e 77.

CAPÍTULO V

DEVERES DAS PESSOAS

Artigo 32.

Correlação entre deveres e direitos

1. Toda pessoa tem deveres para com a família, a comunidade e a humanidade.

2. Os direitos de cada pessoa são limitados pelos direitos dos demais, pela segurança de todos e pelas justas exigências do bem comum, numa sociedade democrática.

PARTE II

MEIOS DA PROTEÇÃO

CAPÍTULO VI

ÓRGÃOS COMPETENTES

Artigo 33

São competentes para conhecer dos assuntos relacionados com o cumprimento dos compromissos assumidos pelos Estados-partes nesta Convenção:

a. a Comissão Interamericana de Direitos Humanos, doravante denominada a Comissão; e

b. a Corte Interamericana de Direitos Humanos, doravante denominada a Corte.

CAPÍTULO VII

COMISSÃO INTERAMERICANA DE DIREITOS HUMANOS

Seção 1 — Organização

Artigo 34

A Comissão Interamericana de Direitos Humanos compor-se-á de sete membros, que deverão ser pessoas de alta autoridade moral e de reconhecido saber em matéria de direitos humanos.

Artigo 35

A Comissão representa todos os membros da Organização dos Estados Americanos.

Artigo 36

1. Os membros da Comissão serão eleitos a título pessoal, pela Assembleia Geral da Organização, de uma lista de candidatos propostos pelos governos dos Estados membros.

2. Cada um dos referidos governos pode propor até três candidatos, nacionais do Estado que os propuser ou de qualquer outro Estado membro da Organização dos Estados Americanos. Quando for proposta uma lista de três candidatos, pelo menos um deles deverá ser nacional de Estado diferente do proponente.

Artigo 37

1. Os membros da Comissão serão eleitos por quatro anos e só poderão ser reeleitos uma vez, porém o mandato de três dos membros designados na primeira eleição expirará ao cabo de dois anos. Logo depois da referida eleição, serão determinados por sorteio, na Assembleia Geral, os nomes desses três membros.

2. Não pode fazer parte da Comissão mais de um nacional de um mesmo Estado.

Artigo 38

As vagas que ocorrerem na Comissão, que não se devam à expiração normal do mandato, serão preenchidas pelo Conselho Permanente da Organização, de acordo com o que dispuser o Estatuto da Comissão.

Artigo 39

A Comissão elaborará seu estatuto e submetê-lo-á à aprovação da Assembleia Geral e expedirá seu próprio regulamento.

Artigo 40

Os serviços de secretaria da Comissão devem ser desempenhados pela unidade funcional especializada que faz parte da Secretaria Geral da Organização e devem dispor dos recursos necessários para cumprir as tarefas que lhe forem confiadas pela Comissão.

Seção 2 — Funções

Artigo 41

A Comissão tem a função principal de promover a observância e a defesa dos direitos humanos e, no exercício do seu mandato, tem as seguintes funções e atribuições:

a. estimular a consciência dos direitos humanos nos povos da América;

b. formular recomendações aos governos dos Estados membros, quando o considerar conveniente, no sentido de que adotem medidas progressivas em prol dos direitos humanos no âmbito de suas leis internas e seus preceitos constitucionais, bem como disposições apropriadas para promover o devido respeito a esses direitos;

c. preparar os estudos ou relatórios que considerar convenientes para o desempenho de suas funções;

d. solicitar aos governos dos Estados membros que lhe proporcionem informações sobre as medidas que adotarem em matéria de direitos humanos;

e. atender às consultas que, por meio da Secretaria Geral da Organização dos Estados Americanos, lhe formularem os Estados membros sobre questões relacionadas com os direitos humanos e, dentro de suas possibilidades, prestar-lhes o assessoramento que eles lhe solicitarem;

f. atuar com respeito às petições e outras comunicações, no exercício de sua autoridade, de conformidade com o disposto nos arts. 44 a 51 desta Convenção; e

g. apresentar um relatório anual à Assembleia Geral da Organização dos Estados Americanos.

Artigo 42

Os Estados-partes devem remeter à Comissão cópia dos relatórios e estudos que, em seus respectivos campos, submetem anualmente às Comissões Executivas do Conselho Interamericano Econômico e Social e do Conselho Interamericano de Educação, Ciência e Cultura, a fim de que aquela vele porque se promovam os direitos decorrentes das normas econômicas, sociais e sobre educação, ciência e cultura, constantes da Carta da Organização dos Estados Americanos, reformada pelo Protocolo de Buenos Aires.

Artigo 43

Os Estados-partes obrigam-se a proporcionar à Comissão as informações que esta lhes solicitar sobre a maneira pela qual o seu direito interno assegura a aplicação efetiva de quaisquer disposições desta Convenção.

Seção 3 — Competência

Artigo 44

Qualquer pessoa ou grupo de pessoas, ou entidade não governamental legalmente reconhecida em um ou mais Estados membros da Organização, pode apresentar à Comissão petições que contenham denúncias ou queixas de violação desta Convenção por um Estado-parte.

Artigo 45

1. Todo Estado-parte pode, no momento do depósito do seu instrumento de ratificação desta Convenção ou de adesão a ela, ou em qualquer momento posterior, declarar que reconhece a competência da Comissão para receber e examinar as comunicações em que um Estado-parte alegue haver outro Estado-parte incorrido em violações dos direitos humanos estabelecidos nesta Convenção.

2. As comunicações feitas em virtude deste artigo só podem ser admitidas e examinadas se forem apresentadas por um Estado-parte que haja feito uma declaração pela qual reconheça a referida competência da Comissão. A Comissão não admitirá nenhuma comunicação contra um Estado-parte que não haja feito tal declaração.

3. As declarações sobre reconhecimento de competência podem ser feitas para que esta vigore por tempo indefinido, por período determinado ou para casos específicos.

4. As declarações serão depositadas na Secretaria Geral da Organização dos Estados Americanos, a qual encaminhará cópia das mesmas aos Estados membros da referida Organização.

Artigo 46

1. Para que uma petição ou comunicação apresentada de acordo com os arts. 44 ou 45 seja admitida pela Comissão, será necessário:

a. que hajam sido interpostos e esgotados os recursos da jurisdição interna, de acordo com os princípios de direito internacional geralmente reconhecidos;

b. que seja apresentada dentro do prazo de seis meses, a partir da data em que o presumido prejudicado em seus direitos tenha sido notificado da decisão definitiva;

c. que a matéria da petição ou comunicação não esteja pendente de outro processo de solução internacional; e

d. que, no caso do Artigo 44, a petição contenha o nome, a nacionalidade, a profissão, o domicílio e a assinatura da pessoa ou pessoas ou do representante legal da entidade que submeter a petição.

2. As disposições das alíneas a e b do inciso 1 deste artigo não se aplicarão quando:

a. não existir, na legislação interna do Estado de que se tratar, o devido processo legal para a proteção do direito ou direitos que se alegue tenham sido violados;

b. não se houver permitido ao presumido prejudicado em seus direitos o acesso aos recursos da jurisdição interna, ou houver sido ele impedido de esgotá-los; e

c. houver demora injustificada na decisão sobre os mencionados recursos.

Artigo 47

A Comissão declarará inadmissível toda petição ou comunicação apresentada de acordo com os arts. 44 ou 45 quando:

a. não preencher algum dos requisitos estabelecidos no Artigo 46;

b. não expuser fatos que caracterizem violação dos direitos garantidos por esta Convenção;

c. pela exposição do próprio peticionário ou do Estado, for manifestamente infundada a petição ou comunicação ou for evidente sua total improcedência; ou

d. for substancialmente reprodução de petição ou comunicação anterior, já examinada pela Comissão ou por outro organismo internacional.

Seção 4 — Processo

Artigo 48

1. A Comissão, ao receber uma petição ou comunicação na qual se alegue violação de qualquer dos direitos consagrados nesta Convenção, procederá da seguinte maneira:

a. se reconhecer a admissibilidade da petição ou comunicação, solicitará informações ao Governo do Estado ao qual pertença a autoridade apontada como responsável pela violação alegada e transcreverá as partes pertinentes da petição ou comunicação. As referidas informações devem ser enviadas dentro de um prazo razoável, fixado pela Comissão ao considerar as circunstâncias de cada caso;

b. recebidas as informações, ou transcorrido o prazo fixado sem que sejam elas recebidas, verificará se existem ou subsistem os motivos da petição ou comunicação. No caso de não existirem ou não subsistirem, mandará arquivar o expediente;

c. poderá também declarar a inadmissibilidade ou a improcedência da petição ou comunicação, com base em informação ou prova supervenientes;

d. se o expediente não houver sido arquivado, e com o fim de comprovar os fatos, a Comissão procederá, com conhecimento das partes, a um exame do assunto exposto na petição ou comunicação. Se for necessário e conveniente, a Comissão procederá a uma investigação para cuja eficaz realização solicitará, e os Estados interessados lhes proporcionarão todas as facilidades necessárias;

e. poderá pedir aos Estados interessados qualquer informação pertinente e receberá, se isso lhe for solicitado, as exposições verbais ou escritas que apresentarem os interessados; e

f. pôr-se-á à disposição das partes interessadas, a fim de chegar a uma solução amistosa do assunto, fundada no respeito aos direitos humanos reconhecidos nesta Convenção.

2. Entretanto, em casos graves e urgentes, pode ser realizada uma investigação, mediante prévio consentimento do Estado em cujo território se alegue haver sido cometida a violação, tão somente com a apresentação de uma petição ou comunicação que reúna todos os requisitos formais de admissibilidade.

Artigo 49

Se se houver chegado a uma solução amistosa de acordo com as disposições do inciso 1, f, do Artigo 48, a Comissão redigirá um relatório que será encaminhado ao peticionário e aos Estados-partes nesta

Convenção e, posteriormente, transmitido, para sua publicação, ao Secretário-Geral da Organização dos Estados Americanos. O referido relatório conterá uma breve exposição dos fatos e da solução alcançada. Se qualquer das partes no caso o solicitar, ser-lhe-á proporcionada a mais ampla informação possível.

Artigo 50

1. Se não se chegar a uma solução, e dentro do prazo que for fixado pelo Estatuto da Comissão, esta redigirá um relatório no qual exporá os fatos e suas conclusões. Se o relatório não representar, no todo ou em parte, o acordo unânime dos membros da Comissão, qualquer deles poderá agregar ao referido relatório seu voto em separado. Também se agregarão ao relatório as exposições verbais ou escritas que houverem sido feitas pelos interessados em virtude do inciso 1, e, do Artigo 48.

2. O relatório será encaminhado aos Estados interessados, aos quais não será facultado publicá-lo.

3. Ao encaminhar o relatório, a Comissão pode formular as proposições e recomendações que julgar adequadas.

Artigo 51

1. Se no prazo de três meses, a partir da remessa aos Estados interessados do relatório da Comissão, o assunto não houver sido solucionado ou submetido à decisão da Corte pela Comissão ou pelo Estado interessado, aceitando sua competência, a Comissão poderá emitir, pelo voto da maioria absoluta dos seus membros, sua opinião e conclusões sobre a questão submetida à sua consideração.

2. A Comissão fará as recomendações pertinentes e fixará um prazo dentro do qual o Estado deve tomar as medidas que lhe competirem para remediar a situação examinada.

3. Transcorrido o prazo fixado, a Comissão decidirá, pelo voto da maioria absoluta dos seus membros, se o Estado tomou ou não medidas adequadas e se publica ou não seu relatório.

CAPÍTULO VIII

CORTE INTERAMERICANA DE DIREITOS HUMANOS

Seção 1 — Organização

Artigo 52

1. A Corte compor-se-á de sete juízes, nacionais dos Estados membros da Organização, eleitos a título pessoal dentre juristas da mais alta autoridade moral, de reconhecida competência em matéria de direitos humanos, que reúnam as condições requeridas para o exercício das mais elevadas funções judiciais, de acordo com a lei do Estado do qual sejam nacionais, ou do Estado que os propuser como candidatos.

2. Não deve haver dois juízes da mesma nacionalidade.

Artigo 53

1. Os juízes da Corte serão eleitos, em votação secreta e pelo voto da maioria absoluta dos Estados-partes na Convenção, na Assembleia Geral da Organização, de uma lista de candidatos propostos pelos mesmos Estados.

2. Cada um dos Estados-partes pode propor até três candidatos, nacionais do Estado que os propuser ou de qualquer outro Estado membro da Organização dos Estados Americanos. Quando se propuser uma lista de três candidatos, pelo menos um deles deverá ser nacional de Estado diferente do proponente.

Artigo 54

1. Os juízes da Corte serão eleitos por um período de seis anos e só poderão ser reeleitos uma vez. O mandato de três dos juízes designados na primeira eleição expirará ao cabo de três anos. Imediatamente depois da referida eleição, determinar-se-ão por sorteio, na Assembleia Geral, os nomes desses três juízes.

2. O juiz eleito para substituir outro cujo mandato não haja expirado, completará o período deste.

3. Os juízes permanecerão em funções até o término dos seus mandatos. Entretanto, continuarão funcionando nos casos de que já houverem tomado conhecimento e que se encontrem em fase de sentença e, para tais efeitos, não serão substituídos pelos novos juízes eleitos.

Artigo 55

1. O juiz que for nacional de algum dos Estados-partes no caso submetido à Corte, conservará o seu direito de conhecer do mesmo.

2. Se um dos juízes chamados a conhecer do caso for de nacionalidade de um dos Estados-partes, outro Estado-parte no caso poderá designar uma pessoa de sua escolha para fazer parte da Corte na qualidade de juiz ad hoc.

3. Se, dentre os juízes chamados a conhecer do caso, nenhum for da nacionalidade dos Estados-partes, cada um destes poderá designar um juiz ad hoc.

4. O juiz ad hoc deve reunir os requisitos indicados no Artigo 52.

5. Se vários Estados-partes na Convenção tiverem o mesmo interesse no caso, serão considerados como uma só Parte, para os fins das disposições anteriores. Em caso de dúvida, a Corte decidirá.

Artigo 56

O quorum para as deliberações da Corte é constituído por cinco juízes.

Artigo 57

A Comissão comparecerá em todos os casos perante a Corte.

Artigo 58

1. A Corte terá sua sede no lugar que for determinado, na Assembleia Geral da Organização, pelos Estados-partes na Convenção, mas poderá realizar reuniões no território de qualquer Estado membro da Organização dos Estados Americanos em que o considerar conveniente pela maioria dos seus membros e mediante prévia aquiescência do Estado respectivo. Os Estados-partes na Convenção podem, na Assembleia Geral, por dois terços dos seus votos, mudar a sede da Corte.

2. A Corte designará seu Secretário.

3. O Secretário residirá na sede da Corte e deverá assistir às reuniões que ela realizar fora da mesma.

Artigo 59

A Secretaria da Corte será por esta estabelecida e funcionará sob a direção do Secretário da Corte, de acordo com as normas administrativas da Secretaria-Geral da Organização em tudo o que não for incompatível com a independência da Corte. Seus funcionários serão nomeados pelo Secretário-Geral da Organização, em consulta com o Secretário da Corte.

Artigo 60

A Corte elaborará seu estatuto e submetê-lo-á à aprovação da Assembleia Geral e expedirá seu regimento.

Seção 2 — Competência e funções

Artigo 61

1. Somente os Estados-partes e a Comissão têm direito de submeter caso à decisão da Corte.

2. Para que a Corte possa conhecer de qualquer caso, é necessário que sejam esgotados os processos previstos nos arts. 48 a 50.

Artigo 62

1. Todo Estado-parte pode, no momento do depósito do seu instrumento de ratificação desta Convenção ou de adesão a ela, ou em qualquer momento posterior, declarar que reconhece como obrigatória, de pleno direito e sem convenção especial, a competência da Corte em todos os casos relativos à interpretação ou aplicação desta Convenção.

2. A declaração pode ser feita incondicionalmente, ou sob condição de reciprocidade, por prazo determinado ou para casos específicos. Deverá ser apresentada ao Secretário-Geral da Organização, que encaminhará cópias da mesma aos outros Estados membros da Organização e ao Secretário da Corte.

3. A Corte tem competência para conhecer de qualquer caso relativo à interpretação e aplicação das disposições desta Convenção que lhe seja submetido, desde que os Estados-partes no caso tenham reconhecido ou reconheçam a referida competência, seja por declaração especial, como preveem os incisos anteriores, seja por convenção especial.

Artigo 63

1. Quando decidir que houve violação de um direito ou liberdade protegidos nesta Convenção, a Corte determinará que se assegure ao prejudicado o gozo do seu direito ou liberdade violados. Determinará também, se isso for procedente, que sejam reparadas as consequências da medida ou situação que haja configurado a violação desses direitos, bem como o pagamento de indenização justa à parte lesada.

2. Em casos de extrema gravidade e urgência, e quando se fizer necessário evitar danos irreparáveis às pessoas, a Corte, nos assuntos de que estiver conhecendo, poderá tomar as medidas provisórias que considerar pertinentes. Se se tratar de assuntos que ainda não estiverem submetidos ao seu conhecimento, poderá atuar a pedido da Comissão.

Artigo 64

1. Os Estados membros da Organização poderão consultar a Corte sobre a interpretação desta Convenção ou de outros tratados concernentes à proteção dos direitos humanos nos Estados americanos. Também poderão consultá-la, no que lhes compete, os órgãos enumerados no capítulo X da Carta da Organização dos Estados Americanos, reformada pelo Protocolo de Buenos Aires.

2. A Corte, a pedido de um Estado membro da Organização, poderá emitir pareceres sobre a compatibilidade entre qualquer de suas leis internas e os mencionados instrumentos internacionais.

Artigo 65

A Corte submeterá à consideração da Assembleia Geral da Organização, em cada período ordinário de sessões, um relatório sobre suas atividades no ano anterior. De maneira especial, e com as recomendações pertinentes, indicará os casos em que um Estado não tenha dado cumprimento a suas sentenças.

Seção 3 — Procedimento

Artigo 66

1. A sentença da Corte deve ser fundamentada.

2. Se a sentença não expressar no todo ou em parte a opinião unânime dos juízes, qualquer deles terá direito a que se agregue à sentença o seu voto dissidente ou individual.

Artigo 67

A sentença da Corte será definitiva e inapelável. Em caso de divergência sobre o sentido ou alcance da sentença, a Corte interpretá-la-á, a pedido de qualquer das partes, desde que o pedido seja apresentado dentro de noventa dias a partir da data da notificação da sentença.

Artigo 68

1. Os Estados-partes na Convenção comprometem-se a cumprir a decisão da Corte em todo caso em que forem partes.

2. A parte da sentença que determinar indenização compensatória poderá ser executada no país respectivo pelo processo interno vigente para a execução de sentenças contra o Estado.

Artigo 69

A sentença da Corte deve ser notificada às partes no caso e transmitida aos Estados-partes na Convenção.

CAPÍTULO IV

DISPOSIÇÕES COMUNS

Artigo 70

1. Os juízes da Corte e os membros da Comissão gozam, desde o momento de sua eleição e enquanto durar o seu mandato, das imunidades reconhecidas aos agentes diplomáticos pelo Direito Internacional. Durante o exercício dos seus cargos gozam, além disso, dos privilégios diplomáticos necessários para o desempenho de suas funções.

2. Não se poderá exigir responsabilidade em tempo algum dos juízes da Corte, nem dos membros da Comissão, por votos e opiniões emitidos no exercício de suas funções.

Artigo 71

Os cargos de juiz da Corte ou de membro da Comissão são incompatíveis com outras atividades que possam afetar sua independência ou imparcialidade conforme o que for determinado nos respectivos estatutos.

Artigo 72

Os juízes da Corte e os membros da Comissão perceberão honorários e despesas de viagem na forma e nas condições que determinarem os seus estatutos, levando em conta a importância e independência de suas funções. Tais honorários e despesas de viagem serão fixados no orçamento-programa da Organização dos Estados Americanos, no qual devem ser incluídas, além disso, as despesas da Corte e da sua Secretaria. Para tais efeitos, a Corte elaborará o seu próprio projeto de orçamento e submetê-lo-á a aprovação da Assembleia Geral, por intermédio da Secretaria Geral. Esta última não poderá nele introduzir modificações.

Artigo 73

Somente por solicitação da Comissão ou da Corte, conforme o caso, cabe à Assembleia Geral da Organização resolver sobre as sanções aplicáveis aos membros da Comissão ou aos juízes da Corte que incorrerem nos casos previstos nos respectivos estatutos. Para expedir uma resolução, será necessária maioria de dois terços dos votos dos Estados Membros da Organização, no caso dos membros da Comissão; e, além disso, de dois terços dos votos dos Estados-partes na Convenção, se se tratar dos juízes da Corte.

PARTE III

DISPOSIÇÕES GERAIS E TRANSITÓRIAS

CAPÍTULO X

ASSINATURA, RATIFICAÇÃO, RESERVA, EMENDA,

PROTOCOLO E DENÚNCIA

Artigo 74

1. Esta Convenção fica aberta à assinatura e à ratificação ou adesão de todos os Estados membros da Organização dos Estados Americanos.

2. A ratificação desta Convenção ou a adesão a ela efetuar-se-á mediante depósito de um instrumento de ratificação ou de adesão na Secretaria Geral da Organização dos Estados Americanos. Esta Convenção entrará em vigor logo que onze Estados houverem depositado os seus respectivos instrumentos de ratificação ou de adesão. Com referência a qualquer outro Estado que a ratificar ou que a ela aderir ulteriormente, a Convenção entrará em vigor na data do depósito do seu instrumento de ratificação ou de adesão.

3. Secretário-Geral informará todos os Estados membros da Organização sobre a entrada em vigor da Convenção.

Artigo 75

Esta Convenção só pode ser objeto de reservas em conformidade com as disposições da Convenção de Viena sobre o Direito dos Tratados, assinada em 23 de maio de 1969.

Artigo 76

1. Qualquer Estado-parte, diretamente, e a Comissão ou a Corte, por intermédio do Secretário-Geral, podem submeter à Assembleia Geral, para o que julgarem conveniente, proposta de emenda a esta Convenção.

2. As emendas entrarão em vigor para os Estados que ratificarem as mesmas na data em que houver sido depositado o respectivo instrumento de ratificação que corresponda ao número de dois terços dos Estados-partes nesta Convenção. Quanto aos outros Estados-partes, entrarão em vigor na data em que depositarem eles os seus respectivos instrumentos de ratificação.

Artigo 77

1. De acordo com a faculdade estabelecida no Artigo 31, qualquer Estado-parte e a Comissão podem submeter à consideração dos Estados-partes reunidos por ocasião da Assembleia Geral, projetos de protocolos adicionais a esta Convenção, com a finalidade de incluir progressivamente no regime de proteção da mesma outros direitos e liberdades.

2. Cada protocolo deve estabelecer as modalidades de sua entrada em vigor e será aplicado somente entre os Estados-partes no mesmo.

Artigo 78

Os Estados-partes poderão denunciar esta Convenção depois de expirado um prazo de cinco anos, a partir da data da entrada em vigor da mesma e mediante aviso prévio de um ano, notificando o Secretário-Geral da Organização, o qual deve informar as outras Partes.

Tal denúncia não terá o efeito de desligar o Estado-parte interessado das obrigações contidas nesta Convenção, no que diz respeito a qualquer ato que, podendo constituir violação dessas obrigações, houver sido cometido por ele anteriormente à data na qual a denúncia produzir efeito.

CAPÍTULO XI

DISPOSIÇÕES TRANSITÓRIAS

Seção 1 — Comissão Interamericana de Direitos Humanos

Artigo 79

Ao entrar em vigor esta Convenção, o Secretário-Geral pedirá por escrito a cada Estado membro da Organização que apresente, dentro de um prazo de noventa dias, seus candidatos a membro da Comissão Interamericana de Direitos Humanos. O Secretário-Geral preparará uma lista por ordem alfabética dos candidatos apresentados e a encaminhará aos Estados membros da Organização pelo menos trinta dias antes da Assembleia Geral seguinte.

Artigo 80

A eleição dos membros da Comissão far-se-á dentre os candidatos que figurem na lista a que se refere o Artigo 79, por votação secreta da Assembleia Geral, e serão declarados eleitos os candidatos que obtiverem maior número de votos e a maioria absoluta dos votos dos representantes dos Estados membros. Se, para eleger todos os membros da Comissão, for necessário realizar várias votações, serão eliminados sucessivamente, na forma que for determinada pela Assembleia Geral, os candidatos que receberem menor número de votos.

Seção 2 — Corte Interamericana de Direitos Humanos

Artigo 81

Ao entrar em vigor esta Convenção, o Secretário-Geral solicitará por escrito a cada Estado-parte que apresente, dentro de um prazo de noventa dias, seus candidatos a juiz da Corte Interamericana de Direitos Humanos. O Secretário-Geral preparará uma lista por ordem alfabética dos candidatos apresentados e a encaminhará aos Estados-partes pelo menos trinta dias antes da Assembleia Geral seguinte.

Artigo 82

A eleição dos juízes da Corte far-se-á dentre os candidatos que figurem na lista a que se refere o Artigo 81, por votação secreta dos Estados-partes, na Assembleia Geral, e serão declarados eleitos os candidatos que obtiverem maior número de votos e a maioria absoluta dos votos dos representantes do Estados-partes. Se, para eleger todos os juízes da Corte, for necessário realizar várias votações, serão eliminados sucessivamente, na forma que for determinada pelos Estados-partes, os candidatos que receberem menor número de votos.

Protocolo Adicional à Convenção Americana sobre Direitos Humanos em matéria de Direitos Econômicos, Sociais e Culturais, "Protocolo de San Salvador"

(Adotado pela Assembleia Geral da Organização dos Estados Americanos em 17.11.1988, ratificado pelo Brasil em 21.08.1996)

Preâmbulo

Os Estados-partes na Convenção Americana sobre Direitos Humanos, "Pacto de San José da Costa Rica",

Reafirmando seu propósito de consolidar neste Continente, dentro do quadro das instituições democráticas, um regime de liberdade pessoal e de justiça social, fundado no respeito dos direitos essenciais do homem;

Reconhecendo que os direitos essenciais do homem não derivam do fato de ser ele nacional de determinado Estado, mas sim do fato de ter como fundamento os atributos da pessoa humana, razão por que justificam uma proteção internacional, de natureza convencional, coadjuvante ou complementar da que oferece o direito interno dos Estados americanos;

Considerando a estreita relação que existe entre a vigência dos direitos econômicos, sociais e culturais e a dos direitos civis e políticos, porquanto as diferentes categorias de direito constituem um todo indissolúvel que encontra sua base no reconhecimento da dignidade da pessoa humana, pelo qual exigem uma tutela e promoção permanente, com o objetivo de conseguir sua vigência plena, sem que jamais possa justificarse a violação de uns a pretexto da realização de outros;

Reconhecendo os benefícios decorrentes do fomento e desenvolvimento da cooperação entre os Estados e das relações internacionais;

Recordando que, de acordo com a Declaração Universal dos Direitos do Homem e a Convenção Americana sobre Direitos Humanos, só pode ser realizado o ideal do ser humano livre, isento de temor e da miséria, se forem criadas condições que permitam a cada pessoa gozar de seus direitos econômicos, sociais e culturais, bem como de seus direitos civis e políticos;

Levando em conta que, embora os direitos econômicos, sociais e culturais fundamentais tenham sido reconhecidos em instrumentos internacionais anteriores, tanto de âmbito universal como regional, é muito importante que esses direitos sejam reafirmados, desenvolvidos, aperfeiçoados e protegidos, a fim de consolidar na América, com base no respeito pleno dos direitos da pessoa, o regime democrático representativo de governo, bem como o direito de seus povos ao desenvolvimento, à livre determinação e a dispor livremente de suas riquezas e recursos naturais; e Considerando que a Convenção Americana sobre Direitos Humanos estabelece que podem ser submetidos à consideração dos Estados-partes, reunidos por ocasião da Assembleia Geral da Organização dos Estados Americanos, projetos de protocolos adicionais a essa Convenção, com a finalidade de incluir progressivamente no regime de proteção da mesma outros direitos e liberdades,

Convieram no seguinte Protocolo Adicional à Convenção Americana sobre Direitos Humanos, "Protocolo de San Salvador":

Artigo 1

Obrigação de adotar medidas

Os Estados-partes neste Protocolo Adicional à Convenção Americana sobre Direitos Humanos comprometemse a adotar as medidas necessárias, tanto de ordem interna como por meio da cooperação entre os Estados, especialmente econômica e técnica, até o máximo dos recursos disponíveis e levando em conta seu grau de desenvolvimento, a fim de conseguir, progressivamente e de acordo com a legislação interna, a plena efetividade dos direitos reconhecidos neste Protocolo.

Artigo 2

Obrigação de adotar disposições de direito interno

Se o exercício dos direitos estabelecidos neste Protocolo ainda não estiver garantido por disposições legislativas ou de outra natureza, os Estados-partes comprometemse a adotar, de acordo com suas normas constitucionais e com as disposições deste Protocolo, as medidas legislativas ou de outra natureza que forem necessárias para tornar efetivos esses direitos.

Artigo 3

Obrigação de não discriminação

Os Estados-partes neste Protocolo comprometemse a garantir o exercício dos direitos nele enunciados, sem discriminação alguma por motivo de raça, cor, sexo, idioma, religião, opiniões políticas ou de qualquer outra natureza, origem nacional ou social, posição econômica, nascimento ou qualquer outra condição social.

Artigo 4

Não admissão de restrições

Não se poderá restringir ou limitar qualquer dos direitos reconhecidos ou vigentes num Estado em virtude de sua legislação interna ou de convenções internacionais, sob pretexto de que este Protocolo não os reconhece ou os reconhece em menor grau.

Artigo 5

Alcance das restrições e limitações

Os Estados-partes só poderão estabelecer restrições e limitações ao gozo e exercício dos direitos estabelecidos neste Protocolo mediante leis promulgadas com o objetivo de preservar o bemestar geral dentro de uma sociedade democrática, na medida em que não contrariem o propósito e razão dos mesmos.

Artigo 6

Direito ao trabalho

1. Toda pessoa tem direito ao trabalho, o que inclui a oportunidade de obter os meios para levar uma vida digna e decorosa por meio do desempenho de uma atividade lícita, livremente escolhida ou aceita.

2. Os Estados-partes comprometemse a adotar medidas que garantam plena efetividade do direito ao trabalho, especialmente as referentes à consecução do pleno emprego, à orientação vocacional e ao desenvolvimento de projetos de treinamento técnicoprofissional, particularmente os destinados aos deficientes. Os Estados-partes comprometemse também a executar e a fortalecer programas que coadjuvem um adequado atendimento da família, a fim de que a mulher tenha real possibilidade de exercer o direito ao trabalho.

Artigo 7

Condições justas, equitativas e satisfatórias de trabalho

Os Estados-partes neste Protocolo reconhecem que o direito ao trabalho, a que se refere o artigo anterior, pressupõe que toda pessoa goze do mesmo em condições justas, equitativas e satisfatórias, para o que esses Estados garantirão em suas legislações, de maneira particular:

a. Remuneração que assegure, no mínimo, a todos os trabalhadores condições de subsistência digna e decorosa para eles e para suas famílias e salário equitativo e igual por trabalho igual, sem nenhuma distinção;

b. O direito de todo trabalhador de seguir sua vocação e de dedicarse à atividade que melhor atenda a suas expectativas e a trocar de emprego de acordo com a respectiva regulamentação nacional;

c. O direito do trabalhador à promoção ou avanço no trabalho, para o qual serão levadas em conta suas qualificações, competência, probidade e tempo de serviço;

d. Estabilidade dos trabalhadores em seus empregos, de acordo com as características das indústrias e profissões e com as causas de justa separação. Nos casos de demissão injustificada, o trabalhador terá direito a uma indenização ou à readmissão no emprego ou a quaisquer outras prestações previstas pela legislação nacional;

e. Segurança e higiene no trabalho;

f. Proibição de trabalho noturno ou em atividades insalubres ou perigosas para os menores de 18 anos e, em geral, de todo trabalho que possa pôr em perigo sua saúde, segurança ou moral. Quando se tratar de menores de 16 anos, a jornada de trabalho deverá subordinarse às disposições sobre ensino obrigatório e, em nenhum caso, poderá constituir impedimento à assistência escolar ou limitação para beneficiarse da instrução recebida;

g. Limitação razoável das horas de trabalho, tanto diárias quanto semanais. As jornadas serão de menor duração quando se tratar de trabalhos perigosos, insalubres ou noturnos;

h. Repouso, gozo do tempo livre, férias remuneradas, bem como remuneração nos feriados nacionais.

Artigo 8

Direitos sindicais

1. Os Estados-partes garantirão:

a. O direito dos trabalhadores de organizar sindicatos e de filiarse ao de sua escolha, para proteger e promover seus interesses. Como projeção desse direito, os Estados-partes permitirão aos sindicatos formar federações e confederações nacionais e associarse às já existentes, bem como formar organizações sindicais internacionais e associarse à de sua escolha. Os Estados-partes também permitirão que os sindicatos, federações e confederações funcionem livremente;

b. O direito de greve.

2. O exercício dos direitos enunciados acima só pode estar sujeito às limitações e restrições previstas pela lei que sejam próprias a uma sociedade democrática e necessárias para salvaguardar a ordem pública e proteger a saúde ou a moral pública, e os direitos ou liberdades dos demais. Os membros das forças armadas e da polícia, bem como de outros serviços públicos essenciais, estarão sujeitos às limitações e restrições impostas pela lei.

3. Ninguém poderá ser obrigado a pertencer a um sindicato.

Artigo 9

Direito à previdência social

1. Toda pessoa tem direito à previdência social que a proteja das consequências da velhice e da incapacitação que a impossibilite, física ou mentalmente, de obter os meios de vida digna e decorosa. No caso de morte do beneficiário, as prestações da previdência social beneficiarão seus dependentes.

2. Quando se tratar de pessoas em atividade, o direito à previdência social abrangerá pelo menos o atendimento médico e o subsídio ou pensão em caso de acidentes de trabalho ou de doença profissional e, quando se tratar da mulher, licença remunerada para a gestante, antes e depois do parto.

Artigo 10

Direito à saúde

1. Toda pessoa tem direito à saúde, entendida como o gozo do mais alto nível de bemestar físico, mental e social.

2. A fim de tornar efetivo o direito à saúde, os Estados-partes comprometemse a reconhecer a saúde como bem público e, especialmente, a adotar as seguintes medidas para garantir este direito:

a. Atendimento primário de saúde, entendendose como tal a assistência médica essencial colocada ao alcance de todas as pessoas e famílias da comunidade;

b. Extensão dos benefícios dos serviços de saúde a todas as pessoas sujeitas à jurisdição do Estado;

c. Total imunização contra as principais doenças infecciosas;

d. Prevenção e tratamento das doenças endêmicas, profissionais e de outra natureza;

e. Educação da população sobre prevenção e tratamento dos problemas da saúde; e

f. Satisfação das necessidades de saúde dos grupos de mais alto risco e que, por sua situação de pobreza, sejam mais vulneráveis.

Artigo 11

Direito a um meio ambiente sadio

1. Toda pessoa tem direito a viver em meio ambiente sadio e a contar com os serviços públicos básicos.

2. Os Estados-partes promoverão a proteção, preservação e melhoramento do meio ambiente.

Artigo 12

Direito à alimentação

1. Toda pessoa tem direito a uma nutrição adequada que assegure a possibilidade de gozar do mais alto nível de desenvolvimento físico, emocional e intelectual.

2. A fim de tornar efetivo esse direito e de eliminar a desnutrição, os Estados-partes comprometem-se a aperfeiçoar os métodos de produção, abastecimento e distribuição de alimentos, para o que se comprometem a promover maior cooperação internacional com vistas a apoiar as políticas nacionais sobre o tema.

Artigo 13

Direito à educação

1. Toda pessoa tem direito à educação.

2. Os Estados-partes neste Protocolo convêm em que a educação deverá orientarse para o pleno desenvolvimento da personalidade humana e do sentido de sua dignidade e deverá fortalecer o respeito pelos direitos humanos, pelo pluralismo ideológico, pelas liberdades fundamentais, pela justiça e pela paz. Convêm, também, em que a educação deve capacitar todas as pessoas para participar efetivamente de

uma sociedade democrática e pluralista, conseguir uma subsistência digna, favorecer a compreensão, a tolerância e a amizade entre todas as nações e todos os grupos raciais, étnicos ou religiosos e promover as atividades em prol da manutenção da paz.

3. Os Estados-partes neste Protocolo reconhecem que, a fim de conseguir o pleno exercício do direito à educação:

a. O ensino de primeiro grau deve ser obrigatório e acessível a todos gratuitamente;

b. O ensino de segundo grau, em suas diferentes formas, inclusive o ensino técnico e profissional de segundo grau, deve ser generalizado e tornar-se acessível a todos, pelos meios que forem apropriados e, especialmente, pela implantação progressiva do ensino gratuito;

c. O ensino superior deve tornarse igualmente acessível a todos, de acordo com a capacidade de cada um, pelos meios que forem apropriados e, especialmente, pela implantação progressiva do ensino gratuito;

d. Devese promover ou intensificar, na medida do possível, o ensino básico para as pessoas que não tiverem recebido ou terminado o ciclo completo de instrução do primeiro grau;

e. Deverão ser estabelecidos programas de ensino diferenciado para os deficientes, a fim de proporcionar instrução especial e formação a pessoas com impedimentos físicos ou deficiência mental.

4. De acordo com a legislação interna dos Estados-partes, os pais terão direito a escolher o tipo de educação a ser dada aos seus filhos, desde que esteja de acordo com os princípios enunciados acima.

5. Nada do disposto neste Protocolo poderá ser interpretado como restrição da liberdade dos particulares e entidades de estabelecer e dirigir instituições de ensino, de acordo com a legislação interna dos Estados-partes.

Artigo 14

Direito aos benefícios da cultura

1. Os Estados-partes neste Protocolo reconhecem o direito de toda pessoa a:

a. Participar na vida cultural e artística da comunidade;

b. Gozar dos benefícios do progresso científico e tecnológico;

c. Beneficiarse da proteção dos interesses morais e materiais que lhe caibam em virtude das produções científicas, literárias ou artísticas de que for autora.

2. Entre as medidas que os Estados-partes neste Protocolo deverão adotar para assegurar o pleno exercício deste direito, figurarão as necessárias para a conservação, desenvolvimento e divulgação da ciência, da cultura e da arte.

3. Os Estados-partes neste Protocolo comprometemse a respeitar a liberdade indispensável para a pesquisa científica e a atividade criadora.

4. Os Estados-partes neste Protocolo reconhecem os benefícios que decorrem da promoção e desenvolvimento da cooperação e das relações internacionais em assuntos científicos, artísticos e culturais e, nesse sentido, comprometemse a propiciar maior cooperação internacional nesse campo.

Artigo 15

Direito à constituição e proteção da família

1. A família é o elemento natural e fundamental da sociedade e deve ser protegida pelo Estado, que deverá velar pelo melhoramento de sua situação moral e material.

2. Toda pessoa tem direito a constituir família, o qual exercerá de acordo com as disposições da legislação interna correspondente.

3. Os Estados-partes comprometemse, mediante este Protocolo, a proporcionar adequada proteção ao grupo familiar e, especialmente, a:

a. Dispensar atenção e assistência especiais à mãe, por um período razoável, antes e depois do parto;

b. Garantir às crianças alimentação adequada, tanto no período de lactação quanto durante a idade escolar;

c. Adotar medidas especiais de proteção dos adolescentes, a fim de assegurar o pleno amadurecimento de suas capacidades físicas, intelectuais e morais;

d. Executar programas especiais de formação familiar, a fim de contribuir para a criação de ambiente estável e positivo no qual as crianças percebam e desenvolvam os valores de compreensão, solidariedade, respeito e responsabilidade.

Artigo 16

Direito da criança

Toda criança, seja qual for sua filiação, tem direito às medidas de proteção que sua condição de menor requer por parte da sua família, da sociedade e do Estado. Toda criança tem direito de crescer ao amparo e sob a responsabilidade de seus pais; salvo em circunstâncias excepcionais, reconhecidas judicialmente, a criança de tenra idade não deve ser separada de sua mãe. Toda criança tem direito à educação gratuita e obrigatória, pelo menos no nível básico, e a continuar sua formação em níveis mais elevados do sistema educacional.

Artigo 17

Proteção de pessoas idosas

Toda pessoa tem direito à proteção especial na velhice. Nesse sentido, os Estados-partes comprometem-se a adotar de maneira progressiva as medidas necessárias a fim de pôr em prática este direito e, especialmente, a:

a. Proporcionar instalações adequadas, bem como alimentação e assistência médica especializada, às pessoas de idade avançada que careçam delas e não estejam em condições de provê-las por seus próprios meios;

b. Executar programas trabalhistas específicos destinados a dar a pessoas idosas a possibilidade de realizar atividade produtiva adequada às suas capacidades, respeitando sua vocação ou desejos;

c. Promover a formação de organizações sociais destinadas a melhorar a qualidade de vida das pessoas idosas.

Artigo 18

Proteção de deficientes

Toda pessoa afetada por diminuição de suas capacidades físicas e mentais tem direito a receber atenção especial, a fim de alcançar o máximo desenvolvimento de sua personalidade. Os Estados-partes comprometem-se a adotar as medidas necessárias para esse fim e, especialmente, a:

a. Executar programas específicos destinados a proporcionar aos deficientes os recursos e o ambiente necessário para alcançar esse objetivo, inclusive programas trabalhistas adequados a suas possibilidades e que deverão ser livremente aceitos por eles ou, se for o caso, por seus representantes legais;

b. Proporcionar formação especial às famílias dos deficientes, a fim de ajudálos a resolver os problemas de convivência e convertêlos em elementos atuantes no desenvolvimento físico, mental e emocional destes;

c. Incluir, de maneira prioritária, em seus planos de desenvolvimento urbano a consideração de soluções para os requisitos específicos decorrentes das necessidades deste grupo;

d. Promover a formação de organizações sociais nas quais os deficientes possam desenvolver uma vida plena.

Artigo 19

Meios de proteção

1. Os Estados-partes neste Protocolo comprometemse a apresentar, de acordo com o disposto por este artigo e pelas normas pertinentes que a propósito deverão ser elaboradas pela Assembleia Geral da Organização dos Estados Americanos, relatórios periódicos sobre as medidas progressivas que tiverem adotado para assegurar o devido respeito aos direitos consagrados no mesmo Protocolo.

2. Todos os relatórios serão apresentados ao SecretárioGeral da OEA, que os transmitirá ao Conselho Interamericano Econômico e Social e ao Conselho Interamericano de Educação, Ciência e Cultura, a fim de que os examinem de acordo com o disposto neste artigo. O SecretárioGeral enviará cópia desses relatórios à Comissão Interamericana de Direitos Humanos.

3. SecretárioGeral da Organização dos Estados Americanos transmitirá também aos organismos especializados do Sistema Interamericano, dos quais sejam membros os Estados-partes neste Protocolo, cópias dos relatórios enviados ou das partes pertinentes deles, na medida em que tenham relação com matérias que sejam da competência dos referidos organismos, de acordo com seus instrumentos constitutivos.

4. Os organismos especializados do Sistema Interamericano poderão apresentar ao Conselho Interamericano Econômico e Social e ao Conselho Interamericano de Educação, Ciência e Cultura relatórios sobre o cumprimento das disposições deste Protocolo, no campo de suas atividades.

5. Os relatórios anuais que o Conselho Interamericano Econômico e Social e o Conselho Interamericano de Educação, Ciência e Cultura apresentarem à Assembleia Geral conterão um resumo da informação recebida dos Estados-partes neste Protocolo e dos organismos especializados sobre as medidas progressivas adotadas a fim de assegurar o respeito dos direitos reconhecidos no Protocolo e das recomendações de caráter geral que a respeito considerarem pertinentes.

6. Caso os direitos estabelecidos na alínea a do Artigo 8, e no Artigo 13, forem violados por ação imputável diretamente a um Estado-parte deste Protocolo, essa situação poderia dar lugar, mediante participação da Comissão Interamericana de Direitos Humanos e, quando cabível, da Corte Interamericana de Direitos Humanos, à aplicação do sistema de petições individuais regulado pelos arts. 44 a 51 e 61 a 69 da Convenção Americana sobre Direitos Humanos.

7. Sem prejuízo do disposto no parágrafo anterior, a Comissão Interamericana de Direitos Humanos poderá formular as observações e recomendações que considerar pertinentes sobre a situação dos direitos econômicos, sociais e culturais estabelecidos neste Protocolo em todos ou em alguns dos Estados-partes, as quais poderá incluir no Relatório Anual à Assembleia Geral ou num relatório especial, conforme considerar mais apropriado.

8. No exercício das funções que lhes confere este artigo, os Conselhos e a Comissão Interamericana de Direitos Humanos deverão levar em conta a natureza progressiva da vigência dos direitos objeto da proteção deste Protocolo.

Artigo 20

Reservas

Os Estados-partes poderão formular reservas sobre uma ou mais disposições específicas deste Protocolo no momento de aprovália, assinálo, ratificálo ou a ele aderir, desde que não sejam incompatíveis com o objetivo e o fim do Protocolo.

Artigo 21

Assinatura, ratificação ou adesão.

Entrada em vigor

1. Este Protocolo fica aberto à assinatura e à ratificação ou adesão de todo Estado-parte na Convenção Americana sobre Direitos Humanos.

2. A ratificação deste Protocolo ou a adesão ao mesmo será efetuada mediante depósito de um instrumento de ratificação ou de adesão na Secretaria Geral da Organização dos Estados Americanos.

3. O Protocolo entrará em vigor tão logo onze Estados tiverem depositado seus respectivos instrumentos de ratificação ou de adesão.

4. O SecretárioGeral informará a todos os Estados membros da Organização a entrada em vigor do Protocolo.

Artigo 22

Incorporação de outros direitos e ampliação dos reconhecidos

1. Qualquer Estado-parte e a Comissão Interamericana de Direitos Humanos poderão submeter à consideração dos Estados-partes, reunidos por ocasião da Assembleia Geral, propostas de emendas com o fim de incluir o reconhecimento de outros direitos e liberdades, ou outras destinadas a estender ou ampliar os direitos e liberdades reconhecidos neste Protocolo.

2. As emendas entrarão em vigor para os Estados ratificantes das mesmas na data em que tiverem depositado o respectivo instrumento de ratificação que corresponda a dois terços do número de Estados-partes neste Protocolo. Quanto aos demais Estados-partes, entrarão em vigor na data em que depositarem seus respectivos instrumentos de ratificação.

Convenção Interamericana para Prevenir, Punir e Erradicar a Violência contra a Mulher, "Convenção de Belém do Pará"

(Adotada pela Assembleia Geral da Organização dos Estados Americanos em 6.06.1994, ratificada pelo Brasil em 27.11.1995)

OS ESTADOS-PARTES NESTA CONVENÇÃO,

RECONHECENDO que o respeito irrestrito aos direitos humanos foi consagrado na Declaração Americana dos Direitos e Deveres do Homem e na Declaração Universal dos Direitos Humanos e reafirmado em outros instrumentos internacionais e regionais;

AFIRMANDO que a violência contra a mulher constitui violação dos direitos humanos e liberdades fundamentais e limita total ou parcialmente a observância, gozo e exercício de tais direitos e liberdades;

PREOCUPADOS por que a violência contra a mulher constitui ofensa contra a dignidade humana e é manifestação das relações de poder historicamente desiguais entre mulheres e homens;

RECORDANDO a Declaração para a Erradicação da Violência contra a Mulher, aprovada na Vigésima Quinta Assembleia de Delegadas da Comissão Interamericana de Mulheres, e afirmando que a violência contra a mulher permeia todos os setores da sociedade, independentemente de classe, raça ou grupo étnico, renda, cultura, nível educacional, idade ou religião, e afeta negativamente suas próprias bases;

CONVENCIDOS de que a eliminação da violência contra a mulher é condição indispensável para seu desenvolvimento individual e social e sua plena e igualitária participação em todas as esferas de vida; e

CONVENCIDOS de que a adoção de uma convenção para prevenir, punir e erradicar todas as formas de violência contra a mulher, no âmbito da Organização dos Estados Americanos, constitui positiva contribuição no sentido de proteger os direitos da mulher e eliminar as situações de violência contra ela,

CONVIERAM no seguinte:

CAPITULO I

DEFINIÇÃO E ÂMBITO DE APLICAÇÃO

Artigo I

Para os efeitos desta Convenção, entender-se-á por violência contra a mulher qualquer ato ou conduta baseada no gênero, que cause morte, dano ou sofrimento físico, sexual ou psicológico à mulher, tanto na esfera pública como na esfera crivada.

Artigo 2

Entende-se que a violência contra a mulher abrange a violência física, sexual e psicológica:

a) ocorrida no âmbito da família ou unidade doméstica ou em qualquer relação interpessoal, quer o agressor compartilhe, tenha compartilhado ou não a sua residência, incluindo-se, entre outras formas, o estupro, maus-tratos e abuso sexual;

b) ocorrida na comunidade e cometida por qualquer pessoa, incluindo, entre outras formas, o estupro, abuso sexual, tortura, tráfico de mulheres, prostituição forçada, sequestro e assédio sexual no local de trabalho, bem como em instituições educacionais, serviços de saúde ou qualquer outro local; e

c) perpetrada ou tolerada pelo Estado ou seus agentes, onde quer que ocorra.

CAPÍTULO II

DIREITOS PROTEGIDOS

Artigo 3

Toda mulher tem direito a ser livre de violência, tanto na esfera pública como na esfera privada.

Artigo 4

Toda mulher tem direito ao reconhecimento, desfrute, exercício e proteção de todos os direitos humanos e liberdades consagrados em todos os instrumentos regionais e internacionais relativos aos direitos humanos. Estes direitos abrangem, entre outros:

a) direito a que se respeite sua vida;

b) direito a que se respeite sua integridade física, mental e moral;

c) direito à liberdade e à segurança pessoais;

d) direito a não ser submetida a tortura;

e) direito a que se respeite a dignidade inerente à sua pessoa e a que se proteja sua família;

f) direito a igual proteção perante a lei e da lei;

g) direito a recurso simples e rápido perante tribunal competente que a proteja contra atos que violem seus direitos;

h) direito de livre associação;

i) direito à liberdade de professar a própria religião e as próprias crenças, de acordo com a lei; e

j) direito a ter igualdade de acesso às funções públicas de seu país e a participar nos assuntos públicos, inclusive na tomada de decisões.

Artigo 5

Toda mulher poderá exercer livre e plenamente seus direitos civis, políticos, econômicos, sociais e culturais e contará com a total proteção desses direitos consagrados nos instrumentos regionais e internacionais sobre direitos humanos. Os Estados-partes reconhecem que a violência contra a mulher impede e anula o exercício desses direitos.

Artigo 6

O direito de toda mulher a ser livre de violência abrange, entre outros:

a) o direito da mulher a ser livre de todas as formas de discriminação; e

b) o direito da mulher a ser valorizada e educada livre de padrões estereotipados de comportamento e costumes sociais e culturais baseados em conceitos de inferioridade ou subordinação.

CAPÍTULO III

DEVERES DOS ESTADOS

Artigo 7

Os Estados-partes condenam todas as formas de violência contra a mulher e convêm em adotar, por todos os meios apropriados e sem demora, políticas destinadas a prevenir, punir e erradicar tal violência e a empenhar-se em:

a) abster-se de qualquer ato ou prática de violência contra a mulher e velar por que as autoridades, seus funcionários e pessoal, bem como agentes e instituições públicos ajam de conformidade com essa obrigação;

b) agir com o devido zelo para prevenir, investigar e punir a violência contra a mulher;

c) incorporar na sua legislação interna normas penais, civis, administrativas e de outra natureza, que sejam necessárias para prevenir, punir e erradicar a violência contra a mulher, bem como adotar as medidas administrativas adequadas que forem aplicáveis;

d) adotar medidas jurídicas que exijam do agressor que se abstenha de perseguir, intimidar e ameaçar a mulher ou de fazer uso de qualquer método que danifique ou ponha em perigo sua vida ou integridade ou danifique sua propriedade;

e) tomar todas as medidas adequadas, inclusive legislativas, para modificar ou abolir leis e regulamentos vigentes ou modificar práticas jurídicas ou consuetudinárias que respaldem a persistência e a tolerância da violência contra a mulher;

f) estabelecer procedimentos jurídicos justos e eficazes para a mulher sujeitada a violência, inclusive, entre outros, medidas de proteção, juízo oportuno e efetivo acesso a tais processos;

g) estabelecer mecanismos judiciais e administrativos necessários para assegurar que a mulher sujeitada a violência tenha efetivo acesso a restituição, reparação do dano e outros meios de compensação justos e eficazes;

h) adotar as medidas legislativas ou de outra natureza necessárias à vigência desta Convenção.

Artigo 8

Os Estados-partes convêm em adotar, progressivamente, medidas específicas, inclusive programas destinados a:

a) promover o conhecimento e a observância do direito da mulher a uma vida livre de violência e o direito da mulher a que se respeitem e protejam seus direitos humanos;

b) modificar os padrões sociais e culturais de conduta de homens e mulheres, inclusive a formulação de programas formais e não formais adequados a todos os níveis do processo educacional, a fim de combater preconceitos e costumes e todas as outras práticas baseadas na premissa da inferioridade ou superioridade de qualquer dos gêneros ou nos papéis estereotipados para o homem e a mulher, que legitimem ou exacerbem a violência contra a mulher;

c) promover a educação e treinamento de todo o pessoal judiciário e policial e demais funcionários responsáveis pela aplicação da lei, bem como do pessoal encarregado da implementação de políticas de prevenção, punição e erradicação da violência contra a mulher;

d) prestar serviços especializados apropriados à mulher sujeitada a violência, por intermédio de entidades dos setores público e privado, inclusive abrigos, serviços de orientação familiar, quando for o caso, e atendimento e custódia dos menores afetados;

e) promover e apoiar programas de educação governamentais e privados, destinados a conscientizar o público para os problemas da violência contra a mulher, recursos jurídicos e reparação relacionados com essa violência;

f) proporcionar à mulher sujeitada a violência acesso a programas eficazes de reabilitação e treinamento que lhe permitam participar plenamente da vida pública, privada e social;

g) incentivar os meios de comunicação a que formulem diretrizes adequadas de divulgação, que contribuam para a erradicação da violência contra a mulher em todas as suas formas e enalteçam o respeito pela dignidade da mulher;

h) assegurar a pesquisa e coleta de estatísticas e outras informações relevantes concernentes às causas, consequências e frequência da violência contra a mulher, a fim de avaliar a eficiência das medidas tomadas para prevenir, punir e erradicar a violência contra a mulher, bem como formular e implementar as mudanças necessárias; e

i) promover a cooperação internacional para o intercâmbio de ideias e experiências, bem como a execução de programas destinados à proteção da mulher sujeitada a violência.

Artigo 9

Para a adoção das medidas a que se refere este capítulo, os Estados-partes levarão especialmente em conta a situação de vulnerabilidade à violência a que a mulher possa estar submetida em razão, entre outras, de sua condição étnica, de migrante, de refugiada ou de deslocada. Para tais fins também será considerada a mulher que é objeto de violência quando está grávida, quando é deficiente, menor de idade, anciã, ou quando se encontra em situação socioeconômica desfavorável ou afetada por situações de conflitos armados ou de privação de liberdade.

CAPITULO IV

MECANISMOS INTERAMERICANOS DE PROTEÇÃO

Artigo 10

A fim de proteger o direito de toda mulher a uma vida livre de violência, os Estados-partes deverão incluir nos relatórios nacionais à Comissão Interamericana de Mulheres informações sobre as medidas adotadas para prevenir e erradicar a violência contra a mulher, para prestar assistência à mulher afetada pela violência, bem como sobre as dificuldades que observarem na aplicação das mesmas e os fatores que contribuam para a violência contra a mulher.

Artigo 11

Os Estados-partes nesta Convenção e a Comissão Interamericana de Mulheres poderão solicitar à Corte Interamericana de Direitos Humanos parecer sobre a interpretação desta Convenção.

Artigo 12

Qualquer pessoa ou grupo de pessoas, ou qualquer entidade não governamental juridicamente reconhecida em um ou mais Estados membros da Organização, poderá apresentar à Comissão Interamericana de Direitos Humanos petições referentes a denúncias ou queixas de violação do Artigo 7 desta Convenção por um Estado-parte, devendo a Comissão considerar tais petições de acordo com as normas e procedimentos estabelecidos na Convenção Americana sobre Direitos Humanos e no Estatuto e Regulamento da Comissão Interamericana de Direitos Humanos, para a apresentação e consideração de petições.

CAPÍTULO V

DISPOSIÇÕES GERAIS

Artigo 13

Nenhuma das disposições desta Convenção poderá ser interpretada no sentido de restringir ou limitar a legislação interna dos Estados-partes que ofereçam proteções e garantias iguais ou maiores para os direitos da mulher, bem como salvaguardas para prevenir e erradicar a violência contra a mulher.

Artigo 14

Nenhuma das disposições desta Convenção poderá ser interpretada no sentido de restringir ou limitar as da Convenção Americana sobre Direitos Humanos ou de qualquer outra convenção internacional que ofereça proteção igual ou maior nesta matéria.

Artigo 15

Esta Convenção fica aberta à assinatura de todos os Estados membros da Organização dos Estados Americanos.

Artigo 16

Esta Convenção está sujeita a ratificação. Os instrumentos de ratificação serão depositados na Secretaria-Geral da Organização dos Estados Americanos.

Artigo 17

Esta Convenção fica aberta à adesão de qualquer outro Estado. Os instrumentos de adesão serão depositados na Secretaria-Geral da Organização dos Estados Americanos.

Artigo 18

Os Estados poderão formular reservas a esta Convenção no momento de aprová-la, assiná-la, ratificá-la ou a ela aderir, desde que tais reservas:

a) não sejam incompatíveis com o objetivo e propósito da Convenção;

b) não sejam de caráter geral e se refiram especificamente a uma ou mais de suas disposições.

Artigo 19

Qualquer Estado-parte poderá apresentar à Assembleia Geral, por intermédio da Comissão Interamericana de Mulheres, propostas de emenda a esta Convenção.

As emendas entrarão em vigor para os Estados ratificantes das mesmas na data em que dois terços dos Estados-partes tenham depositado seus respectivos instrumentos de ratificação. Para os demais Estados-partes, entrarão em vigor na data em que depositarem seus respectivos instrumentos de ratificação.

Artigo 20

Os Estados-partes que tenham duas ou mais unidades territoriais em que vigorem sistemas jurídicos diferentes relacionados com as questões de que trata esta Convenção poderão declarar, no momento de assiná-la, de ratificá-la ou de a ela aderir, que a Convenção se aplicará a todas as suas unidades territoriais ou somente a uma ou mais delas.

Tal declaração poderá ser modificada, em qualquer momento, mediante declarações ulteriores, que indicarão expressamente a unidade ou as unidades territoriais a que se aplicará esta Convenção. Essas declarações ulteriores serão transmitidas à Secretaria Geral da Organização dos Estados Americanos e entrarão em vigor trinta dias depois de recebidas.

Artigo 21

Esta Convenção entrará em vigor no trigésimo dia a partir da data em que for depositado o segundo instrumento de ratificação. Para cada Estado que ratificar a Convenção ou a ela aderir após haver sido depositado o segundo instrumento de ratificação, entrará em vigor no trigésimo dia a partir da data em que esse Estado houver depositado seu instrumento de ratificação ou adesão.

Artigo 22

O Secretário-Geral informará a todos os Estados membros da Organização dos Estados Americanos a entrada em vigor da Convenção.

Artigo 23

O Secretário-Geral da Organização dos Estados Americanos apresentará um relatório anual aos Estados membros da Organização sobre a situação desta Convenção, inclusive sobre as assinaturas e depósitos de instrumentos de ratificação, adesão e declaração, bem como sobre as reservas que os Estados-partes tiverem apresentado e, conforme o caso, um relatório sobre as mesmas.

Artigo 24

Esta Convenção vigorará por prazo indefinido, mas qualquer Estado-parte poderá denunciá-la mediante o depósito na Secretaria Geral da Organização dos Estados Americanos de instrumento que tenha essa finalidade. Um ano após a data do depósito do instrumento de denúncia, cessarão os efeitos da Convenção para o Estado denunciante, mas subsistirão para os demais Estados-partes.

Artigo 25

O instrumento original desta Convenção, cujos textos em português, espanhol, francês e inglês são igualmente autênticos, será depositado na Secretaria Geral da Organização dos Estados Americanos, que enviará cópia autenticada de seu texto ao Secretariado das Nações Unidas para registro e publicação, de acordo com o Artigo 102 da Carta das Nações Unidas.

EM FÉ DO QUE os plenipotenciários infra-assinados, devidamente autorizados por seus respectivos governos, assinam esta Convenção, que se denominará Convenção Interamericana para Prevenir, Punir e Erradicar a Violência contra a Mulher, "Convenção de Belém do Pará".

EXPEDIDA NA CIDADE DE BELÉM DO PARÁ, BRASIL, no dia nove de junho de mil novecentos e noventa e quatro.

Bibliografia

ACKERMAN Mario. Liberdade sindical e trabalho decente. *Rev. TST*, Brasília, vol. 78, ano 2, abr./jun. 2012.

ALVARENGA, Rúbia Zanotelli de. *O Direito do Trabalho como Dimensão dos Direitos Humanos*. São Paulo: LTr, 2009.

ALVES, José Augusto Lindgren. *Os Direitos Humanos como tema global*. São Paulo: Perspectiva, 2018.

______. *É Preciso Salvar os Direitos Humanos*. Os Direitos Humanos como tema global. 2. ed. São Paulo: Perspectiva, 2015.

ALMEIDA, Silvio Luiz de. *Racismo Estrutural*. São Paulo: Ed. Jandaíra, 2021. Coleção Feminismos plurais — Coord. Djamila Ribeiro.

ANTUNES. Ricardo. *O Privilégio da Servidão* — O novo proletariado de serviços na era digital. 2. ed. São Paulo: Boitempo, 2020.

BARROS, Alice Monteiro. *Curso de Direito do Trabalho*. 8. ed. São Paulo: LTr. 2012.

BEZERRA LEITE, Carlos Henrique. *Direitos Humanos*. 2. ed. Rio de Janeiro: Lumen Juris, 2011.

BOBBIO, Norberto. *A Era dos Direitos*. 7. tir. Rio de Janeiro: Elsevier, 2004.

CARBONARI, Paulo Cesar. *Globalização e Direitos Humanos, identificando desafios*. Disponível em: www.dhnet.org.br/direitos/militantes/carbonari/carbonari_globalizacao_dh_desafios.pdf.

CARVALHO, Janaina Barbosa. *Súmulas, OJs e Precedentes vinculantes do TST*. Bauru: Ed. Spessoto, 2024.

COUTINHO, Raianne Liberal. Uberização das relações de trabalho: uma abordagem transnacional a partir da interrelação entre Direito Público e Privado. *Revista Eletrônica do CEJUR*, v. 2, n. 5, set./dez. 2020. doi:http://dx.doi.org/10.5380/cejur.v2i5.77625.

DELGADO, Gabriela Neves. A OIT e sua Missão de Justiça Social. *Revista Pensamento Jurídico*, São Paulo, col. 13, n. 2, jul./dez. 2019, 2-3.

DELGADO, Mauricio Godinho. *Curso de Direito do Trabalho*. 13. ed. São Paulo: LTr, 2014.

FACHIN, Melina Girardi (Org.). *Guia de Proteção dos Direitos Humanos. Sistemas Internacionais e Sistema Constitucional*. Curitiba: Intersaberes, 2019.

FELICIANO. Guilherme Guimarães; COSTA Mariana Benevides da (Coords.). *Curso de Direito Ambiental do Trabalho*. São Paulo: Matrioska, 2021.

MAZZUOLI, Valério de Oliveira. *Controle Jurisdicional da Convencionalidade das Leis.* 5. ed. Rio de Janeiro: Forense, 2018.

OIT — Organização Internacional do Trabalho. *Manual sobre procedimentos relativos às Convenções e Recomendações Internacionais do Trabalho.* Genebra, 2019.

______. Trabalho Escravo. DOI:https://www.ilo.org/brasilia/temas/trabalho-escravo/WCMS_393066/lang--pt/index.htm.

PAIVA, Caio; HEEMANN, Thimotie Aragon. *Jurisprudência Internacional de Direitos Humanos.* 3. ed. Belo Horizonte: Editora CEI, 2020.

PIOVESAN. Flavia; GONZAGA Victoriana Leonora Corte. Empresas e Direitos Humanos. In: PIOVESAN, F.; SOARES, I.; TORELLY, M. Empresas e Direitos Humanos: *Desafios e Perspectivas à Luz do Direito Internacional dos Direitos Humanos.* Salvador: JusPodivm, 2018.

PIOVESAN, Flávia, SOARES Inês Virgínia P., TORELLY Marcelo (Orgs.). *Empresas e Direitos Humanos.* Salvador: JusPodivm, 2018.

PIOVESAN, Flávia. *Direitos Humanos e o Direito Constitucional Internacional.* 19. ed. São Paulo: Saraiva, 2021.

RAMOS, André de Carvalho. *Curso de Direitos Humanos.* 7. ed. São Paulo: Saraiva, 2020.

______. *Teoria Geral dos Direitos Humanos.* 7. ed. São Paulo: Saraiva, 2019.

______. *Processo Internacional de Direitos Humanos.* 6. ed. São Paulo: Saraiva, 2019.

SEN Amartya. *Desenvolvimento como liberdade.* 9. ed. São Paulo: Companhia de Bolso, 2009.

SOUTO MAIOR, Jorge Luiz. *História do Direito do Trabalho no Brasil.* Curso de Direito do Trabalho. Vol. I – Parte II. São Paulo: LTr, 2017. p. 255-258.

STIGLITZ, Joseph E. *Globalização e seus malefícios.* A promessa não cumprida de benefícios globais. São Paulo: Ed. Futura, 2002.